Supervision auf dem Prüfstand

Brigitte Schigl · Claudia Höfner · Noah A. Artner ·
Katja Eichinger · Claudia B. Hoch ·
Hilarion G. Petzold

Supervision auf dem Prüfstand

Wirksamkeit, Forschung, Anwendungsfelder, Innovation

2. Auflage

Brigitte Schigl
Department für Psychotherapie und
Biopsychosoziale Gesundheit
Donau Universität Krems
Wien, Österreich

Noah A. Artner
Krems an der Donau, Niederösterreich
Österreich

Claudia B. Hoch
Sierndorf, Niederösterreich, Österreich

Claudia Höfner
Wien, Österreich

Katja Eichinger
St. Pölten, Niederösterreich, Österreich

Hilarion G. Petzold
Naturtherapien und Kreativitätsförderung
(EAG), Europäische Akademie für
Biopsychosoziale Gesundheit
Hückeswagen, Deutschland

ISBN 978-3-658-27334-7   ISBN 978-3-658-27335-4   (eBook)
https://doi.org/10.1007/978-3-658-27335-4

Die Deutsche Nationalbibliothek verzeichnet diese Publikation in der Deutschen Nationalbibliografie; detaillierte bibliografische Daten sind im Internet über http://dnb.d-nb.de abrufbar.

© Springer Fachmedien Wiesbaden GmbH, ein Teil von Springer Nature 2003, 2020
Das Werk einschließlich aller seiner Teile ist urheberrechtlich geschützt. Jede Verwertung, die nicht ausdrücklich vom Urheberrechtsgesetz zugelassen ist, bedarf der vorherigen Zustimmung des Verlags. Das gilt insbesondere für Vervielfältigungen, Bearbeitungen, Übersetzungen, Mikroverfilmungen und die Einspeicherung und Verarbeitung in elektronischen Systemen.
Die Wiedergabe von allgemein beschreibenden Bezeichnungen, Marken, Unternehmensnamen etc. in diesem Werk bedeutet nicht, dass diese frei durch jedermann benutzt werden dürfen. Die Berechtigung zur Benutzung unterliegt, auch ohne gesonderten Hinweis hierzu, den Regeln des Markenrechts. Die Rechte des jeweiligen Zeicheninhabers sind zu beachten.
Der Verlag, die Autoren und die Herausgeber gehen davon aus, dass die Angaben und Informationen in diesem Werk zum Zeitpunkt der Veröffentlichung vollständig und korrekt sind. Weder der Verlag, noch die Autoren oder die Herausgeber übernehmen, ausdrücklich oder implizit, Gewähr für den Inhalt des Werkes, etwaige Fehler oder Äußerungen. Der Verlag bleibt im Hinblick auf geografische Zuordnungen und Gebietsbezeichnungen in veröffentlichten Karten und Institutionsadressen neutral.

Springer ist ein Imprint der eingetragenen Gesellschaft Springer Fachmedien Wiesbaden GmbH und ist ein Teil von Springer Nature.
Die Anschrift der Gesellschaft ist: Abraham-Lincoln-Str. 46, 65189 Wiesbaden, Germany

Vorwort: Zwischen Feldbeobachtung und Feldentwicklung

Supervision „auf den Prüfstand" zu stellen, ist ein anspruchsvolles und in gewisser Weise auch ein wagemutiges Unterfangen – das war es schon 2003, als wir die erste Ausgabe dieses Werkes publiziert haben (Petzold et al. 2003 Supervision auf dem Prüfstand – im weiteren SAP 1). Damals war es eine Pionierleistung, denn es gab international noch keinen anderen Versuch, den Forschungsstand zur Supervision als „Methode psychosozialer Intervention" in ihren vielfältigen Anwendungsbereichen länderübergreifend aufzuarbeiten und zu dokumentieren.

Damit verbunden ist die Beobachtung und Erkundung der „supervisorischen Felder" – der europäischen, der us-amerikanischen usw. – in denen sich verschiedene Formen von Supervision entwickelt haben und entwickeln, aber auch eine Sichtung der Bereiche, in denen diese Formen der Supervision zur Anwendung kommen: Non-Profit- und Profit-Bereiche, Felder der Hilfeleistung (Pflege, Geriatrie, Pädagogik etc.), aber auch Felder der Verwaltung, der Bildungs- und Kulturarbeit, denn auch dort wird Supervision angefragt und eingesetzt. Sie dient der Unterstützung und Förderung professionellen Handelns bei komplexen Aufgaben in den wachsend unüberschaubar werdenden Situationen höchst pluraler Gesellschaften einer internationalisierten, „transversalen Moderne" und ihrer Beschleunigungsdynamik. In diesen volatilen Zeitgeistströmungen, die ein Klima subtiler Beunruhigung transportieren, wächst das Potenzial an schwer kontrollierbaren Stressfaktoren und dadurch geraten nicht nur Führungskräfte unter Druck, sondern auch die MitarbeiterInnen in welchem Feld und welcher Branche auch immer. Auch Organisationen geraten ins Strudeln und es entsteht ein Bedarf nach Beratung, Entlastung, Problemlösung, Orientierung, Metareflexion etc.. Supervision soll hier Hilfen bieten, dafür wird ihr Wirksamkeit attribuiert und sie schreibt sich diese Wirksamkeit auch selbst zu.

Der Begriff „*super-visio*" leistet dem auch Vorschub. Ob dieser Anspruch jedoch eingelöst werden kann, das ist natürlich eine wichtige Frage. Die Face-Evidenz, dass SupervisandInnen sich positiv äußern, die man in der praktischen Supervisionsarbeit immer wieder erlebt – oft ohne allerdings die Nachhaltigkeit der Intervention verfolgen zu können – ist noch kein Nachweis für eine generelle Wirksamkeit. Als empirisch ausgebildete PsychologInnen und praktizierende PsychotherapeutInnen und SoziotherapeutInnen haben wir, Hilarion Petzold und Brigitte Schigl, wie viele andere KollegInnen die Entwicklungen der Psychotherapieforschung miterlebt. Da kommt natürlich auch die Frage nach der „Wirksamkeit" supervisorischer Praxis auf. Diese kann nur durch empirische Supervisionsforschung beantwortet werden und diese Forschung fehlte im europäischen Raum weitgehend – im deutschsprachigen fast gänzlich. Durch meine *(HP)* Lehr- und Forschungstätigkeit an der Freien Universität Amsterdam (1979–2004) als Ordinarius für Psychologie kam ich mit den Entwicklungen einer „Qualitätskultur" in Kontakt, die in den Niederlanden etwas früher begann als in den deutschsprachigen Ländern und mit der dort vertretenen Grundposition: Man muss Qualität empirisch überprüfen, nur dann kann sie bestätigt und verbessert werden. Diese Maxime begann sich seitdem auch mehr und mehr im Non-Profit-Bereich durchzusetzen und ist inzwischen auch im psychosozialen Feld angekommen. „Empirisch" heißt dabei, durch systematische wissenschaftliche Forschung überprüft, nicht allein durch begleitende Beobachtung und reflexive Untersuchung (eigener) professioneller Arbeit im Praxisfeld. Das war die Aufgabe der traditionellen Supervision und solche In-Augenscheinnahme praktischen Handelns ist sicherlich eine wichtige Möglichkeit zur Qualitätssicherung beizutragen. Empirische Erhebung und Auswertung von Daten ist da nur *ein* Weg und kein ausreichender, denn es braucht den Transfer der Ergebnisse in die Praxis. Beides, Forschung und fachlich begleitete Praxis ist notwendig, um zu guter Qualität, ja zu Qualitätsverbesserungen in der Arbeit mit Menschen zu kommen. Beides ist zu betrachten und beides ist zu verbinden, damit eine fruchtbare Synergie entstehen kann. Diese kann und muss wiederum empirisch untersucht werden, um zu sehen, ob sie funktioniert. Das war unser Hintergrund für den Einstieg in die Supervisionsforschung. Als PsychotherapeutInnen hatten wir den Wert „guter" Supervision erfahren – wir erlebten auch mäßige. Als SupervisorInnen hatten wir uns an gelingenden Prozessen gefreut und waren bei weniger gut verlaufenden „in Supervision gegangen". Als LeiterInnen von Supervisionsausbildungen in mehreren europäischen Ländern und als SupervisorInnen in schwierigen Feldern, war uns das dann nicht genug, und wir begannen mit Supervisionsforschungsprojekten und konnten solche auch in Zusammenarbeit durchführen (z. B. in der supervisorischen Weiterbildungsforschung, Schigl und Petzold 1996/1997). Mit einer ersten Studie zur „Felderkundung" im Sinne des Erfassens der Situation im Gesamtfeld der Supervision in Deutschland anhand von Dokumentenanalysen wurde 1998 begonnen „Kritische Diskurse und supervisorische Kultur. Supervision: Konzeptionen, Begriffe, Qualität. Probleme in der supervisorischen ‚Feldentwicklung'" (Petzold et al. 1999/2001). Wir wollten wissen, was man in Deutschland unter Supervision verstand: wie wurde sie definiert, interpretiert, was waren die „mentalen Repräsentationen" (Moscovici 2001) von Supervision „in den Köpfen" von SupervisorInnen, welcher Art waren die Entwicklungen des „Feldes", welchen „Feldbegriff" muss man anwenden, welche „diskursive Kultur" findet sich und welche Entwicklung hat unser eigenes, integratives Supervisionsverständnis in diesem Feld über die Jahre genommen?

ForscherInnen müssen ihre eigene „Position" metareflexiv aufarbeiten und in den kollegialen Diskurs stellen, um sich über ihren theoretischen Standort klar zu werden, ihr Menschen- und Weltbild, ihre Bias-Risiken. Für Supervisionsforschung, die die „Ursachen hinter den Ursachen" und die „Folgen nach den Folgen" ergründen will, um dann hinlänglich über sich selbst informiert (good enough, sensu *Winnicott*), zukunftsbewusst handeln zu können, ist das ein „Muss".

Wir hatten im Integrativen Ansatz dazu das Instrument der „metahermeneutischen Mehrebenenreflexion" entwickelt und bis heute weiter ausgearbeitet (Petzold 1998a, S. 156 f., 2017f), das die Grundlage unserer Arbeit in Praxis, Theorieentwicklung Forschung darstellt. Das Ergebnis dieser ersten Studie (Petzold et al. 1999/2001) war: Es findet sich im supervisorischen Feld eine hohe konzeptuelle Heterogenität, keine diskursiv koordinierte Feldentwicklung, keine forschungsfreundliche Kultur und nur „some common ground". Auf einer solchen Basis war uns klar, man muss bei solcher konzeptueller – um nicht zu sagen ideologischer – Vielfalt fragen, was ist „der Stand der Forschung" und wie kann man die Forschung im supervisorischen Feld als einen qualitätsbestimmenden Faktor voranbringen?

Das war eine Grundlage für das nächste Forschungsprojekt „Supervision auf dem Prüfstand" (Petzold et al. 2003; SAP 1). Eine andere wichtige Motivation war unser Anliegen, für die von uns geleiteten Studiengänge für Integrative Supervision an der Donau Universität Krems, der Vrije Universität Amsterdam und der Europäischen Akademie für biopsychosoziale Gesundheit, Hückeswagen, eine solide Grundlage zu schaffen, was Forschung und Lehre von Supervision anbelangt. SAP 1 war die erste Bestandsaufnahme der *internationalen* Forschungsliteratur zur Supervision und zu ihren Ergebnissen überhaupt – der englischsprachigen und der deutschsprachigen. Wie nicht anders zu erwarten, zeigte sich neben den heterogenen Supervisionsverständnissen – besonders den amerikanischen und europäischen, aber auch innerhalb der deutschsprachigen Szenen – eine sehr schwache Forschungssituation im europäischen Raum, trotz der seinerzeit relativ weichen Inklusionskriterien. Der Forschungsbedarf für das praxeologische Interventionsinstrument Supervision war in vielen Bereichen überdeutlich. Es zeigte sich eben das Bild eines Feldes in Entwicklung: Supervision auf dem Wege zu einer angewandten Sozialwissenschaft. Das war eine der damaligen Konklusionen und eine weitere war: Es gibt „die" Supervision nicht, sondern es findet sich eine Vielfalt von Supervisionsverständnissen und Supervisions-Methoden, für die insgesamt kaum relevante Forschung mit guten, replizierten Studien vorliegt, was ihre Wirksamkeit anbelangt – auf welcher Ebene des Supervisionssystems auch immer.

Wir haben dann, vierzehn Jahre später, das Projekt SAP 2 in Angriff genommen, um den Forschungsstand von 2003 bis dato (damals 2016) aufzuarbeiten und damit wiederum einen Beitrag zur „Feldentwicklung" und zur Verbesserung der Qualität von Supervision zu leisten. Die Zahl der Studien hatte sich inzwischen exorbitant erhöht, besonders die aus dem englischsprachigen, außereuropäischen Bereich. Im europäischen, vor allem deutschsprachigen Feld hat die Zahl der Studien gleichfalls zugenommen. Leider aber waren die prekären Fragestellungen, die wir in SAP 1 aufgewiesen haben, etwa die nach einer differenziellen Wirkung von Supervision auf den verschiedenen Arbeitsebenen im Mehrebenensystem und in verschiedenen Settings nicht hinreichend untersucht worden. Wir haben immer noch keine soliden Nachweise, ob Supervision und welche Formen von Supervision für welche Aufgabenbereiche z. B. burnout-prophylaktische Wirkung haben. Wir wissen inzwischen, dass Feld- und Fachkompetenz für erfolgreiche Supervision und schwierigen Feldern offenbar eine wichtige Rolle spielt, und dass ihr Fehlen nachteilig wirkt. Unsere Multicenterstudien konnten das zeigen. Wir haben inzwischen gute Wirkungsnachweise für positive Wirkungen auf der Ebene des KlientInnensystems – BeraterInnen, TherapeutInnen und andere HelferInnen profitieren von Supervision wie von kollegialer Intervision. Von welchen Formen bzw. Orientierungen von Supervision besonders gut, das wissen wir noch nicht genau. Generalisierte Wirkungen sind eher nicht anzunehmen. Hier wäre vergleichende Forschung wünschenswert, aber das hieße auch, die Konkurrenzbarriere zwischen den „Schulen" zu überwinden.

Auf der Ebene der PatientInnen und KlientInnen fehlen immer noch robuste Nachweise, besonders für den Standardansatz der „reported supervision", bei dem verbal über einen „Fall" berichtet wird. (Anm.: Wir vermeiden heute den Begriff „Fallsupervision", Menschen sind keine Fälle, und sprechen lieber von „Prozesssupervision": Menschen stehen in Prozessen und wir mit ihnen, Petzold 2016h). Aber auch für die „Teamsupervision", wie sie in den meisten Weiterbildungen mit schulenspezifischer Orientierung gelehrt wird – in großer Heterogenität also – gibt es nicht genügend konsistente Modelle, die auf Wirksamkeit untersucht und positiv bestätigt worden sind. Besonders beachtenswert ist das weitgehende Fehlen von supervisorischer Weiterbildungsforschung, für das sich wiederum das Problem der Heterogenität der Methoden stellt. Für die Ansätze, die unter dem Dach großer Fachverbände versammelt sind – der DGSv kommt hier ein besonderes Verdienst zu – sorgen zumindest die fachverbandlichen Standards für eine gewisse formale Synchronisation. Ob die Standards aber eine gute oder gar optimale „Weiterbildungsqualität" gewährleisten, wurde bis heute nie *richtungsübergreifend* untersucht, genauso wenig, ob die Weiterbildung eine hohe Qualität der AbsolventInnen in ihrer supervisorischen Arbeit gewährleistet – das wäre der „Goldstandard". Wir sind dieser Frage für die Integrative Supervision mit Untersuchungen nachgegangen, denen die DGSv-Standards zugrunde lagen (Oeltze et al. 2002; Schigl und Petzold 1997), aber diese Ergebnisse können nicht für alle Ansätze generalisiert werden. Supervisionsweiterbildungsforschung steht vor all den Problemen, die in der internationalen psychotherapeutischen Weiterbildungsforschung mit vielen internationalen Studien angegangen worden sind (Orlinsky und Rønnestad 2005) und auf die man Bezug nehmen müsste, was bislang kaum geschieht – der Blick über diesen Zaun ist unverzichtbar. Durch die fest vorgegebenen Standards konnten auch keine vergleichenden Untersuchungen mit anderen Supervisionsformen und Methodiken durchgeführt werden – life supervision, video supervision, klientenfokussierte Supervision etc. (Petzold 2019f) – und es wurde

Vorwort: Zwischen Feldbeobachtung und Feldentwicklung

auch *de facto* die Entwicklung gänzlich neuer und vielleicht besserer Modelle blockiert, die sich stärker auf Wirkungen in der KlientInnenebene gerichtet hätten. Sie wären damit aber aus dem Rahmen der Standards gefallen und ohne Anerkennung geblieben. Hegemoniale Standards können auch eine Innovationsbremse sein. Das muss aus Sicht der Forschung einfach gesagt werden. Wir wissen immer noch nicht, *welche Art* von „Lehrsupervision" in welchem Umfang mit welcher Methodik zur Qualifizierung von angehenden SupervisorInnen *was* beiträgt. Wir wissen auch nicht, ob es feststellbare qualitative Unterschiede zwischen den verschiedenen Supervisionsrichtungen (z. B. systemisch, integrativ, psychodynamisch) gibt. Es sieht in einer neuen differenzierten Online-Befragung nicht nach großen Unterschieden aus (Mittler et al. 2019), aber handfest untersuchen kann man das nur in kontrollierten Vergleichsstudien und die fehlen noch immer.

Das Aufweisen von Defiziten ist eine Funktion von Forschung, evaluierender zumal, weil dadurch auch Chancen für Veränderungen möglich werden. Der vorliegende Band SAP 2 zeigt in welchem Maße auch Supervisionsforschung in die Breite gegangen ist – Wirksamkeitsforschung ist ja nicht der alleinige Schwerpunkt in der Forschungsaktivität einer Disziplin. Diese in SAP 2 sichtbare Breite erlaubt es jetzt auch, und das ist ein Nutzen dieser Übersicht, Prioritäten zu bestimmen, Forschungslinien zu entwickeln, die eine besondere Bedeutung erhalten sollten, und da ist die sich allmählich entwickelnde „scientific community of supervision and supervision research" angefragt. Sie sollte sich fachverbandlich organisieren, nicht berufsverbandlich, um wissenschaftlich unabhängig zu sein und nicht in berufspolitische und marktstrategische Interessenskonflikte zu geraten. Hier liegt eine Aufgabe, die im supervisorischen Feld angegangen werden muss.

Auch die Fachverbände müssen sehen, welche Forschungserfordernisse ihnen wichtig sind und wo sie Forschung anfragen und unterstützen – SAP 1 und 2 liefern dafür solide Grundlagen. Die verbandlichen Spitzengremien und ihre Vertretungen müssen aktiv werden und das Gespräch mit ForscherInnen suchen, was im deutschsprachigen Raum derzeit auch geschieht (Petzold et al. 2018). Vor allem müssen sie, weil eine ihrer wichtigsten Aufgaben die Qualitätssicherung, die Güte der Dienstleistung und die Kundensicherheit und -zufriedenheit ist, dafür Sorge tragen, dass für diese Fragestellungen relevante Forschungsergebnisse im verbandlichen Rahmen umgesetzt werden. Ein gleiches gilt natürlich auch für Weiterbildungsinstitute und Supervisionsstudiengänge, bei denen Forschungswissen curricular umgesetzt werden muss, aber auch Methodenentwicklung oder Revision von Methoden auf dieser Basis ansteht. „Just tools" ohne Theoriebezug und Wirksamkeitsforschung zu vermitteln, das sollte ein auslaufendes Konzept sein. Auch die Weiterbildungsinstitute werden sich vermehrt in der Forschung, nicht zuletzt bei praxeologischer Forschung engagieren und Instrumente zur Qualitätsdokumentation entwickeln müssen (Kriescher 2019; Linz et al. 2008). Ihre eigene Weiterbildungstätigkeit und Weiterbildungsqualität sollte mit einem soliden Evaluationsverfahren empirisch dokumentiert werden (Lindermann et al. 2018). Damit würde ein wichtiger Beitrag zur „Feldentwicklung" in der Supervision geleistet.

Forschung ist natürlich selbst auch interessengeleitet und sie sollte – über ihren Grundauftrag, „Wissen zu schaffen" hinausgehend – auch ihre Zielrichtung ausweisen. Wir wollten durch unsere Untersuchungen und „Feldbeobachtungen" zu einer forschungsgestützten Qualität beitragen (Laireiter und Vogel 1998), die man von Supervision als Interventionsmethode und als „Instrument der Qualitätssicherung" erwarten muss, um damit die „Feldentwicklung" in der Supervision voran zu bringen. Deshalb hatten wir auch in SAP 1 den Forschungsbedarf für wichtige Fragestellungen für die Supervision herausgestellt und Designvorschläge gemacht, wie diese Themen praxisrelevant zu untersuchen seien. Dabei war unser Interesse, unserem damaligen Supervisionsverständnis entsprechend, auf die *hilfeleistende Ausrichtung* von Supervision zentriert. Das war ja ihre ursprüngliche Orientierung in Sozialarbeit und Psychotherapie: Supervision soll die Qualität professioneller Hilfeleistung für KlientInnen und PatientInnen verbessern, um deren Gesundungs- und Entwicklungsprozesse voran zu bringen als eine „klientInnenfokussierte Supervision" (Petzold 2019f). Sie soll die Belastung der HelferInnen in ihrem professionellen Handeln reduzieren und die Situation ihrer Arbeitshygiene verbessern. Sie soll die fachliche Qualität der Arbeit des klinischen Personals fördern und die Leistungsfähigkeit der jeweiligen psychosozialen Organisation/Institution unterstützen und verbessern. Das ist für diese Aufgabenbereiche immer noch unsere Position und die Probleme sind heute ja nicht kleiner geworden (z. B. Probleme der Migrantenarbeit, Jugendarbeit, Hochbetagtenarbeit, Suchttherapie, etc.). Für diese und ähnliche Problemlagen und in dieser melioristischen Funktion wird Supervision auch heute überwiegend vom größten Auftraggeber für Supervision, den „öffentlichen Händen", auch angefordert.

Die Vorschläge zur Supervisionsforschung in der SAP 1-Studie sind bis heute relevant, und so ist dieses Werk SAP 1 bis heute wichtig, von Nutzen und es sollten die Forschungsvorhaben auch in Angriff genommen werden. Das wird von der vorliegenden, neuen Studie SAP 2 bestätigt, denn die meisten problematischen Fragen sind inzwischen immer noch nicht durch entsprechende Forschungsvorhaben in ausreichender Weise in aufgenommen und abgearbeitet worden.

Die Situation im Feld der Supervision und damit auch die Forschungslage hat sich inzwischen natürlich auch etwas verändert. Neue Aufgaben und Interessenbereiche sind für die Supervision hinzugekommen. Der „Markt" der Profit-Bereiche ist durch den Hype um Coaching auch für SupervisorInnen interessant geworden und in den Weiterbildungen von SupervisorInnen nimmt das Thema „Coaching" inzwischen eine gewisse Rolle ein, obwohl eine qualitätvolle Forschungslage zur Wirkung und Wirksamkeit von Coaching derzeit noch desolat ist. Es fehlt an Studien und auch hier gibt es eine inflationäre Vielfalt von Modellen. Der Bereich Coaching wurde deshalb in die vorliegende Untersuchung nicht aufgenommen.

Die nun vorliegenden Studie SAP 2 zeigt, die Supervisionsforschung ist in Bewegung gekommen. Sie zeigt auch, wo die prekären Bereiche liegen: bei soliden Wirksamkeitsnachweisen auf allen Ebenen des Mehrebenensystems mit anspruchsvollen Untersuchungen, die quantitative und qualitative Ansätze in sophisticated designs verbinden.

Offene Fragen finden sich auch für den Bereich der Feld- und Fachkompetenz (was zu differenzieren ist) als notwendige Ergänzung von „allgemeinsupervisorischer Kompetenz/Performanz" – in den meisten Berufen gibt es solche ergänzenden Spezialisierungen (Fachanwalt für..., FachpsychologIn für... etc.). Ein zentrales Thema ist das der Weiterbildung (oft und fälschlich immer noch auch Ausbildung genannt). Wie können qualifizierte SupervisorInnen weitergebildet werden und wie wird solche Qualität entwickelt und überprüft. Klar ist: Ohne substanziellen Bezug auf empirische Forschung kann es keine soliden Modelle geben. Für die Supervisionsforschung und die Weiterbildungsforschung aus dem Bereich von Supervision müssen Erkenntnisse aus benachbarten Forschungsbereichen in Psychotherapie, Beratungspsychologie und Bildungsarbeit beigezogen werden. Pilotuntersuchungen sollten durchgeführt werden, und vor allen Dingen sind die bisherigen Weiterbildungsformen kritisch zu evaluieren, um zu sehen, was wirksam, empirisch fundiert und fachlich unbedenklich ist. Das Thema ist hochaktuell, weil neue Weiterbildungsmodelle angedacht werden, ohne jeglichen Bezug auf empirische Forschung. (Dieses Thema wird vom Seniorautor in „Nachgedanken zum Forschungsbericht" im Schlussteil dieses Buches näher ausgeführt im Sinne „weiterführender Kritik", auch das ist ja eine Aufgabe von Forschung).

SAP 1 und SAP 2 waren aufwendige Unternehmungen, an denen jeweils engagierte Teams mitgearbeitet haben, nicht zuletzt Studierende der Supervision mit ihren Abschlussarbeiten, was zeigt, dass auch bei einem anwendungsbezogenen Studiengang, wie er für die sozialinterventive Methode der Supervision charakteristisch ist, Lehre und Forschung verbunden werden können. Wir hoffen, dass auch dieser Forschungsbericht gut aufgenommen wird, dass er vor allem zu Konsequenzen in Weiterbildung und Forschung führt, dass er zu einer angemessenen Einschätzung von Supervision als einem *guten methodischen Weg zur Förderung von professioneller Kompetenz und Performanz und solider Qualität* beiträgt, ohne überzogene Ansprüche auf „Exzellenz", aber auf dem Wege zu einer guten „Evidenz-Basiertheit". Supervision verfügt über einem sehr großen und beständig wachsenden Fundus an praxisrelevanten Theorien, probaten Methoden und immer mehr Forschungsergebnissen, die ihre Arbeit unterfangen, wohl wissend, dass da noch viel zu tun ist. Supervision ist ein sehr spezifischer Beratungsansatz mit einer schon langen Tradition, einem breiten Praxiswissen und einer offensichtlichen Nützlichkeit in schwierigen Praxisfeldern für die Menschen, die in ihnen arbeiten. Sie ist „eine Methode zur Förderung von persönlichen, professionellen und organisationalen Entwicklungsprozessen", die selbst noch – was Absicherung durch Forschung, theoretische Vertiefung und methodische Elaboration anbelangt – in der Entwicklung ist und dort auf einem guten Weg. Dieses Buch möge ein Baustein dafür sein.

Hilarion G. Petzold
Brigitte Schigl

Literatur

Kriescher, C. (2019): Integrative Supervision eines Teams in der Arbeit mit unbegleiteten minderjährigen Geflüchteten (UMF). Supervision 6/2019. http://www.fpi-publikation.de/supervision/alle-ausgaben/06-2019-kriescher-ch-integrative-supervision-team-unbegleitete-minderjaehrige-gefluechtete-umf.html.

Laireiter, A., Vogel, H. (Hrsg.) (1998): Qualitätssicherung in der Psychotherapie. Ein Werkstattbuch, DGVT-Verlag, Tübingen.

Lindermann, N., Petzold, H. G., Blumberg, J. (2018): Integrative Supervision – zur Qualität und Qualitätssicherung curricularer Weiterbildung in „Integrativer Supervision" von 2007 bis 2017". Hückeswagen: „Europäische Akademie für biopsychosoziale Gesundheit"; Netzausgabe in: SUPERVISION Theorie, Praxis, Forschung. Eine interdisziplinäre Internet Zeitschrift. Ersch. Jg. 2019, http://www.fpi-publikation.de/supervision/alle-ausgaben/index.php.

Linz, S., Ostermann, D. Petzold, H. G. (2008): „Qualitätssicherung und Dokumentation von Supervisionsprozessen" – Metahermeneutisch fundiertes Erfassen von Supervisionsverläufen mit einem strukturierten „Supervisionsjournal" in der „Integrativen Supervision". SUPERVISION: Theorie – Praxis – Forschung. Eine interdisziplinäre Internet-Zeitschrift – 11/2008 – http://www.fpi-publikation.de/downloads/download-supervision/download-11-2008-linz-s-ostermannd-petzold-h-g.html.

Mittler, T., Petzold, H. G., Blumberg, J. (2019): „Was zeichnet einen guten Supervisor/eine gute Supervisorin aus? Was ist gute Supervision für die SupervisandInnen und ihre KlientInnen?" Ein länderübergreifendes Forschungsprojekt. Hückeswagen: Europäische Akademie für biopsychosoziale Gesundheit, SUPERVISION Theorie, Praxis, Forschung. Eine interdisziplinäre Internet Zeitschrift. 11/2019, http://www.fpi-publikation.de/downloads/download-supervision/download-nr-11-2019-mittler-t-petzold-h-g-blumberg-j.html.

Moscovici, S. (2001): Social Representations. Explorations in Social Psychology. New York: New York University Press.

Oeltze, J., Ebert, W., Petzold, H. G. (2002): Integrative Supervision in Ausbildung und Praxis – eine empirische Evaluationsstudie im Mehrebenenmodell. SUPERVISION: Theorie – Praxis – Forschung, eine interdisziplinäre Internet-Zeitschrift, S. 2 ff. Zugriff am 24.5.2017. Verfügbar unter http://www.fpi-publikation.de/images/stories/downloads/supervision/oeltze-ebert-petzold-ausbildung-praxis-supervision-01-2002druck.pdf.

Orlinsky, D. E., Rønnestad; M. H. (2005): How Psychotherapists Develop: A Study of Therapeutic Work and Professional Growth. Washington, DC: American Psychological Association.

Petzold, H. G. (1998): Integrative Supervision, Meta-Consulting & Organisationsentwicklung. Modelle und Methoden reflexiver Praxis. Paderborn: Junfermann. 2. erw. Aufl. Wiesbaden: Verlag für Sozialwissenschaften 2007a.

Petzold, H. G., Ebert, W., Sieper, J. (1999/2001/2011): Kritische Diskurse und supervisorische Kultur. Supervision: Konzeptionen, Begriffe, Qualität. Probleme in der supervisorischen „Feldentwicklung" – transdisziplinäre, parrhesiastische und integrative Perspektiven. Düsseldorf/Hückeswagen: FPI/EAG. Erw. und überarbeitet 2001. In: Düsseldorf/Hückeswagen. Bei www.FPI-Publikationen.de/materialien.htm – SUPERVISION: Theorie – Praxis – Forschung. Eine interdisziplinäre Internet-Zeitschrift – 01/2001, http://www.fpi-publikation.de/downloads/download-supervision/download-01-2002-ltze-h-j-ebert-w-petzold-h-g.html. Neueinstellung mit kritischem Vorwort: http://www.fpi-publikation.de/artikel/textarchiv-h-g-petzold-et-al-/petzold-ebert-sieper-1999-2001-update-2010-beitraege-zur-feldentwicklung-im-feld-der-supervision.html.

Petzold, H. G., Fortmeier, P., Knopf, W. (2018): Worüber man in der Supervision nicht oder vielleicht zu wenig spricht – ein Interview zu vermiedenen Themen, SUPERVISION 2/2018 http://www.fpi-publikation.de/images/stories/downloads/supervision/petzold-fortmeier-knopf-2018-worueber-man-in-supervision-nicht-spricht-interview-supervision-02-2018.pdf.

Petzold, Hilarion G., Schigl, Brigitte, Fischer, Martin und Höfner, Claudia. (2003). Supervision auf dem Prüfstand. Wirksamkeit, Forschung, Anwendungsfelder, Innovation. Opladen: Leske + Budrich.

Schigl, Brigitte und Petzold, Hilarion G. (1997). Evaluation einer Ausbildung in Integrativer Supervision mit Vertiefungsschwerpunkt für den klinisch-geriatrischen Bereich. Ein begleitendes Forschungsprojekt. Supervision: Theorie – Praxis – Forschung. Eine interdisziplinäre Internet-Zeitschrift, 04. Zugriff am 21.05.2019. Verfügbar unter https://www.fpi-publikation.de/images/stories/downloads/supervision/schigl-petzold-1997-ausbildungsevaluation-integrative-supervision-klinisch-geriatrisch-superv-04-2017.pdf.

Danksagungen

Wir danken Anton Leitner, dem (ehemaligen) Leiter des Departments für Psychotherapie und biopsychosoziale Gesundheit an der Donau-Universität Krems für die Unterstützung für dieses Projekt. Wir konnten so Fachliteratur ankaufen und mit Cochrane Institut Österreich kooperieren.

Wir danken Cochrane Österreich für die Durchführung einer professionellen Datenrecherche.

Wir danken der DGSv (Deutsche Gesellschaft für Supervision und Coaching), besonders Herrn Paul Fortmeier, für die finanzielle Unterstützung dieses Projekts.

Wir danken Frau Annette Kofler für die kompetente und wertvolle Endredaktion des Werks.

Krems
im Mai 2019

die AutorInnen

Inhaltsverzeichnis

1	**Einführung in die zweite Auflage**.........................	1
	Brigitte Schigl, Claudia Höfner, Noah A. Artner, Katja Eichinger, Claudia B. Hoch und Hilarion G. Petzold	
	Literatur...	5

Teil I Einführende Überlegungen

2	**Überlegungen zum Kontext der Analyse – Wurzeln von Supervision**.....	9
	Brigitte Schigl, Claudia Höfner, Noah A. Artner, Katja Eichinger, Claudia B. Hoch und Hilarion G. Petzold	
	Literatur...	11
3	**Zum Verständnis von Supervision**............................	13
	Brigitte Schigl, Claudia Höfner, Noah A. Artner, Katja Eichinger, Claudia B. Hoch und Hilarion G. Petzold	
	3.1 Unterschiedliche Auffassungen von Supervision..................	13
	3.2 Qualität im Mehrebenenmodell des Supervisionssystems...........	20
	Literatur...	25
4	**Zum Verständnis von Forschung in der Supervision**..................	27
	Brigitte Schigl, Claudia Höfner, Noah A. Artner, Katja Eichinger, Claudia B. Hoch und Hilarion G. Petzold	
	4.1 Die Entwicklung von Supervision und Supervisionsforschung........	28
	4.2 Desiderat: Naturalistische Wirksamkeitsforschung................	30
	4.3 Wissenschaftlichkeit, Wirksamkeit, Wirtschaftlichkeit, Unbedenklichkeit als Leitkriterien für Supervisionsforschung........	32
	4.4 Forschung zur Wirksamkeit von Supervision....................	36
	4.5 Herausforderungen in der Supervisionsforschung.................	37
	4.5.1 Heterogene Diskussionslinien..........................	37
	4.5.2 Heterogene Paradigmen und Methoden...................	38

	4.5.3	Schwierigkeiten der Wirksamkeitsforschung in Bezug auf das KlientInnensystem	40
	4.5.4	Herausforderungen in der englischsprachigen Wirksamkeitsforschung	41
Literatur.		....	43

Teil II Empirischer Teil – Datenerhebung und -analyse

5 Die Datenerhebung 49
Brigitte Schigl, Claudia Höfner, Noah A. Artner, Katja Eichinger,
Claudia B. Hoch und Hilarion G. Petzold
    5.1   Fragestellungen und Ziel der zweiten Auflage. 50
    5.2   Design und Methodik – Der Prozess der Analyse 51
          5.2.1   Die Datenbanken 51
          5.2.2   Die Suchbegriffe 51
          5.2.3   Die Recherche 52
          5.2.4   Die Auswahl der Abstracts und Volltexte.................. 54
          5.2.5   Die inhaltliche Zuordnung der Abstracts und Volltexte....... 55
    Literatur. 59

6 Ergebnisse der quantitativen Analyse. 61
Brigitte Schigl, Claudia Höfner, Noah A. Artner, Katja Eichinger,
Claudia B. Hoch und Hilarion G. Petzold

7 Ergebnisse der qualitativ-inhaltlichen Analyse 67
Brigitte Schigl, Claudia Höfner, Noah A. Artner, Katja Eichinger,
Claudia B. Hoch und Hilarion G. Petzold
    7.1   Handbücher zur Supervision 67
    7.2   Multicenterstudien aus der Integrativen Supervision. 76
          7.2.1   Supervision in Einrichtungen der Altenarbeit 76
          7.2.2   Supervision in der Psychiatrie 79
          7.2.3   Supervision im Bereich der Behindertenarbeit 82
          7.2.4   Supervision im Bereich der Telefonseelsorge 83
          7.2.5   Supervision im Krankenhaus 84
          7.2.6   Supervision in weiteren Feldern. 84
    7.3   Geschichte von Supervision. 86
    7.4   Supervision in speziellen Feldern 88
    7.5   Diversity. 94
          7.5.1   Sexuelle Orientierung. 95
          7.5.2   Ethnizität 97
          7.5.3   Gender 100

	7.6	Evaluationen von Supervisionsweiterbildungen	103
	7.7	Auswirkungen von Supervision auf die Arbeit der SupervisandInnen	107
	7.8	Bedarf und Risiken von Supervision	116
	7.9	Elemente des Supervisionsprozesses	121
	7.10	Form und Weite des Begriffs Supervision	126
	7.11	Lernen und Kompetenzvermittlung in der Supervision	128
	7.12	Methoden und Techniken von Supervision	132
	7.13	Peer Supervision	136
	7.14	Supervision in der Krankenpflege	138
		7.14.1 Rahmenbedingungen und Setting	140
		7.14.2 Nutzen von Supervision: qualitativ explorative Studien	144
		7.14.3 Nutzen von Supervision: quantitativ -testende Studien	147
		7.14.4 Reviews zur Supervision in der Krankenpflege	150
	7.15	Supervision in weiteren Gesundheitsberufen	151
		7.15.1 Studien zu Rahmenbedingungen und Setting	152
		7.15.2 Gesundheitsberufe im ländlichen Australien	153
	Literatur		156
8	**Designs, Forschungsmethoden und -instrumente**		**169**
	Brigitte Schigl, Claudia Höfner, Noah A. Artner, Katja Eichinger, Claudia B. Hoch und Hilarion G. Petzold		
	8.1	Quantitative Erhebungsmethoden	169
		8.1.1 Evaluationsinstrumente im deutschsprachigen Raum	169
		8.1.2 Erhebungsmethoden und Instrumente englischsprachig/international	171
	8.2	Qualitative Erhebungsmethoden	175
	8.3	Auswertungsverfahren	176
	8.4	Forschungscommunities	177
		8.4.1 Geografische Cluster	177
		8.4.2 Forschung aus dem Umfeld Integrativer Supervision	179
	Literatur		179
9	**Schwierigkeiten und Limitationen**		**183**
	Brigitte Schigl, Claudia Höfner, Noah A. Artner, Katja Eichinger, Claudia B. Hoch und Hilarion G. Petzold		
10	**Zusammenfassung**		**187**
	Brigitte Schigl, Claudia Höfner, Noah A. Artner, Katja Eichinger, Claudia B. Hoch und Hilarion G. Petzold		

10.1	Kritische Überschau: Datenmenge und Heterogenität.		187
10.2	Inhalte der Supervisionsforschung und beforschte Elemente des Mehrebenensystems Supervision.		188
10.3	Supervisionsforschung nach Regionen		190
	10.3.1	Deutschsprachige Supervisionsforschung	190
	10.3.2	Supervisionsforschung in weiteren europäischen Ländern	191
	10.3.3	Supervisionsforschung in den USA.	194
	10.3.4	Supervisionsforschung außerhalb USA und Europa	195
10.4	Vergleich des Forschungsstandes 2003 und 2016		196
	10.4.1	Was hat sich in diesem Zeitraum verändert?	196
	10.4.2	Was ist in diesem Zeitraum gleichgeblieben?	198
10.5	Die Zukunft der Supervisionsforschung		199
Literatur.			201

11 Diskussion und Schlussfolgerungen 205
Brigitte Schigl, Claudia Höfner, Noah A. Artner, Katja Eichinger,
Claudia B. Hoch und Hilarion G. Petzold
Literatur. 214

Teil III   Nachgedanken

12 Nachgedanken zum Forschungsbericht 219
Hilarion G. Petzold

12.1	Vorbemerkung		219
12.2	Nachgedanken zur Qualität, Supervisionsvielfalt, zu Forschung und zum Lehren und Lernen von Supervision		224
12.3	Was erfordert Qualitätsentwicklung? Qualitätsforschung, Evaluation, Theoriearbeit! – Bemerkungen zu aktuellen Qualitätsdiskursen im Feld der Supervision		235
	12.3.1	Standards zu setzen, ohne Forschungsbasis – wie soll das gehen?.	237
	12.3.2	Von der „Gütesiegel-Qualität" zur „Exzellenz"? – Fragen zu adäquatem „Wording".	243
	12.3.3	Hilfeleistungsorientierung im „Mehrebenen-Modell" der Supervision.	247
	12.3.4	Qualitätsforschung und Evaluation – ein „Muss" für die Supervision.	250

12.4 Theoriedefizite: Der Mangel an Sozialpsychologie und
Neurowissenschaft in der Supervision – die Herausforderung
von Gerhard Roth... 251
    12.4.1 Risiken, Nebenwirkungen, Krisen....................... 252
12.5 Zusammenfassende Überlegung und Konsequenzen für
Qualitätsentwicklung im supervisorischen Feld 254
Literatur.. 261

Anhang... 287

Über die AutorInnen

Brigitte Schigl, Prof.[in] **Dr.**[in] **MSc.** Klinische und Gesundheitspsychologin, Psychotherapeutin und Supervisorin. Sie leitet den Universitäts-Lehrgang Supervision & Coaching an der Donau Universität Krems sowie den Studiengang Psychotherapie- und Beratungswissenschaften an der Karl Landsteiner Universität für Gesundheitswissenschaften und lehrt in der Ausbildung von PsychotherapeutInnen und SupervisorInnen. Sie forscht und publiziert zu Themen der Supervisionsevaluation, sowie in der Psychotherapie zu Gender und Prozess. Sie arbeitet freiberuflich als Psychotherapeutin und Supervisorin in eigener Praxis.

Noah A. Artner, MA, MSc ist als systemischer Psychotherapeut und Supervisor sowohl institutionell und freiberuflich tätig. Er ist freier Lehrbeauftragter an der Sigmund Freud Privatuniversität Wien und an der Arge Bildungsmanagement.

Katja Eichinger, Mag.[a] **MSc** ist als Klinische und Gesundheitspsychologin, Personzentrierte Psychotherapeutin sowie als Supervisorin sowohl institutionell als auch freiberuflich tätig.

Claudia Hoch Mag[a]. ist Klinische und Gesundheitspsychologin, Psychologische Tanztherapeutin in freier Praxis. Freiberufliche wissenschaftliche Projektmitarbeiterin.

Claudia Höfner, Univ.-Prof.in Mag.[a] **Dr.**[in] **MSc** ist Klinische und Gesundheitspsychologin, Soziologin, Psychotherapeutin (Lehrtherapeutin der Integrativen Therapie) und Supervisorin. Langjährige Forschungs- und Lehrtätigkeit im psychosozialen Bereich an verschiedenen Universitäten.

Hilarion G. Petzold, Dr.Dr.Dr., Univ.-Prof. (emeritierter Ordinarius für Psychologie und klinische Bewegungstherapie in the lifespan, FU Amsterdam). Er lehrt seit 1974 Supervision, seit 1982 als Leiter der „Europäischen Akademie für Biopsychosoziale Gesundheit", Hückeswagen und seit 2000 als visiting Professor an der „Donau-Universität Krems". Als Psychologe, Philosoph und approbierter Psychotherapeut begründete er methodenübergreifende Ansätze wie die „Integrative Therapie" und die „Integrative Supervision". Zahlreiche internationale Forschungs- und Praxisprojekte im

Non-Profit und Profit-Bereich; Coach und Berater im Top-Management internationaler Unternehmen, umfangreiche Buch- und Fachpublikationen. Arbeitsschwerpunkte: Supervisions- und Psychotherapieforschung, Ökologische Interventionen.

Abbildungsverzeichnis

Abb. 3.1	Das Gesamtsystem Supervision als Mehrebenenmodell unter mehrperspektivischer Betrachtung	20
Abb. 7.1	Das Vier-Felder-Supervisionsmodell (Gatfield 2005)	126
Abb. 12.1	Das **„Mehrebenenmodell der Supervision"** (Petzold et al. 2001)	227
Abb. 12.2	Triplexmodell der Supervision. Graue Fläche = Kontext, Grün = Team als Gruppe, Blau = Team als Verbund von Professionals (Kriescher 2019).	228

Tabellenverzeichnis

Tab. 5.1	Suchbegriffe	52
Tab. 5.2	Arten wissenschaftlicher Bearbeitung in der Supervisionsforschung	56
Tab. 6.1	Ergebnisse der quantitativen Erhebung nach Themengebieten und Anzahl der Studien	62
Tab. 6.2	Anzahl der gesichteten abstracts und Volltexte im Themenbereich Supervision in der Krankenpflege	63
Tab. 6.3	Anzahl der gesichteten abstracts und Volltexte im Themenbereich Supervision in den Gesundheitsberufen	64
Tab. 8.1	Anzahl der Erhebungsmethoden in den Themenbereichen Supervision in der Krankenpflege und den Gesundheitsberufen	171
Tab. 8.2	Namen und Anzahl der Fragebögen in den Bereichen Supervision in der Krankenpflege und Supervision in Gesundheitsberufen	172

Einführung in die zweite Auflage

Brigitte Schigl, Claudia Höfner, Noah A. Artner,
Katja Eichinger, Claudia B. Hoch und Hilarion G. Petzold

Die Supervision in einem verallgemeinernden Sinne ist nicht zu beforschen!

(Petzold et al. 2003, S. 174)

Die beiden Bände „Supervision auf dem Prüfstand" in der ersten und nunmehr zweiten Auflage stellen eine Überschau über 30 Jahre internationaler empirischer Supervisionsforschung dar:

Im Dezember 2000 begann ein ForscherInnenteam am damaligen Zentrum für Psychosoziale Medizin an der Donau-Universität Krems mit einer Sichtung der bisherigen Supervisionsforschung. Es war ein längst überfälliges Projekt, um internationale Forschungsergebnisse zu überblicken und für den deutschsprachigen Raum aufzubereiten. Dazu wurden zuerst ein Raster für die Vorgehensweise bei der Literaturrecherche und Textanalyse entwickelt und Fragestellungen extrahiert. Ab Herbst 2001 erfolgte dann die eigentliche Recherche. Die Forschungsarbeit wurde von einem Projektteam bestehend aus Claudia Höfner, Martin Fischer mit Brigitte Schigl als Projektleiterin vor Ort und Hilarion G. Petzold als inhaltlichem Leiter geleistet.

Die Artikel-Recherche erstreckte sich bei der ersten Auflage auf mindestens 5 bis maximal 10 Jahre zurück und sollte qualitative wie quantitative Forschungen und hochstehende Konzeptarbeiten versammeln. Sie deckt den Zeitraum von etwa 1990–2002 ab. Einzelne herausragende Werke aus früheren Jahren wurden ebenso inkludiert.

Das daraus resultierende Buch „Supervision auf dem Prüfstand" erschien 2003 (Petzold et al. 2003) im Verlag Leske + Budrich (im weiteren SAP 1 genannt).

Die hier vorliegende zweite Auflage der Literaturanalyse wurde als zwei Masterthesen von Katja Ruzicka (jetzt Eichinger) und Noah Artner im Universitätslehrgang Supervision und Coaching am (nunmehr) Department für Psychotherapie und biopsychosoziale Gesundheit an der Donau-Universität Krems im Jahr 2016 begonnen. Im Jahr

2017 stieß Claudia B. Hoch für die Analyse zweier großer, in den Masterthesen inhaltlich nicht bearbeiteter Themengebiete zum Team. Die Projektleitung hatte Brigitte Schigl übernommen, die als Lehrgangsleitung für Supervision und Coaching auch die beiden Masterarbeiten betreute.

Wie auch schon in der ersten Auflage wurde der Recherche ein Verständnis von Supervision hinterlegt, in dem Supervision als Qualitätssicherung von PraktikerInnen für ihre Arbeit mit Menschen und die Metareflexion dieses beruflichen Handelns (vgl. Kap. 2) beinhaltet. D. h. Supervision bewegt sich im Spannungsfeld zwischen Kontrolle und Förderung, Qualitätszugewinn und Entlastung, Qualifikation und Weiterbildung und vielem anderem mehr. Sie beruht auf einer gemeinsamen Reflexion und durch die externe Perspektive der SupervisorIn auch die Metareflexion über einen Arbeitsbereich – wenngleich dieser durchaus auch Ausbildungselemente enthalten und gerade dort auch eine Art Kontrolle darstellen kann (vgl. Petzold 2009; Geißler-Piltz et al. 2016).

Wir definieren Supervision wie auch in der ersten Auflage als

> „… eine moderne Methodologie reflexiver und diskursiver Sozialintervention zur fachlichen Beratung, Begleitung und Weiterbildung von MitarbeiterInnen unterschiedlicher (wenngleich schwerpunktmäßig psychosozialer) Arbeitsfelder und damit als ein Instrument der Qualitätssicherung in der beruflichen Arbeit mit Menschen (KlientInnen, PatientInnen, MitarbeiterInnen)."

Entsprechend wird eine SupervisorIn als

> „spezifisch qualifizierte BeraterIn bzw. fachliche BegleiterIn, die aus ‚fachlicher Überschau' und dem ‚Abstand der Außenstehenden' in Weiterbildungs- und Unterstützungsfunktion für MitarbeiterInnen in psycho-sozialen, klinischen und anderen Arbeitsfeldern tätig wird"

(Petzold et al. 2003, S. 202 f.) gesehen. Daher gelten die Hintergrundüberlegungen, die für die erste Auflage zu Supervision angestellt wurden (vgl. Kap. 7 in „Supervision am Prüfstand", Teil 1, S. 199 ff.) auch für die zweite Auflage und sind in die Einführung (Kap. 2 bis 4 in „Supervision am Prüfstand, Teil 2") eingeflossen.

Die zentralen Fragen für die zweite, aktualisierte Bearbeitung der empirischen Supervisionsliteratur lauteten:

- Wie hat sich die empirische Supervisionsforschung im Zeitraum 2003 bis 2016 seit Erscheinen des 1. Teils entwickelt?
- Lassen sich die derzeit bearbeiteten Themengebiete mit jenen im Zeitraum 1990 bis 2002 vergleichen?
- Wie ist die Entwicklung der internationalen Supervisionsforschung vor sich gegangen?
- Und wie ist der Stand heute?

Der Zeitraum der zweiten Literatur-Recherche erstreckte sich von 2003 (ab dem Erscheinen des 1. Teils) bis 2016. Dabei wurde die seit 2002 erschienene Literatur

1 Einführung in die zweite Auflage

gesichtet und soweit möglich in das im 1. Teil von „Supervision am Prüfstand" entwickelte Schema der Forschungsinhalte eingeordnet. So wurde überprüft, ob und inwieweit die rezente empirische Supervisionsforschung thematisch in die vor 15 Jahren gefundenen Themenbereiche passt, bzw. ob sich neue Perspektiven oder Herangehensweisen entwickelt haben.

Die Vorgangsweise unterschied sich jedoch in mehreren Punkten von jener in der 1. Ausgabe von „Supervision am Prüfstand".

- Während in der ersten Auflage noch vor allem in physischen Zeitschriften und Büchern nach Veröffentlichungen gesucht wurde, und Datenbanken (damals erst im Aufbau begriffen) nur als ein nachrangiger Modus der Recherche verwendet wurden, setzten die ForscherInnen in der nun vorliegenden zweiten Auflage vor allem auf die gründliche und systematische Recherche nach Publikationen in Datenbanken. Handbücher und die darin enthaltene Literatur wurden nur als Nebenschiene bearbeitet.
- Es wurden vorerst keine neuen Themenbereiche entwickelt, sondern versucht, die Themencluster aus der ersten Auflage zu übernehmen, um Vergleichbarkeit zu gewährleisten und Entwicklungslinien der einzelnen Themenbereiche sichtbar zu machen. Lediglich zwei Kategorien wurden, quasi als „Restcluster", hinzugefügt. Hier wurden jene Artikel versammelt, die nicht in die Themenbereiche des 1. Teils von „Supervision am Prüfstand" passten. Es waren dies die von Frau Hoch bearbeiteten Themenbereiche Supervision in der Krankenpflege und Supervision in sonstigen Gesundheitsberufen, die ausschließlich englischsprachige Forschung versammelten. Als neu hinzugekommen Gebiete etablierten sich über die im 1. Teil von „Supervision am Prüfstand" gefundenen Cluster hinaus: Peer Supervision und Bedarf und Risiken von Supervision. Diese bilden sich in der Kapitelstruktur ab.

Weitere Veränderungen betrafen folgende Schritte:

- US-amerikanische Forschung wurde als Cluster aufgelassen.
- Während in der ersten Auflage auch Konzeptarbeiten und so genannte ExpertInnenmeinungen berücksichtigt und in die Sammlung aufgenommen wurden, beschränkten wir uns in der zweiten Recherche ausschließlich auf Veröffentlichungen zu empirisch gewonnenen Daten.
- Ein weiterer Unterschied betrifft die Zuordnung zu den Themengebieten. Diese erwies sich schon in der ersten Auflage als schwierig, da bei jedem Artikel mehrere Blickwinkel eingenommen werden können: So könnte beispielsweise immer das Feld in dem Supervision untersucht wird, kodiert werden, ebenso aber Elemente des Prozesses. Um solche Mehrfachkodierungen auszuschließen, die die Gesamtzahl verfälscht hätten, beschloss das ForscherInnenteam des 2. Teils von „Supervision am Prüfstand" jeden Text nur einer Kategorie zuzuordnen. Dies in der richtigen Annahme, dass die Artikelzahl sich inzwischen vervielfacht haben würde und so der Überblick besser gewahrt bleiben könnte (vgl. Kap. 5).

Wie funktioniert dieses Buch?
Wir haben in den Kap. 2 bis 4 allgemeine Überlegungen zu Supervision und zu Supervisionsforschung vorangestellt. Sie umreißen unser Verständnis von Supervision und stellen verschiedene Supervisionsdefinitionen einander gegenüber. Die Herausforderungen und Schwierigkeiten der Supervisionsforschung sind im Anschluss skizziert. Diese Überlegungen beruhen auf den schon in der ersten Auflage von „Supervision auf dem Prüfstand" diskutierten Inhalten (vgl. dort Kap. 7).

Kap. 5 leitet zum empirischen Teil über. Hier wird der Ablauf der Datenerhebung genau dokumentiert. Das dient einerseits der Nachvollziehbarkeit, die für Literaturreviews und -evaluationen nötig ist. Andererseits steht der entwickelte Prozess für künftige Forschungsbemühungen auf diesem Gebiet beispielhaft zur Verfügung. Weitere Ergebnisse zu Probedurchläufen von Suchwörtern in Datenbanken finden Sie unter Kap. 5.

In Kap. 6 folgen die Ergebnisse der quantitativen Analyse – die Trefferzahlen und ausgewählte Quellen zu den inhaltlichen Forschungsclustern, die aus der ersten Auflage von „Supervision auf dem Prüfstand" übernommen wurden.

Kap. 7 stellt das Herzstück der Arbeit dar. Hier werden die Ergebnisse der Forschungsbemühungen strukturiert nach den diversen thematischen Clustern beschrieben. Auf diese Weise kann die Forschungsarbeit auch wie ein Nachschlagewerk verwendet werden. Die Cluster funktionieren als geschlossene Einheiten, um ForscherInnen einen Überblick über das sie jeweils interessierende Gebiet zu vermitteln und können unabhängig von anderen Teilen des Buches gelesen werden.

Kap. 8 extrahiert die verwendeten Forschungsmethoden aus diesen Daten (die einzelnen Instrumente werden gesammelt in einem Verzeichnis zur Verfügung gestellt) und versucht eine erste Sichtung von Forschungscommunities, ohne dabei Anspruch auf Vollständigkeit zu erheben. Wir haben uns auf deutsch- und englischsprachige Literatur konzentriert. Andere sprachliche Gruppen waren uns kaum zugänglich.

Kap. 9 diskutiert unser Vorhaben kritisch und zeigt nochmals die Schwierigkeiten in der Erstellung dieser Literaturanalyse auf.

Kap. 10 fasst die Erkenntnisse zusammen und bringt einen Vergleich mit dem 1. Teil von „Supervision am Prüfstand".

In Kap. 11 schließlich werden Schlussfolgerungen aus unserer Arbeit zur Verfügung gestellt und diskutiert.

Kap. 12 schließt mit den Überlegungen des Seniorautors zur forschungsgeleiteten Qualitätssicherung, Qualitätsentwicklung und Qualitätskultur in der Supervision.

Die Literaturangaben finden sich am Ende eines jeden Kapitels. Als weiteres Material wird die Gesamtrecherche der Literatur wie von EndNote importiert in den download-Materialien zur Verfügung gestellt. Sie finden sie mit der Bezeichnung „Gesamtliste aller Quellen wie in EndNote exportiert" unter Kap. 5. Dieses Dokument enthält alle Literaturangaben der Recherche, in alphabetischer Reihenfolge der AutorInnen.

Die Literaturangaben für die in den empirischen Studien verwendeten standardisierten Erhebungsinstrumente finden sich im Verzeichnis dieser Instrumente am Ende des Buches im Anhang.

*Unser Projekt wird im Text in weiterer Folge als SAP (**S**upervision **a**uf dem **P**rüfstand) abgekürzt. SAP 1 bezeichnet den 1. Teil (Petzold et al. 2003), SAP 2 das hier vorliegende Buch.*

Zur Unterscheidung der unterschiedlichen Supervisionstraditionen wird die anglo-amerikanische „Clinical Supervision" mit eben dieser Bezeichnung aufgeführt und nicht als Klinische Supervision übersetzt; dies um keine Verwechslungen mit Supervision im klinischen Feld in der mittel-europäischen Verwendungsweise zu generieren.

Literatur

Geißler-Piltz, Brigitte, Schigl, Brigitte und Reichel, René. (2016). Fördern und kontrollieren: Überlegungen zur Lehr-Supervision in der Ausbildung von PsychotherapeutInnen und SupervisorInnen. *Psychotherapie Forum, 21(3)*, 90–97. Zugriff am 29.04.2019. Verfügbar unter https://link.springer.com/article/10.1007/s00729-016-0075-6

Petzold, Hilarion G. (2009). „Macht", „Supervisorenmacht" und „potentialorientiertes Engagement". Überlegungen zu vermiedenen Themen im Feld der Supervision und Therapie verbunden mit einem Plädoyer für eine Kultur „transversaler und säkular-melioristischer Verantwortung". *Supervision: Theorie – Praxis – Forschung. Eine interdisziplinäre Internet-Zeitschrift, 04*. Zugriff am 21.05.2019. Verfügbar unter https://www.fpi-publikation.de/images/stories/downloads/supervision/petzold_macht_supervision_04_2009druck.pdf

Petzold, Hilarion G., Schigl, Brigitte, Fischer, Martin und Höfner, Claudia. (2003). *Supervision auf dem Prüfstand. Wirksamkeit, Forschung, Anwendungsfelder, Innovation*. Opladen: Leske + Budrich.

Teil I
Einführende Überlegungen

Überlegungen zum Kontext der Analyse – Wurzeln von Supervision

Brigitte Schigl, Claudia Höfner, Noah A. Artner, Katja Eichinger, Claudia B. Hoch und Hilarion G. Petzold

Wenn man ein Forschungsprojekt auf den Weg bringt, so steht es in spezifischen zeitgeschichtlichen Kontexten, im Zusammenhang mit gesellschaftlichen Fragen und mit Problemstellungen innerhalb einer wissenschaftlichen Disziplin oder einer „professional community", hier die der SupervisorInnen und ihrer SupervisandInnen (BeraterInnen, PsychotherapeutInnen, Angehöriger helfender oder pädagogischer Berufe etc.). Dieses Forschungsprojekt ist in beiden Teilen (SAP 1 und SAP 2) von all diesen Kontexten nicht ablösbar, sondern vielfältig von ihnen bestimmt.

Supervision ist ein recht junger Ansatz, ein „Phänomen der Moderne", denn sie beginnt sich erst seit Mitte des vergangenen Jahrhunderts als Beratungspraxeologie und -methodik zur Unterstützung vor allem sozialer Hilfeleistungen und zur Förderung der Qualität professionellen Handelns zu entwickeln. Ihre in der Literatur (Belardi 1992, 2013) immer wieder erwähnten, nie aber wirklich mit Material aus Originalquellen kritisch dokumentierten Vorläuferformen in der amerikanischen Sozialarbeit haben mit den heutigen Supervisionsformen auf den ersten Blick nur wenig gemein und bleiben kaum greifbar. Bei genauerem historischem Blick auf den „Diskurs" der Supervision (in sensu Foucault) und seine „Genealogie" findet man Ursprünge in der Feudal- und Ekklesialadministration, der Armenverwaltung und -pflege (mit den durch die „poor laws" eingesetzten „supervisors"), einer Art forensischer Kontroll- und Disziplinarmacht (Petzold et al. 2001). Dies sind die historischen Unterströmungen, die sich bei den Themen „Expertenmacht" und „Kontrolle" bzw. „Kontrollmacht" (oder eben bei der Vernachlässigung dieser Themen) zeigen. Die angloamerikanische Auffassung von Clinical Supervision ist diesem Kontrollaspekt noch näher.

Und natürlich finden sich auch in Europa Manifestationen der Kontrollmacht durch Supervision: Supervision wird oft als Instrument der „Qualitätssicherung" bezeichnet – heißt das nicht letztlich der Qualitätskontrolle mit durchaus möglichen disziplinarischen Konsequenzen? Die modernen Formen der Supervision bedürfen also durchaus der dekonstruktivistischen Untersuchung und kritischen Sichtung, damit sie in ihren offenen und verdeckten Zielen, wie sie in Arbeitsformen, Tätigkeitsfeldern und Zielbereichen zum Tragen kommen, eine „hinlängliche Transparenz" gewinnen. Die Reflexion der eigenen Theorien und Praxen auf ihre geschichtlichen Hintergründe, die Metareflexion der Entwicklung der eigenen Disziplin und des eigenen Feldes mit seinen Feldphänomenen, das ist eine Position, die einem modernen Verständnis von Supervision entspricht, die um Überschau – eine „Super-Vision" – bemüht ist und sich als eine Disziplin systematischer Problematisierung und Metareflexion sieht.

Es würden dann nämlich „Problematisierungen" (Foucault 1996) für Phänomene möglich, wie sie schon die Ergebnisse von SAP 1 offen legten: Ein noch immer weitgehendes Fehlen von Untersuchungen der Macht- und Kontrollthematik, eine Vernachlässigung der sozialpsychologischen Kontrolltheorien sowie eine im psychosozialen Feld noch immer weitgehende Leerstelle bei den Nachweisen der Wirksamkeit von Supervision, die bis ins KlientInnenfeld einwirkt.

Die Kontrollen der Moderne sind vielfältig. Zu ihren mächtigsten Instrumenten zählt die empirische Forschung. Der Widerstand z. B. von PraktikerInnen der Psychotherapie gegen nomothetische Forschung oder auch der Mangel an Effizienzforschung im deutschsprachigen Bereich zur Supervision – könnte er nicht (neben vielen anderen Ursachen und Gründen) auch damit zusammenhängen, dass der alte Diskurs machtvoller „Supervisors" zum Tragen kommt, die kontrollieren, aber es schlecht aushalten, kontrolliert zu werden?

Denn: „Supervisor is a person who exercises general direction or control over a business, a body of workmen, etc.; one who inspects and directs the work of others", also lt. Oxford English Dictionary (1989) „eine Person, die eine generelle Leitung oder Kontrolle bei einem Unternehmen, einer Gruppe von Arbeitern etc. ausübt, jemand der die Arbeit von anderen überwacht und leitet". Diese eine Bedeutung hat sich im Bereich des angloamerikanischen Wirtschaftslebens und international insgesamt im „Profitsektor" der „Freien Wirtschaft" erhalten und durchgesetzt und bestimmt auch nachhaltig das angloamerikanische/australische Verständnis von „clinical supervision".

Supervision als Phänomen der Moderne ist auch durch ihre Verbreitung und Proliferation in viele Bereiche des Arbeitslebens zu charakterisieren, in denen es um „human resources", zwischenmenschliche Kommunikation und damit zwischenmenschliche Dynamiken und Probleme geht. Dort kann sie zunehmend auch als „Sozialtechnologie der Optimierung zwischenmenschlicher Kommunikation, Kooperation und Arbeitseffizienz" eingesetzt werden, und eben auch als propagiertes „Instrument der Qualitätssicherung und Qualitätsentwicklung".

Supervision – und darin liegt ihre Modernität – kann auch als ein „Instrument zur Strukturierung und Reduktion sozialer Komplexität" in einer zunehmend „unüberschaubaren Moderne" (Habermas) angesehen werden. Sie verspricht eine Beratung von ExpertInnen mit einem schon hohen Profil an Professionalität (z. B. BeraterInnen, TherapeutInnen, PädagogInnen) durch andere ExpertInnen (sozialwissenschaftlich und sozialinterventiv besonders ausgebildete „SpezialistInnen mit Überschau" – SupervisorInnen eben, quasi „hyperexperts").

Die Aufgaben moderner Sozial- und Hilfeleistungssysteme sind hochkomplex geworden. Die Vernetzung von Aufgaben und Diensten, von Organisationen und Institutionen und die damit verbundenen Anforderungen an die Qualität zwischenmenschlicher Zusammenarbeit, an die „human relations", die „human resources", sind in der informationstechnologisch bestimmten und sich globalisierenden Moderne enorm gestiegen, sodass MitarbeiterInnen aller Ebenen einem hohen „Komplexitätsdruck" ausgesetzt sind:

- in ihren eigenen Organisationen und Institutionen, die immer höhere Anforderungen an die Gewährleistung von Qualität stellen und stellen müssen,
- in ihren Teams, da Aufgaben zunehmend durch Teamwork geleistet werden müssen, bei gleichzeitiger Ressourcenknappheit und hoher Verantwortlichkeit des/der Einzelnen,
- vonseiten ihrer KlientInnen und PatientInnen, die in ihren Lebens- und Arbeitswelten ähnlichen Komplexitätsanforderungen ausgesetzt sind und oft genug daran scheitern und
- teilweise auch von den Angehörigen dieser KlientInnen.

Supervision steht dabei in einem fortschreitenden Institutionalisierungsprozess, denn sie gewinnt zunehmend die Funktion, die Institutionen charakterisiert, nämlich für die Gesellschaft Entlastungsfunktionen bereitzustellen. Für AuftraggeberInnensysteme ist es natürlich entlastend, wenn sie für bestimmte Bereiche ihrer Aufsichts-, Sorgfalts- und Gewährleistungspflichten „ExpertInnen" mit Unterstützungsfunktion und – manchmal offen, zumeist verdeckt gewünscht – auch Kontrollfunktion beziehen oder einsetzen können. Das reduziert Komplexität, bricht Härten disziplinarischer Maßnahmen und reduziert Komplexitätsdruck im AuftraggeberInnensystem.

Für diese hier nur exemplarisch aufgezeigten Komplexitätsprobleme, Qualitätsfragen, Entwicklungsaufgaben und Konfliktfelder moderner Lebens- und Arbeitswelten will Supervision Unterstützung anbieten.

Literatur

Belardi, Nando. (1992). *Supervision: Von der Praxisberatung zur Organisationsentwicklung.* Paderborn: Junfermann.

Belardi, Nando. (2009; 2013). *Supervision. Grundlagen, Techniken, Perspektiven* (3. Auflage; 4. aktualisierte Auflage). München: C. H. Beck.

Foucault, Michel. (1996). *Diskurs und Wahrheit. Die Problematisierung der Parrhesia.* Berlin: Merve Verlag.

Petzold, Hilarion G., Oeltze Jürgen und Ebert, Wolfgang. (2001). *Qualitätssicherung und die Weiterbildungspläne der DGSv – Probleme, Befunde aus der Forschung und ExpertInnenmeinungen von der Basis.* Düsseldorf/Hückeswagen: Europäische Akademie für Psychosoziale Gesundheit.

Simpson, John und Weiner, Edmund. (1989). *The Oxford Englisch Dictionary.* Oxford: Oxford University Press.

Zum Verständnis von Supervision

Brigitte Schigl, Claudia Höfner, Noah A. Artner, Katja Eichinger, Claudia B. Hoch und Hilarion G. Petzold

Die Komplexität von Supervision ist schon angeklungen. Es war auch bereits ein wesentliches Ergebnis von SAP 1, dass es *die* Supervision nicht gibt, sondern vielfältige Einsatzbereiche in unterschiedlichen Feldern mit unterschiedlichen Foci und Zielen. Somit kann Supervision nicht als Einheit beforscht werden. Stattdessen müssen je nach theoretischem Hintergrund oder konzeptueller Vorstellung unterschiedliche Forschungsgegenstände „Supervision" unterschieden werden. Eine solche Trennlinie verläuft zwischen der mitteleuropäischen, vor allem deutschsprachigen und der angloamerikanisch/australischen Auffassung von Supervision.

3.1 Unterschiedliche Auffassungen von Supervision

Verbände und Berufsvertretungen entwickelten bereits Standards für die berufliche Weiterbildung von SupervisorInnen. Diese weisen jedoch im Vergleich inhaltliche Unterschiede auf. Somit war bisher die Möglichkeit von Vergleichbarkeit und Validierung von Supervision und Coaching, insbesondere auf internationaler Ebene, nicht gegeben. Im Zuge des Leonardo-Projektes „ECVision – Ein europäisches System der Vergleichbarkeit und Validierung supervisorischer Kompetenzen" wurde diesem Versäumnis 2014 Rechnung getragen.

Im Rahmen dieses Projekts wurde eine von allen Mitgliedern der ANSE[1] (Association of National Organisations for Supervision in Europe) akkordierte Sammlung wesentlicher Grundbegriffe, Konzepte und Ziele von Supervision sowie supervisorischer Kompetenzen und Methoden in einem European Glossary of Supervision and Coaching festgehalten.

---

[1] http://www.anse.eu Zugriff am 21.05.2019.

Supervision lässt sich laut ECVision (2014) generell beschreiben anhand

- der AkteurInnen (SupervisorIn, SupervisandIn, KlientInnen, AuftraggeberIn),
- der Methoden wie zum Beispiel Dialog oder Arbeiten mit dem Gruppenprozess,
- der Kernqualitäten wie beispielsweise Lernprozess, Kontrakterstellung oder Empathie, sowie
- der Settings (Einzel, Gruppe, Team, Organisation, Kommunikationsmedien) und
- der Arten wie Fallsupervision, Leitungssupervision, externe/interne Supervision (alles ECVision 2014).

Der Begriff Supervision ist hier (ECVision 2014, S. 52 f.) als ein Beratungsformat zur beruflichen Entwicklung von Personen, Teams und Organisationen definiert.

- Supervision für die Arbeit mit KlientInnen/PatientInnen/KundInnen: Als Form der Qualitätssicherung werden die Einstellung und das professionelle Handeln der SupervisandInnen gegenüber sowie die Beziehung zu den KlientInnen überprüft und weiterentwickelt.
- Lehrsupervision von AusbildungskandidatInnen/Studierenden (z. B. Psychotherapie, Klinische und Gesundheitspsychologie, Sozialarbeit und Sozialpädagogik, z. T. Krankenpflege etc.): Berufliche Kompetenzen sollen durch das Aneignen von Theorien, Methoden und vor allem Fertigkeiten (performances) und Fähigkeiten (competences) in und mittels Supervision erworben werden.
- Supervision als Beratung beruflichen Handelns mit Menschen: Prinzipiell wird angenommen, dass in allen Berufen und Arbeitsfeldern die Wirksamkeit und Effizienz in beruflichen Zusammenhängen sowie die Qualität des professionellen Handelns durch Supervision erhöht werden kann. Hier könnten sämtliche Berufsgruppen und Arbeitsfelder z. B. in Wirtschaftsorganisationen, Bildungseinrichtungen, in der staatlichen und kommunalen Verwaltung oder im IT-Bereich mit einer/m SupervisorIn als ExpertIn von Supervision profitieren.
- Organisationssupervision: „In diesem Verständnis von Supervision liegt der Schwerpunkt auf dem Reflektieren der Beziehung zwischen Teams und dem organisatorischen Umfeld. Sie macht Machtkonstellationen ebenso transparent wie institutionelles und subjektives Verständnis von Rollen und Aufgaben" (ECVision 2014, S. 12).

Kritisch anzumerken ist bei diesen Definitionen, dass sie, wie alle im ECVision gesammelten Begriffe des Glossars nicht forschungsgestützt erstellt wurden. Sie stellen vielmehr die Konsens-Ergebnisse internationaler ExpertInnen und deren Arbeitsgruppen dar.

Die Österreichische Vereinigung für Supervision und Coaching – kurz ÖVS[2] – definiert Supervision als

---

[2] http://oevs.or.at Zugriff am 21.05.2019.

3.1 Unterschiedliche Auffassungen von Supervision

„… professionelle Beratungsmethode für alle beruflichen Herausforderungen von Einzelpersonen, Teams bzw. Gruppen und Organisationen. Die[/Der] Supervisor[/in] unterstützt … dabei, berufliche Handlungen zielgerichtet, effizient und erfolgreich zu gestalten. Ziel von Supervision ist es, im Einzelgespräch, im Team oder in der Gruppe berufliche Situationen zu reflektieren und die Teilnehmer[/inn]en zu befähigen, die damit verbundenen Probleme und Herausforderungen konstruktiv zu bewältigen, Konflikte zu lösen und Veränderungsprozesse aktiv zu steuern" (ÖVS 2019).

Supervision kann laut ÖVS als spezifische Beratungsmethode von Einzelpersonen, Gruppen und Teams begleitend und unterstützend genutzt werden, um in beruflichen Anforderungen unter Anleitung einer SupervisorIn Handlungsalternativen, neue Dimensionen, Klarheit, Gestaltungsmöglichkeiten und Lösungen bei neuen Herausforderungen zu finden (ÖVS 2019). Die ÖVS hat ihren Namen 2014 in Österreichische Gesellschaft für Supervision *und Coaching* umbenannt.

Die deutsche Gesellschaft für Supervision e. V. (DGSv) sieht 2016, zur Zeit der Recherchen für dieses Buch, Supervision als

„wissenschaftlich fundiertes, praxisorientiertes und ethisch gebundenes Konzept für personen- und organisationsbezogene Beratung in der Arbeitswelt. Sie ist eine wirksame Beratungsform in Situationen hoher Komplexität, Differenziertheit und dynamischer Veränderungen. In der Supervision werden Fragen, Problemfelder, Konflikte und Fallbeispiele aus dem beruflichen Alltag thematisiert.

Dabei werden die berufliche Rolle und das konkrete Handeln der SupervisandInnen in Beziehung gesetzt zu den Aufgabenstellungen und Strukturen der Organisation und zu der Gestaltung der Arbeitsbeziehungen mit KundInnen und KlientInnen. Supervision fördert in gemeinsamer Suchbewegung die berufliche Entwicklung und das Lernen von Berufspersonen, Gruppen, Teams, Projekten und Organisationen. Gelegentlich unterstützt Supervision Entscheidungsfindungsprozesse.

Supervision ist als Profession gebunden an gesellschaftliche Verantwortung für Bildung, Gesundheit, Grundrechte, Demokratie, Gerechtigkeit, Frieden und nachhaltige Entwicklung. Sie ist einer Ethik verpflichtet, die diesen Werten entspricht" (DGSv 2016)[3].

Auf der aktualisierten Homepage der DGSv (2019) sind allerdings keine Definitionen von Supervision mehr enthalten, es werden Supervision und Coaching gemeinsam als Beratung auf Basis von Beziehungsarbeit dargestellt, bzw. Supervision und Coaching nicht definitorisch unterschieden. Auch der Forschungsbezug in der Beschreibung von Supervision wird nicht mehr erwähnt (DGSv 2019). Die DGSv hat 2016 auch ihren Namen in Deutsche Gesellschaft für Supervision *und Coaching* e. V. umbenannt[4].

Aus der Sicht Integrativer Theorie – dem Hintergrund des ForscherInnenteams – sind vier Definitionsperspektiven wesentlich (siehe Petzold 2007, S. 27):

---

[3]Diese Definition war zum Zeitpunkt der Verfassung dieses Textes online und wurde inzwischen von der DGSv von der Website genommen.

[4]Überlegungen dazu finden sich im Nachwort von Hilarion Petzold in diesem Band.

„A – Supervision ist eine interdisziplinär begründete *Methode* zur Optimierung zwischenmenschlicher Beziehungen und Kooperation, z. B. in der psychosozialen, pädagogischen und therapeutischen Arbeit durch mehrperspektivistische Betrachtung aus exzentrischer Position, eine aktionale Analyse und systematische Reflexion von Praxissituationen (Situationsdiagnostik) auf ihre situativen, personenabhängigen und institutionellen Hintergründe hin.

Sie geschieht durch die intersubjektive Korrespondenz zwischen SupervisorInnen und SupervisandInnen in Bündelung ihrer Kompetenzen (joint competence) an theoretischem Wissen, praktischen Erfahrungen, differenzieller Empathie, Tragfähigkeit und common sense, sodass eine allgemeine Förderung und Entwicklung von Kompetenzen und ihrer performatorischen Umsetzung möglich wird, weshalb wir Supervisionsgruppen auch als ‚Kompetenzgruppen' bezeichnen (Petzold 1998, S. 27).

B – Supervision ist ein interaktionaler *Prozess,* in dem die Beziehungen zwischen personalen und sozialen Systemen (z. B. Personen und Institutionen) bewusst, transparent und damit veränderbar gemacht werden mit dem Ziel, die personale, soziale und fachliche Kompetenz und Performanz der supervisierten Personen durch die Rückkoppelung und Integration von Theorie und Praxis zu erhöhen und weiterhin eine Steigerung der Effizienz bei der supervisierten Institution im Sinne ihrer Aufgabenstellung zu erreichen. Diese Aufgaben selbst müssen reflektiert und gegebenenfalls den Erfordernissen der „relevanten Umwelt" entsprechend verändert werden.

C – Supervision als *Praxisstrategie* erfolgt in dem gemeinsamen Bemühen von SupervisorInnen und SupervisandInnen vorgegebene Sachelemente, Überlegungen und Emotionen in ihrer Ganzheit, ihrer Struktur, ihrem Zusammenwirken zu erleben, zu erkennen und zu handhaben, wobei die SupervisorIn aufgrund ihrer personalen, sozialen und fachlichen Kompetenz als Feedback-Instanz, KatalysatorIn, BeraterIn in personaler Auseinandersetzung fungiert, ganz wie es Kontext und Situation erforderlich machen (Petzold 1977e, S. 242).

D – Supervision als *sozialphilosophisch fundierte Disziplin* mit interventiver Zielsetzung wurzelt im Freiheitsdiskurs moderner Demokratie und im Engagement für Grund- und Menschenrechte. Auf dieser Basis legitimiert sie sich als ein Praxis gerichtetes Reflexions- und Handlungsmodell, das auf die Förderung personaler, sozialer und fachlicher Kompetenz und Performanz von Berufstätigen gerichtet ist, um Effizienz und Humanität professioneller Praxis zu sichern und zu fördern.

Sie verwendet hierfür ein breites Spektrum sozialwissenschaftlicher Theorien und greift auf erprobte Methoden psychosozialer Intervention zurück. Sie leistet damit Arbeit im Gemeinwesen für das Gemeinwesen (Petzold 1973, S. 1)".

Im Vergleich der unterschiedlichen Definitionen fallen die „wissenschaftliche Fundierung" und das „ethisch gebundene Konzept" in der Definition der DGSv von 2016 ins Auge, die auch die Definition aus dem Blickwinkel der Integrativen Theorie aufweist (Punkt D).

Die Integrative Definition führt die „Steigerung der Effizienz der Institution" im Sinne einer Aufgabenstellung an und benennt somit den Aspekt der Wirkung von Supervision. Eine weitere Besonderheit der integrativen Definition ist der Verweis auf die politische Dimension von Supervision. Einen solchen hat auch die Definition der DGSv von 2019 in ihre Beschreibung aufgenommen. Gemeinsam ist allen Begriffsbestimmungen die Betonung der Interaktionalität in den unterschiedlichen Settings.

3.1 Unterschiedliche Auffassungen von Supervision

Allen Definitionen von Supervision gemeinsam ist die Steigerung der Qualität des beruflichen Handelns in der Arbeit mit Menschen. Dieser Optimierungscharakter enthält auch (indirekt) über den Begriff Qualitätssicherung auch die Qualitätskontrolle.

Beleg dafür ist die bereits erwähnte Auffassung von Supervision aus dem Oxford English Dictionary (1989): „SupervisorIn ist eine Person, die eine generelle Leitung oder Kontrolle bei einem Unternehmen, einer Gruppe von ArbeiterInnen etc. ausübt, jemand, der die Arbeit von anderen überwacht und leitet" bzw. aktuell: „A person who supervises a person or an activity" (Cambridge Living Dictionary 2019). Das Cambridge Dictionary formuliert: „Supervision is the act of watching a person or activity and making certain that everything is done correctly, safely, etc." (Cambridge Living Dictionary 2019). Hier zeigt sich die viel stärkere Betonung von Kontrolle und Aufsicht, die der Begriff im Englischen hat – auch im psychosozialen Feld. Diese Begriffsbestimmung beeinflusst das Verständnis von „clinical supervision" im englischen Sprachraum:

Die folgende im angloamerikanischen/australischen Raum weit verbreitete und akzeptierte Definition von Bernard und Goodyear (2009, zitiert nach Watkins Jr. 2011) beschreibt den Kern supervisorischer Praxis im klinischen Feld und unterscheidet Supervision von Weiterbildungen und psychotherapeutischen Skills-Trainings wie folgt:

> … an intervention provided by a more senior member of a profession to a more junior member or members of that same profession. This relationship is evaluative and hierarchical, extends over time, and has the simultaneous purposes of enhancing the professional functioning of the more junior person(s); monitoring the quality of professional services offered to clients that she, he, or they see; and serving as a gatekeeper for those who are to enter the particular profession (Bernard und Goodyear 2009, S. 7; zitiert nach Watkins Jr. 2011, S. 238).[5]

Auch Milne (2009) sieht Clinical Supervision als eine komplexe Beratungsform und folgert, dass sich aufgrund eben dieser Komplexität unterschiedliche Definitionsformen etabliert haben. Er hinterfragt dabei die oben zitierte Definition von Bernard und Goodyear (2009; zitiert nach Watkins Jr. 2011) hinsichtlich ihrer wissenschaftlichen Haltbarkeit mit dem Ziel einer empirischen Definition der Entwicklung von Clinical Supervision. Zuerst verfasste er eine Arbeitsdefinition, die er mit empirischen Daten abglich, wobei der Begriff „Intervention", die zeitliche Dauer und die Funktion von Supervision präzisiert und bestätigt werden sollten. Diese empirisch extrahierte Arbeitsdefinition lautet:

---

[5]Psychotherapie-Supervision oder „clinical supervision" wird definiert als eine Intervention, die von einem erfahrenen Mitglied einer Profession einem weniger erfahrenen Mitglied derselben Profession zur Verfügung gestellt wird. Diese Beziehung wird evaluiert, dauert eine Zeit an und hat als Ziele, die professionellen Fähigkeiten der jüngeren Person/en zu verbessern ebenso die Qualität der Leistungen, die KlientInnen von dieser Person erhalten, zu registrieren und „Torwächter" zu sein für jene, die innerhalb einer bestimmten Profession beabsichtigen, Fuß zu fassen (Übersetzung durch die AutorInnen).

„The formal provision…of an intensive…relationship-based…education and training…that is case-focused…and which supports, directs and guides…the work of colleagues (supervisees). Functions of supervision…quality control…maintaining and facilitating the supervisees' competence and capability…helping supervisees to work effectively" (Milne 2007, S. 440).[6]

Im Rahmen dieser qualitativen Analyse stellte Milne seine Arbeitsdefinition von Supervision in einer systematischen Überprüfung von 24 empirischen Studien samt Definitionen vergleichend gegenüber. Er prüfte die Definitionen auf die wesentlichen Faktoren 1) Präzision, 2) Spezifikation, 3) Operationalisierbarkeit und 4) Stärke. Dabei konnte selbst die Formulierung von Bernard und Goodyear (1998, zitiert nach Milne 2007) – eine der am weitesten verbreiteten Definitionen von Supervision – diesen vier definierten Faktoren nicht standhalten. Lediglich die zuvor mittels der qualitativen Analyse erstellte Definition konnte den Qualitätskriterien von Supervision gerecht werden. Milne (2007) beschreibt Supervision somit wie folgt:

Form of Supervision:
„The formal provision (i.e. sanctioned by relevant organization/s); by senior/qualified health practitioners (or similarly experienced staff) of an intensive (i.e. typically 1:1 and regular/ongoing, at least, three meetings with protected time, of at least 3 h total duration), relationship-based (inc. confidential and highly collaborative, being founded on a learning alliance and featuring (e.g.) participative decision making and shared agenda setting; and therapeutic inter-personal qualities, such as empathy and warmth), education and training (general problem-solving capacity or 'capability' aspect, not just competence enhancement) that is case-focused (supervisee guides topics and tables material and supervisor typically overlays professional and organizational considerations/standards) and which supports, directs and guides (inc. also 'restorative and normative' topics, addressed by means of professional methods, inc. objective monitoring, feedback and evaluation; and by reference to the empirical and theoretical knowledge-base) the work of colleagues (supervisees) (inc. CPD/post-qualification colleagues)
'Functions' of Supervision:
(1) quality control (inc. 'gatekeeping' and safe, ethical practice);
(2) maintaining and facilitating the supervisees' competence and capability; and
(3) helping supervisees' to work effectively (inc. promoting quality control and preserving client safety; accepting responsibility and mostly working independently; developing own professional identity; enhancing self-awareness and resilience/effective personal coping with the job; critical reflection and lifelong learning skills)" (Milne 2007, S. 440).

Für Klinische Supervision in der Medizin, Psychotherapie, Klinischen Psychologie und Klinischen Beratung schlagen Kilminster und Jolly (2000) folgende Definition vor:

---

[6]Supervision ist die formale Bereitstellung einer intensiven auf einer Beziehung basierenden Ausbildung und eines Trainings, das fallzentriert die Arbeit der SupervisandInnen unterstützt, leitet und führt. Die Funktionen von Supervision sind Qualitätskontrolle, das Unterstützen und Ermöglichen von Kompetenz und Fähigkeiten der SupervisandInnen, damit diese wirksam arbeiten (Übersetzung durch die AutorInnen).

3.1 Unterschiedliche Auffassungen von Supervision

„The provision of monitoring, guidance and feedback on matters of personal, professional and educational development in the context of doctors' care of patients. This would include the ability to anticipate a doctor's strengths and weaknesses in particular clinical situations in oder to maximize patient safety" (S. 828).[7]

Für White und Winstanley (2010) ist Clinical Supervision hingegen die Bereitstellung einer Auszeit und die Möglichkeit sich innerhalb einer längerfristigen professionellen Beziehung mit einer erfahrenen PraktikerIn in einer geleiteten Reflexion mit der aktuellen Praxis zu beschäftigen, um diese in der Zukunft zu verbessern und zu entwickeln. Von den Rahmenbedingungen her sprechen sie in ihrer Definition und Beschreibung von üblicherweise kleinen Gruppen mit ungefähr sechs Personen, die einander in vereinbarten Terminen mit einem passend geschulten „clinical supervisor" einmal im Monat in 45- bis 60-minütigen Einheiten treffen, und in einer unterstützten und vertrauensvollen Diskussion über beruflich wichtige und bedeutende Anliegen reflektieren. Clinical Supervision unterscheidet sich dabei in ihrer Auffassung von Fallberichten, MitarbeiterInnengesprächen und Psychotherapie.

Die hier dargestellten Definitionen zeigen die unterschiedlichen Konnotationen von Supervision auf. Allen gemeinsam ist, dass es um Qualität der Arbeit mit Menschen gehen soll, sei es im psychosozialen, im klinischen Feld oder bei der Führung von MitarbeiterInnen bzw. im Kontakt mit KundInnen. Diese Qualität soll Supervision sichern, ausweiten oder herstellen helfen. Während im europäischen (vor allem im deutschen, holländischen, italienischen und osteuropäischen) Raum die Betonung von Supervision als einer spezielle Beratung von Professionals ist, in der gemeinsam die Arbeit und deren Bedienungen (meta-)reflektiert werden, liegt die Betonung im angloamerikanischen Raum viel mehr auf Training, Vermittlung von Fertigkeiten sowie Kontrolle dieser Tätigkeiten. Dennoch lassen sich auch in den europäischen Ländern diesbezügliche Strebungen erkennen, Supervision gilt auch im europäischen Raum als eine Methode und ein Mittel der Qualitätssicherung.

In einer Überschau wie der vorliegenden kann man nicht von einem „schulenspezifischen" Supervisionsverständnis ausgehen oder von bestimmten berufsverbandlichen Supervisionskonzepten.

Wir haben uns deshalb entschieden, unserer Recherche ein Globalverständnis von *Supervision* zu hinterlegen, das wahrscheinlich für die Mehrzahl der Supervisionsansätze hinlänglich konsensfähig sein dürfte:

Wir fassen darin Supervision auf *als eine moderne Methodologie reflexiver und diskursiver Sozialintervention zur fachlichen Beratung, Begleitung und Weiterbildung von MitarbeiterInnen unterschiedlicher Arbeitsfelder (wenngleich schwerpunktmäßig*

---

[7]Supervision ist die Bereitstellung von Kontrolle, Anleitung und Rückmeldung in persönlichen, professionellen und Ausbildungsbelangen im Kontext der medizinischen Betreuung. Das beinhaltet auch die Fähigkeit, medizinische Stärken und Schwächen vorherzusagen in besonderen klinischen Situationen, um die Sicherheit der PatientInnen zu maximieren (Übersetzung durch die AutorInnen).

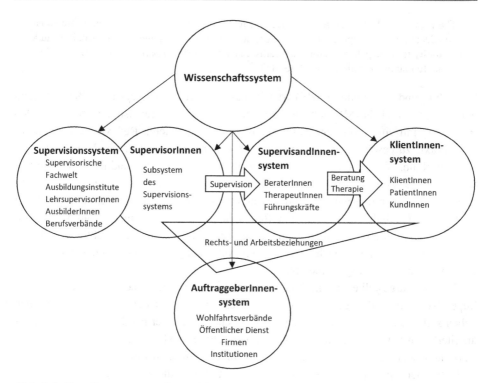

Abb. 3.1 Das Gesamtsystem Supervision als Mehrebenenmodell unter mehrperspektivischer Betrachtung

psychosozialer) und damit als ein Instrument der Qualitätssicherung in der Arbeit mit Menschen (KlientInnen, PatientInnen, Personal).

Entsprechend wird eine *SupervisorIn* gesehen als *„spezifisch qualifizierte BeraterIn bzw. fachliche BegleiterIn, die aus „fachlicher Überschau" und dem „Abstand der Außenstehenden" in Weiterbildungs- und Unterstützungsfunktion für MitarbeiterInnen in psychosozialen, klinischen und anderen Arbeitsfeldern tätig wird".*

Der in der Integrativen Supervision vertretene Supervisionsbegriff (zu seiner Entwicklung vgl. Petzold et al. 2001) wird zurückgenommen zugunsten einer „Definition eines potenziellen, minimalen Konsens" (in die er einbezogen bleibt), die aufgrund einer Analyse von mehr als 50 Supervisionsdefinitionen und Charakterisierungen von Supervision herausgearbeitet wurde (ebenda).

3.2 Qualität im Mehrebenenmodell des Supervisionssystems

Unserer Recherche liegt das Konzept des „Mehrebenenmodells der Supervision" zugrunde, das der Komplexität des „Gesamtsystems Supervision" unter einer „mehrperspektivischen Betrachtung" gerecht wird (Petzold 2007, S. 89 ff.).

3.2 Qualität im Mehrebenenmodell des Supervisionssystems

Supervision muss ja als komplexe Konfiguration betrachtet werden, damit ihr Mehrebenencharakter deutlich wird. In diesem liegen einerseits ihr Potenzial zur Erfassung und ggf. Beeinflussung komplexer Zusammenhänge, zum anderen aber auch ihre Probleme in der praktischen Supervisionsarbeit und der Beforschung dieser. In dem Mehrebenenmodell werden die durch die Komplexität *strukturell* bedingten Probleme sichtbar. Natürlich liegen hier auch die Herausforderungen der Supervisionsforschung ebenso wie der Qualitätssicherung von Supervision selbst, weil sich die einzelnen Ebenen nicht voneinander isolieren lassen, sondern beständig multiple Konnektivierungen zum Tragen kommen und vielfältige multidirektionale Einflüsse wirksam werden – siehe Abb. 3.1 (aus Petzold et al. 2001).

Für alle Ebenen des Systems der Supervision können Forschungsbemühungen und Qualitätsüberprüfungen stattfinden – und wurden in die Recherche miteinbezogen.

Das Supervisionssystem mit dem Subsystem Aus-/Weiterbildung[8]/LehrsupervisorInnen Die zu untersuchende „Qualität" (die dazu definiert werden muss) dieser Systemebene umfasst:

- die Qualität eines Curriculums,
- die Qualität seiner Durchführung,
- die Qualität der DozentInnen und LehrsupervisorInnen,
- die Qualität der Ausbildungsinstitution,
- die Qualität der Auszubildenden in ihren theoretischen Kompetenzen und in ihrer methodischen Performanz (u. a. „kontrolliert" in Lehr- bzw. Kontrollsupervision) bei Abschluss (Ausbildungsoutcome),
- die Qualität der „Performanz" der Ausgebildeten im Praxisfeld nach der Ausbildung (Performanzoutcome). Hier liegen Schwerpunkte der supervisorischen Ausbildungsforschung, die damit einen besonders hohen Komplexitätsgrad zu bewältigen hat (Schigl und Petzold 1997).

Das SupervisorInnensystem SupervisorInnen, die nach Durchlaufen eines Weiterbildungssystems praktische Supervisionsarbeit leisten, können in Hinblick auf ihre allgemein-supervisorische Kompetenz und Performanz und ihre Feldkompetenz beschrieben werden. Zu ersterer zählt etwa:

---

[8] So „verstehen wir unter beruflicher Weiterbildung jeden organisierten Bildungsvorgang nach einer vorherigen schulischen bzw. beruflichen Ausbildung, der nach der Aufnahme der ersten Berufstätigkeit stattfindet. Berufliche Weiterbildung umfasst alle institutionalisierten Lernprozesse, die entweder an eine in einem formalen (Erst-)Ausbildungsgang erworbene oder an eine durch Berufserfahrung gewonnene Qualifikation anknüpfen und eine weitere berufliche Bildung intendieren. Berufliche Weiterbildung ist generell gesehen … an vorhergehende Ausbildungen und Bildungsabschlüsse einer formalen Erstausbildung …" geknüpft (Becker und Hecken 2009, S. 357). Daher sind alle Supervisionsausbildungen Weiterbildungen, da sie auf Basis vorheriger Ausbildungen und Kompetenzen eine weitere Qualifikation hinzufügen.

- supervisionsdidaktische Kompetenz/Performanz,
- Problemklärungs- bzw. Problemlösungskompetenz/Performanz,
- empathische bzw. sozialintuitive Kompetenz,
- Entlastungskompetenz/Performanz,
- Einhaltung von Formalstandards (z. B. Zustimmung der PatientInnen bzw. KlientInnen zur Supervision, Vertragsklärung, Diskretionssicherheit),
- feldspezifisches Wissen,
- Fokussierung des Systems der PatientInnen bzw. KlientInnen.
- Erst wenn ihre Arbeit sich unter diesen Perspektiven in mehreren Bereichen (Einzel-, Gruppen-, Teamsupervision) als qualitätsvoll erweist und das auf mehreren Ebenen des Gesamtsystems Supervision, kann die Qualität der Ausbildung in praxi bestätigt werden und kann von einer Qualität der supervisorischen Arbeit gesprochen werden.

Das SupervisandInnensystem d. h. die supervidierten BeraterInnen, SozialarbeiterInnen, Krankenpflegepersonen, TherapeutInnen etc. sind in doppelter Hinsicht für die Supervisionsforschung und ihre Bemühungen um Wirkungs- und Qualitätsnachweise wesentlich.

- Für den Nachweis der unmittelbaren Supervisionsleistung von SupervisorInnen aufgrund von Zufriedenheit der SupervisandInnen und positiven Supervisionseffekten: Bestätigen die SupervisandInnen, dass diese SupervisorInnen gute Arbeit leisten, dann wäre die „Güte" der Supervisionsarbeit bzw. der angebotenen Dienstleistung zumindest teilweise nachgewiesen, nämlich in einer Dimension der „Kundenzufriedenheit". Diese darf nicht allein oder überwiegend als Messlatte für Effizienz gelten, denn SupervisorInnen müssen auch konfrontieren, unangenehme Themen ansprechen, Schwachstellen aufzeigen, und das verlangt von den Supervidierten bei Evaluationsprojekten schon eine Souveränität und Bewertungskompetenz. Weiterhin dient Supervision der fachlichen Qualifizierung von MitarbeiterInnen, und diese müsste mit anderen Methoden gemessen werden. Auch Beurteilungen aus dem System der PatientInnen bzw. KlientInnen (Zufriedenheit mit supervidierter Beratung vonseiten der PatientInnen und KlientInnen) und aus dem System der AuftraggeberInnen (Zufriedenheit der Institution, der Vorgesetzten etc. mit der Arbeit der SupervisorIn und der supervidierten MitarbeiterInnen) wären Qualitätsparameter.
- zum Nachweis der mittelbaren Supervisionseffekte auf der Ebene des Systems der PatientInnen bzw. KlientInnen der SupervisandInnen: Es muss der Nachweis geführt werden, ob und in welcher Art Supervision positiv (oder auch negativ) und auch nachhaltig in das System der PatientInnen bzw. KlientInnen wirkt, ob und wie z. B. PatientInnen von der Supervision ihrer PsychotherapeutInnen, SchülerInnen von der Supervision ihrer LehrerInnen, ProbandInnen von der Supervision ihrer BewährungshelferInnen, Lehrlinge von der Supervision ihrer MeisterInnen neu profitieren. Das wirft erhebliche forschungsmethodische Schwierigkeiten auf und es finden sich hierzu im deutschsprachigen Raum noch kaum Studien. Die Bemühungen der australischen

3.2 Qualität im Mehrebenenmodell des Supervisionssystems

ForscherInnen und v. a. die Supervisionsuntersuchungen im Feld der Krankenpflege (vgl. Abschn. 7.14.4 Reviews der Supervision in der Krankenpflege) würden hierunter fallen.

Das PatientInnen- bzw. KlientInnensystem Wenn bei PatientInnen und KlientInnen gezeigt werden kann, dass Supervision positive Effekte zeitigt und dass sie wenige/keine Negativeffekte produziert, wie dies leider auch möglich ist, kann von „durchgreifender" Wirksamkeit von Supervision gesprochen werden. Wie es riskante und schädigende Psychotherapie gibt – ein ernstes Problem (Märtens und Petzold 2002; Leitner et al. 2014) – gibt es auch „Risiken und Nebenwirkungen" von Supervision (Petzold und Rodriguez-Petzold 1997; Schigl 2013, 2016c), und diese müssen auf allen Ebenen des Supervisionssystems im Interesse der „client dignity" (Müller und Petzold 2002) untersucht werden. Es muss auch Ziel der Forschung sein, herauszuarbeiten, wie Supervision die Arbeit von SupervisandInnen, die mit PatientInnen, KlientInnen oder MitarbeiterInnen arbeiten, für diese Zielgruppen verbessert werden kann, am besten so weit nachwirkend, dass sich Therapie- oder Beratungserfolge steigern bzw. die Führung verbessert. Da die KlientInnen/PatientInnen/KundInnen/MitarbeiterInnen ja im Zentrum von oft staatlichen Maßnahmen der Hilfeleistung und der Bereitstellung von psychosozialen Diensten und medizinischen oder pädagogischen Einrichtungen für die Bevölkerung stehen und die entsprechenden Berufsgruppen in diesem Rahmen und mit diesem Auftrag tätig sind, muss das zentrale Ziel der Supervision die Qualitätssicherung und -entwicklung auch auf dieser Ebene liegen. Die finanziellen Investitionen der öffentlichen Hand in Supervision und die Verankerung von Supervision in den Ausbildungssystemen helfender Berufe haben vorrangig dieses Ziel. Das weitgehende Fehlen von überzeugenden Forschungsergebnissen auf dieser Ebene in Europa wiegt schwer und wirft grundsätzliche Fragen an die Supervision auf – nicht nur an die Supervisionsforschung – und zwar auch in supervisionsmethodischer Hinsicht: Leisten Supervisionsansätze auf der Ebene des PatientInnen- bzw. KlientInnensystems das, was sie leisten müssten? Können die herkömmlichen Supervisionsmethoden und -strategien überhaupt solche Wirkungen erbringen, und wenn ja, wie?

Das AuftraggeberInnensystem (Institutionen, Organisationen, Verbände, repräsentiert durch Leitungspersonen, Vorgesetzte, Geschäftsführungen, etc.), das SupervisorInnen beschäftigt, hat in der Supervisionsforschung bislang nur wenig Berücksichtigung gefunden, bedarf aber der Aufmerksamkeit. Es sind auch die positive/negative Wirkung der engagierten SupervisorInnen aus seiner Sicht zu bewerten (als weiteres System von Kundenzufriedenheit). Seine Motive und Erwartungen an Supervision sind noch wenig erforscht. Seine Einwirkungen auf die Supervision (von der Vertragsgestaltung bis zum Berichtsansinnen, von der Förderung bis zur Behinderung der Umsetzung von Supervisionsergebnissen) sind noch weitgehend unbekannt. Natürlich stellt das AuftraggeberInnensystem auch die Rahmenbedingungen für die Arbeit seiner MitarbeiterInnen, die Strukturqualität ihrer Praxis bereit und diese ist oft genug Thema in Supervisionen. Sie ist wahrscheinlich immer wieder auch eine intervenierende Variable für die Supervisionsqualität, und damit müssen Forschungsprojekte auch auf der Ebene des AuftraggeberInnensystems vermehrt in Angriff genommen werden.

Das ForscherInnensystem ForscherInnensysteme bedürfen selbst auch der Forschung. Für die Supervisionsforschung ist z. B. noch vieles grundsätzlich bzw. gründlicher zu erkunden:

- seine strukturellen Rahmenbedingungen (d. h. seine Geschichte, seine Traditionen, der Grad seiner Implementierung und Institutionalisierung, die Organisiertheit seiner „community of researchers",
- seine forschungsethische Situation,
- seine Forschungsparadigmen und Orientierungen (qualitativ, quantitativ, triangulierend),
- seine Forschungsinstrumente bzw. solche verwandter und damit nutzbarer Nachbardisziplinen,
- seine thematischen Bereiche (Haupt-, Neben-, Fehlbereiche),
- seine strukturellen und methodischen Probleme,
- seine Akzeptanz im SupervisorInnen- und AuftraggeberInnensystem mit Blick auf Forschungskooperationen und mit Blick auf die Rezeption und Wertschätzung von Forschungsergebnissen (Akzeptanzstudien und Rezeptionsstudien zur Forschung fehlen),
- Supervision in der Forschung (Projektsupervision, Supervision für ForscherInnen).

Die Liste ließe sich leicht verlängern und zeigt, wie aufbaubedürftig dieser Bereich ist. „Forschung über Forschung" ist insgesamt in der Wissenschaft ein Desiderat. Für die Supervisionsforschung sollte sie baldmöglichst in Angriff genommen werden, denn da das Feld noch „jung" ist, sind auch die maßgeblichen Weichen noch zu stellen. Das vorliegende Projekt ist als ein Beitrag hierzu zu sehen.

Auch Berker (2008) konstatiert, dass Fragen zum Verhältnis Supervision und Forschung zu selten gestellt und „noch immer zu sparsam beantwortet" (S. 84) werden und sieht die Disziplinbildung in den Anfängen. „Deshalb besteht enormer Forschungsbedarf", wie wir schon in SAP 1 (S. 21) ins Feld geführt haben, um sich als wissenschaftliche Disziplin zu etablieren und den aktuellen Standards der heutigen Wissens- und Technologiegesellschaften zu entsprechen. Wichtig dabei ist, SupervisorInnen zur Öffnung ihrer Praxis für Forschung und zur Beteiligung an Forschungsprozessen zu gewinnen.

Das hier skizzierte Mehrebenenmodell des Gesamtsystems Supervision bietet für die vorliegende Untersuchung einen wichtigen Rahmen, eine „mind map". Diese zeigte auch schon in SAP 1 nur zu deutlich, wie viele „weiße Flecken" es in der wissenschaftlichen Bearbeitung von Supervision gibt. In der vorliegenden Untersuchung füllen sich bereits manche Stellen (vgl. Abschn. 10.4 Vergleich des Forschungsstandes 2003 und 2016).

Literatur

Becker, Rolf und Hecken, Anna. (2009). Berufliche Weiterbildung – theoretische Perspektiven und empirische Befunde. In Rolf Becker (Hrsg.), *Lehrbuch der Bildungssoziologie* (S. 367–410). Wiesbaden: VS Verlag für Sozialwissenschaften.

Berker, Peter. (2008). Forschung und Supervision – zu selten gestellte Fragen. In Lothar Krapohl, Margret Nemann, Jörg Baur und Peter Berker (Hrsg.), *Supervision in Bewegung. Ansichten – Aussichten* (S. 83–93). Leverkusen: Verlag Barbara Budrich.

Cambridge Living Dictionary. (2019). *Supervision. Supervisor.* Zugriffe am 29.04.2019. Verfügbar unter https://dictionary.cambridge.org/dictionary/english/supervision und https://en.oxforddictionaries.com/definition/supervisor.

DGSv (Deutsche Gesellschaft für Supervision). (2016). *Definition Supervision.* Zugriff am 07.07.2016. Verfügbar unter http://www.dgsv.de/supervision/beratung/.

DGSv (Deutsche Gesellschaft für Supervision). (2019). Zugriff am 18.4.2019. Verfügbar unter https://www.dgsv.de/dgsv/supervision/konzept/ und https://www.dgsv.de/services/praktische-hinweise/basiswissen/ und https://www.dgsv.de/themen/wissenschaft/.

ECVision. (2014). (Hrsg.). *Ein Europäisches Glossar für Supervision und Coaching.* Zugriff am 18.05.2019. Verfügbar unter https://www.oevs.or.at/fileadmin/oevs_website/user_upload/ECVision_Glossar_deutsch_englisch.pdf und http://www.anse.at/tl_files/ecvision/dokumts/Att%202_ECVision_Glossary.pdf.

Kilminster, Sue M. und Jolly, Brian C. (2000). Effective supervision in clinical practice settings: a literature review. *Medical Education, 34*, 827–840.

Leitner Anton, Schigl, Brigitte und Märtens, Michael. (Hrsg.). (2014). *Wirkung Risiken und Nebenwirkungen von Psychotherapie. Ein Beipackzettel für PatientInnen und TherapeutInnen.* Wien: facultas.wuv.

Märtens, Michael und Petzold, Hilarion, G. (Hrsg.). (2002). *Therapieschäden: Risiken und Nebenwirkungen von Psychotherapie.* Mainz: Grünewald Verlag.

Milne, Derek L. (2007). An empirical definition of clinical supervision. *British Journal of Clinical Psychology, 46*, 437–447.

Milne, Derek L. (2009). *Evidence-Based Clinical Supervision. Principles and Practice.* West Sussex: John Wiley und Sons/BPS Blackwell.

Müller, Lotti und Petzold, Hilarion G. (2002). Problematische und riskante Therapie (nicht nur) in der Arbeit mit älteren und alten Menschen in „Prekären Lebenslagen" – „Client dignity?" In Michael Märtens und Hilarion G. Petzold (Hrsg.), *Therapieschäden. Risiken und Nebenwirkungen von Psychotherapie* (S. 293–332). Mainz: Grünewald. Zugriff am 30.04.2019. Verfügbar unter https://www.fpi-publikation.de/artikel/textarchiv-h-g-petzold-et-al-/mueller-l-petzold-h-g-2002a-problematische-und-riskante-therapie-nicht-nur-in-der-arbeit.html.

ÖVS (Österreichische Vereinigung für Supervision und Coaching). (2019). *Beratungsformate.* Zugriff am 21.05.2019. Verfügbar unter https://www.oevs.or.at/oevs-fuer-kundinnen/beratungsformate/.

Petzold, Hilarion G. (2007). *Integrative Supervision, Meta-Consulting, Organisationsentwicklung. Ein Handbuch für Modelle und Methoden reflexiver Praxis* (2. überarbeitete Auflage). Wiesbaden: VS Verlag für Sozialwissenschaften.

Petzold, Hilarion G. und Rodriguez-Petzold, Francesca. (1997). Anonymisierung und Schweigepflicht in supervisorischen Prozessen – ein methodisches, ethisches, klinisches und juristisches Problem. *Familiendynamik, 3*, 288–311.

Petzold, Hilarion G., Oeltze Jürgen und Ebert, Wolfgang. (2001). *Qualitätssicherung und die Weiterbildungspläne der DGSv – Probleme, Befunde aus der Forschung und ExpertInnenmeinungen von der Basis.* Düsseldorf/Hückeswagen: Europäische Akademie für Psychosoziale Gesundheit.

Schigl, Brigitte. (2013). Wie gefährlich kann Supervision sein? Perspektiven in ein Dunkelfeld. *Organisationsberatung Supervision Coaching, 20*, 35–49.

Schigl, Brigitte. (2016c). Risiken von Supervision: Perspektiven in ein Dunkelfeld. *Psychotherapie Forum, 21*(3), 82–89.

Schigl, Brigitte und Petzold, Hilarion G. (1997). Evaluation einer Ausbildung in Integrativer Supervision mit Vertiefungsschwerpunkt für den klinisch-geriatrischen Bereich. Ein begleitendes Forschungsprojekt. *Supervision: Theorie – Praxis – Forschung. Eine interdisziplinäre Internet-Zeitschrift, 04*. Zugriff am 21.05.2019. Verfügbar unter https://www.fpi-publikation.de/images/stories/downloads/supervision/schigl-petzold-1997-ausbildungsevaluation-integrative-supervision-klinisch-geriatrisch-superv-04-2017.pdf.

Simpson, John und Weiner, Edmund. (1989). *The Oxford Englisch Dictionary*. Oxford: Oxford University Press.

Watkins Jr., C. Edward. (2011). Does Psychotherapy Supervision Contribute to Patient Outcomes? Considering Thirty Years of Research. *The Clinical Supervisor, 30*(2), 235–256.

White, Edward und Winstanley, Julie. (2010). A randomized controlled trial of clinical supervision: selected findings from a novel Australian attempt to establish the evidence base for causal relationships with quality of care and patient outcomes, as an informed contribution to mental health nursing practice development. *Journal of Research in Nursing, 15*(2), 151–167.

4

Zum Verständnis von Forschung in der Supervision

Brigitte Schigl, Claudia Höfner, Noah A. Artner, Katja Eichinger, Claudia B. Hoch und Hilarion G. Petzold

Forschung wird in den Human- und Sozialwissenschaften – zu denen die Supervisionsforschung zählt – meist gleichgesetzt mit dem empirischen, d. h. erfahrungsgegründeten Sammeln von Daten (Schigl 2016b). In der empirischen Forschung kann zwischen Grundlagen- und Anwendungsforschung unterschieden werden, zur zweiten zählen die Bemühungen in diesem Buch. Daten aus der Wirklichkeit sollen „methodisch kontrolliert gewonnen werden" (Schülein und Reize 2002, S. 228), beispielsweise durch Testverfahren, geplante Experimente, und aus den verschiedenen Praxisfeldern inhaltlich genau aufgezeichnet und protokolliert werden. Diese Daten werden ausgewertet, systematisch analysiert und sollen im Vorhinein aufgestellte Hypothesen beweisen bzw. widerlegen (quantitative Herangehensweise) oder erst Theorien generieren bzw. Vorannahmen weiterentwickeln (qualitative Herangehensweise).

Wissenschaftlichkeit ist in modernen Gesellschaften ein Qualitätsstandard und (empirische) Forschung zu einem Gebiet wird als Garant für diese Qualität gesehen (vgl. Kap. 2 Überlegungen zum Kontext der Analyse). Solch wissenschaftliche Erkenntnisse können unter Anwendung quantitativer und qualitativer Forschungsmethoden erzeugt werden, oder auch in sophisticated Designs beide Zugänge triangulieren. Das quantitative Forschungsparadigma geht von der objektiven Erforschbarkeit meist als kausal konzipierter Zusammenhänge aus, die numerisch-statistisch ausgewertet werden und deren Ergebnisse, sofern die Gütekriterien Objektivität, Reliabilität und Validität entsprechen, als repräsentativ angesehen werden können (nomothetisches Forschungsparadigma).

Qualitatives Forschen hingegen orientiert sich am Subjekt. Zusammenhänge sind nur innerhalb mehrerer Realitäten zu sehen, zu erheben und zu verstehen und werden text-/inhaltsanalytisch und hermeneutisch ausgewertet. Gütekriterien in diesem Forschungsparadigma sind genaue Begriffe und Definitionen, Stimmigkeit, Transparenz, Realitätsangemessenheit und Adäquatheit (ideografisches Forschungsparadigma) (Flick et al. 2000).

In der angewandten Forschung (wie die Supervisionsforschung eine ist) stehen Probleme, die sich idealiter aus der Praxis generieren am Beginn der Forschungsvorhaben. Ab einer gesellschaftlich relevanten Größe einer Praxis – wie z. B. der Supervision – nehmen Fragen und Interesse der Öffentlichkeit und innerhalb der sich entwickelnden Profession zu (Berker 2008). Es entsteht der Bedarf nach Theorieentwicklung, und somit wird möglicherweise eine Disziplin begründet. Die idealiter aus der Fachdisziplin entwickelten Forschungsfragen werden mit speziellen Forschungsmethoden in zum Gegenstand passenden Forschungsdesigns untersucht. Die Ergebnisse können dann mit anderen Forschungsergebnissen – etwa aus Nachbardisziplinen und angrenzenden Wissensgebieten – verglichen und eingeordnet werden (Schigl 2016a, b).

Das schon in Kap. 1 umrissene Wachstum von Supervision macht wie oben beschrieben eine empirische Untermauerung ihrer Qualität nötig. Weiters bringt die Ansiedlung von Supervisionsweiterbildungen an Fachhochschulen und Universitäten eine zusätzliche Orientierung in Richtung Forschung mit sich. Postsekundäre Bildungseinrichtungen sind gesellschaftlich aufgefordert zu forschen und auf den dort gelehrten Gebieten wissenschaftliche Überprüfung und Wissensentwicklung voranzutreiben. So können wissenschaftliche Diskurse, neue Disziplinen und Scientific Communities entstehen, wie sich dies in der Supervision zu vollziehen scheint.

4.1 Die Entwicklung von Supervision und Supervisionsforschung

In der Mitte des 19. Jahrhunderts wurde nach Etablierung der Sozialen Arbeit die Frage des Umgangs mit der rapide steigenden Verelendung in Zusammenhang mit Verstädterung und Industrialisierung gestellt. Diese Problematik wurde auf der Ebene der Politik, in bürgerlichen Zeitungen und innerhalb der Wissenschaften Theologie, Nationalökonomie und Pädagogik sowie in Gemeinden und Initiativen diskutiert. Zur Verbesserung des Einsatzes von Ressourcen und der Kontrolle der Mittelvergabe entstand – vorerst als Teil der Sozialarbeit – eine weitere Praxis, die Jahrzehnte später als „Supervision" betitelt und auf weitere Berufsfelder erweitert werden sollte. Die Geburtsstunde der Ausbildungssupervision wird von Belardi (2009) in regelmäßigen Besprechungen zwischen PraxisdozentInnen und angehenden SozialarbeiterInnen gesehen. Die historische Situation ist allerdings bei ihm nicht ausreichend mit Quellen belegt. Einerseits standen Aspekte der Beziehung zwischen SozialarbeiterIn und KlientIn im Vordergrund. Andererseits wurden auch administrative und beaufsichtigende Seiten des beruflichen Handelns im Feld, geprägt durch eine Kombination aus Helfen und Kontrollieren, besprochen. Diese frühe Form von Supervision entstand aus einer Alltagspraxis, an wissenschaftlich begründetem Wissen fehlte es noch.

Der Beitrag der Psychoanalyse – hier vor allem durch Ferenczi – zur Entwicklung der Supervision ist in der Kontrollanalyse zu sehen (Belardi 2009): In einem fortgeschrittenen Stadium der Ausbildung begeben sich KandidatInnen, die bereits selbstständig mit PatientInnen tätig sind, in Kontrollanalyse bei dazu berechtigten erfahrenen KollegInnen. Innerhalb dieser werden Verlauf und Probleme in der therapeutischen Arbeit, wie Übertragungs-/Gegenübertragungsdynamik und Psychodynamik der KandidatIn bearbeitet und reflektiert (Petzold 1993m).

Die Gründung von Fach- und Berufsverbänden begann 1976 mit der Bildung des Schweizer „Berufsverbandes für Supervision und Praxisberatung", dem heutigen „Berufsverband für Supervision und Organisationsentwicklung" (bso), sowie der „Österreichischen Vereinigung für Supervision" (ÖVS) im selben Jahr. In Deutschland vereinigten sich mehrere Ausbildungseinrichtungen 1989 zur „Deutschen Gesellschaft für Supervision" (DGSv). Schließlich mündete die Entwicklung von Supervision auf europäischer Ebene in die „Association of National Organisations for Supervision in Europe", kurz ANSE, die 1997 in Wien ins Leben gerufen wurde (Belardi 2009).

Dieser Dachverband umfasst inzwischen mehr als 8000 anerkannte SupervisorInnen in 22 europäischen Ländern und aus 80 Ausbildungseinrichtungen (ANSE 2019).

Die Ansiedlung von Supervisionsweiterbildungen an Fachhochschulen und Universitäten bedingte eine verstärkte Orientierung in Richtung Wissenschaft. 1976 wurde der erste deutsche universitäre Aufbaustudiengang mit Abschluss „Diplom-Supervisor" in Kassel geschaffen (Siller 2010). Eine generelle Wissenschaftsorientierung der gesamten Community setzte sich jedoch noch nicht flächendeckend durch, zu heterogen waren (und sind) die Ansätze und Konzepte.

Die Nähe zwischen Sozialarbeit und Supervision weitete sich in den 1970er und 1980er Jahren durch das Einbeziehen der psychotherapeutischen Theoriemodelle, vornehmlich psychoanalytisch, gestalttherapeutisch, systemisch und psychodramatisch, zugunsten einer theoretischen Fundierung der Supervision, etwas auf. Es entstanden supervisorische „Schulen", die konzeptionell und methodisch den Therapieverfahren nahestehen. Supervision wird nun auch als ein verpflichtender Teil in der Psychotherapieausbildung eingesetzt und wurde in den Psychotherapiegesetzen als Teil des Curriculums zur Berufsausübung und verpflichtende Weiterbildung für PsychotherapeutInnen geregelt.

Die erste Befragung zu Erfahrungen mit Vorstellungen und Effekten von Supervision wurde bei 137 SupervisandInnen in sozialen Einrichtungen am Beginn der 1970er Jahre durchgeführt. Das Ergebnis dieser Studie zeigte keinen Effekt bei den SozialarbeiterInnen hinsichtlich Klärung und Sicherung der beruflichen Identität, während der Glaube an die Wirkung dennoch vorhanden war. Der Glaube an die Wirksamkeit und die Ergebnisse der Forschung klafften auseinander, aber der „Mythos der Supervision" (Blinkert und Hubertz 1975; zitiert nach Bergknapp 2007, S. 6) war geboren.

Die Wirksamkeitsforschung in der Supervision entstand Mitte der 1980er Jahre in den Bereichen Psychotherapieausbildung und AIDS-Arbeit (Siller 2008) zur Überprüfung von Effektivität, Prozess- und Erlebnisqualität. Bei den ersten systematischen Erhebungen wurden dafür neu entwickelte self-report Fragebögen, teilweise ergänzt durch Interviews, eingesetzt. Thematisch wird seit den 1990er Jahren in der deutschsprachigen Supervision zunehmend zu den Schwerpunkten Evaluation und Supervisionsprozess empirisch geforscht. Am Ende der 1990er Jahre und zu Beginn der 2000er Jahre entstanden einige methodisch anspruchsvollere und umfangreichere Evaluationsstudien auch innerhalb der Integrativen Supervision. Zumeist handelte es sich um Multicenterstudien zur Supervision in verschiedenen Feldern: Kühl und Pastäniger-Behnken (1999), Sipos (2001), Gottfried et al. (2003), Wittich (2004), Müller et al. (2005), Knaus et al. (2006) oder Brünker (2005) beleuchten Supervision in verschiedenen Feldern (siehe Abschn. 7.2 Multicenterstudien aus der Integrativen Supervision).

„Supervision auf dem Prüfstand", Teil 1, das eine umfassende Analyse der Supervisions-Literatur bis 2003 beinhaltet, kann als weiterer Meilenstein in der europäischen Supervisionsforschungsliteratur gesehen werden. 2017 brachte die ANSE einen englischsprachigen Reader zur europäischen Supervisionsforschung heraus (De Roos et al. 2017), der eine Auswahl von Forschungsprojekten aus Europa versammelt. Die Deutsche Gesellschaft für Supervision gab 2006 und 2008 eine Sammlung empirischer Arbeiten zum Nutzen von Supervision heraus, die allerdings unsystematisch erhoben wurden. Sie liefern jedoch einen weiteren Überblick der fortschreitenden Bemühungen, den Nutzen von Supervision zu erheben und zu dokumentieren.

In den letzten Jahren sind als englischsprachige Standardwerke und Handbücher zur wissenschaftlichen Beschäftigung „Evidence-Based Clinical Supervision" von Derek Milne (2009), das „Routledge Handbook of Clinical Supervision: Fundamental International Themes" von Cutcliffe et al. (2010) und das holländische Handbuch „Supervisiekunde meerperspectivistisch" von Marjo Boer et al. (2015) erschienen. Diese Standardwerke werden in Abschn. 7.1 Handbücher zur Supervision kurz dargestellt.

4.2 Desiderat: Naturalistische Wirksamkeitsforschung

Die moderne Evaluationsforschung fand ihren Anfang in der Sozialpolitik der USA in den 1930er Jahren. Im Bildungs- und Gesundheitswesen wurden Maßnahmen und Interventionen beurteilt, um daraus Regeln und Kriterien für die Erfolgs- und Wirksamkeitskontrolle abzuleiten. Im deutschsprachigen Raum begannen Evaluationen innerhalb der Psychiatrie-, Psychotherapie- und Bildungsforschung Ende der 1970er und zu Beginn der 1980er Jahre (Bortz und Döring 2006).

Psychotherapieforschung ist derzeit international die am meisten ausgereifte Beratungsforschung (Schigl 2016a; Wampold et al. 2018). Wirksamkeitsstudien in diesem Bereich sind seit den 1950er Jahren in steigender Komplexität state of the art. In der psychotherapeutischen Wirksamkeitsforschung können folgende Studienarten unterschieden werden (Gesundheit Österreich GmbH 2018), die auch gut für Supervision übernommen werden können. Sie decken sich auch mit dem Mehrebenenmodell von Supervision (vgl. Abschn. 3.2):

- Wirksamkeitsforschung inklusive Metaanalysen mit naturalistischen und Outcome-Studien (z. B. mit randomized controlled trials),
- Prozess- und Wirkfaktorenforschung (z. B. mit Einzelfallstudien),

4.2 Desiderat: Naturalistische Wirksamkeitsforschung

- Versorgungsforschung mit Berücksichtigung der Aspekte Ausbildung, Berufs- und Gesundheitspolitik sowie
- Grundlagenforschung/Theorieentwicklung.

Supervision wird (vgl. Kap. 3 Zum Verständnis von Supervision) von ihren VertreterInnen und Verbänden als Mittel der Qualitätssicherung auf verschiedenen Ebenen postuliert. Sie soll auf jeden Fall im SupervisandInnensystem Entlastung und Weiterentwicklung bringen, im organisationalen System der AuftraggeberInnen zur Verbesserung der Dienstleistungen beitragen und idealiter auch im PatientInnen- und KlientInnensystem noch nachweisbar sein. Wie viele intermittierende Variablen hier eine Rolle spielen, macht Abb. 3.1 (vgl. Abschn. 3.2 Qualität im Mehrebenenmodell des Supervisionssystems) auf einen Blick deutlich.

Menschliches Erleben und Verhalten, und mehr noch dessen Beeinflussung durch immaterielle Interventionen, was ja der Gegenstand von Beratungsforschung ist (Schigl 2016b), sind in ihrer Multidimensionalität hochkomplex. Supervision bietet die Chance, Entlastungen, Hilfen und Entwicklungsimpulse zu geben: durch die besondere Fachlichkeit und die durch Ausbildung und Erfahrung gewonnene Qualifikation – so sie denn vorliegt – der SupervisorInnen, durch ihre „Exzentrizität", d. h. die Abständigkeit der/des Außenstehenden (so sie denn gewahrt wird) und durch eine feldübergreifende „Überschau" (die generelle Supervisionskompetenz) und feldspezifische „Expertise" (die Feldkompetenz) – so beides denn gegeben ist. Supervision bietet die Chance Unterstützung und Anleitungen zu geben, mit sozialer und institutioneller Komplexität, mit Problemen von Interaktion, Kommunikation, Kooperation, mit fachlichen Fragen spezifischer Aufgaben- und Arbeitsbereiche bzw. -felder effektiver umzugehen und so Qualität zu sichern. Sie bietet die Chance – und die SupervisorInnen und ihre Berufs- und Fachverbände erheben den Anspruch – diese komplexen und verantwortungsvollen Aufgaben mit hoher Fachlichkeit, Qualität, Integrität und Wirksamkeit wahrnehmen zu können. Supervision sei eine Dienstleistung, mit der Bonität eines „Markenzeichens", an dessen Qualität „der Markt nicht mehr vorbeikommt" (Fortmeier 2001).

Unweigerlich ergeben sich daraus eine Reihe von Fragen: Wurde ein solcher Anspruch eingelöst? Kann er eingelöst werden? Wie kann er eingelöst werden? Mit welchen Maßnahmen kann Qualität von Supervision gesichert und entwickelt werden? Milne (2009) kommentiert den Anspruch der Evidenzbasierung für die Supervision kritisch – wie auch in der Psychotherapie viele kritische Stimmen zu den randomized controlled trials als „Goldstandard" der Forschung laut werden (z. B. Tschuschke 2005; Leichsenring et al. 2008; Kriz 2015). Die „Laborbedingungen" der sogenannten RCTs, meist Kurzzeitinterventionen im stationären klinischen Feld, so wird argumentiert, bilden nur teilweise die Bedingungen in der Praxis ab (Von Wyl et al. 2016; Wampold et al. 2018).

Supervisionsforschung als eine weitere Beratungsforschung braucht in der Community anerkannte Kriterien zur Erhebung wissenschaftlicher Erkenntnisse über ihre Wirkung. Die vorliegende Studie bietet in ihren beiden Teilen (SAP 1: 1990–2002 und

SAP 2: 2003–2016) eine Grundlage, Supervisionsforschung in ihrer Entwicklung zu beschreiben bzw. festzustellen, welche Fragen nicht oder noch nicht (ausreichend) beantwortet werden können. Diese Fragen sind auf der Grundlage der für diese Systeme vorliegenden Studien jeweils nur „differenziell" zu beantworten und zwar je spezifisch für das „SupervisandInnensystem" (BeraterInnen, BetreuerInnen, TherapeutInnen), für das „KlientInnensystem" (KlientInnen, PatientInnen) und das „AuftraggeberInnensystem". Wie hier die Entwicklung in den letzten zehn Jahren seit Erscheinen von SAP 1 verlief, war die Aufgabe von SAP 2, der Neuauflage unserer ersten Untersuchung. Sie folgt wie die erste den folgenden Kriterien:

4.3 Wissenschaftlichkeit, Wirksamkeit, Wirtschaftlichkeit, Unbedenklichkeit als Leitkriterien für Supervisionsforschung

Supervisionsforschung folgt heterogenen forschungsleitenden Interessen, z. B. abhängig von der supervisorischen Traditionslinie (Psychotherapie, Sozialarbeit, Pädagogik), der methodischen Orientierung (Gestalttherapie, Gruppendynamik, Integrative Therapie, Psychodrama, Psychoanalyse, social casework, Systemische Therapie, Verhaltenstherapie), der wissenschaftlichen Disziplin und Traditionslinie (Psychologie, Erziehungswissenschaften, Soziologie), dem Arbeitsfeld der ForscherInnen und ihrer Kontexte (Psychiatrie, Jugendhilfe, Altenarbeit, Suchttherapie etc.), der beteiligten PraktikerInnen und der Auftraggebung. Es wird dabei auch ein z. T. sehr unterschiedliches Verständnis von Supervision ersichtlich, das sogar bei AutorInnen innerhalb einer Orientierung (für die systemische Supervision vgl. Ebert 2001) oder eines Paradigmas durchaus variieren kann.

Dies ist an sich kein Problem, wenn die theoretisch-konzeptuelle Grundsubstanz der Orientierung/des Paradigmas gewahrt bleibt (was durchaus nicht immer der Fall ist) und es sich bei der definitorischen Formulierung um eine problem- bzw. aufgabenspezifische Anpassung handelt oder wenn es um eine *begründete*, erläuterte Weiterentwicklung innerhalb der Orientierung geht. Manchmal ist jedoch nicht einmal die Transparenz der jeweiligen Orientierung bzw. ihrer Akzentuierung in der Forschungsarbeit gegeben.

Systematische Entwicklungsarbeit innerhalb der einzelnen Supervisionstraditionen findet sich bedauerlicherweise nur in Ausnahmen (z. B. Buer 2001). Im Wesentlichen sind es Interessen von „Schulen" und „Orientierungen" der Supervision oder von Instituten und Verbänden, die sich in der bisher generierten Forschung hauptsächlich darstellt. Die Breite des supervisorischen Arbeits- und Aufgabenfeldes, die Vielfalt der Interessensgruppen und die Weite des Supervisionsverständnisses – insbesondere im deutschsprachigen/europäischen Bereich, der von der Einzel-, Team-, Institutionssupervision bis zur Organisationsentwicklung ausgreift, macht die Entwicklung einer konsistenten „Supervisionsforschung" genauso schwierig wie die Entwicklungen einer übergeordneten „Disziplin" Supervision.

4.3 Wissenschaftlichkeit, Wirksamkeit, Wirtschaftlichkeit, Unbedenklichkeit ...

Das wesentlichste Kriterium einer Qualität sowohl des Supervisionsansatzes, wie der Dokumentation seiner Wirkung war und ist die *Wissenschaftlichkeit* von Verfahren bzw. Methoden und die damit möglichen Nachweise von *Wirksamkeit, Wirtschaftlichkeit, Unbedenklichkeit.*

Deshalb wird die Wissenschaftlichkeit auch im Bereich der Supervision auf Dauer eines der zentralen Entwicklungsmomente und vielleicht auch das wesentlichste Selektionskriterium bei berufsrechtlichen Diskussionen oder Regelungen werden. Wissenschaftlichkeit – forschungsbasierte, versteht sich – ist auch für das supervisorische Feld ein mögliches Integrationsmoment, um den Weg in die Richtung einer eigenständigen, wissenschaftlich fundierten Disziplin gehen zu können. Dass dieser Weg gegangen werden muss, wird aus gesellschaftsstrukturellen Gründen – etwa der Etablierung von universitären Studiengängen, der Verankerung von Supervision in Berufsgesetzen – unabwendbar. Und natürlich weil – wie schon oben erwähnt – Forschung in unserer komplexen Moderne die Sicherung von Qualität und Unbedenklichkeit eines Produkts zu garantieren scheint. Dies umso mehr, als Supervision in besonders sensiblen „Vertrauensräumen" eingesetzt wird, in denen es um Schweigepflicht, Diskretion, Schutz von Persönlichkeits- und PatientInnenrechten, Dienstobliegenheiten und -geheimnissen, Verpflichtungen zu Qualitätssicherung und -kontrolle, etc. geht. Da Supervision auch mit Situationen der Hilfeleistung in prekären Lebenslagen befasst ist, mit sozialen Konflikten in Arbeitszusammenhängen und demnach eine hohe Kompetenz, Fachlichkeit und Integrität erfordert, entsteht gesellschaftlicher Handlungsbedarf. Die Kompetenzanforderung für SupervisorInnen wird durch Forschung zu überprüfen und zu gewährleisten sein. All das sind Bereiche und Funktionen, die eine Gesellschaft auf Dauer nicht ungeregelt lassen kann und wird, und „Wissenschaftlichkeit" bzw. „Wirkungsnachweise" nach den Standards nomothetischer Wissenschaft werden hierbei eine herausragende Rolle spielen. Dabei fällt auch die staatliche Pflicht der Gewährleistung sicherer Verhältnisse (die Quelle der meisten berufsrechtlichen Regelungen) ins Gewicht, denn Regelungen brauchen rechtsfähige Daten als Grundlage, und dies sind mit Blick auf die legislative Praxis in anderen Gesellschaftsbereichen (Medizin, Psychotherapie) vor allem quantitative Daten. Und damit kommt Forschung ins Spiel. Deshalb ist eine Bestandsaufnahme, wie sie hier durchgeführt wurde, so wichtig.

SupervisorInnen wirken in und mit ihrer Arbeit an Entscheidungsfindungen über Maßnahmen der Hilfeleistung, Förderung, Behandlung mit, an der Klärung von Problemen in Arbeitssituationen, Teams, Abteilungen, in der „Leitungssupervision" ggf. bei der Abwägung disziplinarischer Maßnahmen – die Liste der Einsatzbereiche ließe sich leicht verlängern. In den klinischen und sozialen Bereichen der Medizin, Psychotherapie, Beratung usw. beginnt sich der Standard Evidenz basierter Methoden (Lutz und Grawe 2001; Wampold et al. 2018) durchzusetzen. Man ist darum bemüht, nur Interventionen zu verwenden, deren Wirksamkeit empirisch nachgewiesen wurde und deren Risiko- und Nebenwirkungspotenzial aufgrund von Forschung als unbedenklich eingestuft werden kann (Märtens und Petzold 2002). Weiterhin besteht die Forderung nach „best practice", die neben dem Wirksamkeitsnachweis noch die Gewährleistung rechtlicher und ethischer bzw. berufsethischer Standards fokussiert, was etwa die Datensicherheit, die PatientInnenrechte, die Persönlichkeitsrechte anbelangt.

Die Kosten für Supervision werden auch aus den Mitteln der öffentlichen Hand getragen. Sie müssen deshalb sachlich legitimiert werden, insbesondere auch unter dem Kriterium der Wirtschaftlichkeit, d. h. des Nutzens bzw. der Kosten-Nutzen-Relation. Damit kommen die Fragen der Wirksamkeit und der Wirksamkeitsnachweise ins Spiel und wird die Notwendigkeit von empirischer Forschung und einer Evidenzbasierung auch für die Supervision deutlich (Petzold et al. 2001).

Für die Methode der Supervision wird deshalb auch – wie für medizinische und psychotherapeutische Methoden – die Forderung zu stellen sein, dass ihre „Wissenschaftlichkeit, Wirksamkeit, Wirtschaftlichkeit" nachgewiesen wird und ihre Unbedenklichkeit dokumentiert wird. Supervision ist an Behandlungs- und Betreuungsmaßnahmen von KlientInnen/PatientInnen beteiligt, soll diese womöglich noch verbessern. Deshalb muss sichergestellt werden, dass sie diesem Zweck auch tatsächlich dient und keine/wenig Risiken oder negative Nebenwirkungen zu erwarten sind. Sie ist an der Klärung von Problemsituationen in Arbeitszusammenhängen beteiligt, also muss gewährleistet sein, dass hier auch effektive und rechtlich vertretbare Arbeit geleistet wird. Zu diesen und anderen Situationen liegen bislang noch wenige Forschungsdaten vor.

Supervision hat sogar in rechtliche Regelungen Eingang gefunden (etwa als verpflichtender Bestandteil der Ausbildung von Krankenpflegepersonal oder PsychotherapeutInnen usw.). AuftraggeberInnen von Supervision (psychosoziale TrägerInnen, Behörden, Verwaltungen, Verbände, Universitäten) müssen deshalb den Einsatz dieser Methode rechtlich begründen bzw. legitimieren können, und das geht hauptsächlich über Dokumentation und empirische Forschung (schwerpunktmäßig *quantitative,* denn nur diese generiert rechtsfähige Daten). Aus diesem Begründungszusammenhang ist mit Blick auf die derzeitige Situation der jungen Disziplin „Supervision" unter rechtlicher Perspektive festzustellen: Es besteht ein erheblicher Forschungsbedarf, um das Kriterium der Unbedenklichkeit aus rechtlicher Perspektive zu gewährleisten.

Gründe aus ethischer Sicht
Supervision wirkt an Interventionen mit, die in das Leben von Menschen – PatientInnen, KlientInnen, MitarbeiterInnen – eingreifen. Sie kann bei Entscheidungsfindungen eine erhebliche Rolle spielen und wird oft gerade bei schwierigen Problemen – etwa in der Behandlung von complex cases oder in Konfliktsituationen am Arbeitsplatz – beigezogen, um angestrebte Lösungen zu optimieren. Dabei werden häufig die in den Supervisionsbesprechungen Betroffenen nur mittelbar vorgestellt, oft nicht einbezogen oder informiert. All das wirft neben den rechtlichen auch ethische Probleme auf. Es werden Handlungsroutinen, professionsethische Standards erforderlich, die durch Forschungsdaten begründet und abgesichert und – sind sie installiert – durch Qualitätsforschung überprüft werden müssen. Im Bereich der Medizin sind diese Maßnahmen Standard, in der Psychotherapie werden sie derzeit mehr und mehr implementiert. Die Sicherung von „informierter Übereinstimmung" (informed consent),

4.3 Wissenschaftlichkeit, Wirksamkeit, Wirtschaftlichkeit, Unbedenklichkeit ...

„KlientInnensicherheit" (client security) und „PatientInnenwürde" (patient dignity), ethischen Prinzipien, zu deren Umsetzung und Einhaltung Supervision beitragen soll, müssen auf die Praxis der Supervision selbst angewandt werden, und das erfordert auch erhebliche Forschungsanstrengungen, um dem Kriterium der *Unbedenklichkeit* aus ethischer Sicht zu genügen.

Gründe aus wirtschaftlicher Sicht
Öffentliche Mittel sind nach den Prinzipien der Sparsamkeit, Sorgfalt, Sinnhaftigkeit für das Gemeinwohl einzusetzen bzw. in ihrer Verwendung zu legitimieren. Die Aufwendungen für Supervision sind erheblich und damit steht die Legitimation dieses Einsatzes, die *Wirtschaftlichkeit* von Supervision im Blick, und damit die Fragen der Effizienz von Supervision.

Bloße „face validity", Wirtschaftlichkeits- und Wirksamkeitsbehauptungen (zumal von Interessengruppen), kann hier nicht genügen, sondern es ist der Nachweis durch Forschung einzufordern. Und hier steht man in der Supervision, wie bei der Mehrzahl der interventionsorientierten Disziplinen (Beratung, Coaching, etc.) noch in den Anfängen.

Gründe aus wissenschaftlicher Sicht
In modernen Gesellschaften ist das Kriterium der „Wissenschaftlichkeit" in vielen Bereichen eine unverzichtbare Grundbedingung für die Legitimierung von Handeln geworden. Im medizinischen und psychosozialen Bereich ist die Forderung, dass Menschen nur mit Methoden behandelt bzw. beeinflusst werden, deren Wirkungen wissenschaftlich untersucht und begründet sind – wie voranstehend aufgezeigt – rechtlich und ethiktheoretisch abgesichert. Menschen haben *ein Recht darauf* nur Methoden ausgesetzt zu werden, deren Wirkungen bekannt und sicher sind. Wissenschaftlichkeit heißt, dass Maßnahmen nach Kriterien wissenschaftlicher Logik begründet und ihre Wirkungen mit wissenschaftlicher Methodik untersucht werden, damit auch intersubjektiv nachprüfbar sind und den Prinzipien der Objektivität, der Reliabilität und Validität genügen.

In theoretischer Hinsicht bedeutet Wissenschaftlichkeit die „Anschlussfähigkeit" (Luhmann 1992) von Modellen und Konzepten an hinlänglich gesicherte Wissens- und Kenntnisstände wissenschaftlicher Disziplinen (für die Supervision etwa an die Ergebnisse empirischer Psychologie bzw. Sozialpsychologie, Soziologie, Sozialpsychiatrie, Demografie, etc.). Sie legt in wissenschaftlicher Metareflexion die Basisannahmen, Hintergründe und Zielsetzungen von Zielen, Strategien und Methoden der Interventionen offen, um Ideologien kenntlich und Vorannahmen transparent zu machen.

Supervision selbst beansprucht, als „reflexive Disziplin" solchen Zielsetzungen zu dienen. Deshalb muss das Kriterium der Wissenschaftlichkeit auf sie selbst angewendet werden und es ist zu fragen: Bestehen konsistente und an Referenzwissenschaften anschlussfähige bzw. mit ihnen kompatible Supervisionstheorien? Wie ist der Stand der Theorieentwicklung und der Grad der theoretischen Elaboration in den Kern- und Randgebieten der Disziplin? Wie weit ist die Bildung durch empirische Untersuchungen abgesichert? Wie ist es um die theoretische Begründung der *Praxeologie,* d. h. die

Rationale von Interventionsmethoden und -techniken bestellt, und wie fundiert ist die *Praxis* der Interventionen durch *Effekt- bzw. Outcome-Forschung* (Wirksamkeit und Nebenwirkungen, Spezifität, Nachhaltigkeit), *Prozessforschung* (Wirkungsbedingungen, Wirkfaktoren, intervenierende Einflüsse), *Akzeptanzforschung* (An- und Aufnahme der Intervention durch die Zielgruppen, KlientInnen/PatientInnen, aber auch durch die PraktikerInnen/InterventorInnen)?

Der Forschungsbedarf zur Erarbeitung einer hinlänglich fundierten und elaborierten „*Wissenschaftlichkeit*" für die in Entwicklung befindliche „wissenschaftliche Disziplin *Supervision*" ist – wie für alle „jungen Disziplinen" noch erheblich. Dabei ist zu berücksichtigen, dass Supervision keine „Grundlagenwissenschaft" und auch keine hinlänglich homogene Disziplin ist. Sie hat keine eigenständige „starke" Wissenstradition wie etwa Psychologie oder Soziologie innerhalb der Sozialwissenschaften, sondern sie ist historisch aus administrativen Strategien im Bereich der Verwaltung und Armenpflege hervorgegangen als eine „Praxeologie", und diesen Status hat sie vielfach noch heute.

4.4 Forschung zur Wirksamkeit von Supervision

Auch wenn die in den vorliegenden empirischen Studien zumeist befragten SupervisandInnen die Wirkung von Supervision zum großen Teil subjektiv als positiv einschätzen und sich damit zufrieden zeigen, herrschten im Jahr 2003 (SAP 1) unserer Analyse nach noch keine Generalisierbarkeit und Gültigkeit über die Qualität, Wirkfaktoren und Effekte in einzelnen Arbeitsbereichen, Settings, bei verschiedenen Zielgruppen und hinsichtlich der Methodik von Supervision. Weiters konstatierten wir in SAP 1 eine Lücke (bis auf einige wenige empirische Untersuchungen) bei der Erforschung von Nebenwirkungen in der Supervision. Diese waren bis 2003 nicht im Blickfeld der ForscherInnen, wurden kaum erhoben, und wenn, anderen Faktoren als der Supervision zugeschrieben (Schigl 2016b).

Bergknapp sieht noch im Jahr 2007 ebenfalls wenige Veränderungen in der Forschungslandschaft zur Supervision, und auch die DGSv bezeichnet die zweite Auflage von „Der Nutzen der Supervision" (DGSv 2008) als „anspruchsvollen Zwischenbericht" (S. 7), in dem zwar die wissenschaftlichen Anstrengungen seit der Erstausgabe 2006 erkennbar sind, aber umfangreichere Forschungen vonnöten wären. Dies spiegelt wohl auch die Komplexität des Forschungsgegenstandes wider.

Durch die Akademisierung vieler Supervisionsweiterbildungen z. B. in Master-Studiengängen entstand eine Vielzahl an studentischen Forschungsarbeiten auch zur Wirkung von Supervision (Schigl 2016c). Allerdings schließen diese Arbeiten kaum aneinander an und sind schwer zugänglich (meist als „graue Literatur") in den Archiven verschiedener Ausbildungsinstitute und Universitäten verborgen. Sie sind nicht gesammelt, nicht geordnet, und es gibt keinen Gesamtüberblick über einzelne Fragestellungen oder Forschungslinien – auch mitbedingt durch uneinheitliche Qualitätskriterien der Arbeiten bzw. ihre Zugänglichkeit.

2003 erhoben wir in SAP 1 nur fünfzehn Beiträge zu den Auswirkungen auf das KlientInnensystem und die Arbeit von SupervisandInnen, wobei bezüglich der Wirkung auf KlientInnen acht Beiträge der US-amerikanischen Literatur zuzuordnen waren. Die Studien zu Wirkung und Nutzen von Supervision ab dem Jahr 2003 sind in diesem Buch in Abschn. 7.7 Auswirkung von Supervision auf die Arbeit der SupervisandInnen und ab Kap. 8 Designs, Forschungsmethoden und -instrumente beschrieben.

4.5 Herausforderungen in der Supervisionsforschung

Bei einer Betrachtung des „Gesamtsystems Supervision" (Petzold et al. 2003, S. 204; Abb. 3.1 im vorliegenden Buch Abschn. 3.2 Qualität im Mehrebenenmodell des Supervisionssystems) zeigt sich, dass die Hauptschwierigkeit des Untersuchungsgegenstandes Supervision in seiner strukturellen Komplexität und Heterogenität liegt. Gemäß dem Mehrebenenmodell von Supervision gälte es, alle Ebenen zu erfassen, um Aussagen über das Gesamtsystem machen zu können.

In einer Überschau über das Gebiet (vgl. auch Kap. 10 Zusammenfassung) lassen sich die nun im Anschluss dargestellten Phänomene beschreiben.

4.5.1 Heterogene Diskussionslinien

Die Klagen über die fehlende Wissenschaftlichkeit und den eklatanten Forschungsbedarf in der „jungen" und wenig elaborierten Disziplin Supervision sind in der deutschen Literatur seit Jahren zahlreich und mannigfaltig (Petzold et al. 2003; Bergknapp 2007; Schigl 2016b). Schwierigkeiten der Wirksamkeitsforschung verortet Hausinger (2007) in der theoretischen Vielfalt, den unterschiedlichen Zielen und Denkweisen in der Supervision, die dann unterschiedliche Untersuchungsdesigns und -methoden favorisieren. So sind zugleich ganz unterschiedliche Thesen in der Supervisionscommunity aufzufinden, etwa, dass Supervision immer irgendeine (unspezifische) Wirkung zeigen würde, Supervisionsprozesse gar nicht *nicht* wirken könnten, denn alleine den Aufmerksamkeitsfokus auf bestimmte Prozesse zu lenken würde diese bereits verändern. Die Gegenmeinung stellt infrage, ob Supervision überhaupt wirken würde und fordert zuerst einmal den Nachweis einer Wirkung ein. Nichts sei bis dato bewiesen. Die alltägliche Praxis der Supervisand-Innen bringe Wirkungen (mit und ohne Supervision) zutage. Die Wissenschaft müsse erst den Wirknachweis von Supervision erbringen.

So lassen sich in einer Zusammenschau aus den Diskussionen in der Literatur folgende Standpunkte extrahieren

- Die Effekte von Supervision wären beobachtbar und untersuchbar. Sie könnten auch erfragt werden.
- Supervision wäre ein höchst vielschichtiges menschliches Erleben und Verhalten. Es könne aufgrund der Komplexität nur schwer fassbar gemacht werden.
- Supervision würde durch das Festsetzen von Zielen gelenkt. Bestimmte Fragestellungen der Forschung erhöhten also die Erwartung auf Wirkung und somit auch die tatsächliche Wirkung (Versuchsleiter-Effekt).
- Wirkungen von supervisorischen Interaktionen wären kontext- und zeitabhängig und somit einzigartig. Eine (exakte) Wiederholung von Interaktionsprozessen wäre unmöglich, damit fiele ein Gütekriterium naturwissenschaftlicher quantitativer Forschung (Reliabilität).
- Es könnten prinzipiell Wirkfaktoren (wie in der Psychotherapieforschung bzw. in Anlehnung daran) extrahiert werden. Sie sollten über unterschiedliche Supervisionsprozesse verallgemeinerbar sein und miteinander verglichen werden können.
- Wirkung würde nicht durch einzelne Faktoren, sondern durch ein Konglomerat von Variablen (siehe Abschn. 3.2 Qualität im Mehrebenenmodell des Supervisionssystems) erreicht.
- Negative (Neben-)Wirkungen von Supervision stellten eine Irritation dar und würden daher eher bemerkt als positive.
- Das Augenmerk läge viel zu sehr auf dem Positiven, das Supervision bewirken könne und würde so viel mehr Beachtung erfahren. Negative Wirkungen würden ausgeblendet oder sogar negiert, was das geringe Ausmaß an Forschung zu Risiken, Nebenwirkungen und Schäden von Supervision unterstreichen könne.

4.5.2 Heterogene Paradigmen und Methoden

Die Erfassung, Abbildung, Beschreibung, Interpretation und das Verstehen von hochkomplexen Prozessen menschlicher Kommunikation auf verschiedenen Ebenen wie sie in der Supervision stattfinden, mitsamt ihren Widersprüchen und ihrer Komplexität, sind ein hoch ambitioniertes Unterfangen. Demgegenüber stehen oft simple Designs und einfache Forschungsmethoden, die dieser Vielschichtigkeit nicht gerecht werden (können). Es ist nicht nur das mangelnde Können oder Wollen der ForscherInnen – vielfach fehlen Ressourcen inklusive der nötigen Bereitschaft von PraktikerInnen ihre Prozesse den ForscherInnen zu öffnen – was sich durch die Tradition der Supervision als eine Praxis „behind closed doors" erklären lässt. Forschungsmethodisch muss deshalb bemängelt werden, dass in vielen Untersuchungen SupervisorInnen ihre eigenen Supervisionsprozesse zu beforschen versuchen.

Oft mangelt es (auch) an nötigen quantitativen Daten (vgl. Abschn. 4.3), da SupervisionsforscherInnen sich häufig im qualitativen Forschungsparadigma verorten. Bei diesen in der deutschsprachigen Supervision häufig verwendeten qualitativen Daten kann

4.5 Herausforderungen in der Supervisionsforschung

man noch dazu eine mangelnde Anknüpfung an Vorarbeiten und vorangegangene Studien feststellen (Möller 2016; Schigl 2016c), was die Aussagekraft der Arbeiten mindert.

Insgesamt dominieren als Datenmaterial Selbstauskünfte von SupervisorInnen und SupervisandInnen. Diese können allerdings Verzerrungen unterliegen wie Haubl (2007) auflistet und zu sozial erwünschten Antworten führen:

- Wenn, wie es in den psychosozialen Feldern der Fall ist, Supervision als eine prinzipiell positiv besetzte Maßnahme bewertet wird, wird es für SupervisandInnen schwer, Kritik daran zu üben. In diesem Fall kommt der „Mythos Supervision" (Petzold et al. 2003) zum Tragen.
- Wenn die Teilnahme an der Supervision ein Teil der beruflichen Qualifizierung ist, könnte durch Beanstandung dieser die eigene Qualifizierung infrage gestellt werden.
- Vor allem bei längerfristiger und freiwilliger Teilnahme muss diese auch vor sich selbst gerechtfertigt werden, um nicht Zeit, Geld und Engagement verschwendet zu haben.

Dennoch ist es sehr wohl auch möglich, aus Selbstauskünften kritische Daten zu generieren, wie die quantitativen Befragungen zur Supervision in der Psychiatrie beweisen (Gottfried et al. 2003).

Um die Effekte der supervisorischen Arbeit messen zu können, braucht es deshalb sophisticated designs und ausgereiftere Instrumente als simple Fragebogenerhebungen am Ende von Supervisionsabschnitten. So könnten etwa teilnehmende Beobachtung, Ton- und Videoaufnahmen von den ForscherInnen als Instrumente der Datensammlung herangezogen werden. Es empfiehlt sich außerdem eine Kombination verschiedener Methoden der Datengewinnung und -auswertung innerhalb eines Paradigmas – qualitativ oder quantitativ. Oder – noch besser – eine Kombination beider Paradigmen, die in einer Triangulation und mehrperspektivischen Erfassung dem komplexen Gegenstand eher gerecht werden. Solche sophisticated designs sind jedoch aufwendig, benötigen viel Zeit, Erfahrung und in jedem Fall ein mehrköpfiges Forschungsteam.

In die hier vorliegende Literatur-Analyse flossen Forschungsergebnisse sowohl aus qualitativen als auch quantitativen Designs ein. Dabei zeigten sich in den Publikationen bei beiden Paradigmen Datenerhebungen von unterschiedlichen Qualitäten. Wir folgen in der weiteren Analyse dem Grundsatz, die jeweilige Qualität des Designs und der Erhebung zu beschreiben, nicht jedoch ein Paradigma zu bevorzugen (vgl. Kap. 5 Datenanalyse). Wir betonen ausdrücklich den Stellenwert beider Herangehensweisen und deren unterschiedliche Stärken je nach Erkenntnisinteresse und Forschungsfragen. Die Frage nach dem Entweder-Oder zwischen den beiden „verschiedenen forschungsmethodischen Grundrichtungen schränkt die Zugänge zur Wirklichkeit ein" (Schmitt et al. 2014, S. 14).

4.5.3 Schwierigkeiten der Wirksamkeitsforschung in Bezug auf das KlientInnensystem

Wir kamen in SAP 1 (2003) zu dem Ergebnis, dass „auf der Ebene des KlientInnen-/PatientInnensystems keine Wirkungen von Supervision durch empirisch kontrollierte Studien nachgewiesen sind" (vgl. auch Leitner et al. 2004, S. 2).

Dafür können folgende Gründe ausgemacht werden:

- *Forschungsmethodik:* Rechtliche Gegebenheiten wie Datenschutz, PatientInnenrechte, etc. machen den Einsatz von Ethikkommissionen nötig, was forschungstechnisch die Anforderungen erhöht. Es zeigen sich forschungsethische Probleme wie beispielsweise die Freiwilligkeit der Teilnahme der SupervisandInnen, aber vor allem ihrer KlientInnen und PatientInnen, die Vulnerabilität der Untersuchungspopulation etc. Schließlich ist die Ebene der PatientInnen untersuchungsmethodisch generell schwierig zu erfassen (Zugänglichkeit zur Untersuchungspopulation, Stichprobengröße, Kontrollgruppe etc.).
- *PatientInnen* werden derzeit überwiegend *nicht informiert,* dass sie in der Supervision besprochen werden, wie eine Untersuchung von Schay et al. (2006) belegte. Sie werden nicht darüber aufgeklärt, was Supervision ist, wozu sie dient und wie sie arbeitet. Sie werden also nicht miteinbezogen gemeinsam über die Ergebnisse der Supervision nachzudenken, was als „bedenklich oder unzulässig" betrachtet werden kann (Petzold et al. 2004, S. 7).
- *Therapielogik:* Im Rahmen der Mehrzahl von Beratungs- und Therapieausbildungen wird Supervision nur sehr indirekt darauf angelegt dem KlientInnen/PatientInnensystem zu nutzen. Die AusbildungskandidatInnen und deren Entwicklung stehen hier mehr im Fokus. Ihre Stärkung sollte sich zwar in der Beratung der KlientInnen und Behandlung der PatientInnen niederschlagen, aber eine kausale Verbindung ist oft schwer zu beweisen.
- *Supervisionsmethodik:* Übergreifende vergleichbare Konzepte zu Störungsbildern, Settings, Altersgruppen, Gender und Diversity, etc. fehlen. Weiters fehlt die Reflexion über die Indikation von Methodiken wie beispielsweise Rollenspiel, Audio- und Videoaufzeichnungen in der Supervision und verbale „reported" Supervision.

Es wird deutlich, wie herausfordernd es ist, eine Supervisionsstudie anzulegen, die den Benefit der Supervision nicht nur für die SupervisandInnen, sondern auch für deren KlientInnen bzw. PatientInnen erheben will. Solche Studien gibt es bislang kaum, sie sind eine Ausnahme wie die Arbeiten von White und Winstanley (2010) oder von Bradshaw et al. (2007) (vgl. Abschn. 7.7).

4.5.4 Herausforderungen in der englischsprachigen Wirksamkeitsforschung

Wie bereits in Abschn. 3.1 als unterschiedliche Auffassungen von Supervision beschrieben, handelt es sich bei der im angloamerikanischen Raum vorherrschenden Auffassung von Supervision um so genannte „Clinical Supervision", also zumeist um die *Ausbildungs*supervision in psychosozialen Arbeitsfeldern, in der ein hoher Faktor an Wissensvermittlung und Kontrolle enthalten ist.

Supervision wird auch im angloamerikanischen/australischen Raum als wesentlicher Qualitätsfaktor im psychosozialen Bereich und v. a. in der Ausbildung von Clinical Counsellors, Social Workers, Pflegepersonal oder PsychotherapeutInnen akzeptiert. Trotz dieser Bestätigung gibt es auch hier analog zum deutschsprachigen Raum Unstimmigkeiten, wie Milne in seiner Review (2014, S. 8) beschreibt: Nämlich eine Diskrepanz zwischen gelebter Praxis und überprüfender Forschung. Schon 2004 konstatieren Falender und Shafranske (zitiert nach Worthen und Lambert 2007): „... to date we do not have clear, methodologically sound data on client outcome and its relationship to supervision" (S. 48). Historisch gesehen werden nach Milne et al. (2008) in der Clinical Supervision inhaltliche Modelle aus der Psychotherapie sowie Heuristiken aus der praktischen klinischen Erfahrung verwendet sowie vereinzelt abgeleitete Theorien aus anderen Feldern. Diese heterogenen, oft nicht gut integrierten Anteile stehen einer systematischen Erforschung im Wege. So stellen auch Milne et al. (2003) innerhalb der englischsprachigen Forschung Uneinigkeit über die Hauptkriterien von erfolgreicher Supervision fest. Während einige ForscherInnen das Lernen der SupervisandInnen im Vordergrund sehen, plädieren andere dafür, dass die entsprechende Wirkung auf PatientInnen das ultimative Maß für eine gelungene Supervision ist (Krasner et al. 1998; Holloway und Neufeldt 1995; beide zitiert nach Milne et al. 2003, S. 194).

Eine der größten Herausforderungen für die weitere Entwicklung und somit auch der Forschung im Bereich der Clinical Supervision sehen Milne et al. (2008) in fehlenden übergreifenden Konzepten sowohl in der Theorie als auch in den empirischen Studien zu Clinical Supervision. Ungeklärt ist im angloamerikanischen Raum ihrer Ansicht nach die generelle Frage: Was ist Clinical Supervision und wie arbeitet sie? (S. 171) – es gäbe dazu keine einheitlichen Definitionen und übereinstimmenden Konzeptionen (vgl. Kap. 3). Neben diesem Mangel an Konzepten führen die AutorInnen große forschungsmethodische Mängel in den Studien an: Zum Beispiel werden uneindeutige Hypothesen getestet, Bezüge zu einer Theorie fehlen oder die Forschungsmethode ist nicht an die Theorie angepasst (ebd. S. 172). Eine schrittweise Verlagerung von pragmatischen Feldstudien ohne Theoriefundierung in Richtung fundierterer empirischer Belege ist in der Clinical Supervision im englischsprachigen Raum jedoch bemerkbar. Milne et al. (2008) identifizierten in ihrer Review immerhin 24 empirische Studien im Zeitraum zwischen 1990 und 2004. Sie konstruierten ein empirisch basiertes *Modell für Clinical Supervision* und nennen die Methode der „best evidence synthesis" (S. 172). Im Rahmen einer Review wurde dabei aus den 24 empirischen Studien ein Basismodell für wirksame

Clinical Supervision mit angemessener Komplexität erstellt. Die Datensuche wurde auf folgende acht *Kriterien* eingeschränkt:

- Der Fokus muss auf *Clinical Supervision* liegen, Mentoring und Training werden ausgeschlossen.
- Die Studie muss in *Englisch in den vergangenen 20 Jahren veröffentlicht* worden sein.
- Es muss sich bei der Veröffentlichung um eine *wissenschaftliche Fachzeitschrift* handeln, die auf der Basis von *Peer Reviews* publiziert.
- In die Studie muss ein *wissenschaftliches Design* integriert sein.
- Die Handhabung der *Supervision* muss *dokumentiert* sein.
- Das *Verhalten der SupervisandInnen* muss *dokumentiert* sein.
- *Übertragbarkeit* auf andere supervisorische Settings muss gegeben sein.
- Das Ergebnis muss ein *klarer Nutzen* von Supervision sein.

Daraus leiteten die AutorInnen die 26 häufigsten Interventionen in der Supervision ab. Üben und Einweisung in Skills, Feedback, Beobachtung (live oder von Video-/Audio-Aufnahmen) und Rollenspiel wurden dabei evaluiert. Zu den stärksten Auswirkungen von Clinical Supervision zählten laut den AutorInnen die Veränderung von Einstellungen durch die Erfahrung, generelles Lernen, Reflexion und Zielplanung (S. 179).

„Gute" oder „effiziente" Supervision unabhängig von den Auswirkungen auf die KlientInnen zu definieren, meinen Worthen und Lambert (2007, S. 48) gäbe der Supervision eine falsche Bedeutung. Den Bereich der Wirksamkeitsforschung identifiziert auch Watkins (2011) als *den* Forschungsbedarf der Klinischen Supervision des 21. Jahrhunderts. Die Überprüfung der Wirkung von Supervision auf PatientInnen/KlientInnen gilt für ihn als „acid test" oder „gold standard" (S. 237). In seiner Review von 2011 zu den Ergebnissen von Psychotherapie-Supervision auf KlientInnen unterwirft Watkins die zwischen 1981 und 2006 veröffentlichten Studien einer strikten Analyse bezüglich Zuordnung zu diesem Thema und methodischer Defizite. Er kommt zu dem Ergebnis, dass es keinen Beleg hinsichtlich des Beitrages von Psychotherapie-Supervision auf PatientInnen mehr gäbe. Von 18 erhobenen Studien blieben nur drei übrig, die von ihrem Design und ihrer Ausführung genau dazu entwickelt, konzipiert und durchgeführt worden waren und deren oberstes Ziel die Evaluation von Effekten der Supervision auf PatientInnen war. Die Studien werden im empirischen Teil der vorliegenden Arbeit (Kap. 7 Ergebnisse der qualitativ-inhaltlichen Analyse) beschrieben.

Ellis (2010) hingegen versucht einige *„Mythen"* (S. 98) der Clinical Supervision mit Belegen aus empirischen Studien aufzudecken:

- Forschungsmethodisch: *„SupervisandInnen fürchten die Aufzeichnung ihrer Therapieeinheiten."* Mit Ausnahme von KlientInnen mit Paranoider Schizophrenie und Therapiethemen zur sexuellen Orientierung sind KlientInnen zumeist mit Video- oder Audiodokumentation einverstanden. Wenn sie über den Zweck der Auf-

zeichnung informiert sind und verstehen, dass diese zur Verbesserung der therapeutischen Behandlung sowie für das Lernen der TherapeutInnen dient, stimmen sie gerne zu (Ellis 2010, S. 101).
- *„Supervision ist durch das Anwenden der richtigen Theorie und Methoden wirksam."* Ergebnisse von Studien (Deihl und Ellis 2009a, b; Ellis und Ladany 1997; Ellis et al. 2003; Fama und Ellis 2005; alle zitiert nach Ellis 2010, S. 106) belegen eher den Effekt der supervisorischen Beziehung auf SupervisandInnen als die Anwendung bestimmter Methoden. Die supervisorische Beziehung ist beispielsweise für die Entwicklung der therapeutischen Fähigkeiten und die Zufriedenheit mit der Supervision wesentlich ausschlaggebender als bestimmte Methoden der Supervision.
- *„Klinische SupervisorInnen schützen PatientInnen/KlientInnen und SupervisandInnen vor Schäden":* Die Untersuchungen von Ellis et al. (2013), zeigen in ihren Ergebnissen, wie inadäquat und schädlich in der Supervision gearbeitet werden kann (vgl. Abschn. 7.8 Supervision – Markt, Bedarf und Risiken).

Trotz der mangelhaften Befunde von Wirksamkeit auf PatientInnen/KlientInnen werden auch im angloamerikanischen Raum Risiken und mögliche Nebenwirkungen von Supervision als Thema für Forschung erkannt. Ladany et al. (2013) zitieren einige Studien (Ellis 2001; Gray et al. 2001; Ladany et al. 1999; Nelson und Friedlander 2001), die zeigen, dass im letzten Jahrzehnt empirische Befunde auch für problematische, kontraproduktive, schädliche und unethische Wirkung von Supervision erhoben werden konnten.

Diese heterogene und auseinanderklaffende Datenlage macht es nötig, die vorliegenden Ergebnisse zu sammeln, zu sichten und zusammenzubringen, um sie vergleichbar zu machen. Das wird erschwert durch einerseits den Gap zwischen europäischer und angloamerikanischer Supervisionsauffassung und andererseits durch die mangelnde Rezeption gegenseitiger Forschungsergebnisse deutschsprachig/europäischer und angloamerikanischer Publikationen.

Literatur

ANSE. (2019). Zugriff am 29.04.2019. Verfügbar unter http://www.anse.eu/about-anse/members.

Belardi, Nando. (2009; 2013). *Supervision. Grundlagen, Techniken, Perspektiven* (3. Auflage; 4. aktualisierte Auflage). München: C. H. Beck.

Bergknapp, Andreas. (2007). Supervisionsforschung – zum Stand der Forschung und Perspektiven für die Zukunft. *Supervision. Mensch Arbeit Organisation, 1*, 6–12.

Berker, Peter. (2008): Forschung und Supervision – zu selten gestellte Fragen. In Lothar Krapohl, Margret Nemann, Jörg Baur und Peter Berker (Hrsg.), *Supervision in Bewegung. Ansichten – Aussichten* (S. 83–93). Leverkusen: Verlag Barbara Budrich.

Boer, Marjo, Hoonhout, Marcel und Oosting, Jan. (Hrsg.). (2015). *Supervisiekunde: meerperspectivisch.* Vestiging Alphen a/d Rijn: Vakmedianet.

Bortz, Jürgen und Döring, Nicola. (2006). *Forschungsmethoden und Evaluation für Human- und Sozialwissenschaftler* (4., überarbeitete Auflage). Heidelberg: Springer.

Bradshaw, Timothy, Butterworth, Anthony und Mairs, Hilary. (2007). Does structured clinical supervision during psychosocial intervention education enhance outcome for mental health nurses and the service users they work with? *Journal of psychiatric and mental health nursing, 14*(1), 4–12.

Brünker, Jutta (2005). Supervision als Personalentwicklungsinstrument bei der Einführung industrieller Teamarbeit. *Supervision. Mensch Arbeit Organisation, 4*, 51–59.

Buer, Ferdinand. (2001; 2013). (Hrsg.). *Praxis der Psychodramatischen Supervision. Ein Handbuch* (1. Auflage; 2. Auflage). Wiesbaden: Springer.

Cutcliffe, John R., Hyrkäs, Kristiina und Fowler, John. (2010). *Routledge Handbook of Clinical Supervision: Fundamental International Themes*. Wales: Routledge, Taylor and Francis Group.

De Roos, Sijtze, Geißler-Piltz, Brigitte und Nemes, Eva. (Hrsg.). (2017). *Inspire and be inspired – A sample of research on supervision and coaching in Europe*. Budapest: Károli Gáspár university press.

DGSv (Deutsche Gesellschaft für Supervision). (Hrsg.). (2008). *Der Nutzen von Supervision. Verzeichnis von Evaluationen und wissenschaftlichen Arbeiten*. Kassel: kassel university press. Zugriff am 03.05.2019. Verfügbar unter https://d-nb.info/1006968954/34.

Ebert, Wolfgang. (2001). *Systemtheorien in der Supervision – Bestandsaufnahme und Perspektiven*. Opladen: Leske + Budrich.

Ellis, Michael V. (2010). Bridging the Science and Practice of Clinical Supervision: Some Discoveries, Some Misconceptions. *The Clinical Supervisor, 29*(1), 95–116.

Ellis, Michael V., Berger, Lauren, Hanus, Alexa E., Ayala, Erin E., Swords, Brett. A. und Siembor, Michael. (2013). Occurrence of inadequate and harmful clinical supervision: Testing a revised framework and assessing occurrence. *The Counseling Psychologist, 42*(4), 434–472.

Flick, Uwe, Von Kardorff, Ernst und Steinke, Ines. (2000). (Hrsg.). *Qualitative Forschung: Ein Handbuch*. Reinbek: Rowohlt-Taschenbuch.

Fortmeier, Paul. (2001). Künftige Ziele der DGSv. *DGSv aktuell, 2*, 1–4.

Gesundheit Österreich Gmbh. (2018). (Hrsg.). *Praxisorientierte Psychotherapieforschung. Leitfaden zur Förderung von Wissenschaft und Forschung in der psychotherapeutischen Ausbildung*. Zugriff am 19.05.2019. Verfügbar unter https://www.researchgate.net/publication/327601646_Praxisorientierte_Psychotherapieforschung_Leitfaden_zur_Forderung_von_Wissenschaft_und_Forschung_in_der_psychotherapeutischen_Ausbildung.

Gottfried, Kurt, Petitjean, Sylvie und Petzold, Hilarion G. (2003). Supervision in der Psychiatrie. Eine Multicenterstudie (Schweiz). In Hilarion G. Petzold, Brigitte Schigl, Martin Fischer und Claudia Höfner (Hrsg.), *Supervision auf dem Prüfstand. Wirksamkeit, Forschung, Anwendungsfelder, Innovation* (S. 299–334). Opladen: Leske + Budrich.

Haubl, Rolf. (2007). Nutzen – ein mehrdimensionales Evaluationskriterium. *Supervision. Mensch Arbeit Organisation, 1*, 13–19.

Hausinger, Brigitte. (2007). Zur Wirkungsforschung in der Supervision. *Supervision, 1/2007*, 50–54.

Knaus, Klaus-Josef, Petzold, Hilarion G. und Müller, Lotti. (2006). Supervision in der Altenhilfe in Deutschland – eine explorative Multicenterstudie. *Supervision: Theorie – Praxis – Forschung. Eine interdisziplinäre Internet-Zeitschrift, 01*. Zugriff am 21.05.2019. Verfügbar unter http://www.fpi-publikation.de/images/stories/downloads/supervision/Knaus-Petzold-Mueller-Supervision-Altenhilfe-Supervision-01-2006.pdf.

Kriz, Jürgen. (2015). Psychotherapieforschung – und ihre Beschränkung durch einen schulenspezifischen Bias. *"Resonanzen" – E-Journal für biopsychosoziale Dialoge in Psychosomatischer Medizin, Psychotherapie, Supervision und Beratung, 3*(2). Zugriff am 17.04.2019. Verfügbar unter https://www.resonanzen-journal.org/index.php/resonanzen/article/view/374.

Kühl, Wolfgang und Pastäniger-Behnken, Claudia. (1999). *Supervision in Thüringen (2) – eine erste Evaluation im Bereich der sozialen Arbeit.* Zugriff am 03.05.2019. Verfügbar unter https://d-nb.info/1006968954/34.

Ladany, Nicholas, Mori, Yoko und Mehr, Kristin E. (2013). Effective and Ineffective Supervision. *Counseling Psychologist, 41*(1), 28–47.

Leichsenring, Falk, Kreische, Reinhard, Biskup, Joachim, Staats, Hermann, Rudolf, Gerd und Jakobsen, Thorsten. (2008). Die Göttinger Psychotherapiestudie. Ergebnisse analytischer Langzeitpsychotherapie bei depressiven Störungen, Angststörungen, Zwangsstörungen, somatoformen Störungen und Persönlichkeitsstörungen. *Forum Psychoanalyse, 24,* 193–204.

Leitner, Anton, Petzold, Hilarion G., Orth, Susanne, Sieper, Johanna und Telsemeyer, Petra. (2004). Mythos Supervision? – Zur Notwendigkeit von ‚konzeptkritischen' Untersuchungen im Hell- und Dunkelfeld zu Risiken, Nebenwirkungen und Rechtsverletzungen. Düsseldorf/Hückeswagen. *Supervision: Theorie – Praxis – Forschung. Eine interdisziplinäre Internet-Zeitschrift, 02.* Zugriff am 21.05.2019. Verfügbar unter http://www.fpi-publikation.de/images/stories/downloads/supervision/petzold-leitner-orth-sieper-telsemeyer-mythos_supervision-supervision-02-2004.pdf.

Luhmann, Niklas. (1992). *Die Wissenschaft der Gesellschaft.* Berlin: suhrkamp taschenbuch wissenschaft 1001.

Lutz, Wolfgang und Grawe, Klaus. (2001). Was ist „Evidenz" in einer evidence based psychotherapy? *Integrative Therapie,* 2/2001, 11–28.

Märtens, Michael und Petzold, Hilarion, G. (Hrsg.). (2002). *Therapieschäden: Risiken und Nebenwirkungen von Psychotherapie.* Mainz: Grünewald Verlag.

Milne, Derek L. (2009). *Evidence-Based Clinical Supervision. Principles and Practice.* West Sussex: John Wiley und Sons/BPS Blackwell.

Milne, Derek L., Aylott, Helen, Fitzpatrick, Helen und Ellis, Michael V. (2008). How Does Clinical Supervison Work? Using a "Best Evidence Synthesis" Approach to Construct a Basic Model of Supervision. *The Clinical Supervisor, 27*(2), 170–190.

Milne, Derek L. (2014). Beyond the "acid test": a conceptual review and reformulation of outcome evaluation in clinical supervision. *American Journal of Psychotherapy, 8*(16), 213–230.

Milne, Derek. L., Pilkington, Janet, Gracie, Jennifer und James, Ian. (2003). Transferring Skills from Supervision to Therapy: A Qualitative and Quantitative N=1 Analysis. *Behavioural and Cognitive Psychotherapy, 31,* 193–202.

Möller, Heidi (2016). Supervisions- und Coaching Kompetenz-Forschung. *Psychotherapie Forum, 15*(57), 1-8. Zugriff am 21.05.2019. Verfügbar unter http://link.springer.com/article/10.1007/s00729-015-0057-0.

Müller, Lotti, Petzold, Hilarion G. und Schreiter-Gasser, Ursula (2005). Supervision im Feld der klinischen und sozialgerontologischen Altenarbeit. *Integrative Therapie,* 2005, Bd.1/2.

Petzold, Hilarion G. (1993m): „Kontrollanalyse" und Gruppensupervision in „Kompetenzgruppen" – zwei unverzichtbare, aber unterschiedliche Methoden der psychotherapeutischen Weiterbildung in einer integrativen Perspektive. In: Frühmann, R., Petzold, H. G.: *Lehrjahre der Seele.* Paderborn: Junfermann, (S. 479–616).

Petzold, Hilarion G., Oeltze Jürgen und Ebert, Wolfgang. (2001). *Qualitätssicherung und die Weiterbildungspläne der DGSv – Probleme, Befunde aus der Forschung und ExpertInnenmeinungen von der Basis.* Düsseldorf/Hückeswagen: Europäische Akademie für Psychosoziale Gesundheit.

Petzold, Hilarion G., Schigl, Brigitte, Fischer, Martin und Höfner, Claudia. (2003). *Supervision auf dem Prüfstand. Wirksamkeit, Forschung, Anwendungsfelder, Innovation.* Opladen: Leske + Budrich.

Petzold, Hilarion G., Leitner, Anton, Orth, Susanne, Sieper, Johanna und Telsemeyer, Petra. (2004). Mythos Supervision? Zur Notwendigkeit von „konzeptkritischen" Untersuchungen im Hell- und Dunkelfeld zu Wirkungen, Nebenwirkungen, Risiken und Rechtsverletzungen in der supervisorischen Praxis. *Supervision: Theorie – Praxis – Forschung. Eine interdisziplinäre Internet-Zeitschrift, 02.* Zugriff am 18.05.2019. Verfügbar unter http://www.fpi-publikation.de/images/stories/downloads/supervision/petzold-leitner-orth-sieper-telsemeyer-mythos_supervision-supervision-02-2004.pdf.

Schay, Peter, Dreger, Bernd und Siegele, Frank. (2006). Die Wirksamkeit von Supervision für den Patienten. Eine Evaluationsstudie zur Wirksamkeit von Supervision für das Patientensystem in Einrichtungen der medizinischen Rehabilitation Drogenabhängiger. In Peter Schay (Hrsg.), *Innovationen in der Drogenhilfe* (S. 247–305). Wiesbaden: VS-Verlag.

Schigl, Brigitte. (2016a). Wissenschaft und Forschung: Bio-psycho-soziale Perspektiven. In Silke Gahleitner, Gerhard Hintenberger, Barbara Kreiner, Christoph Pieh und René Reichel (Hrsg.), *Integrative Entwicklungen. Das biopsychosoziale Leibkonzept in Theorie und Praxis. Festschrift für Anton Leitner* (S. 111–119). Wien: Facultas.

Schigl, Brigitte (2016b). Wissenschaft und Forschung in der Beratungslandschaft. In René Reichel (Hrsg.), *Beratung Psychotherapie Supervision. Einführung in die Psychosoziale Beratungslandschaft* (2. Auflage). (S. 95–113). Wien: facultas.wuv.

Schigl, Brigitte. (2016c). Risiken von Supervision: Perspektiven in ein Dunkelfeld. *Psychotherapie Forum, 21*(3), 82–89.

Schmitt, Rudolf, Gahleitner, Silke und Gehrlich, Katharina. (2014). Wissen schaffen und abschaffen: eine Einführung. In Silke Gahleitner, Rudolf Schmitt, Katharina Gehrlich (Hrsg.), *Qualitative und quantitative Forschungsmethoden für EinsteigerInnen aus den Arbeitsfeldern Beratung, Psychotherapie und Supervision.* Coburg: ZKS-Verlag.

Schülein, Johann August und Reize, Simon. (2002): *Wissenschaftstheorie für Einsteiger.* Stuttgart: UTB.

Siller, Gertrud. (2008). *Professionalisierung durch Supervision: Perspektiven im Wandlungsprozess sozialer Organisationen.* Wiesbaden: VS Verlag für Sozialwissenschaften.

Siller, Gertrud. (2010). Eckpfeiler der Supervision und Perspektiven für die Supervisionsforschung. *Supervision. Mensch Arbeit Organisation, 2,* 14–21.

Sipos, Valerija. (2001). Effekte von Supervision auf Therapieprozess und Therapieergebnis bei der Behandlung von Patientinnen mit Anorexia nervosa: ein Beitrag zur Supervisionsforschung. Dissertation, Universität Bamberg, Bamberg. Zugriff am 03.05.2019. Verfügbar unter https://d-nb.info/1006968954/34.

Tschuschke, Volker. (2005). Psychotherapie in Zeiten evidenzbasierter Medizin. Fehlentwicklungen und Korrekturvorschläge. *Psychotherapeutenjournal, 4,* 106–115.

Von Wyl, Agnes, Tschuschke, Volker, Crameri, Aureliano, Koemeda-Lutz, Margit und Schulthess, Peter. (Hrsg.). (2016). *Was wirkt in der Psychotherapie? Ergebnisse der Praxisstudie ambulante Psychotherapie zu 10 unterschiedlichen Verfahren.* Gießen: Psychosozial-Verlag.

Wampold Bruce E., Imel, Zac E. und Flückiger, Christoph. (2018). *Die Psychotherapie-Debatte: Was Psychotherapie wirksam macht.* Bern: Hogrefe.

Watkins Jr., C. Edward. (2011). Does Psychotherapy Supervision Contribute to Patient Outcomes? Considering Thirty Years of Research. *The Clinical Supervisor, 30*(2), 235–256.

White, Edward und Winstanley, Julie. (2010). A randomized controlled trial of clinical supervision: selected findings from a novel Australian attempt to establish the evidence base for causal relationships with quality of care and patient outcomes, as an informed contribution to mental health nursing practice development. *Journal of Research in Nursing, 15*(2), 151–167.

Wittich, Andrea und Dieterle, Wilfried E. (2004). Supervision in der Krankenpflege – Empirische Befunde aus einem Krankenhaus der Maximalversorgung. *Supervision. Mensch Arbeit Organisation, 4,* 44–50.

Worthen, Vaughn E. und Lambert, Michael J. (2007). Outcome oriented supervision: Advantages of adding systematic client tracking to supportive consultations. *Counselling and Psychotherapy Research, 7*(1), 48–53.

Teil II
Empirischer Teil – Datenerhebung und -analyse

Die Datenerhebung

Brigitte Schigl, Claudia Höfner, Noah A. Artner, Katja Eichinger, Claudia B. Hoch und Hilarion G. Petzold

2003 erschien die erste Auflage von „Supervision auf dem Prüfstand. Wirksamkeit, Forschung, Anwendungsfelder, Innovation". Der state of the art in dem noch jungen Gebiet der Supervisionsforschung sollte erhoben werden, um

- die bereits entwickelten und angewandten *Forschungsdesigns* zu sammeln und zu bewerten mit dem Ziel, aus den gewonnenen Ergebnissen Designs für die empirische Supervisionsforschung abzuleiten,
- die damals relevante *Literatur* mitsamt der *Analyse* bereitzustellen,
- *Forschungsleitlinien* für Themen, Forschungsprojekte und akademische Qualifikationsarbeiten in der Zukunft aufzustellen,
- „*Lücken*" aufzuzeigen, was insbesondere im Fall der fehlenden Wirkungsforschung in den Mehrebenenprozessen der Supervision eindeutig gelang (Petzold et al. 2003, S. 197).

Das generelle Anliegen der Erstauflage war es die deutsch- und englischsprachige Supervisionsforschungsliteratur auf ihre Evidenzbasierung hin zu untersuchen (Petzold et al. 2003, S. 36). Die Ausgangsfrage des damaligen ForscherInnenteams lautete: „Ob/bzw. Wie schlagen die Interventionen/Erkenntnisse des Supervisionsprozesses auf die konkrete Arbeit mit KlientInnen der SupervisandInnen durch?" (Petzold et al. 2003, S. 34).

Zusatzmaterial online
Zusätzliche Informationen sind in der Online-Version dieses Kapitel (https://doi.org/10.1007/978-3-658-27335-4_5) enthalten.

5.1 Fragestellungen und Ziel der zweiten Auflage

Die Arbeit für die neue Auflage zielte darauf ab herauszufinden, wie sich die internationale, vor allem englischsprachige empirische Supervisionsliteratur seit dem Erscheinen von SAP 1 entwickelt hat. Dazu wurde der Recherchezeitraum von 2003 (Erscheinen von SAP 1) bis 2016 (Beginn der Recherche für SAP 2) festgelegt. Besonders interessierte auch, ob es gelungen war, Supervisions-Effekte inzwischen auf der Ebene der KlientInnen, PatientInnen oder KundInnen der SupervisandInnen empirisch nachzuweisen.

Es sollte nach Studien gesucht werden, die sich mit etwa folgenden Fragestellungen beschäftigten und jeweils festgestellt werden, wie diese von den ForscherInnen untersucht wurden.

- Unter *welchen Rahmenbedingungen* ist Supervision wie wirksam?
- *Welche Formen* von Supervision werden eingesetzt und sind wie wirksam?
- Welche *Settings* von Supervision werden eingesetzt und sind wirksam?
- Welche Wirkungen von Supervision auf einzelne *SupervisandInnen* können belegt werden? Welche Wirkungen von Supervision auf *Teams* können belegt werden? Welche Wirkungen von Supervision auf *KlientInnen* können belegt werden?
- Welche *Wirkfaktoren* kommen im Supervisionsprozess zum Tragen?
- Gibt es *negative* Auswirkungen von Supervision?
- Unter welchen Bedingungen kann es zu *Schäden* von Supervision kommen?

Diesen Zielsetzungen und ihrem Recherchefokus entsprechend wurden die *Forschungsfragen* für die zweite Auflage formuliert:

- Wie hat sich die internationale Supervisionsforschung seit 2003 *entwickelt*?
- Welche *Themengebiete* sind wie prominent vertreten?
- Wie ist der *internationale* Forschungsstand in Bezug auf die Untersuchung der *Wirkung und Wirksamkeit* von Supervision auf SupervisandInnen-, AuftraggeberInnen- und KlientInnensysteme?
- Welche *Untersuchungsdesigns* werden angewandt?

Als *Analyseschema* diente wie auch bei SAP 1 das Mehrebenenmodell von Supervision (vgl. Abschn. 3.2 Qualität im Mehrebenenmodell des Supervisionssystems) um festzustellen, welche Bereiche dieses Gesamtsystems in den Forschungsbemühungen Eingang finden.

5.2 Design und Methodik – Der Prozess der Analyse

Nach der Zielkonzeption und Präzisierung der Fragestellungen wurden in einem ersten operativen Schritt die für Supervisionsforschung relevanten Datenbanken recherchiert und festgelegt, die Suchbegriffe erarbeitet und darauf basierend schließlich die relevanten Studien recherchiert und kategorisiert. In weiterer Folge wurden die Abstracts und Volltexte, die für die Analyse herangezogen werden sollten, ausgewählt und inhaltlich zugeordnet.

5.2.1 Die Datenbanken

Die in SAP 1 verwendeten Datenbanken wurden in Bezug auf ihre Existenz und Aktualität für das Thema geprüft. Weiters wurden, wie auch bereits für SAP 1, ExpertInnen auf dem Gebiet der deutschsprachigen Supervisionsforschung hinsichtlich der von ihnen benutzten Datenbanken befragt und die Auswahl in weiterer Folge dahingehend erweitert. Neu hinzu kamen die Datenbanken PubPsych, SpringerLink und die Datenbank peDOCS des Fachportals Pädagogik.

Insgesamt wurden folgende Datenbanken als Grundlage für die Recherchen festgelegt:

1. Social Sciences Citation Index via Web of Science
2. DAI (Dissertation Abstracts International)
3. PubMed
4. PsycLine
5. PubPsych
6. SpringerLink
7. PsycArticles/PsycNet
8. peDOC

5.2.2 Die Suchbegriffe

Wie für die Erstauflage von „Supervision am Prüfstand" wurde auch für SAP 2 entschieden, die Stichwörter für die Recherche in *primäre und sekundäre Suchbegriffe* zu unterteilen, um Kontinuität und Vergleichbarkeit zu gewährleisten. Die primären Suchbegriffe stellten thematische Oberbegriffe dar, die mit den sekundären Suchbegriffen kombiniert wurden. Die Begriffe wurden auch ins Englische übersetzt. Ergänzt wurden die Stichwörter „evidence-based studies" und „Forschung/research". Im Gegensatz zur SAP-Erstauflage wurde der Begriff „Coaching" bereits vorab aus der Liste der Begriffe entfernt. Die Publikationen zum Begriff Coaching haben sich in den letzten 10 Jahren so intensiviert, dass dieser Begriff in der Auflage 2 nicht mehr als Suchwort verwendet wurde. Tab. 5.1 zeigt die Suchbegriffe im Überblick.

Tab. 5.1 Suchbegriffe

Primäre Suchbegriffe	Sekundäre Suchbegriffe
Supervision	Supervisionsausbildung
Clinical supervision	Supervisionsweiterbildung
Supervisand/Supervisandin	Training/Supervision training
Supervisee	Teamsupervision
Supervisor/Supervisorin	Gruppensupervision
	Einzelsupervision
	Organisationssupervision
	Klient/client
	Wirkung
	Wirkweise/efficacy, effectivity
	Evidence based studies
	Evaluation
	Setting
	Forschung/research

5.2.3 Die Recherche

Begonnen wurde die Recherche mit explorativen Probesuchdurchläufen, um erste Ergebnisse hinsichtlich der Trefferzahlen der primären Suchbegriffe zu bekommen. Es folgten Kombinationen der primären und sekundären Suchbegriffe mit zwei und schließlich drei Stichwörtern.

Aufgrund der unbewältigbaren Trefferzahlen in den Datenbanken (z. B. Pubmed zu „supervision" und „research" 297.000 Treffer, vgl. Datei im Download unter „Ergebnisse der ersten Datenbankrecherchen") wurde entschieden, das unabhängige Netzwerk Cochrane Österreich[1], das an der Donau-Universität Krems am Department für Edivenz basierte Medizin und Klinische Epidemiologie verortet ist, mit einer Kontrollrecherche zu beauftragen, um die für dieses Forschungsprojekt relevanten Daten zu gewinnen. Cochrane ist international mit der Recherche und Analyse von Forschungsdaten zu gesundheitsrelevanten Themengebieten befaßt.

Cochrane führte im April und Mai 2016 eine systematische Literatursuche mit den Suchbegriffen „supervision", „clinical supervision", „efficacy", „effectivity", „efficiency", „outcome", „research", „supervision research methods" und „review" in den Datenbanken Pubmed, PsycINFO (Ebsco) und Social Sciences Citation Index (Web of Science) durch. Zu diesen Key Words wurde der Begriff der „abusive supervision" aus dem Bereich der Arbeitsanleitung in Betrieben hinzugefügt Darunter versteht man eine Art des bloßstellenden und sich feindseligen Verhaltens der Führungskraft gegenüber der

---

[1] https://www.donau-uni.ac.at/de/department/evidenzbasiertemedizin/fachbereich/oesterreichische-cochrane-zweigstelle/index.php

5.2 Design und Methodik – Der Prozess der Analyse

MitarbeiterIn, das mit Mobbing verglichen werden kann (Urf 2013, S. 5), um Studien zu Risiken und Schäden durch Supervision abzubilden.

Die von Cochrane verwendeten Suchbegriffe (Freitext und kontrolliertes Vokabular) wurden durch die Textanalyse von bereits bekannten, in das Bewertungsschema passenden Studien identifiziert, die das SAP- Team Cochrane vorab zur Verfügung stellte und diskutierte.

Die Suche wurde auf den Zeitraum von 2003 bis 2016 sowie die folgenden Publikationstypen eingeschränkt: systematische Übersichtsarbeiten, Edivenz basierte Zusammenfassungen, kontrollierte Studien, Kohorten-Studien, Fall-Kontroll-Studien, Fallserien, Evaluationsstudien und Prä-Post-Studien.

Die von Cochrane erzielten und geprüften Resultate reduzierten sich schließlich auf

- 359 Referenzen aus PubMed,
- 739 Referenzen aus PsycInfo und
- 360 Referenzen aus dem Social Sciences Citation Index (Web of Science).

Weiters wurden die Literaturverzeichnisse von zugänglichen und bekannten Standardwerken zur Supervision im festgelegten Zeitraum hinsichtlich der Themengebiete empirische Forschung zu Evaluation und Wirkung überprüft, nämlich

- die „Kölner Reihe – Materialien zu Supervision und Beratung" der DGSv,
- die 4. aktualisierte Auflage von „Supervision – Grundlagen, Techniken, Perspektiven" von Nando Belardi (2009; 2013),
- Klaus Obermeyer und Harald Pühl (2015): „Teamcoaching und Teamsupervision – Praxis der Teamentwicklung in Organisationen"
- Heidi Möller (2012) „Was ist gute Supervision? Grundlagen – Merkmale – Methoden".

Weiters wurde auch in den in der ersten Auflage des Buches verwendeten Fachzeitschriften nach Forschungsartikeln gesucht:

- FORUM Supervision – nunmehr Online Zeitschrift für Beratung und Supervision
- Zeitschrift Freie Assoziation
- Zeitschrift Gruppenpsychotherapie und Gruppendynamik
- Zeitschrift Organisationsberatung, Supervision, Coaching (OSC)
- Zeitschrift Profile

Zusätzlich wurden folgende in SAP 1 noch nicht vertretenen neuen Quellen hinzugefügt:

- Zeitschrift Supervision. Mensch Arbeit Organisation
- Supervision: Theorie – Praxis – Forschung. Eine interdisziplinäre Internet-Zeitschrift

Nach Studien aus englischsprachigen Fachzeitschriften wurde darüber hinaus noch in folgenden Fachjournalen gesucht:

- Counselor Education and Supervision
- Journal of Counseling Psychology
- Journal of Consulting and Clinical Psychology
- Professional Psychology: Research and Practice
- The Clinical Supervisor

5.2.4 Die Auswahl der Abstracts und Volltexte

Die Abstracts der in den Datenbanken und Zeitschriften gefundenen Quellen wurden nun entsprechend ihrer Qualität einem systematischen Selektionsprozess unterzogen. Die Quellen hatten Mindestkriterien an inhaltlichen Elementen, wie sie bei wissenschaftlichen Publikationen üblich sind, zu erfüllen, um überhaupt in die Analyse einzufließen zu können. Es wurden in der ersten Selektionsrunde nur Arbeiten aufgenommen, die (zumindest ansatzweise) folgende inhaltliche Elemente beinhalteten:

- Einleitung
- Darstellung von Forschungsgegenstand und Theorie: theoretischer und empirischer Forschungsstand zum Thema; theoretisches Modell der Studie; Fragestellungen und Hypothesen
- Darstellung der Methode der Untersuchung/Design: Erhebungs- und Auswertungsinstrumente, Stichprobe; Untersuchungsdurchführung
- Ergebnisse: Ergebnisse zu den einzelnen Fragestellungen oder Hypothesen; weitere Befunde und Diskussion
- Literaturverzeichnis

Alle diesbezüglichen Abstracts wurden einem weiteren Selektionsschritt unterzogen: Das waren alle Publikationen ohne systematische empirische Datenerhebung bzw. generell Arbeiten ohne empirischen Hintergrund. Falls aus einem Abstract nicht klar hervorging, ob es sich um eine empirische Studie handelte, wurde der Volltext dazu ausgehoben und analysiert. Ausgeklammert wurden deshalb folgende Arten von Arbeiten:

- Hintergrundartikel: allgemeine Hintergrundinformationen in Verbindung mit einem aktuellen Thema
- Praxisberichte: Zumeist Fall-Prozessdarstellung über Erleben, Erfahrungen von SupervisorInnen z. B. in speziellen Feldern oder mit speziellen Methoden, ohne Literaturbezug oder wissenschaftliche Bearbeitung

5.2 Design und Methodik – Der Prozess der Analyse

- Fallvignetten: verkürzte Darstellung eines einzigen charakteristischen Falls aus der Praxis ohne weitere qualitative Bearbeitung der Daten
- Graue Literatur: nicht veröffentlichte Masterthesen, Dissertationen und Diplomarbeiten, etc.

In der psychotherapeutischen Forschung wird Evidenzbasierung als der „gold standard" häufig gefordert und diese als besonders aussagekräftig bezüglich des Wirksamkeitsnachweises betrachtet. Insofern lag der Versuch nahe auch die Beiträge zur Supervisionsforschung nach diesen Kriterien zu überprüfen (vgl. Milne et al. 2008; Milne 2009; Watkins 2011). In einer ersten Überprüfung der Evidenzbasierung einzelner Forschungsarbeiten verwendeten wir Kriterien des Oxford Centre for Evidence-based Medicine (CEBM 2019; Phillips et al. 1998, überarbeitet 2009). Bei dieser probeweisen Zuordnung ausgewählter Forschungsergebnisse in dieses Schema der CEBM zeigte sich, dass eine Übernahme der dort angewandten Qualitätsstufen bei den Forschungsbestrebungen im Bereich Supervision nicht zielführend ist. Der Großteil der bisherigen Forschungsarbeiten wäre – wenn überhaupt – in der ersten Qualitätsstufe anzusiedeln. Ein Vergleich mit den Qualitätskriterien von evidenzbasierter Coachingforschung (Künzli 2007; zitiert nach Leichsenring und Rüger 2004, S. 46) zeigt ähnliche Ergebnisse auf.

Milne (2009, S. 232), einer der wichtigsten Protagonisten englischsprachiger Supervisionsforschung, verwendet, mit Verweis auf die „NICE-Richtlinien" (United Kingdom's National Institute for Clinical Excellence 2019) für die Systematisierung der wissenschaftlichen Arbeiten zu Supervision, nur drei Kategorien:

- Randomized Controlled Trial-Study,
- Klinische Studie oder
- Expertenmeinung.

In unserer Analyse wurde im weiteren Diskussionsprozess entschieden, dass qualitative und quantitative Forschungsleistungen gleichermaßen berücksichtigt werden sollten. Es sollte sich lediglich um empirisch gewonnene Erkenntnisse handeln.

In einem mehrstufigen Prozess führten wir verschiedene Modelle zusammen und wandten für unsere Orientierung und Einordnung der aufgefundenen Quellen folgendes Schema möglicher wissenschaftlicher Designs an (s. Tab. 5.2).

5.2.5 Die inhaltliche Zuordnung der Abstracts und Volltexte

Einer der wesentlichen Schritte im Forschungsprozess der Erstauflage von SAP war die Erstellung von inhaltlichen Ordnungskriterien (Cluster) in folgende elf Themengebiete:

Tab. 5.2 Arten wissenschaftlicher Bearbeitung in der Supervisionsforschung

	Art	Beschreibung
1	(Single) Case Studies	Ausführliche Untersuchung einer einzelnen Person oder Gruppe
2	ExpertInnen-Interviews	Leitfadengestützte Interviews mit Personen mit Sonderwissen und Expertise
3	Case Series	Gruppe oder Reihe von Fallberichten, die ähnliche Merkmale teilen (z. B. Interventionen)
4	Reviews/Übersichtsarbeiten	Darstellung, Analyse und Bewertung der (publizierten) Literatur eines Forschungsbereichs
5	Kohorten Studien	
	a) Outcome Studies	Untersuchung, ob bzw. in welchem Ausmaß bei einer Gruppe ein angestrebtes Ergebnis mit einer Intervention erreicht wird
	b) Prozess Studien	Beobachtung einer Gruppe zur Untersuchung einer Intervention bzw. eines bestimmten Merkmals über die Zeit
6	Randomized Controlled Trial-Studies (RCT)	Vergleich von mehreren Gruppen (Versuchs- und Kontrollgruppen) mit einem Vorher-Nachher-Vergleich (ggf. Zufallszuordnung zu VG und KG), bei dem die Versuchsgruppe die Intervention erhält, die Kontrollgruppe nicht (eine andere)

1. Form und inhaltliche Weite des Begriffes Supervision
2. Geschichte von Supervision und berufliche Identität von SupervisorInnen
3. US-amerikanische Forschung
4. Elemente des Supervisionsprozesses
5. Methoden und Techniken in der Supervision
6. Spezielle Themen/Inhalte von Supervision
7. Supervision in speziellen Feldern
8. Ethnizität und Gender in der Supervision
9. Lernen und Kompetenzvermittlung in der Supervision
10. Evaluation und Qualitätssicherung in der Supervision
11. Auswirkungen der Supervision auf die KlientInnen der SupervisandInnen und die Arbeit der SupervisandInnen

Ziel von SAP 2 war es, diese Cluster zu übernehmen, um die Entwicklung der einzelnen Forschungslinien und -gebiete beschreiben zu können (vgl. Abschn. 5.1 Fragestellungen und Ziele der zweiten Auflage).

Im Verlauf der Zuordnung der Quellen zu diesen SAP1-Clustern mussten allerdings Änderungen im Vergleich zur ersten Auflage vorgenommen werden. Diese wurden aufgrund der strenger definierten Beurteilungskriterien – nur empirische Arbeiten ab einem gewissen Niveau (siehe Tab. 5.2 Arten wissenschaftlicher Bearbeitung in der Supervisionsforschung) sollten inkludiert werden – und wegen des Entstehens neuer Forschungsgebiete notwendig:

5.2 Design und Methodik – Der Prozess der Analyse

- Das Themengebiet „US-amerikanische Forschung" wurde als eigenes Kapitel aufgelassen, weil unsere Recherche ohnehin angloamerikanische Literatur in allen Clustern inkludierte. Die englischsprachig publizierte Forschung wurde in alle Themengebiete integriert.
- Im Laufe des Auswertungsprozesses wurde der Beschluss zur Erhöhung der Trennschärfe gefasst. Das Themengebiet „Supervision in speziellen Feldern" wurde nur dann kodiert, wenn das Hauptaugenmerk der Studie die besonderen Bedingungen dieses speziellen Feldes waren (z. B. Polizei, Forschung, Strafvollzug, Genetic Counseling oder Frühe Hilfen). So konnten inhaltliche Mehrfachzuordnungen vermieden werden, denn Supervision findet ja stets in einem „Feld" statt.
- Das Themengebiet „Ethnizität und Gender in der Supervision" musste um den Begriff „Diversity" erweitert werden.
- Der Cluster „Evaluation von Supervisionsweiterbildungen", der 2003 noch nicht vorhanden war, kam hinzu.
- Peer Supervision wurde ebenso als eigener Cluster hinzugefügt. Damit sind Supervisionssettings gemeint, in denen Peers mit oder ohne Anleitung gemeinsam Prozesse reflektieren und sich kollegial beraten.
- Supervision in der Krankenpflege (Nursing) wurde als eigener neuer Cluster etabliert, da er quantitativ einen großen Umfang erreichte. Der Bereich Nursing ist jenes Feld der Supervisionsforschung, das im angloamerikanischen Raum (neben Supervision in der Psychotherapie) den größten Output an hochwertigen Forschungsergebnissen aufweist. Zur genauen Handhabung der Ein- und Ausschlusskriterien siehe dort (Abschn. 7.14).
- Supervision in Gesundheitsberufen als weiterer neuer Cluster stellt eine Restkategorie dar, in der Studien versammelt wurden, die sonst nicht eindeutig einem anderen Cluster zuordenbar waren. Es handelt sich hierbei zumeist um englischsprachige Evaluationen von Supervisionsprozessen.

Allein in den Datenbanken PsycInfo und Social Sciences Citation Index ergab die Cochrane Österreich Recherche mit den gewählten Suchbegriffen und deren Kombinationen 793 Referenzen zu relevanten Studien. Dabei wurden neben Einzelstudien auch Überblicksarbeiten als Treffer erfasst, die ihrerseits wieder auf einer mehr oder minder großen Anzahl an Studien basieren.

Der vom Cochrane-Institut übermittelte Datensatz und die in Zeitschriften gefundenen Studien wurden zunächst von Doubletten bereinigt. In einer ersten inhaltlichen Durchsicht wurden sodann jene Abstracts ausgeschieden, in denen Supervision nicht den eigentlichen Schwerpunkt der Untersuchung darstellte, sondern andere Themen im Vordergrund standen und Supervision nur „am Rande" miterhoben wurde oder z. B. nur als Empfehlung in der Conclusio aufschien.

Weiters wurden jene Abstracts ausgeschlossen, die außerhalb unseres Schemas der wissenschaftlichen Bearbeitungsdesigns standen, d. h. einen zu niedrigen Evidenzgrad aufwiesen. Es handelte sich zumeist um bloße Praxisberichte, einzelne Expertenmeinungen oder unveröffentlichte Dissertationen und Artikel in nicht hinreichend wissenschaftlichen Formaten, die keine ausreichenden Rückschlüsse auf die Empirie zuließen. Auch jene Artikel, die lediglich geplante empirische Studien beschrieben, wurden ausgeschieden.

Die verbleibenden Abstracts wurden auf das vorherrschende Supervisionsverständnis geprüft. Ausgeschieden wurden daraufhin auch jene Arbeiten, in denen Supervision für Prozesse wie Mentoring oder Ablauf-Kontrolle verwendet wurde.

Die Volltexte von Studien, die Supervision zumindest annähernd gemäß unserer Definition (vgl. Kap. 3 Zum Verständnis von Supervision) verstanden, wurden letztendlich ausgehoben. Vereinzelt wurden auch Volltexte aus den anderen Bereichen ausgehoben um ein besseres Verständnis dafür zu bekommen, wie der Begriff Supervision sonst noch betrachtet wird. Um die Zuordnung der Abstracts einigermaßen reliabel zu gestalten führten wir einen gemeinsamen Probedurchlauf der Zuordnung mit einer Auswahl von Artikeln durch. Diese lasen alle ForscherInnen und diskutierten deren Einordnung in ein inhaltliches Cluster. So wurde unsere Zuordnung abgeglichen und daraus Regeln festgelegt.

Es kamen somit folgende oben im Detail dargestellte Kriterien bei der Auswahl der auszuhebenden Volltexte zum Tragen:

- Qualität der wissenschaftlichen Bearbeitung: Beschreibung der Stichprobe, Untersuchungsdesign und -methoden, Ergebnisse und Diskussion
- Relevanz und Passung zum zugeordneten Themengebiet
- Bezugsmöglichkeit und Zugang zu den Volltexten (z. B. Verfügbarkeit über open access, Researchgate, Bibliotheken)

Jeder Artikel wurde – im Unterschied zu SAP 1 – nur mehr einem Cluster zugeordnet, um bei der großen Trefferzahl die Übersichtlichkeit zu wahren und quantitative Relationen abzubilden.

Mehr zu den Schwierigkeiten und Herausforderungen im Ablauf des Projekts siehe Kap. 9 Limitationen, Schwierigkeiten.

In den folgenden Kapiteln werden nun die Rechercheergebnisse dargestellt und analysiert. Dabei wird einerseits versucht, alle wesentlichen deutschsprachigen empirischen Studien dieses Zeitraums darzustellen. Andererseits werden bemerkenswerte internationale (englischsprachige) Studien hinsichtlich Aktualität, Relevanz für die supervisorische Praxis, Nachvollziehbarkeit und allgemeine Gültigkeit angeführt. Hierbei wird besonders auf Fragestellungen, Settings, Methoden und Forschungsdesigns eingegangen. Trotz empirischer Mängel und eingeschränkter Aussagekraft werden auch einige wenig elaborierte Studien im Themenkomplex Pflege- und Gesundheitsberufe inhaltlich beschrieben, um ein Bild der aktuellen Forschungslage in diesem größten Forschungscluster zu zeichnen. (Gleichwohl finden sich auch in diesem Themenbereich durchaus komplexe Designs bis hin zu randomisierten kontrollierten Studien).

Alle Literaturangaben wurden mittels EndNote verarbeitet. In den Downloadmaterialien finden Sie diese unter Gesamtdatei aller recherchierten und gescreenten Quellenangaben, geordnet nach den AutorInnennamen in alphabetischer Reihenfolge.

Literatur

Belardi, Nando. (2009; 2013). *Supervision. Grundlagen, Techniken, Perspektiven* (3. Auflage; 4. aktualisierte Auflage). München: C. H. Beck.

CEBM. (2019). *OCEBM Levels of Evidence*. Zugriff am 19.04.2019. Verfügbar unter https://www.cebm.net/2016/05/ocebm-levels-of-evidence/.

Counselor Education and Supervision. Zugriff am 29.04.2019. Verfügbar unter https://onlinelibrary.wiley.com/journal/15566978.

FORUM Supervision. (nunmehr Online Zeitschrift für Beratung und Supervision). Zugriff am 29.04.2019. Verfügbar unter http://fs.ub.uni-bielefeld.de/index.php/fs/index.

Freie Assoziation – Zeitschrift für psychoanalystische Sozialpsychologie. (2016). Zugriff am 29.04.2019. Verfügbar unter https://www.psychosozial-verlag.de/8184.

Gruppenpsychotherapie und Gruppendynamik. Zeitschrift für Theorie und Praxis der Gruppenanalyse. (2016). Zugriff am 29.04.2019. Verfügbar unter https://www.vandenhoeck-ruprecht-verlage.com/zeitschriften-und-Kap./9487/gruppenpsychotherapie-und-gruppendynamik.

Journal of Consulting and Clinical Psychology. Zugriff am 21.05.2019. Verfügbar unter http://www.apa.org/pubs/journals/ccp/.

Journal of Counseling Psychology. Zugriff am 21.05.2019. Verfügbar unter https://www.apa.org/pubs/journals/cou/index.

Kölner Reihe – Materialien zu Supervision und Beratung. Zugriff am 30.04.2019. Verfügbar unter https://www.vandenhoeck-ruprecht-verlage.com/themen-entdecken/psychologie-psychotherapie-beratung/arbeit-und-organisation/beratung-coaching-supervision/339/koelner-reihe-materialien-zu-supervision-und-beratung.

Künzli, Hansjörg. (2007). Evidenced-Based Coaching. *Forum Supervision. Supervision – Organisationsberatung – Coaching, 15*(29), 40–51.

Leichsenring, Falk und Rüger, Ulrich. (2004). Psychotherapeutische Behandlungsverfahren auf dem Prüfstand der Evidence Based Medicine (EBM): Randomisierte kontrollierte Studien vs. naturalistische Studien – Gibt es nur einen Goldstandard? *Zeitschrift für Psychosomatische Medizin und Psychotherapie, 50*(2), 203–217.

Milne, Derek L. (2009). *Evidence-Based Clinical Supervision. Principles and Practice*. West Sussex: John Wiley und Sons/BPS Blackwell.

Milne, Derek L., Aylott, Helen, Fitzpatrick, Helen und Ellis, Michael V. (2008). How Does Clinical Supervison Work? Using a "Best Evidence Synthesis" Approach to Construct a Basic Model of Supervision. *The Clinical Supervisor, 27*(2), 170–190.

Möller, Heidi. (2012). *Was ist gute Supervision? Grundlagen – Merkmale – Methoden*. Kassel: kassel university press.

Obermeyer, Klaus und Pühl, Harald. (2015). *Teamcoaching und Teamsupervision Praxis der Teamentwicklung in Organisationen*. Göttingen: Vandenhoeck und Ruprecht.

Petzold, Hilarion G., Schigl, Brigitte, Fischer, Martin und Höfner, Claudia. (2003). *Supervision auf dem Prüfstand. Wirksamkeit, Forschung, Anwendungsfelder, Innovation*. Opladen: Leske + Budrich.

Phillips, Bob, Ball, Chris, Sackett, Dave, Badenoch, Doug, Straus, Sharon, Haynes, Brian und Dawes, Martin. (1998, überarbeitet 2009). Levels of Evidence and Grades of Recommendation. Oxford: Oxford-Centre for Evidence Based Medicine. Zugriff am 17.05.2019. Verfügbar unter https://www.cebm.net/2009/06/oxford-centre-evidence-based-medicine-levels-evidence-march-2009/.

Professional Psychology: Research and Practice. Zugriff am 21.05.2019. Verfügbar unter http://www.apa.org/pubs/journals/pro/.

Profile. Zugriff am 30.04.2019. Verfügbar unter https://ehp-koeln.com/zeitschriften/profile.Php.

Supervision. Mensch Arbeit Organisation. Zugriff am 30.04.2019. Verfügbar unter https://www.psychosozial-verlag.de/cms/nachrichtenleser/items/supervision-mensch-arbeit-orgainisation.Html.

The Clinical Supervisor. Zugriff am 30.05.2019. Verfügbar unter https://www.tandfonline.com/loi/wcsu20.

United Kingdom's National Institute for Clinical Excellence. (2019). Zugriff am 19.04.2019. Verfügbar unter https://www.nice.org.uk/.

Urf, Sebastian. (2013). *Abusive Supervision. Maßnahmen gegen feindseliges Führungsverhalten.* Wiesbaden: Springer.

Watkins Jr., C. Edward. (2011). Does Psychotherapy Supervision Contribute to Patient Outcomes? Considering Thirty Years of Research. *The Clinical Supervisor, 30*(2), 235–256.

Ergebnisse der quantitativen Analyse

Brigitte Schigl, Claudia Höfner, Noah A. Artner, Katja Eichinger, Claudia B. Hoch und Hilarion G. Petzold

Den Analysen der Ergebnisse gingen wie oben im Detail ausgeführt mehrstufige Bereinigungsprozesse voraus. Insgesamt wurden 1629 Quellen im Zuge des in Kap. 5 Datenerhebung beschriebenen Rechercheprozesses ausgehoben und zur näheren Durchsicht herangezogen. Dazu kam noch ein Screening von Handbüchern.

In weiteren Schritten (vgl. Abschn. 5.2.4) wurden die Daten inhaltlich bereinigt, und die Ergebnisse wurden mehrmals auf Duplikate überprüft und entsprechend aussortiert. Dies führte dazu, dass 742 Arbeiten aufgrund fehlender inhaltlicher Passung oder Doppel- oder Mehrfachpublikation wieder verworfen werden mussten. So erfolgte in mehrfachen Sortierungsvorgängen eine erste Zuordnung von insgesamt 887 Artikeln zu den Themengebieten, die danach aufgrund inhaltlicher und wissenschaftlicher Kriterien noch weiter reduziert wurden.

Im Zuge der Zuordnungsarbeiten in mehreren Durchgängen wurden weitere 196 Arbeiten, weil sie zusammenfassende Veröffentlichungen von bereits aufgenommenen Forschungsarbeiten waren, aussortiert. 60 weitere Quellen wurden als Buchveröffentlichungen und Buchreviews identifiziert. Diese wurden in einem eigenen Ordner betitelt als „Bücher" zusammengefasst, da sie nicht den zuvor definierten Auswahlkriterien entsprachen.

Letztlich konnten folgende Zuordnungen getroffen werden, die als relevante Quellen für die Analysen herangezogen wurden (s. Tab. 6.1).

Quantitativ betrachtet fällt ein großer Teil der gesichteten Forschungsarbeiten in die Bereiche „Krankenpflege/Nursing" und „Supervision in diversen Gesundheitsberufen". Es werden in beiden Clustern vor allem Evaluationen von Supervisionen beschrieben. Allein aus der quantitativen Analyse kann geschlossen werden, dass im Bereich Krankenpflege/Nursing das Format Supervision insbesondere im US-amerikanischen Gesundheitssystem mittlerweile wichtiger Bestandteil ist und die Erforschung von Supervision im Umfeld des Pflegepersonals vorangetrieben wird.

Tab. 6.1 Ergebnisse der quantitativen Erhebung nach Themengebieten und Anzahl der Studien

Themengebiete	Anzahl Studien
(Evaluation von) Supervision in diversen Gesundheitsberufen	149
Supervision in der Krankenpflege (Nursing)	134
Wirkung von Supervision	86
Elemente des Supervisionsprozesses	47
Wirkung auf KlientInnen der SupervisandInnen	38
Spezielle Felder von Supervision	36
Ethnizität, Diversity und Gender in der Supervision	35
Aus/Weiterbildung von SupervisorInnen, Evaluation von Weiterbildungen	29
Entwicklung und Überprüfung von verschiedenen Messinstrumenten in der Supervision (Evaluations-Skalen)	23[a]
Multicenterstudien aus dem Feld der Integrativen Supervision	20
Lernen und Kompetenzvermittlung in der Supervision	18
Peer-Supervision	12
Methoden und Techniken in der Supervision	12
Risiken von Supervision	11
Form und Weite des Begriffs Supervision	4
Bedarf an Supervision	3
Geschichte von Supervision	2
Identität von SupervisorInnen	0
Spezielle Inhalte von Supervision	0
Gesamt	*659*

[a]Diese Instrumente sind im Verzeichnis verwendeter standardisierter Instrumente aufgelistet

Diese beiden umfangreichsten Forschungscluster werden daher zur Verdeutlichung der untersuchten Inhalte im Folgenden nochmals quantitativ aufgeschlüsselt:

In Tab. 6.2 wird die Anzahl aller in diesem Cluster gesichteten Abstracts wiedergegeben mit einem Hinweis darauf, welche Volltexte ausgehoben und in weiter Folge unten dargestellt werden. Die vorgenommene Clusterung gibt einen ersten Eindruck über die Themengebiete, die im Bereich Supervision in der Krankenpflege international beforscht wurden. Es handelte sich bei den dargestellten Studien ausschließlich um englischsprachige Forschungsberichte.

Die Clusterung wurde so trennscharf als möglich durchgeführt, dennoch passten manche Studien zu mehreren Themenbereichen. Letztlich wurde jede Studie der jeweiligen Leitthematik zugeordnet um Mehrfachkodierungen zu vermeiden. Der Unterschied der hier genannten Zahl der Studien zu den ursprünglich gefundenen (vgl. Tab. 6.3, N = 134

6 Ergebnisse der quantitativen Analyse

Tab. 6.2 Anzahl der gesichteten abstracts und Volltexte im Themenbereich Supervision in der Krankenpflege

Abstract/Volltext	Anzahl
Rahmenbedingungen und Setting[a]	6
Nutzen von Supervision – qualitativ explorativ[a]	6
Nutzen von Supervision – quantitativ testend[a]	5
Reviews[a]	2
Lernen und Kompetenzvermittlung[b]	52
Supervision als Lernmethode in der Ausbildung	*34*
Supervision als Leistungsbeurteilung	*5*
Schulung mit Supervision	*13*
Qualitätskontrolle, Management, Administration[b]	8
Fallstudie, Expertenmeinung, unveröffentlichte Dissertation[c]	24
Supervision ist nicht Gegenstand oder Schwerpunkt[c]	25
Gesamt	**128**

[a]Alle Volltexte ausgehoben. Qualitative Analyse siehe Abschn. 7.14
[b]Volltexte nur vereinzelt zum besseren Verständnis ausgehoben
[c]Keine qualitative Analyse

Studien) entsteht durch eine weitere Aussortierung von nicht den Kriterien entsprechenden Studien.

Sechs Studien befassten sich schwerpunktmäßig mit den Rahmenbedingungen und dem Setting von Supervision und wurden in einer eigenen Kategorie zusammengefasst. Allerdings wurden in einigen Studien, die vordergründig den Nutzen von Supervision überprüften, ebenso die Rahmenbedingungen und das Setting von Supervision miterhoben.

Fünf Studien beleuchteten den Nutzen von Supervision mit vorwiegend qualitativen Methoden aus einem stärker explorativen Blickwinkel.

Sechs Studien bewerteten den Nutzen von Supervision im Zusammenhang mit etablierten Konstrukten wie Burnout u. ä. und setzten dafür standardisierte Fragebögen ein. Mitunter wurde ein Mixed Methods Design gewählt, also eine Methodenkombination. Studien dieser Art wurden je nach Methoden-Hauptgewicht der einen oder anderen Kategorie zugeordnet.

Auch zwei Reviews zur Supervision in der Krankenpflege konnten ausgemacht werden.

Die genannten Studien zu den Rahmenbedingungen und zum Setting, zum Nutzen von Supervision (qualitativ explorative und quantitativ testende Studien) sowie die Reviews wurden einer qualitativen, also inhaltlichen, Analyse unterzogen und werden in Abschn. 7.14 Supervision in der Krankenpflege im Einzelnen beschrieben.

Eine Reihe von Studien sind den Bereichen Lernen und Kompetenzentwicklung (52) zuzuordnen. Die entsprechenden Volltexte wurden stichprobenartig ausgehoben, um den Gegenstand dieser Studien bzw. das vorherrschende Supervisionsverständnis besser zu verstehen. Diese Studien werden in Abschn. 7.14 nicht einzeln dargestellt (respektive keiner qualitativen Analyse unterzogen), da sie keine Supervision im Sinne von Beratung und Reflexion „auf Augenhöhe" darstellen.

Tab. 6.3 zeigt die Anzahl sämtlicher gesichteter Abstracts im Themenbereich Supervision in weiteren Gesundheitsberufen ebenso wie die Anzahl der Volltexte die trotz Nicht-Erfüllung der Kriterien zur Analyse stichprobenmäßig ausgehoben wurden. Erst die Auseinandersetzung mit den Volltexten ermöglichte überhaupt eine Abgrenzung unterschiedlicher Supervisionsverständnisse vornehmen und in weiterer Folge entscheiden zu können, welche Studien einer näheren qualitativen Analyse unterzogen werden sollen oder nicht (vgl. Kap. 3 Zum Verständnis von Supervision). Der Unterschied der hier genannten Zahl der Studien zu den ursprünglich gefundenen (vgl. Tab. 6.1, N = 149 Studien) entsteht durch eine weitere Aussortierung von nicht den Kriterien entsprechenden Studien.

Auffallend bei den Studien zur Supervision in den Gesundheitsberufen ist die hohe Anzahl an Abstracts im Bereich Lernen und Kompetenzvermittlung. Inhaltlich beschäftigten sich diese Studien mit ähnlichen Themen wie im Bereich Supervision in der Krankenpflege (Unterrichtsmethode, Praxisanleitung, Mentoring, Leistungsbeurteilung etc.).

Tab. 6.3 Anzahl der gesichteten abstracts und Volltexte im Themenbereich Supervision in den Gesundheitsberufen

Abstract/Volltext	Anzahl
Rahmenbedingungen und Setting[a]	2
Gesundheitsberufe im ländlichen Australien[a]	4
Verschiedene Bereiche[a]	7
Reviews[a]	2
Lernen und Kompetenzvermittlung[b]	80
Supervision als Lernmethode in der Ausbildung	*42*
Supervision als Leistungsbeurteilung	*16*
Fortbildungskurs mit Supervision	*22*
Qualitätskontrolle, Management, Administration[b]	9
Fallstudie, Expertenmeinung, unveröffentlichte Dissertation[c]	31
Supervision ist nicht Gegenstand oder Schwerpunkt[c]	10
Gesamt	**145**

[a]Alle Volltexte ausgehoben. Qualitative Analyse siehe unten
[b]Volltexte nur vereinzelt zum besseren Verständnis ausgehoben
[c]Keine qualitative Analyse

In der qualitativen Analyse (siehe Abschn. 7.15 Supervision in weiteren Gesundheitsberufen) werden Studien zu Rahmenbedingungen und Setting und Studien zu Gesundheitsberufen ausgeführt.

Die übrigen Bereiche wurden keiner qualitativen Analyse unterzogen, da sie entweder den Levels of Evidence nicht genügten, Supervision nicht das Hauptaugenmerk der Studie darstellte oder Supervision im Sinne von Lernen und Kompetenzentwicklung oder als Qualitätskontrolle verstanden wurde.

Bewertung des quantitativen Forschungsstandes

Es lässt sich zusammenfassend feststellen, dass die Anzahl von Supervisionsstudien seit den 2000er Jahren exponentiell angestiegen ist, allerdings, vor allem im europäischen Raum, ohne klar identifizierbare Hauptströmungen. Der Großteil der gesichteten Studien stammt aus dem Feld der Krankenpflege sowie anderer Gesundheitsberufe und ist im Bereich der Ausbildungs- und Evaluationsforschung angesiedelt (N = 283). Weit abgeschlagen mit ungefähr 124 Studien liegt die Wirkungsforschung, gefolgt von Prozessforschung (N = 46), speziellen Feldern von Supervision (N = 36) sowie Diversitätsthemen.

Weitere nennenswerte Forschungsfelder sind Ausbildungsforschung (N = 29), Multicenterstudien der Integrative Supervision (N = 20), Evaluationsskalen (N = 23) sowie Lernen und Kompetenzvermittlung in der Supervision (N = 18).

Ergebnisse der qualitativ-inhaltlichen Analyse

Brigitte Schigl, Claudia Höfner, Noah A. Artner, Katja Eichinger, Claudia B. Hoch und Hilarion G. Petzold

Alle Beiträge wurden – wie in Kap. 5 Datenerhebung ausführlich beschrieben – abhängig von der Anzahl der Ergebnisse im jeweiligen Themengebiet als auch der Qualität der wissenschaftlichen/empirischen Bearbeitung, Relevanz für die Praxis und Zugangsmöglichkeit zum Text ausgewählt.

Im folgenden Kapitel werden nun die Ergebnisse der qualitativ-inhaltlichen Analyse beschrieben. In der Darstellung sind – soweit aus den Publikationen hervorgehend – Informationen zur Größe der Stichprobe, Fragestellungen, Form der untersuchten Supervision und Forschungsdesign berücksichtigt. Wenn diese Angaben fehlen, gehen sie aus dem veröffentlichten Text nicht hervor.

7.1 Handbücher zur Supervision

Im Folgenden werden englischsprachige, im Recherchezeitraum 2003 bis 2016 erschienene Handbücher, die hinsichtlich Themenbreite und Nutzen für die Forschungscommunity empfehlenswert erscheinen, kurz umrissen. Schwerpunkt der Darstellung sind dabei Kapitel bzw. Ergebnisse mit Bezug zur internationalen empirischen Forschung.

Lawrence Shulman und Andrew Safyer's Supervision in Counseling: Interdisciplinary Issues and Research (Lawrence und Safyer 2005) beschäftigt sich mit us-amerikanischer Clinical Supervision in verschiedenen Bereichen wie Sozialarbeit, in der Ausbildung von BeraterInnen und PsychologInnen, in der Schulpsychologie und Pflege. Es enthält auch ein Kapitel zu Forschung, das *Marion Bogo* (2005) verfaßt hat und eine Review der Forschungsliteratur zu „field instructions" in Sozialer Arbeit darstellt. Die dort zitierten Studien datieren größtenteils vor 2004 und fallen nicht in den in SAP 2 umfassenden Zeitraum.

Derek L. Milne (2009) fasste in seinem Handbuch „*Evidence-Based Clinical Supervision*" die Bedeutung psychologischer Erkenntnisse für die Supervision zusammen, klärte deren Schlüsselprinzipien und setzte sich mit praktischen Richtlinien sowie den Erkenntnissen aus Forschung und Praxis auseinander. In neun Kapiteln widmet sich Milne der Auseinandersetzung mit der Definition von Supervision, den Kernelementen als auch den Basiskompetenzen von SupervisorInnen. So untersuchte er mittels Textanalysen die unterschiedlichen Definitionen von Supervision im Hinblick auf Operationalisierbarkeit, Messbarkeit und wissenschaftliche Absicherung und identifizierte in weiterer Folge Kernelemente von Supervisionsprozessen und die Funktionen von Supervision (vgl. auch Abschn. 3.1). Im vierten Kapitel wurden dann 24 Studien zur Supervision evaluiert und Moderatorenvariablen identifiziert. Als Psychologe und Verhaltenstherapeut lenkte Milne hier den Fokus auf kognitiv-behavioralistische Herangehensweisen und konzentrierte sich auf diese methodeneigenen Studien.

Das Buch bietet eine fundierte Anleitung und wissenschaftliche Auseinandersetzung für Clinical Supervision innerhalb der Psychotherapie und der Gesundheitsberufe. Milne führt als Basis die Ergebnisse einer zweijährigen intensiven Forschungsarbeit und seine über 20 Jahre lange Expertise in der Ausbildung von SupervisorInnen an. Er versucht eine Evidenzbasierung für Supervision zu skizzieren, die sich von den klassischen Evidenzbasierungskriterien abhebt (vgl. auch Abschn. 5.2.4) und auch qualitative Designs zuläßt.

Das „*Handbook of Clinical Supervision*" von John R. Cutcliffe et al. (2010) bietet einen umfassenden internationalen Überblick im Feld der Supervision und schließt dabei unter Berücksichtigung des state of the art zum Zeitpunkt des Erscheinens die Lücke zwischen empirischer Evidenzbasierung und praktischer Umsetzung. In 25 Kapiteln werden sowohl bekannte Themen wie Ausbildungssupervision, Supervision in der Krankenpflege oder in der sozialen Arbeit beleuchtet als auch wenig erschlossene Gebiete wie die internationale Entwicklung von Supervision untersucht. Diese wurden in den fünf Kategorien Education und Training, Implementation und Development, Experiences und Practice, Research Activity und International Perspectives behandelt. Insbesondere die letzten beiden Kapitel bieten einen Einblick in die „Supervisionslandschaften" Europas, der USA, Kanadas und Australiens.

Cutcliffe und Fowler beschäftigen sich im einleitenden Teil mit den Wurzeln von Supervision und definieren Supervision als eine Art übergeordnete Kategorie für die darunter beheimateten Konzepte „Preceptorship", „Mentoring", „reflektierende Praxis" und „Clinical Supervision". Unter „Preceptorship" ist eine Form beobachtenden Lernens zu verstehen. „Mentoring" meint die Unterstützung hinsichtlich eines Wissenstransfers durch erfahrenere (ältere) Peers. Mit reflektierender Praxis ist das gemeinsame Lernen des eigenen Reflektierens gemeint, d. h. es wird in der Supervision angeregt über das eigene Handeln nachzudenken und es auch einzuüben. Diese Konzeption von „Clinical Supervision" ist am ehesten mit dem in Europa vorherrschendem Verständnis von Supervision vergleichbar. Hier stehen die Identifizierung von Problemen, die Verbesserung des Verständnisses hinsichtlich professioneller Herausforderungen, die Verbesserung von beruflichen Standards bezüglich des Umgangs mit PatientInnen, der Ausbau von

7.1 Handbücher zur Supervision

Fähigkeiten und Wissen als auch die Entwicklung eines besseren Verständnisses hinsichtlich der eigenen Tätigkeit im Vordergrund der Bestrebungen. *Brigid Proctor* setzt sich in ihrem Beitrag mit den Kernanforderungen, Aufgaben und Phasen von Supervision unter dem besonderen Blick der interdisziplinären Zusammenarbeit auseinander.

Fowler beschäftigt sich mit dem Thema experimentelles Lernen innerhalb von Supervision. Er definiert diese Form des Lernens als eine Schnittmenge von Erfahrung und Reflexion. Er betont dabei, dass nur eine repräsentierte Balance beider Faktoren Lernen ermöglicht, andernfalls käme es zu Lernblockaden. Als wesentliche lernverhindernde Aspekte identifizierte er verschiedene Ursachen. Konkurrenzaspekte zwischen SupervisorIn und SupervisandInnen, Erschöpfung, andere persönliche Foci der SupervisandInnen, aktiven Widerstand oder Zurückhaltung aufgrund stark repräsentierter Glaubenshaltungen, Überzeugungen und kulturell bedingten Einstellungen seitens der SupervisandInnen.

Mike Epling und Paul Cassedy entwerfen ein Ausbildungsmodell für Clinical Supervision, das einen Entwicklungskreislauf für angehende SupervisorInnen darstellt. Sie unterteilen diesen in vier Kompetenzen und definieren damit je nach Ausbildungsgrad zu welchen Fähigkeiten und Entwicklungsaufgaben SupervisorInnen befähigt sein sollten. Im Zentrum des Modells steht die Entwicklung der SupervisorIn von der „NovizIn" zur „ExpertIn". Komponente 1 fokussiert die persönliche Entwicklung und Selbst-Wahrnehmung, Komponente 2 das Wissen um Theorien und Rahmenbedingungen, Komponente 3 umfasst die Entwicklung der supervisorischen Fähigkeiten und die Handlungsfähigkeit in Supervisionssitzungen und Komponente 4 beschäftigt sich mit der Implementierung der Fähigkeiten und operativen Herausforderungen. Parallel dazu wurde der individuelle Entwicklungsgrad der SupervisorIn mittels Handlungsbeschreibungen in vier Stufen verortet.

John Fowler beschäftigte sich mit dem Nutzen systemisch-lösungsorientierter Techniken und spricht sich für ihre Anwendung in klinischer Supervision aus.

Weiters finden sich Beiträge über Supervision zur organisationalen Qualitätssicherung, über die Implementierung und Durchführung von Supervision in unterschiedlichen Feldern wie in klinischen Abteilungen (Palliativstation, Intensivstation), in der Ausbildung von Gesundheitsberufen und innerhalb multidisziplinärer Teamsupervision.

Kristina Hyrkäs fokussiert in ihrem Beitrag die Wirkung von Supervision, insbesondere deren Einfluss auf Arbeitszufriedenheit, Burnout und Pflegequalität. Wesentliche Erkenntnis ihrer Forschungsbestrebungen ist, dass Supervision an sich wie auch die Evaluation von Supervision als Prädiktoren von Arbeitszufriedenheit, Burnout und Qualitätssicherung verstanden und genutzt werden können. Hinsichtlich der Wirkung von Supervision wurden Gruppen mit geringer Mitgliederanzahl positiver bewertet. Die Ergebnisse zeigen, dass bei der Supervision von Krankenpflegepersonal auch SupervisorInnen mit einem anderen beruflichen Hintergrund erfolgreich sein können.

Im letzten Kapitel des Buches werden abschließend die internationalen Entwicklungen und Perspektiven von Supervision und der diesbezüglichen Forschung vorgestellt. *Lisa Lynch, Kerrie Hancox und Brenda Happell* erhoben für Australien und

Neuseeland den aktuellen Stand der Supervisionsforschung. Hier lag der Schwerpunkt auf der Erforschung von Supervision im Pflegebereich (vgl. Abschn. 7.14 Supervision in der Krankenpflege).

Elisabeth Berggren und Ingela Severinsson beschäftigten sich in ihrem Beitrag mit den Schwerpunkten europäischer Supervisionsforschung. In ihrer Zusammenschau dominieren vor allem die Themen ethische Herausforderungen innerhalb der Supervision, Wirkungsforschung und Professionalisierung von Supervision. Ebenso werden in weiteren Beiträgen die Forschungs- und Entwicklungsbestrebungen innerhalb der USA und Kanada dargestellt und ein Vergleich zwischen den USA und Europa gezogen.

Das Buch schließt mit einem Über- und Ausblick. Dabei benannten Cutcliffe und Fowler die künftigen Kernkompetenzen von SupervisorInnen und stellten fest, dass evidenzbasierte Forschung im Feld der Supervision notwendig und wünschenswert ist.

Edward C. Watkins, Jr. und Derek L. Milne verwenden in „*The Wiley International Handbook of Clinical Supervision*" (2014) den Begriff „Supervision" gleichgesetzt mit „Clinical Supervision" und „Psychotherapie-Supervision". Sie betonen die große Bandbreite der Supervisionspraxis bei psychosozialen Gesundheitsberufen und die unterschiedlichen Definitionen von Supervision, sowie die verschiedenen internationalen Schwerpunkte.

Dieses Handbuch sollte einen Zugang zu interkultureller Forschung und ihren Implikationen schaffen, indem verschiedene Perspektiven, Methoden und Herangehensweisen gleichberechtigt nebeneinanderstehen. Milne postuliert eine Möglichkeit von Evidenzbasierung in der Supervisionsforschung mittels qualitativer Designs und sprach sich für einen kompetenz-orientierten Fokus aus. Aufgrund der Komplexität von Clinical Supervision könne hauptsächlich qualitativ-evidenzbasiert geforscht werden. Diesbezüglich untersuchte er Beschreibungen von Elementen und Handlungen in Supervisionsprozessen und definierte damit Clinical Supervision, um Forschungsgrundlagen zu geben.

So findet sich im ersten Teil des Buches eine Aufzählung genereller und spezifischer Kompetenzen von SupervisorInnen wie die Förderung ethischer Kompetenz, die Berücksichtigung von Organisationskontexten oder die Fähigkeit zu strukturieren. Um eine Brücke zwischen Forschung und Praxis zu schlagen, verweist Milne auf die evidence-based Richtlinien der NICE-Richtlinien für wissenschaftliche Arbeiten in Großbritannien.

Arpana G. Inman, Heidi Hutman, Asmita Pendse, Lavanya Devdas, Linh Luu und Michael V. Ellis erhoben aktuelle Trends in der Clinical Supervision mit einer ähnlichen Methode wie in unserer Recherche. Die AutorInnen suchten Schlüsselwörter in einschlägigen Datenbanken, internationalen, auf peer reviews basierten Journalen und Publikationen zur psychischen Gesundheit und Beratung. 233 Artikel zu den Themen Zugang und Relevanz von Supervision, multikulturelle Supervision, Rolle von SupervisorInnen, Entwicklung der SupervisandInnen, Beziehungsaspekte, Wirkung von Supervision auf Therapien und PatientInnen/KlientInnen, Evaluation und ethische Aspekte sowie Spezialisierungen in der Supervision wurden recherchiert. Auch hier zeigten sich

7.1 Handbücher zur Supervision

wie im gegenständlichen Forschungsprojekt Schwierigkeiten und Herausforderungen hinsichtlich der Auswahl und Zuordnung der erhobenen Forschungsarbeiten. Die meisten Artikel fanden sich bei Inman und KollegInnen zu den Themen Arbeitsbeziehung im Supervisionsprozess, multikulturell bedingte Herausforderungen und Schwierigkeiten in der Supervision und der SupervisorIn-SupervisandInnen-Entwicklung. Alles in allem stellten die ForscherInnen fest, dass Clinical Supervision mittlerweile international und interdisziplinär wahrgenommen und beforscht wird. Sie konstatierten auch, dass ihre Bestrebungen mehr Fragen aufwarfen als beantworteten und betonten wie deutlich es wurde, dass mehr empirische Supervisionsforschung notwendig wäre.

Das Gebiet Supervision umfasst auch nach *Tomaz Vec, Tanja Rupnik Vec und Sonja Zorga* vielfache Zugänge, Modelle, Verständnisse, Formen, Funktionen, Richtungen, Theorien und Definitionen ohne Bezug zur empirischen Forschung, wobei die AutorInnen ebenfalls das uneinheitliche Verständnis von Supervision betonen. Wichtig erscheint ihnen die Orientierung am Menschen als sozialem Wesen, das ständig lernt und auf Interaktion und Kommunikation gegründet ist.

Im zweiten Teil des Handbuches geht es um Grundlagen der Praxis.

Janet T. Thomas beschreibt internationale ethische Standards in der Psychotherapie-Supervision wie beispielsweise den „informed consent" einerseits zwischen PsychotherapeutIn und PatientIn sowie andererseits zwischen SupervisorIn und SupervisandIn. Die Ebene der Supervision der PatientInnen mit ihren BehandlerInnen, den SupervisandInnen wird allerdings ausgeblendet. Dazu wird kein „informed consent" zur Bearbeitung des Prozesses in der Supervision empfohlen.

Mona Kihlgren und Görel Hansebo fokussieren in ihrem Beitrag Supervision in der Pflege alter Menschen im klinisch-stationären Kontext mit den speziellen Bedingungen wie 24 h-Bereitschaft, akute Notfälle, Jahre andauernde Pflege und die Unvorhersehbarkeit in diesem Bereich.

Mit Supervisionsausbildungen setzten sich *Edward C. Watkins, Jr.* und *Chiachih D.C. Wang* auseinander: Bedarf, Beginn, Struktur, Methoden und Tools, Kompetenzvermittlung und die Rolle der SupervisorInnen werden hierzu thematisiert.

Rechtliche Aspekte und Richtlinien sowie Voraussetzungen und Kompetenzen über den Einsatz von Technik in der Supervision beschreibt *Tony Rousmaniere:* Videokonferenzen und -aufnahmen, Live-Supervision mit dem Einwegspiegel, E-mail- und Text-Chat-Supervision, internetbasiertes Training, EDV basierte Trainings- und Videosoftware sowie Webforen als virtuelle Beratungscommunities werden hier reflektiert. Zu interkulturell kompetenter und diversity-sensibler Supervision steuern *Ming-sum Tsui, Kieran O'Donoghue und Agnes K. T. Ng* einen Beitrag bei.

Mit den Kernkomponenten von Supervision wie Eingehen und Aufrechterhalten einer supervisorischen Beziehung, Formulieren von Zielen, Gestaltung einer Vereinbarung eines Vertrages, unterschiedlichen Settings, Skills Training und dem Lernen beschäftigten sich die AutorInnen im dritten Teil des Buches.

Im vierten Teil wird das Thema Evaluation behandelt, wobei einige Fragebögen wie die Manchester Clinical Supervision Scale und die Supervision Scale vorgestellt werden (vgl. Abschn. 8.1.2 Erhebungsmethoden und Instrumente international).

Im letzten Teil des Buches führten die ForscherInnen aus, wie die Supervision in den verschiedenen Psychotherapieverfahren funktioniert und angewendet wird: Psychoanalyse und Psychodynamische Psychotherapien, Kognitive und Verhaltenstherapien, Humanistische und Existenzielle Psychotherapien, Integrative und eklektische Psychotherapien. Weiters wurden Herausforderungen und Möglichkeiten von Gruppensupervision sowie die Supervision von Paar- und Familientherapie beschrieben.

Die US-amerikanische *Buchreihe* von *Carol A. Falender mit KollegInnen* zur Supervision bietet ein breites Themenspektrum Carol A. Falender (2012). Alle in der Reihe erschienenen Bücher beschäftigten sich wesentlich mit der praktischen Umsetz- und Anwendbarkeit von Supervision.

So bietet der erste Band „*Clinical Supervision: A Competency-Based Approach*" (2004) einen breiten Überblick über Supervision im klinischen Kontext psychischer Gesundheit. Die Autorin beschäftigt sich hier mit Kompetenz in supervisorischen Techniken, mit SupervisorInnenvariablen, therapeutischer und supervisorischer Beziehung und deren Evaluation, Diversity Kompetenz, ethischer und rechtlicher Verantwortung sowie der Definition von „guter Supervision". Die Begriffe SupervisandInnen und Auszubildende wurden hier vom supervisorischen Verständnis her synonym verwendet.

Der zweite Band „*Multiculturalism and Diversity in Clinical Supervision*" (2014) von *Carol A. Falender, Edward P. Shafranske* und *Ceila J. Falicov* setzt sich, dem Namen entsprechend, mit Diversität und Multikulturalität in der Supervision auseinander: Multikulturelle und Diversity Kompetenz für SupervisorInnen beinhaltet – unabhängig ihrer theoretischen Orientierung – das Verständnis und die Bewusstheit/Sensibilität für Identitäten (wie biologisches Geschlecht, Gender, sexuelle Orientierung, Rasse, ethnische Zugehörigkeit, sozioökonomischer Status, soziale Klasse, Herkunft, Immigration, Generationserfahrungen, Religion und Spiritualität) von SupervisorInnen sowie deren SupervisandInnen ebenso wie deren KlientInnen. Ein solch umfassendes Verständnis für alle Beteiligten inkludiert auch die Bewusstheit um die eigene Identität und ihrer Entstehung.

Während im ersten Kapitel multikulturelle Kompetenz definiert wird, werden im zweiten Kapitel das Konzept von Supervision als kulturelle Begegnung sowie ein systematischer Ansatz zur Einbindung des kulturellen Hintergrunds von KlientInnen, SupervisandInnen/PsychotherapeutInnen und SupervisorInnen vorgestellt, der so genannte „Multidimensional, Ecological, Comparative Approach" (MECA). In Kombination mit Kompetenz basierter Supervision bietet MECA einen Rahmen für multikulturelle und Diversity Supervision.

Im folgenden Kapitel wird ein feministischer, antirassistischer, gender-sensibler, multikultureller und ökologischer Rahmen von Supervision dargestellt, unter einem dialektischen Aspekt von Macht und Nutzen im supervisorischen Prozess. Dabei werden die Integration von Wissen, Fähigkeiten und die Einschätzung von Einstellungen mittels

7.1 Handbücher zur Supervision

eines dreistufigen Prozesses, in dem das Thema „Rasse" in den supervisorischen Prozess eingegliedert wird, praktisch beschrieben.

Die häufig vernachlässigten Themen Migration und Immigration werden in Kapitel fünf anhand der Verflechtungen zwischen Biografie und Lebenserfahrungen der SupervisandInnen in einem Genogramm mit mehreren kulturellen Milieus innerhalb der Familie behandelt.

Kapitel sechs behandelt soziale Schicht sowie die psychologischen Faktoren von Macht und Privilegien in der supervisorischen Beziehung. Die AutorInnen benutzten Kompetenz-Maßstäbe, um in der Entwicklung der SupervisandInnen deren Einstellungen kritisch zu hinterfragen und Rückschlüsse ziehen zu können. Weiters setzte sich Falender mit Behinderung auseinander.

Strategien für einen respektvollen Umgang mit Religion und Spiritualität in Supervision und Psychotherapie werden ebenso wie der Mangel an kompetenter Integration dieser kulturellen Bestandteile in Supervision in Kapitel acht aufgezeigt. Ein integratives Supervisionsmodell für die Themen sexuelle Minderheiten und Überschneidung von Religion und sexueller Minderheiten in der supervisorischen Triade (SupervisorIn, KlientIn, SupervisandIn) wird in Kapitel neun dargestellt. Beispielhaft werden die supervisorische Beziehung sowie Parallelprozesse mit native Americans und in Alaska Geborenen beleuchtet. Ein innovativer Ansatz für kultursensible Gruppensupervision wurde in Kapitel neun angeboten.

Abschließend beleuchteten die AutorInnen im letzten Kapitel den Reflexionsprozess sowie die Fähigkeit zur Metareflexion in der Supervision mit einigen Schritten zur Vergrößerung der multikulturellen Kompetenz.

Alle in der Reihe erschienenen Bücher beschäftigten sich wesentlich mit der praktischen Umsetz- und Anwendbarkeit von Supervision. So bietet „Clinical Supervision: A Competency-Based Approach" (2004) einen breiten Überblick, während sich „Multiculturalism and Diversity in Clinical Supervision" (2014), dem Titel folgend, mit Diversität und Multikulturalität in der Supervision auseinandersetzte.

Das *„Casebook for Clinical Supervision"* (2008) und *„Getting the Most Out of Clinical Training and Supervision"* (2011) rundeten die stark an der Praxis der Supervision orientierte Reihe ab.

Kein Handbuch im eigentlichen Sinn aber ein wichtiges Basis-Glossar für Supervision und ihre Felder stellt das *ECVision* (2014, 2015) dar (vgl. Abschn. 7.10 Form und Weite des Begriffs „Supervision" und Abschn. 10.3.2 Supervisionsforschung in weiteren europäischen Ländern). Es ist in einer deutsch-englischen Fassung von 2014 und einer englischen Version von 2015 im Internet abrufbar. Das Projekt wurde mithilfe der Europäischen Kommission im Rahmen des Leonardo Programms entwickelt, bei dem AutorInnen aus Österreich, Belgien, Deutschland, Schweden, Kroatien, Ungarn und den Niederlanden, sowie VertreterInnen der ANSE zusammenarbeiteten. Es soll eine gemeinsame Beschreibung von Supervision und Coaching (!) im europäischen Vergleich ermöglichen. Im ECVision wird, ebenso wie von den Berufsverbänden, etwa der DGSv oder der ÖVS, Supervision und Coaching gemeinsam als Beratungsformate behandelt, die der beruflichen Entwicklung von Personen, Teams und Organisationen dienen, deren Konzepte und Methoden sich überschneiden und die je nach Feld häufiger gebraucht und angefragt werden. Es wird hier keine Trennung zwischen den beiden Formaten angestrebt, im Text ist jedoch fast immer von Supervision die Rede, was uns bewog, dieses Glossar hier aufzunehmen.

Im ECVision werden 22 Kernqualitäten von Supervision präsentiert und beschrieben: Ambiguitätstoleranz, Erfahrungsorientierung, Empathie, Ethik und Werte, Führung und Management, Funktion und Rolle, Integration von Theorie und Praxis, Interaktiver Prozess, Kommunikation, Kontext, Kontrakt, Lernprozess, Organisation, Performance, Professionelle Exploration, Reflexion. Ressourcenorientierung. Selbstverantwortung und Verbindlichkeit, Spiegelphänomene (Parallelprozess), Veränderung, Wechselwirkung, sowie Ziel- und Bedürfnisorientierung.

Weiters werden zwölf Formen bzw. sechs Settings von Supervision dargestellt und sechs AkteurInnen im Feld der Supervision definiert (SupervisandInnen, deren KlientInnen, SupervisorInnen, VertragspartnerInnen, AusbildungsträgerInnen, und Nationale Verbände).

18 Methoden von Supervision werden im Weiteren aufgelistet: Eine stabile Arbeitsbeziehung schaffen und Vereinbarungen treffen, Dialog, Probleme fokussieren und Arbeiten mit Empathie, das Arbeiten mit dem Gruppenprozess, Prozessmoderation, Erweiterung theoretischen Wissens, Feedback, Hypothesenbildung, Meta-Kommunikation und Meta-Reflexion. Ergebnismessung, Prozessevaluation Reflexion. Schließlich werden elf mögliche Ergebnisse von Supervision postuliert.

Das Verdienst des ECVision Glossars ist seine europäische Internationalität. In der Entstehung könnte man es ein an die Delphi Methode (vgl. Häder 2002) angelehntes Werk bezeichnen. Es ist hier gelungen, ExpertInnen aus ganz Europa zusammenzubringen, allerdings – und dies ist das Manko des Glossars – sind seine Kategorien und Beschreibungen nicht mit empirischen Daten belegt, seine Erstellung ist nicht forschungsgegründet.

Wir haben uns in unserer Recherche zu Handbüchern auf englischsprachige Publikationen konzentriert und deutschsprachige Handbücher zu Supervision (z. B. Pühl 2009a, b, 2017) nicht miteinbezogen. Die Auswahl der englischsprachigen Fachbücher erfolgte nach dem Kriterium, ob sie Angaben zur Supervisionsforschung enthalten Die deutschsprachigen Handbücher wurden ausgespart, da sie entweder keine oder nur wenige Hinweise auf empirische Supervisionsforschung enthalten und kaum auf deren Ergebnisse Bezug nehmen. Nur in einem Handbuch der Supervision (Pühl 2009a bzw. in der unveränderten Neuauflage Pühl 2017) widmet sich ein Teil des Buches der Supervisionsforschung. Im *„Handbuch Supervision und Organisationsentwicklung"*, herausgegeben von Harald Pühl (2009) beschäftigt sich Rolf Haubl (2009) mit Grundsatzfragen zur Forschung in der Supervision und reflektiert Inhalte, wie sie auch in diesem Buch in Kap. 3 angeschnitten werden (ohne allerdings empirische Ergebnisse zu berichten). Er erwähnt die Schwierigkeit in der Auswahl von Erfolgskriterien bei der Evaluation

7.1 Handbücher zur Supervision

von Supervision, beschreibt verschiedene Forschungsarten der Ergebnis- und Prozessforschung und plädiert für fallrekonstruktive Interventionsforschung.

Angela Gotthardt-Lorenz et al. (2009) betrachtet in ihrem Beitrag in diesem Handbuch die Praxis von Supervision selbst als Forschungsprozess und stellt dabei Grounded Theory und supervisorisches Vorgehen einander gegenüber – ebenfalls ohne empirische Beispiele.

Der Beitrag von Arthur Drexler und Heidi Möller (2007) bezieht sich auf die Evaluation einer Coaching-Weiterbildung und fällt daher nicht unter unser Kriterium des Themas Supervision.

Das in holländischer Sprache verfasste Fachbuch *„Supervisiekunde meerperspectivistisch"* (2015) von Marjo Boer, Marcel Hoohnhout und Jan Oosting sieht Supervision als Beratungsform in einer laufenden Entwicklung. Es beschäftigt sich mit Kompetenzaspekten von SupervisorInnen, mit Lernprozessen innerhalb der Supervision und liefert Beschreibungen von Supervisionsfeldern.

Zudem versuchten die AutorInnen sowohl verbindende als auch trennende Aspekte innerhalb der eigenen als auch gegenüber anderen Beratungsformen in unterschiedlichen Spannungsfeldern darzustellen.

Ein letztes Kapitel wird Supervision und Forschung gewidmet. Es enthält allerdings keine Beschreibung von Studien mit wissenschaftlich-empirisch gewonnen Ergebnissen. In allgemeiner Form werden Grundsatzfragen der Wichtigkeit der Forschung für SupervisorInnen postuliert und Forschungsmethodik vorgestellt. Auch hier gingen die AutorInnen weniger von evidenzbasierter Forschung aus, als dass SupervisorInnen selbst als ForscherInnen ihrer Prozesse ermutigt wurden.

In allen Handbüchern erwähnt ist das Desiderat evidenzbasierter empirischer Forschung. Wir haben diese Forderung nach Wissenschaftlichkeit in Kap. 4 diskutiert und stimmen mit den AutorInnen der Handbücher überein, dass empirische Forschung in der Supervision über das medizinisch-naturwissenschaftliche Forschungs-Paradigma hinausgehen und um qualitative Designs sowie ExpertInnenwissen erweitert werden sollte. Trotz dieser Forschungsbestrebungen sind die in den Handbüchern aufscheinenden Bereiche von Supervision äußerst heterogen, angefangen bei den verschiedenen Definitionen von Supervision über diverse Aus-/Weiterbildungen bis hin zu Forschungsinteressen. Während in der englischsprachigen Literatur der Versuch einer Evidenzbasierung deutlich(er) sichtbar ist, fehlt dieser Bezug in deutschsprachigen Handbüchern.

Thematisch zeigen sich folgende Schwerpunkte: ethische Fragestellungen, interkulturelle Kompetenzen und Diversity Sensibilität sowie Fragen zur Supervisionsausbildung und zur überdisziplinären Zusammenarbeit. Heterogen erweist sich auch der verfahrensspezifische Hintergrund der Empirie, der sich in Forschungsinteressen und -designs widerspiegelt und der von kognitiv-behavioristisch, systemisch orientiert bis integrativ reicht.

7.2 Multicenterstudien aus der Integrativen Supervision

Als aufwendiges und qualitativ hochwertiges Design sind Multicenterstudien zur Erhebung und Evaluation von Supervision in einem Feld (z. B. Geriatrie, Krankenpflege, Psychiatrie, etc.) zu bewerten. Eine Multicenterstudie hat den Zweck, ähnliche oder gleiche Interventionen an verschiedenen Standorten zu untersuchen, um in der Bewertung der Intervention so eine höhere Aussagekraft, da nicht nur von einer Stelle ausgeführt, zu erzielen. Die länderübergreifende Dimension der beschriebenen Multicenterstudien zur Supervision ist europaweit einzigartig. Fast alle im Bereich der Integrativen Supervision durchgeführten Multicenter-Forschungsarbeiten sind auf Basis von Erhebungen für akademische Abschlussarbeiten wie Masterthesen oder Dissertationen entstanden. Wir identifizierten in Summe 20 Multicenterstudien aus dem Umfeld der Integrativen Supervisionsforschung, die unseren Kriterien entsprachen. Der dabei verwendete (und nur gering für das jeweilige Feld abgewandelte) Fragebogen befindet sich im Anhang dieses Buches.

7.2.1 Supervision in Einrichtungen der Altenarbeit

Klaus-Josef Knaus et al. (2006) untersuchten in „Supervision in der Altenhilfe in Deutschland – eine explorative Multicenterstudie" den Nutzen (persönlich, beruflich, Team- und PatientInnen-bezogen) von und die Erfahrungen mit Supervision anhand halbstandardisierter Fragebögen bei MitarbeiterInnen in deutschen Einrichtungen der Altenhilfe (Pflegefachkräfte, SozialarbeiterInnen, SozialpädagogInnen) (N = 80 NutzerInnen, die angaben in den letzten sechs Monaten an Team-, Gruppen-, Fallsupervision teilgenommen zu haben und N = 84 Nicht-NutzerInnen von Supervision). Ein Teil der Erhebung bestand aus Fragen zum Nutzen der aktuellen Supervision sowie Fragen aus den daraus resultierenden positiven und negativen Erfahrungen.

Die Ergebnisse: 34 % der Befragten schätzten den Nutzen von Supervision als hoch, 28 % als mittel und 13 % als gering ein, und 6 % der Befragten gaben keinen Nutzen an. Das gerontologische Fachwissen wurde bei 27,5 % der SupervisorInnen als hoch eingeschätzt, 32,5 % der SupervisorInnen erhielten eine mittlere und 17,5 % eine geringe Bewertung in Bezug auf ihre Feld- und Fachkompetenz. 13,8 % der befragten SupervisandInnen gaben an, positive Erfahrungen (persönlicher und teambezogener Nutzen, Unterstützung bei der Problem- und Konfliktbewältigung, Verbesserung der Kommunikation etc.) gemacht zu haben, 7,5 % berichteten negative und 5 % eher negative Erfahrungen (mangelnde Feldkompetenz und soziale Inkompetenz der SupervisorInnen, teambezogene Ursachen).

Mit der Studie „Supervision in gerontologischen Einrichtungen und Diensten – Eine empirische Erkundung in klinischen und sozialen Einrichtungen für alte Menschen in der Schweiz" untersuchen Lotti Müller et al. (2005) Nutzen und Erfahrungen

7.2 Multicenterstudien aus der Integrativen Supervision

durch Supervision mit halbstandardisierten Fragebögen von SupervisionsnutzerInnen (N = 155) und NichtnutzerInnen (N = 244) von Supervision. Bei dem Fragebogen handelte es sich um denselben wie in der oben angeführten Multicenterstudie. Die Bewertung des Nutzens von Supervision wurde wiederum in beruflich, persönlich, Team- und PatientInnen bezogen unterteilt.

Den beruflichen Nutzen von Supervision in den letzten sechs Monaten schätzen 41,9 % der SupervisandInnen als hoch ein und 3,9 % der Befragten geben keinen Nutzen an. Den persönlichen Nutzen betrachten 39,4 % als hoch und 4,5 % als nicht vorhanden. Der Nutzen für das Team wurde von 48,4 % hoch und von 2,6 % mit keinem Nutzen bewertet. Der PatientInnen-bezogene Nutzen war nach Angaben der Befragten bei 31,6 % hoch, und 5,8 % sehen keinen Nutzen. Der berufliche Nutzen wurde signifikant höher eingeschätzt, wenn es sich um Fall- und Einzelsupervision handelte. Einen signifikanten Zusammenhang ergab die Auswertung zwischen der Einschätzung des PatientInnen-bezogenen Nutzens und einer hohen fachlich-gerontologischen Kompetenz der SupervisorInnen.

Die fachliche Kompetenz der SupervisorInnen wurde nur von 53,5 % der befragten SupervisandInnen als hoch bewertet.

Gesamt gaben 107 Befragte an, positive Erfahrungen (Verbesserung von sozialen Kompetenzen, der Zusammenarbeit, der Kommunikation und der Arbeit mit den PatientInnen, Schärfung der Wahrnehmung, etc.) gemacht zu haben. 28 Befragte (davon 18 aktuelle NichtnutzerInnen) berichteten von negativen Erfahrungen in der Supervision wie fehlender Theorie-Praxis-Bezug, unbefriedigende Methodik oder fehlende PatientInnenperspektive seitens der SupervisorInnen.

Analog zu den Studien in Deutschland und der Schweiz befasste sich eine österreichische Studie mit den positiven und negativen Erfahrungen mit Supervision sowie mit den Erwartungen an Supervision und SupervisorInnen. Für die österreichische Datenerhebung (N = 119) kam derselbe Fragebogen für allgemeine Fragestellungen zur Supervision zum Einsatz wie in Deutschland und der Schweiz, allerdings mit landestypischen Anpassungen, z. B. den Berufsbezeichnungen. Er wurde an 45 Altenheime in verschiedenen Bundesländern verschickt und Pflegepersonal, PsychologInnen, SozialarbeiterInnen und im therapeutischen Bereich tätige Personen befragt[1].

In der Studie „Supervision in Einrichtungen der Altenarbeit im deutschsprachigen Raum – ein Vergleich dreier Studien der empirischen Felderkundung in Österreich, Deutschland und der Schweiz" von Hilarion G. Petzold et al. (2008) ging es um den Vergleich der oben dargestellten Feldstudien. In der Zusammenschau der drei Studien stimmen die Ergebnisse (Fallzahlen in Österreich N = 119, in der Schweiz N = 155, in Deutschland N = 80) oftmals überein. Der Supervision wurde ein hoher persönlicher

---

[1] Diese Studie wurde allerdings nicht als Einzelprojekt veröffentlicht.

Nutzen von 31,1 % der SupervisandInnen in Österreich, 39,4 % in der Schweiz und 40,0 % in Deutschland bescheinigt. Ein Nutzen für die PatientInnen wurde in Österreich von 33,6 %, in der Schweiz von 31,6 % und in Deutschland von 21,3 % der SupervisandInnen gesehen. Die gerontologische Fach- und Feldkompetenz der SupervisorInnen wurde jedoch nur jeweils von einem Drittel positiv bewertet: 28,0 % in Österreich, 37,4 % in der Schweiz und 27,5 % in Deutschland. Uneingeschränkt positiv sahen in Österreich 74,8 %, in der Schweiz 74,2 % in Deutschland hingegen nur 48,8 % der MitarbeiterInnen die bisherigen Erfahrungen mit Supervision. Die AutorInnen kamen mit Blick auf die Ergebnisse ihrer Studien zur Konklusion, dass eine gute generelle Supervisionskompetenz und -performanz nicht ausreichen, und es für bestimmte Felder eine spezifische Fach- und Feldkompetenz brauchen würde.

Die rechtlich und ethisch notwendige Zustimmung der PatientInnen, dass ihre Prozesse in die Supervision eingebracht werden, wird in Österreich von 74,8 %, in der Schweiz von 74,2 % und in Deutschland von 48,8 % nicht eingeholt, woraus die AutorInnen schlussfolgerten, dass die Unbedenklichkeit von Supervision nicht gewährleistet wäre.

Supervision als Aktivierung gesundheitsfördernder Aspekte bei MitarbeiterInnen eines Alten- und Pflegeheims untersuchte Andrea Niessen (2010) in der Studie „Arbeitsentlastungen für MitarbeiterInnen im Altenheim – Die Wirksamkeit protektiver Faktoren als gesundheitsfördernder Aspekt in der Integrativen Supervision". Das aufwendige Design bestand aus eingangs geführten ExpertInneninterviews (mit einem Heimleiter, einer Pflegedirektorin, examinierten Altenpflegerinnen und examiniertem Krankenpflegepersonal) zur Eröffnung der Perspektiven, einer mittels Befragung begleiteten Supervisionsgruppe (sechs examinierte Pflegekräfte erhielten nach der ersten und nach der sechsten Supervisionssitzung Fragebögen), einer Fragebogenerhebung bei N = 32 MitarbeiterInnen des Altenheims, sowie themenzentrierten Seminaren, die mit insgesamt 20 MitarbeiterInnen (examinierten AltenpflegerInnen, examinierten Gesundheits- und KrankenpflegerInnen, PflegehelferInnen und Hauswirtschaftskräften) mit teilnehmender Beobachtung als qualitativer Forschungsmethode durchgeführt wurden.

Die Ergebnisse zeigten, dass Supervision am Arbeitsplatz größtenteils nicht bekannt war. Bezüglich der von den Befragten genannten Bewältigungsstrategien fiel auf, dass professionelle Hilfsangebote wie Supervision, Fortbildung, etc. im Vergleich zu bewährten persönlichen Strategien nur wenig genannt wurden.

In dieselbe Richtung deuten auch die Ergebnisse der Studie von Peter Bernsdorf und Hilarion G. Petzold (2011). Sie erhoben in ihrer Befragung „Organisationsentwicklungsprozesse in Altenheimen und Integrative Supervision – ein Interventionsforschungsprojekt" den Bedarf an und die Erfahrungen mit Supervision in Altenheimen bei TeilnehmerInnen (N = 12) des mittleren und höheren Managements (Stationsleitungen, Heimleitungen, Pflegedienstleitungen sowie MitarbeiterInnen in Gerontopsychiatrischer Fachweiterbildung) und stellten fest, dass Supervision nur wenig bekannt war und folglich kaum als Problemlösungsstrategie verstanden und eingesetzt wurde.

7.2.2 Supervision in der Psychiatrie

Die explorative prospektive Multicenterstudie mit dem Titel „Supervision in der Psychiatrie eine Multicenterstudie (Schweiz)" von Kurt Gottfried et al. (2003) evaluierte Supervision beim Pflegepersonal und interdisziplinären Teams von ÄrztInnen, PsychologInnen, ErgotherapeutInnen, PhysiotherapeutInnen, SozialarbeiterInnen, Musik- und BewegungstherapeutInnen und SozialpädagogInnen von fünf psychiatrischen Kliniken und psychiatrischen Universitätskliniken in der deutschen Schweiz und einer in der französischen Schweiz (N = 326). Die Gesamtstudie mit weiteren europäischen Kliniken veröffentlichte Kurt Gottfried (2012) „Supervision in Psychiatrischen Kliniken. Eine europäische empirische Multicenter-Vergleichs-Studie Fallsupervision versus Teamsupervision".

Um den Nutzen und die Wirkungen von Supervision zu messen, wurde ein halbstandardisierter Fragebogen mit quantitativen und qualitativen Elementen entwickelt, der Fragen zum Setting und zum Nutzen der aktuellen Supervision sowie zu daraus resultierenden positiven und negativen Erfahrungen, Fragen zur/m SupervisorIn und zu Erwartungen an Supervision enthielt. Weitere Items bezogen sich auf Risiken und Nebenwirkungen bzw. protektive Faktoren von Supervision für SupervisandInnen und deren KlientInnen.

Den Nutzen von Supervision schätzten nur 29 % der befragten Personen als hoch ein, 47 % als mittel, 18 % als gering, und 6 % sahen keinen Nutzen in Supervision. In den vergangenen sechs Monaten hatten 74 % der SupervisandInnen positive Erfahrungen mit Supervision gemacht. Von den 18 %, die in diesem Zeitraum negative Erfahrungen gemacht hatten – eine durchaus hohe Zahl – wurden 5 % sogar als maligne, schädigende Erfahrungen eingeordnet.

Bezüglich der protektiven Faktoren bezeichneten 76 % Supervision für sich als wirksam und 67 % sahen sie als wirksam für die PatientInnen. Risikofaktoren für sich sahen hohe 48 % der SupervisandInnen in Supervision und 21 % für die PatientInnen.

Die Erwartungen an SupervisorInnen waren hoch: Fachlichkeit, Feldkompetenz, soziale und persönliche Kompetenz, gute Ausbildungen, Mehrperspektivität und feldorientierte Spezialisierungen wurden verlangt. Die eher mäßigen Ergebnisse der Untersuchung kontrastierten das in eigenartiger Weise, wie die AutorInnen feststellen. Die Mehrzahl der TeilnehmerInnen erwarteten von der Supervision eine Verbesserung der Arbeitsabläufe, die Klärung von Teamkonflikten und die Steigerung ihrer adäquaten Handlungsfähigkeit. Diesen Erwartungen konnte Supervision den Studienergebnissen zufolge nicht immer gerecht werden. Fallsupervision schnitt dabei immer etwas besser ab als die Teamsupervision.

Die AutorInnen diskutierten diese Ergebnisse kritisch und folgerten, dass die Qualität der Supervision im stationären psychiatrischen Bereich nicht sonderlich hoch wäre. Immerhin wurde die Supervision von den meisten Teilnehmenden als vornehmlich protektiv und nicht als risikobehaftet eingestuft. Es bedarf allerdings einer stärker fallbezogenen Professionalisierung bei der praktischen Durchführung (Petzold et al. 2003b, S. 326 f.).

Einen weiteren Part der Multicenterstudie zur Supervision im Feld der Psychiatrie stellt die Studie „Soziale Repräsentationen und Erfahrungen mit Supervision im Feld der Psychiatrie in Norwegen" von Jeanette Louise Musaeus und Hilarion G. Petzold (2008/2015) dar. In dieser Studie wurde ebenfalls der Fragebogen von Gottfried et al. (2003) bei ärztlichem und Pflegepersonal, PsychologInnen, SozialarbeiterInnen, ErgotherapeutInnen und PädagogInnen eingesetzt (N=81).

Die Mehrzahl der Befragten konnte hier entweder einen mittleren oder hohen Nutzen (68 Befragte) aus der Supervision ziehen. „Unterstützung" und „Entlastung" waren die wichtigsten positiven Erfahrungen. Supervision wurde als soziale Repräsentanz vor allem der „Verbesserung von beruflichen und fachlichen Fähigkeiten" durch die SupervisorInnen als „ExpertInnen" gesehen. Negative Erfahrungen mit Supervision nannten hier nur wenige. 36 Befragte gaben aber mögliche Risikofaktoren durch Supervision für sich selbst an. In Hinblick auf die protektiven und präventiven Faktoren von Supervision für die PatientInnen wurden „fachliche und persönliche Entwicklung der TherapeutInnen" sowie „Qualitätssicherung" angegeben.

Die Studie „Die Wirkung von Supervision in psychiatrischen Tageskliniken" von Susanne Orth et al. (2007) untersuchte die Einschätzung von Wirkung und Nebenwirkungen von Supervision durch die SupervisandInnen im Feld der Psychiatrie in Deutschland. Es wurde der Frage nach der Effizienz von Supervision, den positiven und negativen Erfahrungen sowie nach den protektiven, präventiven und Risikofaktoren nachgegangen. Die explorative retrospektive Studie fand mittels halbstandardisierter Fragebögen statt, die an acht verschiedene Tageskliniken gesandt wurden. Es wurde dieselbe Fragebogenmatrix wie in der Multicenterstudie in der Altenarbeit mit Psychiatrie-spezifischer Anpassung verwendet. Alle Berufsgruppen, die an Supervisionen teilnahmen (ÄrztInnen, BewegungstherapeutInnen, ErgotherapeutInnen, MusiktherapeutInnen, Pflegefachkräfte, PhysiotherapeutInnen, SozialarbeiterInnen und -pädagogInnen) wurden befragt (N=115).

Zur Frage des Nutzens von Supervision gaben 43 % der Befragten einen hohen, 43 % nur einen mittleren, 12 % einen geringen und 2 % gar keinen Nutzen an. Immerhin 9 % der Befragten gaben negative Erfahrungen mit Supervision an. Das Risiko von Supervision wurde von den MitarbeiterInnen der Tageskliniken für sich selbst als signifikant höher eingestuft als für die PatientInnen. Die Studie zeigte somit einmal mehr die Verbesserungsnotwendigkeiten von Supervision in diesem Feld auf. Wenn Supervision als Instrument und Maßnahme zur Qualitätssicherung eingesetzt wird, ist ein mittlerer Nutzen von nur 43 % ein bei weitem zu geringes Ergebnis, folgerten die AutorInnen. Es müssten weitere Anstrengungen unternommen werden, um die Effektivität von Supervision in der Psychiatrie zu verbessern.

In einer Studie von Hans-Christoph Eichert (2005) im Feld stationärer Psychiatrie wurde die Verringerung berufsbedingter Belastungen durch Supervision in einer ambulanten, psychiatrischen Einrichtung untersucht (Eichert 2005, S. 290 ff.).

7.2 Multicenterstudien aus der Integrativen Supervision

Der Fokus dieser Studie lag auf dem Einfluss dieser Belastungen auf die selbstreflexiven Fähigkeiten.

Der Autor kam zu dem Schluss, dass eine fachgerecht angewandte Supervision erheblich zu einer besseren Nutzung berufsrelevanter Ressourcen sowie zur Verbesserung der Selbstreflexionsfähigkeit und damit zu einer professionelleren Berufsausübung beitragen würde. So wurde die Supervision von den Teilnehmenden in den Bereichen kollegiale Zusammenarbeit und Vermittlung beruflicher Fähigkeiten als besonders relevant eingestuft, während sie in den Bereichen Verhältnis zum Vorgesetzten, materielle Ausstattung und Fortbildung eine zu vernachlässigende Rolle spielte. Der Nutzen von Supervision bezüglich des Ausräumens von Konflikten zwischen Team/Einzelperson und der Leitung war laut Ansicht der Teilnehmenden marginal. Auch eine durch Supervision erzielte Verbesserung der sozialen Unterstützung war kaum feststellbar. Überraschend war, dass etwa die Hälfte der durchgeführten Supervisionen auf eigene Initiative zustande kam, folglich nur die Hälfte von den Abteilungsleitungen vorgegeben wurde.

Der entscheidende Vorteil einer professionell durchgeführten Supervision wäre laut Eichert vor allem die positive Auswirkung hinsichtlich der Entwicklung professioneller Ressourcen wie Selbsteinschätzung, Kontrolle und fachgerechtem Reagieren in akuten, problembehafteten Situationen. Es zeigten sich je nach SupervisorIn, Supervisionsform und Supervisionssetting unterschiedlich starke Veränderungen (Eichert 2005, S. 295 ff.).

Vor dem Hintergrund eines stress- und ressourcentheoretischen Modells führte Hans-Christoph Eichert (2005) eine weitere Feldstudie „Entwicklung beruflicher Ressourcen durch Supervision – Eine Untersuchung zur Supervision in der stationären Psychiatrie" durch. Der Fragebogen richtete sich an MitarbeiterInnen und SupervisandInnen in stationären psychiatrischen Einrichtungen (N=451). Zu zwei Messzeitpunkten im Abstand von zehn Monaten wurden Unterschiede zwischen Teamsupervision, Gruppensupervision und einer Kontrollgruppe ohne Supervision untersucht. Ziel der Auswertung mittels Varianzanalyse war es zu eruieren, ob durch Supervision Verbesserungen bei berufsrelevanten professionellen sozialen und materiellen Ressourcen und deren Nutzbarkeit zu beobachten wären.

Die Ergebnisse brachten keine signifikante Veränderung der Ressourcenwahrnehmungen, weder zwischen den Messzeitpunkten noch zwischen den Gruppen. Es bestand aber eine Korrelation zwischen den wahrgenommenen Ressourcen und deren Nutzbarkeit und einer Verbesserung der wahrgenommenen Kontrolle und Selbstwirksamkeit.

Petra Bauer (2003) beforschte in unterschiedlichen psychiatrischen Kliniken in Deutschland die Teamsupervisionen in multiprofessionellen Teams. Sie führte insgesamt 40 Interviews mit SupervisandInnen und fünf Interviews mit SupervisorInnen. Daraus ging hervor, dass die Teams von Hierarchien geprägt waren, und die Letztverantwortung für Behandlungen bei den ÄrztInnen lag. Ergo-, Musik- und BewegungstherapeutInnen empfanden sich mitunter als „GrenzgängerInnen" weil sie keiner fixen Station und keinem fixen Team zugeordnet waren. Diese spezifischen strukturellen Gegebenheiten innerhalb der Teams spiegelten sich auch in der Supervision wider: Von Entblößen und

Preisgeben war die Rede und ebenso davon, nicht zu wissen, was mit dem Gesagten danach im Team passierte. Andererseits wurde die Supervision auch als Bereicherung erlebt und als wertvolle Außenperspektive auf einzelne PatientInnen, die mitunter sogar auf die souveräne Position der ÄrztInnen korrigierend wirken konnte.

Auch im Bereich der Behandlung von Alkohol- und Medikamentenabhängigkeit wurden von Andrea Naujoks und Hilarion G. Petzold (2012) der Nutzen sowie die positive und negative Wirkung von Supervision mit der Studie „Die Wirkung von Supervision in stationären Entwöhnungsbehandlungen für Alkohol- und Medikamentenabhängige – eine empirische Felderkundung als Beitrag zur Situation der Qualitäts- und Wirkungsnachweise von Supervision" untersucht.

Diese explorative retrospektive Studie wurde mit dem bereits für die Untersuchung der Supervision in der Psychiatrie verwendeten halbstandardisierten Fragebogen von Gottfried et al. 2003 nach entsprechender Anpassung in sechs deutschen Kliniken durchgeführt. Alle Berufsgruppen, die an Supervision teilnahmen, wurden befragt (N = 42).

Die fachliche und soziale Kompetenz von SupervisorInnen stuften 52 % der Befragten als hoch und 36 % als mittel ein. Hinsichtlich des Nutzens von Supervision – persönlich, beruflich, Team- und PatientInnen bezogen – gaben 21 % der Befragten einen hohen und 38 % einen mittleren Nutzen von Supervision an.

Insgesamt fallen bei der Mehrzahl der Studien in der Psychiatrie hohe Kompetenzattributionen, aber eher mittelmäßige Ergebnisse, was den Nutzen der Supervision angeht, auf. Auch die Feldkompetenz der SupervisorInnen wird nicht immer als hoch eingeschätzt (allerdings höher als im geriatrischen Feld). Es gibt auch einige Hinweise auf risikoreiche Supervisionen. Diese Phänomene sprechen für einen noch immer vorhandenen „Mythos Supervision", in dem zwar hohe Erwartungen an Supervision gegeben sind, deren Ergebnisse diese implizierten Versprechen aber nur teilweise einlösen können.

7.2.3 Supervision im Bereich der Behindertenarbeit

Ziel der Studie „Wirkung und Nebenwirkung von Supervision – Exemplarische Studie im Praxisfeld der Arbeit mit Menschen mit Behinderung" von Barbara Thomann (2012) war es, Informationen über die Qualität von Supervision im Praxisfeld der Arbeit mit Menschen mit Behinderung in der Schweiz zu erhalten.

Wiederum wurde der halbstandardisierte Fragebogen aus der Studie von Gottfried et al. (2003) verwendet und an die Arbeit mit behinderten Menschen in der Schweiz angepasst. Die Stichprobe (N = 162) setzte sich aus MitarbeiterInnen aus dem Werkstätten- und Wohnbereich, also Personen unterschiedlicher Berufsgruppen mit verschiedensten Grund- und Zusatzausbildungen sowie Weiterbildungen zusammen (BetreuerInnen, Ausbildungsverantwortliche, GruppenleiterInnen).

Die Feldkompetenz der SupervisorInnen wurde von 54,8 %, die Fachkompetenz von 77 % und die soziale Kompetenz von 81 % als hoch eingestuft. Hier liegen die Kompetenzzuschreibung und die Bewertung der fachlichen Performanz deutlich

7.2 Multicenterstudien aus der Integrativen Supervision

näher beieinander als im Bereich der Gerontologie und Psychiatrie. Jedoch nur 37,6 % der Befragten beurteilten den Nutzen von Supervision als hoch, was mit der Gesamtkompetenz des/r SupervisorIn korrelierte.

Einen Nutzen für die betreuten behinderten Menschen sahen sogar nur 27 % der Befragten – ein bedenkliches Ergebnis, so die Autorin. Sie fügte hinzu, dass bei den MitarbeiterInnen möglicherweise die persönliche und berufliche Entwicklung durch Supervision im Vordergrund stehen und sie sich im Team wohl fühlen wollen, bevor die Arbeit mit den betreuten Menschen in den Fokus rückt.

7.2.4 Supervision im Bereich der Telefonseelsorge

Das Ziel der Befragung „Supervision als Ressource von Telefonseelsorge. Eine Felderkundung zur Rolle und Bedeutung von Supervision mit Ehrenamtlichen in der Telefonseelsorge aus Integrativer Sicht" von ehrenamtlichen MitarbeiterInnen und SupervisorInnen durch Frank Ertel et al. (2009) war es, das Erleben und die Einschätzungen von SupervisandInnen und SupervisorInnen zu erheben. Dazu wurden zwei halbstandardisierte Fragebögen bei zwölf Telefonseelsorgestellen in Deutschland verwendet.

Bei den Ehrenamtlichen bestand der Fragebogen aus Fragen zur Supervision und Fragen zur Erwartung an Supervision sowie zur Ressourcen-Dimension von Supervision. Der Fragebogen für SupervisorInnen wurde analog aufgebaut. Weiters wurden mit neun halbstrukturierten Interviews neun MitarbeiterInnen aus drei verschiedenen Telefonseelsorge-Stellen qualitativ nachbefragt, um die persönlichen Aspekte des Erlebens von Supervision detailliert erheben zu können.

Die quantitative Auswertung der Fragebögen (N=571) zeigte eine hohe Effizienz von Supervision für die inhaltliche Arbeit bei der Telefonseelsorge und das Selbst- und Rollenverständnis der Ehrenamtlichen. Die Ergebnisse der qualitativen Auswertung bestätigten die positiven Erfahrungen und den Wert der Supervision für die Arbeit am Telefon in vollem Ausmaß.

Es bestand außerdem eine Übereinstimmung zwischen der erlebten Praxis der MitarbeiterInnen und der Wissensvermittlung in der Supervision: Durch die Supervision wurden personale und fachliche Ressourcen in hohem Ausmaß gestärkt. Die Supervisionsgruppe hatte für die SupervisandInnen einen hohen Stellenwert. Die Feldkompetenz der SupervisorInnen wurde hoch eingeschätzt. Alle SupervisorInnen verfügten laut deren eigenen Angaben über eine hohe Feld- und Fachkompetenz und hatten Erfahrungen in der Telefonseelsorge.

Für die Institution Telefonseelsorge, die es ohne Ehrenamtliche nicht gäbe, wäre Supervision im Sinne von Pflege der ehrenamtlichen MitarbeiterInnen und deren Leistungsfähigkeit somit essenziell, vor allem in Zeiten der Verknappung von finanziellen Mitteln, schlussfolgerte die Autorin. Dieselbe Untersuchung wurde mit ähnlichen Ergebnissen von Gabriele Hollmann auch in Österreich durchgeführt, allerdings nicht publiziert.

7.2.5 Supervision im Krankenhaus

Die Situation von Supervision bei Pflegefachleuten in der Schweiz: „Die Konzepte „social network" und „social world" und ihre Bedeutung für Theorie und Praxis der Supervision im Integrativen Modell" untersuchte Erica Brühlmann-Jecklin (2005, gem. mit Petzold 2006). 316 Pflegepersonen wurden mit halbstandardisierten Fragebögen befragt, wovon 56,6 % Supervision kannten und 25 % der Befragten regelmäßig supervidiert wurden (31,1 % Fallsupervision, 13,6 % Einzelsupervision).

In einem Teil des Fragebogens wurden Fragen zum Nutzen der aktuellen Supervision in den letzten sechs Monaten gestellt. Dieser Nutzen von Supervision wurde nach Relevanz im persönlichen und beruflichen Bereich bzw. für Team und PatientInnen unterteilt. Den beruflichen Nutzen von Supervision in den letzten sechs Monaten schätzten nur 21,2 % als hoch, 26,6 % als mittel und 11,4 % als gering ein. 9,8 % der Befragten gaben keinen Nutzen an. Den persönlichen Nutzen betrachteten ebenfalls nur 25,3 % als hoch, 25 % als mittel, 10,8 % als gering und 9,2 % als nicht vorhanden.

Der Nutzen für das Team wurde nur von 21,5 % als hoch, von 27,5 % als mittel, von 14,6 % gering und von 5,4 % mit keinem Nutzen bewertet. Der PatientInnen-bezogene Nutzen war nach Angaben der Befragten bei ebenfalls nur 16,5 % hoch, bei 20,3 % mittel, bei 13,3 % gering und immerhin 16,1 % sahen keinen Nutzen. Diese Zahlen müssten zum Nachdenken anregen, so die Autorin, denn in Hinblick auf das Mehrebenensystem und die Funktion der Qualitätssicherung sollte Supervision auch den PatientInnen zugute kommen.

7.2.6 Supervision in weiteren Feldern

Die Rolle von Supervision in der Ausbildung von PhysiotherapeutInnen in Deutschland untersuchte Martin Waibel (2004) in seiner Studie „Integrative Supervision in der Ausbildung von Physiotherapeuten" anhand eines Fragebogens an 55 AusbildungskandidatInnen als Instrument direkter Veränderungsmessung nach einem Jahr Supervision. Weiters wurden strukturierte Interviews mit einigen SupervisandInnen durchgeführt.

Supervision wäre im Feld der Physiotherapie noch weitgehend unbekannt und sollte in die Ausbildung aufgenommen werden, so das Ergebnis der Erhebung. Im Fallverständnis brächte Supervision einen großen Nutzen, während Lernerfahrungen bezüglich Trauer, Tod und Krankheitsbewältigung sehr unterschiedlich gewichtet wurden.

Hester Van Wijnen (2006) untersuchte in der Studie mit dem Titel „Berufliche Identität und Supervision bei PhysiotherapeutInnen" den Nutzen von Supervision (persönlich, beruflich, Team und PatientInnen bezogen) bei PhysiotherapeutInnen mit und ohne Supervision mit qualitativen und quantitativen Items (N = 246).

Die Aspekte des Nutzens wurden als recht zufriedenstellend bewertet. Es gaben allerdings auch 16,7 % der Befragten an, negative Erfahrungen in der Supervision gemacht zu haben und berichteten von Inkompetenz, Kränkung und fehlender Neutralität der

7.2 Multicenterstudien aus der Integrativen Supervision

SupervisorInnen. 75,6 % der Befragten gaben positive Erfahrungen in der Supervision an wie Lösungen für Konflikte, neue Perspektiven, bessere Zusammenarbeit.

Einen Überblick über Mobbingberatung in Deutschland und die Bedeutung von Supervision schafften Martin Waibel und Hilarion G. Petzold (2007) in ihrer Untersuchung „Mobbing und Integrative Supervision – Materialien, Modelle, Perspektiven und eine Befragung zu Mobbingberatung und Supervision" durch eine Fragebogenerhebung bei spezialisierten Beratungsstellen (N = 14) und Telefoninterviews (N = 16). Mehr als die Hälfte der befragten Mobbing-BeraterInnen gaben an, keine Supervision zu haben. Davon wünschten sich jedoch 70 % Unterstützung in der Beratung. Von den Supervisions-NutzerInnen wurde in der Supervision die Verbesserung der eigenen Professionalität als am hilfreichsten erlebt. Der persönliche Nutzen durch Supervision wurde hoch eingeschätzt.

Mit dem Zusammenhang zwischen dem Grad der Zufriedenheit mit der Tätigkeit in der Selbsthilfegruppe und dem Unterstützungsbedarf dabei setzten sich Marion Strobelt und Hilarion G. Petzold (2008) in der Fragebogenstudie „Supervision in Selbsthilfegruppen. Selbsthilfegruppen als Betätigungsfeld für SupervisorInnen?" (N = 40) bei LeiterInnen von Selbsthilfegruppen in Zwickau (Deutschland) auseinander. Es wurde erhoben, ob Selbsthilfegruppen ein mögliches Feld für Supervision sein könnten, was unter bestimmten Rahmenbedingungen bejaht werden konnte. Die beiden Autoren konstatierten auch Ähnlichkeiten zwischen den Zielen von Selbsthilfegruppen und jenen der Integrativen Supervision.

Die Probleme und Herausforderungen der Life-Science-Branche in Österreich sowie die Etablierung von Beratung[2] in diesen Organisationen untersuchte Petra Buchinger (2016) mit einem halbstandardisierten Fragebogen (N = 993) in ihrer Studie „Braucht Life Science Beratung? Empirische Untersuchung zu Bedarf und Inspruchnahme von Beratung in Life Science Organisationen". In dieser großen Stichprobe konnten Unterschiede in den Erfahrungen zu Beratung, den Wünschen für und dem Wissen über berufliche Beratung festgestellt werden. Für persönliche Themen wurde Beratung im Einzelsetting am meisten gewünscht. Als wichtigste fachliche Anforderung an BeraterInnen stellte sich Branchenkenntnis heraus. Insgesamt scheint das Format beruflicher Beratung in diesem Feld noch wenig bekannt zu sein. Die Ergebnisse ließen jedoch auf eine Offenheit dafür schließen, der Bedarf wäre somit vorhanden, folgert die Autorin.

Im Feld der Informationstechnik (IT) forschte Tim Sturm (2016) zum Thema „Burnout: Sind Reflexion, Coaching und Supervision wirksame Instrumente zur erfolgreichen Prävention?" In dieser Arbeit wurden Daten von N = 1155 Personen mit dem Maslach Burnout Inventar (1996) sowie der Stand der Inanspruchnahme von Formaten zur beruflichen Reflexion erhoben und mit einem Fragebogen zu einem Identitätskonzept („Fünf Säulen der Identität") (Kames 2011) in Bezug gesetzt. Ziel war die Prävalenz von Burnout in der deutschsprachigen IT-Branche zu ermitteln und die Auswirkungen auf die

---

[2]Supervision wird in dieser Studie unter Beratung subsumiert.

Identität zu erheben. Es wurde auch in dieser Untersuchung nicht nur nach Supervision gefragt, sondern nach verschiedenen Formen der beruflichen Beratung. Personen, die eine Möglichkeit zur beruflichen Reflexion angeben, hatten generell ein um 15 % niedrigeres Burnout-Risiko, besonders dann, wenn die berufliche Reflexion selbst gesteuert in Anspruch genommen werden konnte. Das Auftreten kritischer Burnout-Symptomatik war dann von 14 % auf 6 % reduziert. Personen, die Supervision und Coaching als hilfreich empfanden, waren um über 5 % weniger oft Burnout -gefährdet als jene, die Supervision nicht kannten oder nicht als hilfreich empfanden.

Allerdings besagte diese Studie nicht direkt, dass berufliche Reflexion (Supervision) Burnout-Gefährdung senken würde, da eine kausale Interpretation der Daten nicht zulässig wäre. Es konnte jedoch eine Korrelation zwischen der (Bereitschaft zur) Inanspruchnahme beruflicher Reflexion und einer verminderten Burnout- Gefährdung festgestellt werden.

Kurze Bewertung des erhobenen Forschungsstandes Zusammenfassend kann zu den oben genannten Forschungsthemen und -feldern festgehalten werden, dass die befragten Berufsgruppen breit gestreut über das psychosoziale Feld sind. Schwerpunkt liegt bei den Multicenterstudien auf dem stationär-klinischen Bereich. Gemeinsam ist ihnen, dass sie sich alle mit dem Nutzen von Supervision beschäftigen und versuchen, Supervision spezifisch für das jeweilige Feld zu evaluieren. Die Ergebnisse zeigen teilweise ein kritisches Bild: Der Nutzen von Supervision wird eher mittel eingestuft und Kritik an der Feldkompetenz der SupervisorInnen geübt.

Wünschenswert wären weiterführende Kohortenstudien oder Studien mit Versuchs- und Kontrollgruppen.

7.3 Geschichte von Supervision

Zu diesem Themenfeld konnten nur zwei (deutschsprachige) empirische Studien, in denen der sozialgeschichtliche Aspekt von Supervision beleuchtet wird, identifiziert werden. Dies ist eine starke Abnahme im Vergleich zu 2003, wo wir 21 Beiträge, davon 15 zur geschichtlichen Entwicklung verzeichnen konnten – wobei sich allerdings damals auch nur wenige auf empirische Datenerhebungen stützten.

Zur Bedeutung des historischen Kontextes für die Entwicklung der Supervision interviewte Jan Lohl (2014) unter Verwendung der Oral History Methode (narrative Interviews) 35 langjährige SupervisorInnen (Jahrgänge 1937, 1942, 1943, 1948) zu ihrer eigenen Geschichte der Supervision im Rahmen eines Forschungsprojektes zur Sozialgeschichte von Supervision in Deutschland. Zusätzlich wurden in der Untersuchung Interviews mit „PionierInnen der Supervision" (S. 114) aus dem Jahr 1990 mit einer ähnlichen Fragestellung ausgewertet. Erhebung und Auswertung erfolgten nach den Standards der qualitativen Sozialforschung. Die Studie trägt den Titel „Und wenn

7.3 Geschichte von Supervision

du groß bist, dann darfst du vielleicht mal was sagen. Ein Zwischenbericht aus einem Forschungsprojekt zur Geschichte der Supervision".

Die Ergebnisse zeigten, dass nach dem Entstehen der ersten Supervisionsweiterbildungen in den 1960er und 1970er Jahren die damals diskutierten politischen Themen wie Macht, Autorität, Partizipation und Demokratisierung durch die SupervisionskandidatInnen eingebracht wurden. Sie konnten in der Ausbildung durch Erfahrungslernen bearbeitet werden. Die Einbeziehung der Leitungsebenen in Supervision begann ab den 1990er Jahren durch die zunehmende Professionalisierung der Supervision (Gründung der Deutschen Gesellschaft für Supervision). Zahlreiche Felder wurden neu erschlossen. In den letzten Jahren traten im Zuge des Neoliberalismus neue Supervisionsthemen zutage: Weniger Fallbesprechungen und Beziehungsdynamiken wurden in die Supervision gebracht, sondern vermehrt das Verhältnis zu ArbeitgeberInnen, Belastungen und Ökonomisierung zum Beispiel in der Sozialarbeit. Es zeigte sich, dass sich für die SupervisorInnen die Aufgabe stellt, sich selbst treu zu bleiben aber auch mit den ursprünglich sozialisierten Grundhaltungen die eigene supervisorische Identität weiterzuentwickeln. Diese „Kulturveränderung" (S. 126) ging mit der Einführung des so genannten „Dreieckkontrakts" und der Supervision von Führungskräften einher. Durch Interventionen auf mehreren Ebenen der Organisationen könne Supervision laut Meinung der SupervisorInnen auch einen Beitrag zu neuen politischen Fragestellungen wie zum Beispiel Multikulturalität leisten.

Im Rahmen desselben Forschungsprojektes wurden von Jan Lohl (2015) auch die supervisorischen Sozialisationsprozesse der oben beschriebenen älteren SupervisorInnen (Jahrgang 1936 bis 1950) mit dem Titel „… dass man von ihm mehr wollte und zugleich ein bisschen Schiss kriegte. Über die Herstellung von Zugehörigkeit von SupervisorInnen" mittels narrativer Interviews untersucht. Bei der Auswertung verwendete der Autor eine methodisch kontrollierte Hermeneutik. Zugehörigkeit wurde dabei beispielsweise durch die Orientierung an der supervisorischen Praxis von und Beziehungen zu LehrsupervisorInnen und DozentInnen innerhalb der Ausbildung hergestellt.

Es stellte sich heraus, dass durch den großen Anteil an gruppendynamischen Trainings in den Ausbildungen der 1970er Jahre und das dort praktizierte (Selbst)Erfahrungslernen oftmals ein Zustand der psychischen Verunsicherung hergestellt wurde, der in einer Identifizierung mit den Ausbildungspersonen mündete. Haltungen und Praktiken wurden zur Herstellung von Sicherheit und Zugehörigkeit schließlich in die eigene Identität übernommen. Für eine spätere Veränderung der so sozialisierten supervisorischen Arbeit und Haltung bedurfte es Mut. In den Interviews wurde auch ein missbräuchlicher Umgang mit Macht gegenüber den AusbildungskandidatInnen in Form von „Verletzungen, Beschämungen, durch psychische Gewalt und sexuelle Beziehungen" (S. 59) beschrieben.

Kurze Bewertung des erhobenen Forschungsstandes Lohl (2014) präsentierte mit seinen narrativen Interviews, wie von Petzold et al. (2003a, b) angeregt, die Geschichte von

Supervision im Verlauf der Geschichte Deutschlands und stellte damit sozialgeschichtliche Zusammenhänge her. Der Ausbildungskontext wird hinsichtlich der Macht der Hierarchie und den daraus resultierenden Schäden kritisch reflektiert. Eine retrospektive Analyse ist also möglich. Allerdings finden diese Themen aktuell im deutschsprachigen Raum kaum Beachtung.

Eine Darstellung der Geschichte der Supervision in vertiefter Form ist international nach wie vor ausständig. Die meisten Fragestellungen in diesem Themengebiet, die bereits 2003 identifiziert wurden, zum Beispiel kritische Sichtung der Dokumente zur Entwicklung von Supervision sowie ihrer Entstehungsbedingungen, sind empirisch noch unbeleuchtet.

7.4 Supervision in speziellen Feldern

In diesem Cluster fanden nur jene Studien Eingang, in denen die Felddynamiken im Vordergrund stehen bzw. das Feld für Supervision ein wenig erschlossenes ist. Andere Studien wurden nicht aufgenommen, da jede Studie in einem Feld stattfindet und somit diesem Cluster zugeordnet werden hätte können (vgl. Abschn. 5.2.5). 36 Studien wurden gemäß dieser Regel zu dem Themenbereich identifiziert. Dies bedeutet eine Steigerung der Forschungsbemühungen in diesem Themenkomplex gegenüber SAP 1. Im Vergleich zu den im ersten Band beschriebenen Feldern wie Sozialarbeit, Krankenhaus und Ehrenamt sind die Felder 2016 breiter gestreut: Die hier versammelten Studien betrachten Supervision neben dem psychosozialen Feld auch in einem Wirtschaftsbetrieb ebenso wie in Forschungsabteilungen oder bei der Polizei.

Daraus kann geschlossen werden, dass Supervision in weitere Felder diffundiert ist. Dies gilt v. a. für den deutschsprachigen Raum und das dort vorherrschende Verständnis von Supervision, während sich Clinical Supervision auf den klinisch-psychosozialen Bereich konzentriert.

Die Studie „Soziale Arbeit im Gesundheitswesen. Subjektive Einschätzungen und Rahmenbedingungen professionellen Handelns" von Brigitte Geißler-Piltz und Susanne Gerull (2007) zeigte mittels eigens dafür erstelltem Fragebogen sowie Einzel- und Gruppeninterviews (N = 16) mit SozialarbeiterInnen (N = 307) aus dem Gesundheitsbereich und einer Kontrollgruppe (N = 113), die keine Supervision erhielt, dass Supervision berufliches Handeln mit theoretischem und methodischem Wissen verknüpfen kann. Nur ein knappes Drittel der Befragten hatte allerdings in den letzten zwölf Monaten vor der Befragung an einer Supervision teilgenommen.

Wie die ergänzenden Interviews zeigten, verlief die Supervision in multiprofessionellen Gruppen und Teams zum Teil problematisch, etwa durch die Hierarchie der Berufsgruppen, die sich auch innerhalb der Supervision widerspiegelte. Dabei wurde die Supervision von 63 % der SupervisandInnen als „gut" und von 30 % als „zufriedenstellend" eingeschätzt. In 57 % der Fälle waren die SupervisorInnen keine ausgebildeten SozialarbeiterInnen, was zeigt, dass SozialarbeiterInnen nicht unbedingt ihre eigenen

7.4 Supervision in speziellen Feldern

„feldkompetenten" KollegInnen als SupervisorInnen bevorzugten. Ausstrahlung, Persönlichkeit, Vertrauen und die SupervisorIn als eine externe Person mit Berufserfahrung waren von größerer Bedeutung für die SupervisandInnen im Gesundheitsbereich.

Die Rahmenbedingungen und den Nutzen von Supervision in allen Feldern der Sozialen Arbeit in Deutschland (Baden-Württemberg) erhoben Marie Drüge und Karin Schleider (2015) in ihrer Studie „Merkmale der Supervisionspraxis in der Sozialen Arbeit". Ein eigens erstellter Online-Fragebogen mit geschlossenen Items und einer offenen Frage zum wahrgenommenen Nutzen angelehnt an das Supervisions-Evaluations-Inventar (vgl. Verwendete standardisierte Fragebögen SEI) wurde verwendet (N = 239).

59 % der SozialarbeiterInnen nahmen Supervision in Anspruch, davon 79 % in Form von Teamsupervision. Zur Frage, welcher Nutzen durch Supervision erlangt wird, wurden folgende Bereiche genannt: neue Sichtweisen erlangen (73,1 %), neue Anregungen und Impulse für die Arbeit gewinnen (63,4 %), fachliche Kompetenzen erhöhen (58,3 %), Sicherheit im Umgang mit KlientInnen gewinnen (56,9 %), die Klarheit über berufliche Aufgaben steigern (56,1 %) und die Arbeitszufriedenheit verbessern (51,3 %).

Bei der offenen Frage nach dem größten Nutzen in der Supervision wurden folgende Aspekte genannt: von 24,4 % (Selbst-)Reflexion, 23 % neue Sichtweisen/Blick von außen, 20,7 % „Lösung fallbezogener Probleme", 14,8 % Professionalisierung/Kompetenzerweiterung, 10,4 % kollegialer Austausch, 8,9 % jeweils Rollenklärung, Sicherheit sowie Konfliktklärung im Kollegium und Verbesserungen der Teamarbeit. Für 8,1 % bestand der größte Nutzen in der Entlastung/Psychohygiene.

Bezüglich des Nutzens und der Themen in den unterschiedlichen Feldern der Sozialarbeit konnte kein Unterschied festgestellt werden. Die Auswirkungen auf die direkte Arbeit mit KlientInnen standen also (nur) für 20 % der Befragten im Vordergrund.

Zur Supervision in der Sozialarbeit, konstatierte Mike Seckinger (2008) aufgrund der Ergebnisse einer Fragebogenerhebung „Supervision in der Kinder- und Jugendhilfe": „Supervision ist also weit verbreitet und hat sich in der Kinder- und Jugendhilfe etabliert" (S. 44). Befragt wurden in dieser Erhebung Jugendämter, freie Träger der Kinder- und Jugendhilfe, Jugendringe, (teil-)stationäre Einrichtungen sowie Hilfen zur Erziehung (N = 402).

Die Möglichkeit, Supervision in Anspruch zu nehmen, war bei 90 % der Jugendämter und bei genau so vielen Institutionen der (teil-)stationären erzieherischen Hilfen gegeben. Aufgrund der „angespannten kommunalen Haushaltslage" (S. 44) wurden viele Supervisionsangebote im Vergleich zum Jahr 2000 aber gekürzt. Bei den (teil-)stationären Einrichtungen war die verpflichtende Supervision angestiegen, einerseits aufgrund des dortigen Naheverhältnisses zur Psychologie, andererseits aufgrund der bereits in die Budgets integrierten Supervisionshonorare. Sofern der Umfang der Supervisionseinheiten geregelt war, gibt es in diesem Feld im Median eine Doppelstunde pro Monat. Lediglich 2 % der Jugendämter wurden intern supervidiert, die Mehrheit an Supervision erfolgte durch externe SupervisorInnen. Bei zwei Drittel der Jugendämter fand die Supervision in der Gruppe statt, das letzte dritte Drittel konnte über das Setting nach Bedarf entscheiden.

In Großbritannien führte Della Austin (2010) eine Studie in einer spezialisierten Grundschule für Kinder mit sozialen, emotionalen und Verhaltensschwierigkeiten durch. N = 17 LehrerInnen, AssistentInnen etc. erhielten nach Unterzeichnung einer Supervisionsvereinbarung Einzelsupervision (ein Jahr insgesamt vier Sitzungen). Den SupervisandInnen wurden in einer schriftlichen Prä- und Post-Befragung fünf Fragen zum Wesen und Nutzen von Supervision gestellt. In der Post-Befragung kamen zwei weitere Fragen hinzu (sämtliche Fragen sind dem Artikel zu entnehmen). Darüber hinaus wurden am Ende der Intervention neun strukturierte Einzelinterviews geführt.

Die Resonanz auf die erhaltene Supervision seitens der SupervisandInnen war überwältigend positiv und übertraf die vor der Implementierung der Supervision angegebenen eigenen Erwartungen der LehrerInnen. Die SupervisandInnen thematisierten in der Supervision nicht nur die zu unterrichtenden/betreuenden Schulkinder, sondern auch unterschiedliche persönliche Themen und fühlten sich in allen Belangen gut unterstützt. Geschätzt wurde auch der Einsatz einer externen (und somit unabhängigen) Supervision. Die StudienteilnehmerInnen entwickelten ein allgemeines Verständnis für den Gegenstand der Supervision.

Verschiedene Formen von Supervision von SeelsorgerInnen, die Kinder mit psychischen Problemen in einer spezialisierten Bildungseinrichtung in Großbritannien betreuten, standen in der Untersuchung von Dale Bartle und Alexandra Trevis (2015) im Mittelpunkt. In der Supervision wurden über einen Zeitraum von einem Jahr vier unterschiedliche Modelle erprobt (Lösungskreis, Beratung, Gruppenreflexion und Balint-Gruppe). Im Anschluss an die Intervention wurde mit den SupervisandInnen (die Anzahl der TeilnehmerInnen wird nicht angegeben) eine Fokusgruppe abgehalten, wo fünf Fragen zur erhaltenen Supervision gestellt wurden.

Der positive Nutzen von Supervision äußerte sich für die SupervisandInnen in einer gesteigerten Kommunikation und Zusammenarbeit im Team, in einer verstärkten Problemlösekompetenz, einer gefühlten Entlastung und einem gesteigerten Selbstbewusstsein. Mitunter kamen die Supervisionsprozesse auch ins Stocken und die Teilnehmenden wussten nicht worüber sie sprechen sollten. Etwaige Unterschiede zwischen den vier unterschiedlichen Modellen der angebotenen Supervision wurden von den AutorInnen im Artikel nicht näher kommentiert.

Elisabeth Severinsson et al. (2010) implementierten in einer skandinavischen Universitätsklinik über einen Zeitraum von eineinhalb Jahren eine Supervisionsgruppe für Hebammen (N = 4). Im Anschluss wurden diese in einer Fokusgruppe befragt. Die darin behandelten Inhalte wurden ebenso wie die laufende Dokumentation der Supervision durch die SupervisorIn (deren Geschlecht wurde nicht angegeben) inhaltsanalytisch ausgewertet.

Die Supervision erhöhte das Wissen um Supervision und bewirkte eine Integration wissenschaftlicher Erkenntnisse, was als unterstützend und qualitätssichernd angesehen wurde. Ferner verbesserten die Hebammen ihre Kommunikationsfähigkeiten sowie ihre Fähigkeit zuzuhören und entwickelten ganz allgemein eine erhöhte Sensibilität im Umgang mit sich selbst und mit anderen.

Carol Sommer und Jane Cox (2005) interviewten in ihrer Studie „Elements of Supervision in Sexual Violence Counselors' Narratives: A Qualitative Analysis" neun BeraterInnen (ein männlicher, acht weibliche) aus dem Feld der Beratung bei *sexueller Gewalt*. Die BeraterInnen wurden mit einem halbstrukturierten Leitfaden, der zehn Fragen umfasste, interviewt. Die Daten wurden mit einem interpretativen Ansatz ausgewertet.

Vier für die Supervision bedeutsame Kategorien wurden identifiziert: eine davon war der Bedarf in der Supervision über persönliche Gefühle die Arbeit betreffend zu sprechen. Da in diesem Feld die Möglichkeit einer sekundären Traumatisierung gegeben ist, sollte dies in der Supervision und innerhalb der Arbeitsstelle angesprochen werden. Selbstfürsorge: Die SupervisandInnen bevorzugten eine Zusammenarbeit auf Augenhöhe mit den SupervisorInnen im Vergleich zu einem ExpertInnen-basierten Modell. Hilfreiche Methoden wie Entspannung und geführte Imaginationen sollten ebenfalls in Supervisionen Platz finden. Zur Organisation von Supervision wurden die Nachteile interner Supervision thematisiert sowie der Wunsch nach mehr Zeit für Supervision.

Die Autorinnen schlugen im Rahmen dieser Arbeit weiterführend vor, geschlechtsspezifische Unterschiede in der Beurteilung von Supervision und dem Umgang mit den Gewalterfahrungen der KlientInnen bei den BeraterInnen herauszufinden. Ein eigenes Supervisionsmodell für die speziellen Ansprüche von Beratung im Traumabereich sollte entwickelt werden.

Im englischen Raum engagiert sich die BACP, die *British Association for Counselling and Psychotherapy*[3], für ethische Standards und Qualitätssicherung im Bereich beratender und psychotherapeutischer Tätigkeit. In diesem Rahmen beschäftigte sich die Organisation auch mit Supervision. Künftige Supervision müsste sich laut BACP (2016) insbesondere im therapeutischen und klinischen Umfeld deutlich stärker an den gesellschaftlichen Wandel anpassen. Sie sollte allgemein anwendbare Richtlinien entwickeln und vorgeben, um diesen sozialen Erfordernissen zu entsprechen. Der Nutzen der Supervision während einer Trauma-Therapie wäre inzwischen recht gut belegt, aber in allen anderen therapeutischen Bereichen bestünde weiterhin erheblicher Forschungsbedarf (BACP Research 2016, S. 23).

Die Einführung von Teamarbeit in einem Unternehmen der Sportartikelindustrie begleitete Jutta Brünker (2005) supervisorisch (N = 27 SupervisandInnen) und veröffentliche ihre Daten im Artikel „Supervision als Personalentwicklungsinstrument bei der Einführung industrieller Teamarbeit". Hinsichtlich der Wirkung von Supervision wurde angenommen, dass sich die TeamsprecherInnen und -betreuerInnen in 19 Supervisionssitzungen weiterentwickeln und insbesondere Sozialkompetenzen erwerben sollten.

Die Ergebnisse des viereinhalbjährigen Prozesses – methodisch begleitet durch qualitative Interviews und teilnehmende Beobachtung – zeigten einen beziehungsorientierten Nutzen von Supervision, vor allem für die Einführung von Teamarbeit, Interaktion,

---

[3]www.bacp.co.uk/about-us/about-bacp/ Zugriff am 18.05.2019.

Beziehungsklärung und Metakommunikation. Der positive Outcome zeigte sich vor allem in einer stärkeren Aufgabenorientierung und in einer nachhaltigen Entwicklung der geforderten Kompetenzen. Supervision erhöhte die Motivation der MitarbeiterInnen und unterstützte die Steuerung.

Eine monatliche Gruppensupervision mit 21 polizeilichen Sachbearbeiterinnen für Sexualdelikte evaluierte Ulrich Driller (2004) in seiner Fragebogen-Studie „Gruppensupervision mit Sachbearbeiterinnen für Sexualdelikte: Erfahrungen, Themen, Prozesse, Wirkungen". Nähere Angaben zum Fragebogen gingen aus der Veröffentlichung nicht hervor.

Die Auswertung ergab, dass Supervision Kompetenz-steigernde und die Gesundheit erhaltende Wirkungen bei den Supervisandinnen hatte. Als besonders hilfreich wurde sie bei der Verarbeitung von belastenden Situationen sowie Kooperations- und Kommunikationsproblemen mit KollegInnen erlebt.

Ebenfalls im Feld der Polizei untersuchten *Ulrich Driller und Christiane Hoffmeister* mit einem standardisierten Fragebogen („Gruppensupervision mit Dienstabteilungs- und Dienstschichtleitern. Erfahrungen, Themen und Prozesse eines Pilotprojektes in der Bezirksregierung Lüneburg" (2005) eine Gruppensupervision mit zwölf Sitzungen mit 17 Dienstabteilungs- und DienstschichtleiterInnen. Als bedeutsam wurden die Vielfalt an möglichen Problemlösungen in schwierigen Situationen, das Finden alternativer Handlungsweisen für Konflikte und das Entkommen der Einsamkeit in der Führungsfunktion der hierarchischen Organisation Polizei von den SupervisandInnen bewertet.

Im Feld der Forschung untersuchte Vera Rabelt (2005) mit ihrer Studie „Zur Bedeutung von Supervision in transdisziplinären (Forschungs-) Netzwerken" den Einfluss von Supervision auf die wissenschaftlichen Projekte. Dazu wurden in zwei Teamsupervisionen mit jeweils sieben und sechs SupervisandInnen in elf bzw. zehn Sitzungen sowie in einer Gruppensupervision mit zehn SupervisandInnen in sieben Sitzungen mittels Befragung und teilnehmender Beobachtung qualitative Daten erhoben.

Die Ergebnisse zeigten, dass sich Supervision auf die Lösung von Rollenkonflikten, die Beziehungs- und Konsensfähigkeit, die Schaffung einer systemischen Sichtweise und die Konstruktivität in der Projektarbeit auswirkte. Supervision konnte aus Sicht der SupervisandInnen Hilfestellungen im Spannungsfeld zwischen Projektanforderungen und Ökonomie leisten. Sie vermittelte neue Herangehensweisen an Probleme und trug zur Entwicklung von Förderschwerpunkten bei.

Der Fokus der Forschung zum Bereich Supervision in Ausbildungen liegt (außerhalb des klinischen Feldes) vornehmlich im universitären Bereich. Deutsche Fachhochschulen und Universitäten haben in den letzten Jahren ihre diesbezüglichen Anstrengungen vor allem in den Bereichen Effektivitätsforschung, Evaluation und Praxisforschung erheblich intensiviert (DGSv 2012, S. 18). So untersuchte *Saskia Erbring* in einer empirischen Promotionsschrift die supervisorische Kommunikation von Lehrpersonen. Die Studie kam zu dem Ergebnis, dass die Supervision ein wesentliches Element professioneller, kommunikativer Fähigkeiten war, die sich bereits nach einem Jahr deutlich verbessert hatten (Erbring 2009, S. 30 ff.).

7.4 Supervision in speziellen Feldern

Es existieren bislang nur wenige Studien zur Arbeitswelt generell, die sich mit Supervision beschäftigen. Eine Befragung von deutschen DGSv.-SupervisorInnen zu den von ihnen wahrgenommenen Veränderungen der Arbeitswelt und beschrieb die Herausforderungen von Globalisierung, Entgrenzung und Verfügbarkeit der Arbeitskräfte (Rolf Haubl und G. Günter Voß 2011) – ging allerdings nicht näher auf Supervision ein. Die Erfahrungen der an der Studie mitarbeitenden SupervisorInnen bilden umgekehrt die Grundlage für die Analyse der Dynamiken der Arbeitswelt, ebenso wie im Nachfolgeband von Rolf Haubl et al. (2013).

Mit der Zunahme gesellschaftlicher Diversität, länderübergreifender Kooperationen sowie dem damit verbundenen Anstieg inter- und transkultureller Themen steigt auch das Erfordernis, die Supervision in der Arbeitswelt entsprechend kultursensibel weiterzuentwickeln. Insbesondere im Bereich der Jugendarbeit werden neue, qualitative Herausforderungen an die Supervision gestellt. Diese herauszuarbeiten und zu evaluieren war das Ziel einer empirischen Erhebung von *Herbert Winkens* bezüglich der für dieses Arbeitsfeld relevanten Risikofaktoren. Es sollte überprüft werden, ob die psychische Widerstandsfähigkeit im Arbeitsalltag durch Supervision zu steigern wäre. Dies erschien notwendig, um den „…Folgewirkungen von Ökonomisierung, Entgrenzung, Flexibilisierung und ansteigender Komplexität in diesem Arbeitsfeld resilient zu begegnen" (Winkens 2016, S. 8).

Im Feld der Arbeitsmarktintegration arbeitssuchender Menschen untersuchte Antje Wettlaufer (2007) in ihrer Studie „Bin ich hier Polizist oder Komplize? Fallsupervision in SGB II – Arbeitsgemeinschaften (ARGEN)" mittels Fragebögen die Fallsupervision von ARGE-BeraterInnen in vier Supervisionsgruppen mit jeweils sieben bis acht SupervisandInnen. Sie analysierte 40 Sitzungsprotokolle zu Fallsupervisionen und eine Konferenz mit Führungskräften. Die Ergebnisse zeigten, dass neue Sichtweisen, die Kooperations-, die Prozessberatungs- sowie die Reflexionskompetenz und die Handlungssicherheit durch die Supervision gefördert wurden und die SupervisandInnen dadurch psychische Entlastung erfuhren.

Supervision in *Mentoring Programmen* in Non-Profit- und Profit-Organisationen untersuchte Vera Bausch (2007) mittels halbstandardisierter Telefoninterviews. Interviewt wurden 38 Personen, davon entfielen 21 Interviews auf Nur-Programmverantwortliche von Mentoring Programmen und 12 Interviews auf Nur-SupervisorInnen, die in diesen Mentoring Programmen supervisorisch tätig waren. Fünf InterviewpartnerInnen hatten eine Doppelrolle inne (Verantwortliche und Supervisorin) (N = 37). Der Nutzen von Supervision für die SupervisandInnen in der Mentoring Beziehung lag in der Klärung der Erwartungen in der Beziehung zu ihren Mentees und brachte einen persönlichen Nutzen durch das in der Supervision erhaltene Feedback. Fehlende Feldkompetenz der SupervisorInnen und mangelnder Organisationsbezug in der Supervision wurden von den SupervisandInnen jedoch auch hier kritisiert.

Kurze Bewertung des erhobenen Forschungsstandes Generell geht es bei den Untersuchungen zu Supervision in speziellen Feldern zumeist um eine Erhebung des Nutzens, den vor allem SupervisandInnen bzw. deren Organisationen der Supervision zuschreiben. Auch Themen der Organisation werden behandelt, die etwa mehr Zeit für Supervision in der Arbeit mit traumatisierten KlientInnen fordern oder interne Supervision mit Vorgesetzten infrage stellen. Deutlich bilden sich finanzielle Kürzungen in den Studien im Feld Sozialarbeit ab. Nichtsdestotrotz wird hier für die Erweiterung des zeitlichen Umfanges der Supervision sowie für mehr Entscheidungsfreiheit über das Setting plädiert.

Die Forschungsdesigns sind im Vergleich zur Erhebung 2003 deutlich differenzierter und erheben vor allem Eindrücke der KundInnen von Supervision. Forschungsmethodisch werden neben einigen quantitativen Designs mit selbst erstellten Fragebögen vor allem qualitative Daten erhoben, Einzel- und Gruppen-Interviews, auch in telefonischer Form, geführt und einige teilnehmende Beobachtungen durchgeführt.

Kritisch kann angemerkt werden, dass sich in diesem Cluster höchst unterschiedliche Studien finden, nicht nur das Setting und die Berufssparten der SupervisandInnen, sondern auch die empirische Qualität betreffend. Es handelt sich mehrheitlich um Pilotstudien, die Stichprobengrößen grenzen an Fallstudien-Serien bzw. es werden teilweise auch keine Angaben zur Stichprobengröße gemacht. Die Objektivität der Studien leidet auch darunter, dass die ForscherInnen manchmal selbst im untersuchten Feld arbeiten. Eine Repräsentativität der Studienergebnisse kann nicht angenommen werden.

Dennoch ergeben sich grundlegende inhaltliche Erkenntnisse: Summa summarum wird der Supervision vonseiten der SupervisandInnen eher ein positiver Nutzen zugesprochen. Allerdings kommt zutage, dass Supervision auch verunsichernden bis schädigenden Charakter aufweisen kann. Teamsupervisionen in multiprofessionellen Teams scheinen vor besondere Herausforderungen gestellt zu sein, wenn Hierarchien zwischen unterschiedlichen Berufsgruppen herrschen und nicht alle MitarbeiterInnen eindeutig einem Team zugeordnet sind.

Mancherorts wird Supervision auch mit Schulung, Mentoring und Kontrolle gleichgesetzt. Diese Rezeption von Supervision wird nicht zuletzt von den Haltungen der SupervisorInnen und der Implementierung der Supervision innerhalb einer Institution beeinflusst. Eine sorgfältige Implementierung und engagierte SupervisorInnen können zu gewinnbringenden Supervisionserfahrungen beitragen, selbst wenn den SupervisandInnen der Gegenstand der Supervision zuvor noch völlig fremd war.

7.5 Diversity

Die Themen ethnische Herkunft und Gender können nicht mehr wie in unserer ersten Recherche als „Stiefkind der Forschung" (Petzold et al. 2003a, b, S. 138) bezeichnet werden. Der aus der ersten Auflage entnommen Cluster „Gender" musste zum Begriff „Diversity" erweitert werden, um diesem in der Zwischenzeit entstandenen Forschungszweig Rechnung zu tragen. Handelte es sich 2003 um 20 Beiträge, waren es 2016 gesamt 35 Studien auf empirischem Forschungsniveau.

7.5 Diversity

Besonderes Augenmerk wurde in vielen Studien auf multikulturelle Kompetenz und Macht innerhalb der supervisorischen Beziehung in Hinblick auf das Geschlecht und die sexuelle Orientierung gelegt.

7.5.1 Sexuelle Orientierung

Lori Messinger (2007) interviewte in ihrer Studie „Supervision of Lesbian, Gay, and Bisexual Social Work Students by Heterosexual Field Instructors: A Qualitative Dyad Analysis" 13 supervisorische Dyaden mit heterosexuellen SupervisorInnen und homo- bzw. bisexuellen SupervisandInnen, nämlich SozialarbeiterInnen in Ausbildung. Die Interviews fanden persönlich oder telefonisch mittels eines halbstrukturierten Interviewleitfadens statt, der dafür entwickelt wurde.

Die Autorin identifizierte sieben Bereiche, in denen keine Übereinstimmung innerhalb der Dyaden herrschte. Die SupervisandInnen gaben an, dass Skills und Weiterbildung zum Thema sexuelle Orientierung und zum Umgang damit in der Praxis aufseiten der SupervisorInnen fehlten. Messinger fragte in ihren Interviews SupervisorInnen und SupervisandInnen auch nach dem „gay-friendly" Klima in den Dienststellen: Die SupervisandInnen beurteilten – im Vergleich zu den SupervisorInnen – das Klima als weniger „gay-friendly".

Die Autorin forderte, dass die SupervisorInnen zur Verbesserung der Atmosphäre beitragen sollten. Ein wichtiges Ergebnis zeigte, dass sich SupervisorInnen in den Auseinandersetzungen über sexuelle Orientierung selbst wohlfühlen müssen, um diese bei den AusbildungskandidatInnen einbringen zu können.

Der Frage, ob besondere Herausforderungen für klinische AusbildungskandidatInnen, die einer sexuellen Minderheit angehören, in einer Supervision bestehen, gingen Brent Satterly und Donald Dyson (2008) in ihrer Studie „Sexual Minority Supervision" nach. Die Fallstudie beinhaltet die Evaluierung einer 16-wöchigen Gruppensupervision von ausschließlich transgender, homo- und bisexuellen SozialarbeiterInnen in Ausbildung unter Supervision (N = 12) mit einem selbst erstellten Fragebogen.

Die Evaluierung ergab, dass die Gruppe einen sicheren Raum für die SupervisandInnen bot, sich selbst zu offenbaren und ein Gefühl der Gemeinschaft und Unterstützung für Arbeitsthemen zu erfahren. Als Herausforderungen wurden genannt: Die spezifischen Erfahrungen im Leben einer sexuellen Minorität heterosexuellen Personen übersetzen zu müssen und den SupervisorInnen die heterosexuellen Normen, die sie innerhalb der klinischen Ausbildung anwenden, transparent zu machen. Der Schutz der sexuellen Identität und ihre Geheimhaltung in der Ausbildungssupervision aus Angst vor Verurteilung wurden ebenso genannt wie der Umgang mit unbeabsichtigten abschätzigen Einstellungen dazu.

Die Vermittlung von Fertigkeiten zur Offenbarung der sexuellen Identität gegenüber KlientInnen, KollegInnen und SupervisorInnen wäre notwendig, um professionelle Beziehungen zu verbessern, folgern die Autoren.

Alan Burkard et al. (2009) interviewten für ihre Studie „Lesbian, gay, and bisexual supervisees' experiences of LGB-affirmative and nonaffirmative supervision" 17 DoktorandInnen (Klinische PsychologInnen, psychologische BeraterInnen, davon acht schwule Supervisanden, sechs lesbische Supervisandinnen, eine bisexuelle Supervisandin, einen bisexueller Supervisand) zur Frage, ob sie in der Supervision bestärkende oder nicht-bestärkende Erfahrungen bezüglich ihrer Homo- und Bisexualität gemacht hätten sowie zur supervisorischen Beziehung. Dem Interview folgte ein weiteres Interview zwei Wochen später, um zusätzliche Informationen zu erhalten und um zu sehen, ob sich nach dem ersten Interview neue Reaktionen auf die geschilderten Erfahrungen ergeben hatten.

Alle 15 SupervisandInnen mit bestärkenden Erfahrungen hatten ihre sexuelle Orientierung während der Supervision offenbart, elf von zwölf mit einem nicht-bestärkenden Ergebnis hatten sich ebenso – bereits vor dem Event – geoutet.

Alle SupervisandInnen mit bestärkenden Ereignissen erlebten eine unterstützende Beziehung in der Supervision. Die SupervisandInnen näherten sich dem Thema zuerst über die KlientInnenarbeit, um die Offenheit der SupervisorInnen dazu abzuklären und eine stärkere Beziehung zu entwickeln. Die bestärkende Szene wurde von den SupervisandInnen als überwältigend beschrieben, sie fühlten sich bestätigt und respektiert.

In der supervisorischen Beziehung bei nicht-bestärkenden Szenen wurden von den SupervisandInnen bereits vor dem Ereignis Mängel beschrieben: In der Fallarbeit wurde eine verzerrte und repressive Haltung beim Thema Homo- und Bisexualität bei den SupervisorInnen beanstandet, womit die SupervisandInnen nicht einverstanden waren. Dieser Umstand war in Folge eine Wurzel des Konflikts zwischen beiden. Die Macht der SupervisorInnen zeigte sich in einer feindseligen Haltung und einer Unachtsamkeit mit dem Thema, sogar wenn sich die SupervisandInnen geoutet hatten. Die nicht-bestärkende Szene wurde nicht besprochen, um weitere Konflikte in der ohnedies mangelhaften Beziehung zu vermeiden. SupervisandInnen mit diesen schwierigen Erfahrungen gaben Auswirkungen auf die Arbeit mit den KlientInnen und ihre eigene Entwicklung innerhalb der Therapieausbildung an. Die AutorInnen warfen in ihren Schlussfolgerungen die Frage der Ethik auf.

Den Fragen, ob in der Supervision auf die Themen Macht und Diversity geachtet würde und ob es dabei einen Zusammenhang zur Zufriedenheit mit Supervision einerseits und zum Lernen der SupervisandInnen andererseits gegeben hätte, gingen Mary Green und Tara Dekkers (2010) in ihrer Studie „Attending to Power and Diversity in Supervision: An Exploration of Supervisee Learning Outcomes and Satisfaction With Supervision" nach. Sie setzten in ihrer Studie mit SupervisandInnen (N = 42) und SupervisorInnen (N = 22) im Ausbildungskontext die beiden Fragebögen „The Feminist Supervision Scale" und „The Supervision feedback form" ein.

Während die SupervisorInnen die Beachtung von Macht- und kulturellen Aspekten angaben, sahen die SupervisandInnen lediglich die Kultur-Aspekte beachtet. Die Zufriedenheit mit der Supervision und die Lernfortschritte dadurch standen bei den

SupervisandInnen in signifikantem Zusammenhang mit der Beachtung von Macht und Diversity. Die SupervisorInnen beurteilten den Zusammenhang zwischen der Beachtung der beiden Aspekte und der Zufriedenheit sowie den Lernfortschritten der SupervisandInnen hingegen als nicht signifikant.

7.5.2 Ethnizität

SupervisorInnen und SupervisandInnen mit europäisch-amerikanischer Herkunft bzw. von einer ethnischen Minorität abstammend wurden von Jeffrey Hird et al. (2004) im Rahmen ihrer Studie „Examining Supervisors' Multicultural Competence in Racially Similar and Different Supervision Dyads" mit einer modifizierten Form des Fragebogens Cross-Cultural Counseling Competence Inventory-Revised (LaFromboise et al. 1991) befragt. 316 Dyaden hatten den gleichen kulturellen Hintergrund, und 126 Dyaden bestanden aus gemischtem kulturellem Hintergrund. Die Ergebnisse zeigen, dass signifikant weniger Zeit zur Besprechung kultureller Aspekte bei den Dyaden mit gleichem kulturellem Hintergrund verbracht wurde, auch mehr Zeit in den homogenen Dyaden ethnischer Minoritäten als in homogen europäisch-stämmigen Dyaden. Europäisch-stämmige SupervisorInnen verbrachten mehr Zeit mit der Diskussion kultureller Themen mit SupervisandInnen einer ethnischen Minorität als SupervisorInnen einer ethnischen Minorität mit europäisch-stämmigen SupervisandInnen dies taten.

Die AutorInnen stellten somit die Frage, ob nur „sichtbaren" Unterschieden in der Supervision Aufmerksamkeit geschenkt wurde. Weiters wurde problematisiert, wie europäisch/amerikanisch-stämmige SupervisandInnen die Wahrnehmung kultureller Aspekte erlernen sollten, wenn sie in ihren gleichstämmigen SupervisorInnen keine Modelle dafür finden.

Alan Burkard et al. (2006) befragten in ihrer Studie „Supervisor cultural responsiveness and unresponsiveness in cross-cultural supervision" in halbstrukturierten Interviews europäisch/amerikanische SupervisandInnen sowie SupervisandInnen anderer Ethnizität, die sich in einer psychologischen Ausbildung befanden, nach Erfahrungen mit SupervisorInnen mit gleichem und anderem kulturellem Hintergrund (N=26). Als Kultursensibilität wurde in der Studie umrissen, dass SupervisorInnen die Existenz anderer Kulturen anerkennen, Interesse daran zeigen, über Wissen dazu verfügen, Wertschätzung zeigen und Probleme der SupervisandInnen in diesem Kontext sehen könnten.

Während der kulturelle Hintergrund in den Prozessen mit KlientInnen der SupervisandInnen besprochen wurde, wurde die supervisorische gemischt-kulturelle Beziehung nicht thematisiert. Ausschließlich SupervisandInnen begannen den kulturellen Hintergrund zu thematisieren. Nach kultursensiblen Erfahrungen in der Supervision verbesserten sich die supervisorische Beziehung in allen gemischt-kulturellen Konstellationen und ebenso die Sensibilität der SupervisandInnen gegenüber dem kulturellen Hintergrund ihrer KlientInnen.

In kultursensiblen Supervisionen gleich welcher ethnischer Konstellation deckten sich die positiven Erfahrungen. Alle SupervisandInnen mit farbigem ethnischem Hintergrund konnten Situationen fehlender Sensibilität berichten, oft auch dass der ethnische Hintergrund ausgeblendet oder gar negiert wurde. In Supervisionen, in denen nicht kultursensibel gearbeitet wurde, hatte dies negative Effekte auf die supervisorische Beziehung und die Arbeit der SupervisandInnen mit KlientInnen, indem auch zögerlicher mit deren kulturellem Hintergrund umgegangen wurde. Schließlich wurde von vielen SupervisandInnen außerhalb der Supervision Unterstützung zu diesem Thema gesucht.

Halbstrukturierte Interviews wurden mit SupervisorInnen (N = 10) der Amerikanischen Gesellschaft für Ehe- und Familientherapie, die zehn verschiedenen ethnischen Minoritäten angehörten, von Brent A. Taylor et al. (2006) in ihrer Studie „Integrating Diversity Dimensions in Supervision" geführt.

Während die Themen „Ethnizität" und „Gender" bereits als wesentliche Bestandteile in Supervisionen verankert waren, waren das bei den Themen „Sexuelle Orientierung" und „Spiritualität" nur bei der Hälfte der SupervisorInnen der Fall, und auch nur, wenn KlientInnen der SupervisandInnen sie in der Therapie einbrachten. Als Grund dafür wurde die Frage des richtigen Zeitpunkts des Einbringens in der Supervision von den SupervisorInnen genannt und dass es zuerst eine vertrauensvolle und unterstützende Beziehung in der Supervision bräuchte.

Wenn ethnische Aspekte eingebracht wurden, bedienten sich die SupervisorInnen bestimmter Methoden wie Filme, Genogramme, kulturelle Genogramme, Weiterbildungsverträge und Prozessdokumentationen sowie -präsentationen über die KlientInnen der SupervisandInnen. Die eigenen Ausbildungen der SupervisorInnen waren noch stark am europäischen Verständnis orientiert und beachteten Teile der Identität wie sexuelle Orientierung, Religion, sozioökonomischer Status, Abstammung und Geschlecht, die für die Entwicklung der supervisorisch-professionellen Sensibilität wesentlich sind, nicht.

Die AutorInnen schlugen aufgrund der Ergebnisse vor, die oben genannten unterschiedlichen Dimensionen von Identität in die Verträge zwischen SupervisorInnen und SupervisandInnen zu inkludieren. Organisationen und Institutionen sollten in der Anwendung von Supervision den verschiedenen Dimensionen der Identität einen höheren Stellenwert einräumen.

Bei der Entwicklung des Fragebogens „Multicultural Supervisory Inventory", das die drei Dimensionen „Förderung der multikulturellen Kompetenz bei SupervisandInnen", „kultursensible Zusammenarbeit" und „Einschätzung des Einflusses der Multikulturalität in der Supervision" abdeckt, stellte Lideth Ortega-Villalobos (2011) in ihrer Arbeit „Confirmation of the structure and Validity of the Multicultural Supervision Inventory", basierend auf Daten von N = 160 Personen, davon 74 SupervisorInnen und 86 SupervisandInnen, folgendes fest: Sowohl die Erfahrung, mit SupervisandInnen aus anderen Kulturen gearbeitet zu haben als auch eine hohe Anzahl an Weiter- und Fortbildungsstunden zu multikultureller Supervision erhöhten die multikulturelle Kompetenz der SupervisorInnen – kulturelle Sensibilität wäre also lern- und trainierbar.

7.5 Diversity

Das Thema der multikulturellen Kompetenz von SupervisorInnen von im Ausland geborenen PsychotherapeutInnen, BeraterInnen sowie SozialarbeiterInnen und deren Zufriedenheit damit untersuchten Karni Kissil et al. (2013).

Die AutorInnen verwendeten in ihrer Studie „Foreign-Born Therapists in the United States: Supervisors' Multicultural Competence, Supervision Satisfaction, and Counseling Self-Efficacy" einen Online-Fragebogen (N = 153 SupervisandInnen). Multikulturelle Kompetenz wurde definiert als Achtsamkeit, Wissen und Fähigkeiten für die Arbeit mit kulturell unterschiedlichen SupervisandInnen und KlientInnen.

Die SupervisandInnen hatten innerhalb der letzten zwölf Monate Supervision in Anspruch genommen, waren außerhalb der USA geboren und wuchsen mindestens bis zum 18. Lebensjahr außerhalb der USA auf.

Der Fragebogen enthielt demografische Fragen sowie Items aus dem „Supervision Satisfaction Questionnaire" (SSQ) (Ladany et al. 1996; Larsen et al. 1979), dem „Supervisor Multicultural Competence Inventory" (SMCI) (Inman 2005) und den „Counselor Activity Self-Efficacy Scales" (CASES) (Lent et al. 2003) (vgl. Verwendete standardisierte Fragebögen).

Die Ergebnisse zeigten, dass die Zufriedenheit mit Supervision nicht in direktem Zusammenhang mit der Selbstwirksamkeit der SupervisandInnen in der Beratung stand. Die in der Supervision erfahrene multikulturelle Kompetenz und die Selbstwirksamkeit der SupervisandInnen in der Beratung standen jedoch in signifikantem Zusammenhang.

Den Einfluss der multikulturellen Kompetenz von SupervisorInnen auf die supervisorische Arbeitsbeziehung, die Zufriedenheit mit der Supervision und die Selbstwirksamkeit der SupervisandInnen evaluierten Stephanie Crockett und Danica Hays (2015) in ihrer Studie „The Influence of Supervisor Multicultural Competence on the Supervisory Working Alliance, Supervisee Counseling, Self-Efficacy and Supervisee Satisfaction With Supervision: A Mediation Model" basierend auf Daten von N = 221 RespondentInnen.

Die supervisorische Beziehung bestand aus drei Komponenten: Übereinstimmung der Ziele, der Aufgaben der Supervision und der emotionalen Bindung (Bordin 1983; zitiert nach Stephanie Crockett und Danica Hays 2015, S. 261). Als Untersuchungsinstrumente wurden folgende vier Fragebögen verwendet: Das Supervisor Multicultural Competence Inventory (SMCI) (Inman 2005); das Working Alliance Inventory–Short Form (WAI-SF) (Ladany et al. 2007) aus der Psychotherapie, das Counselor Self-Estimate Inventory (COSE) (Larson et al. 1992) und die Trainee Personal Reaction Scale-Revised (TPRS-R) (Ladany et al. 1992).

Die Ergebnisse zeigten, dass SupervisandInnen, die ihre SupervisorInnen für multikulturell kompetent hielten, eine stärkere supervisorische Arbeitsbeziehung entwickelt hatten, zufriedener waren und eine stärkere Selbstwirksamkeit in der Beratung entwickelt hatten.

Zusammenhänge zwischen Arbeitsbeziehung und Selbstwirksamkeit und Arbeitsbeziehung und Zufriedenheit konnten nicht gefunden werden. Die Arbeitsbeziehung hatte hier keinen Einfluss auf die Selbstwirksamkeit sowie die Zufriedenheit mit der Supervision.

7.5.3 Gender

Acht weibliche Führungskräfte mit Einzelsupervision interviewte Margit Kühne-Eisendle (2004) in ihrer Studie „Supervision und Coaching mit weiblichen Führungskräften": Begleitung, Austausch, Beratschlagung und Reflexion der Leitungsfunktion, besserer Umgang mit der „Einsamkeit" in Führungspositionen waren essenzielle Themen in den Supervisionen. Feedback, Planung und Reflexion in der Einzelsupervision führten zur Stärkung des Selbstbewusstseins als weibliche Führungskraft.

Lorraine Mangione et al. (2011) untersuchten mit halbstrukturierten Interviews acht homogen weibliche supervisorische Dyaden und die supervisorische Beziehung zwischen Psychologinnen, die Psychologinnen in Ausbildung supervidierten, anhand der Konstrukte „Macht", „Reflexivität", „Zusammenarbeit" und „Authentizität". In ihrer Studie „The Supervisory Relationship When Women Supervise Women: An Exploratory Study of Power, Reflexivity, Collaboration, and Authenticity" wurden Supervisandinnen-Supervisorinnen-Paare interviewt (N = 16) und drei ihrer Supervisionseinheiten aufgezeichnet.

Gespräche über die supervisorische Beziehung waren selten, fanden nur unregelmäßig statt und wurden eher von den Supervisandinnen eingebracht; was besonders bei Konflikten zwischen Supervisorin und Supervisandin der Fall war. Obwohl viele Teilnehmerinnen feministische Aspekte in der Supervision wahrnahmen, erfolgte darüber keine fundierte Auseinandersetzung als Voraussetzung für Reflexion. Nur die Hälfte der Supervisorinnen kommentierte die Machtkonstellation innerhalb ihrer Arbeit. Innerhalb des Machtgefälles wurden Fragen der Supervisorinnen nach dem Prozess der Supervisandinnen, zu deren Gefühlen und Gedanken von den Supervisandinnen, als Test empfunden. In den drei Dyaden, in denen gute Zusammenarbeit nachgewiesen werden konnte, wurde diese im Sinne von Bekräftigung und Ermutigung der Supervisandinnen durch die Supervisorinnen wahrgenommen. Die Supervisorinnen wurden von den Supervisandinnen hinsichtlich ihrer Offenheit dann als authentisch wahrgenommen, wenn sie Misserfolge, Rollenspiele, eigene Arbeitserfahrungen und aufrichtige Gefühle mitteilten.

Zur Fragestellung inwiefern in „Leitungssupervisionen Führung in Verbindung mit Geschlecht gebracht und normativ verhandelt wird" (S. 118) wurden von Anja Pannewitz (2012) fünf Fallrekonstruktionen von Supervisionsprozessen miteinander verglichen. Sie untersuchte mittels Audioaufnahmen und teilnehmender Beobachtung die Supervisionssitzungen hinsichtlich der Reproduktion und Modifikation (bis hin zum Verschweigen) von Geschlechter- und Führungsnormen. Dabei wurde die Interaktion zwischen SupervisorIn und Leitungskraft mit einer Kombination dreier qualitativer Auswertungsmethoden, der Sequenziellen Analyse, der Systematischen Metaphernanalyse und dem Kodierparadigma aus der Grounded Theory analysiert.

Als Ergebnis stellte die Autorin fest, dass in Leitungssupervisionen beim Thema Führung „männliche Traditionen und Verhaltensweisen" (S. 299) vorherrschen. Sie waren eine Form eines unausgesprochenen geteilten Geheimnisses zwischen SupervisorIn und

7.5 Diversity

SupervisandIn und waren keiner offenen Auseinandersetzung zugänglich. In der Sprache ließen sich jedoch Spuren davon nachweisen. Die Autorin folgerte basierend auf den von ihr erhobenen Daten, dass das Konzept Führung nicht gender-neutral aufgefasst werden könne, sondern auch in der Supervision eine männliche Konnotation hätte.

Fiona Starr et al. (2013) untersuchten in ihrer Studie „Comfort and Challenge: A Thematic Analysis of Female Clinicians' Experiences of Supervision" mit halbstrukturierten Interviews die Erfahrungen mit Supervision von 19 Frauenberaterinnen in Großbritannien Die Ergebnisse zeigten, dass das Essenzielle in der Supervision der Frauenberatung die Ermächtigung der Supervisandinnen war. Supervision wurde generell als sinnvoll und unterstützend gesehen sowie als Raum, Wissen zu vergrößern und gestärkt zu werden. Zwei Hauptspannungsfelder innerhalb der supervisorischen Beziehung kristallisierten sich heraus: Bequemlichkeit versus der Herausforderung, sich in der Supervision zu öffnen und somit neues Wissen zu erlangen versus im Nicht-Wissen zu bleiben. In diesen Spannungsfeldern bewegten sich die Supervisandinnen, getragen von einer sicheren supervisorischen Arbeitsbeziehung, die das Aushalten dieser gegensätzlichen Erfahrungen erleichtern sollte. Hilfe beim Gefühl festzustecken, Selbstermächtigung und Verbundenheit wurden als die Hauptaufgaben und Erfahrungen in der Supervision empfunden.

Einen selbst kreierten Fragebogen mit drei Fallvignetten verwendeten Chloe Simpson-Southward et al. (2016) in ihrer Studie „Supervision for Treatment of Depression: An Experimental Study of the Role of Therapist Gender and Anxiety" bei SupervisorInnen von AusbildungskandidatInnen in kognitiver Verhaltenstherapie in acht europäischen Ländern (N=89). Die Fallbeschreibungen berichteten entweder von einer Supervisandin oder einem Supervisanden mit temporärer Ängstlichkeit, Ängstlichkeit als Persönlichkeitsmerkmal oder Gelassenheit. Alle SupervisandInnen arbeiteten mit depressiven KlientInnen. Die SupervisorInnen sollten einen Schwerpunkt für die weitere Vorgehensweise in der Therapie der SupervisandInnen mit den KlientInnen angeben. Die SupervisorInnen fokussierten sich mehr auf die kognitv-behaviorale Technik in der Therapie bei den weiblichen Supervisandinnen mit temporärer Ängstlichkeit. Männliche Supervisanden wurden unabhängig vom Ängstlichkeitsgrad gleich supervidiert.

Weiters wurde ein größerer Schwerpunkt auf die Arbeitsbeziehung bei den Supervisandinnen im Vergleich zu den Supervisanden gelegt.

Diese Faktoren bewirken, so die dass das Vorgehen der SupervisorInnen in der Supervision einer Verzerrung hinsichtlich Geschlecht und Ängstlichkeitsgrad der SupervisandInnen unterliegen kann.

Zum Thema Geschlecht und „Persönlichkeitstyp und Intervention in der Klinischen Supervision" forschten Janine M. Bernard et al. (2011). Mit dem standardisierten Persönlichkeitsfragebogen „Revised NEO (Neuroticism, Extraversion, Openness to New Experiences) Personality Inventory (NEO PI-R)" (Costa und McCrae 1992) und einem selbst entwickelten Supervisionsfragebogen erforschten sie den Zusammenhang zwischen Geschlecht und Auswahl der Intervention der SupervisorInnen bei supervisorischen Dyaden (N = 78). Die Ergebnisse zeigten keinen signifikanten Einfluss des Geschlechts und des Persönlichkeitstyps auf die Interventionen.

Aus dem Bereich der Integrativen Supervisionsforschung kommt die Studie von *Sabine Karlinger* „Gender matters?! Genderkompetenz in der Supervision: Zur Bedeutung der Genderkompetenz von Supervisorinnen und Supervisoren im psychosozialen Feld" (2011): Sie führte dazu problemzentrierte Interviews mit neun SupervisandInnen aus verschiedenen Feldern und wertete diese mittels qualitativer Inhaltsanalyse aus. Als Ergebnis extrahierte die Autorin, dass Genderkompetenz nicht immer wahrgenommen, aber mehr oder weniger erwartet würde. Diesbezügliche Wahrnehmungen und Erwartungen würden durch die eigene Genderkompetenz der SupervisandInnen beeinflusst. D. h. wer eigene Genderkompetenz besitzt, kann deren Vorhandensein auch wahrnehmen. Oft wurde jedoch erst ihr Fehlen bemerkt. Genderkompetenz der Supervisorinnen und Supervisoren wirkte sich auf jene der Supervisandinnen und Supervisanden sowie auf deren Arbeit mit KlientInnen aus, so die SupervisandInnen. Die Auseinandersetzung mit Gender und Diversität sollte für SupervisorInnen und deren Ausbildungseinrichtungen eine Voraussetzung für qualitätsbewusste Arbeit darstellen, folgert die Autorin.

Kurze Bewertung des erhobenen Forschungsstands Aus methodischer Sicht kann festgestellt werden, dass in den beschriebenen Studien standardisierte Fragebögen und Interviews ungefähr in gleicher Anzahl als Erhebungsmethoden verwendet werden. Zusätzlich arbeiten einige ForscherInnen mit Audioaufzeichnungen von Supervisionssitzungen. Häufig werden standardisierte Fragebögen (siehe Liste im Anhang) und auch Kombinationen von Items und Skalen aus unterschiedlichen standardisierten Fragebögen, eingesetzt. Überwiegend handelt es sich um Studien mit kleinen Stichproben.

In der Analyse der englischsprachigen Studien fällt auf, dass diese als Clinical Supervision überwiegend im Ausbildungskontext von SozialarbeiterInnen, PsychologInnen oder DoktorandInnen aus dem psychosozialen Bereich stattfinden. Selten werden Aspekte der Organisationskultur in die Studien inkludiert.

Speziell beim Thema „Gender" wird englischsprachig mehrfach „Macht" der SupervisorInnen vor allem gegenüber AusbildungskandidatInnen thematisiert, was ansonsten im Feld der psychosozialen/Clinical Supervision eher selten der Fall ist. In den Gender-Studien scheinen sich deutliche Parallelprozesse zwischen Supervisorin und Supervisandin sowie Supervisandin und Klientin abzuzeichnen: Das Bedürfnis nach Halt und die Ermächtigung von Frauen spiegelt sich sowohl in der täglichen Beratung von Klientinnen als auch in der Supervision bei den Supervisandinnen wider. Deutschsprachig wird das Thema „Supervision und Gender" aktuell in Zusammenhang mit Leitung und Führung von Frauen beforscht. Generell wären hier mehr Studien mit Kontrollgruppen vonnöten.

Diversity-Studien, sofern sie sexuelle Orientierungen thematisieren, liegen ausschließlich aus dem englischsprachigen, vorwiegend dem US-amerikanischen Raum vor. Zu diskutieren sind in diesem Zusammenhang die Grenzen zwischen professionellen/arbeitsbezogenen und privaten Themen: Inwieweit sollen oder müssen in der

Supervision die sexuelle Orientierung sowohl von SupervisorInnen als auch von SupervisandInnen thematisiert werden? Wiederholt zeigt sich in den Ergebnissen, wie unwohl sich SupervisorInnen mit dem Thema der sexuellen Orientierung fühlen und dass dieser Themenbereich in der supervisorischen Arbeit ausgeblendet wird. Hierzu wären weitere Erhebungen nötig, die vor allem auch die Grenzen der supervisorischen Beziehung ausloten. Sie spiegelt sich in der Frage, ob/wie sich SupervisandInnen ihren KlientInnen gegenüber „outen" sollen, wenn dies in der Lehrsupervision/Clinical Supervision nur schwer möglich oder inadäquat scheint.

Es fehlen in Europa Studien zu Enthie-betreffender Diversity-Faktoren in der Supervision – hierzu finden sich v. a. us-amerikanische Publikationen In der „europäischen Auffassung" von Supervision werden in der Supervisionsweiterbildung Diversity-Themen weitgehend ausgeblendet, so die Analyse von Brent A. Taylor et al. (2006). Desiderat wären demnach Erhebungen bei Weiterbildungseinrichtungen für Supervision um ihre Lehrpläne zum Thema „Diversity" zu evaluieren. Und zu erheben, ob in den letzten Jahren zum Thema „Diversity" bereits Veränderungen stattgefunden haben.

7.6 Evaluationen von Supervisionsweiterbildungen

Das Themengebiet „Evaluation von Supervisionsweiterbildungen" umfasst insgesamt 29 Studien. Die Neuaufnahme dieses Bereichs der Supervisionsforschung spiegelt die Entwicklung des Forschungsgebietes wieder: Mittlerweile wird nicht nur Supervision an sich, nämlich wie sie wirkt oder eben nicht wirkt bzw. wie sie methodisch und inhaltlich arbeitet, untersucht. Auch der Weg SupervisorIn zu werden, bekommt in unserer „Weiterbildungsgesellschaft" nun Aufmerksamkeit. War in der ersten Auflage nur eine empirische Studie aus dem eigenen Umfeld der AutorInnen (Schigl und Petzold 1998) aufzufinden, so hat – womöglich auch mit der Akademisierung der Curicula – die Beforschung von Weiterbildungen zugenommen.

Arthur Drexler und Heidi Möller (2007) planten eine Studie „Berufliche Kompetenzentwicklung von SupervisorInnen in Ausbildung" die Supervisionsweiterbildung am Institut für Kommunikation im Berufsleben und Psychotherapie der Universität Innsbruck mit folgenden Forschungsfragen zu untersuchen: Welche Unterschiede an Fähigkeiten und Persönlichkeitsmerkmalen weisen AnfängerInnen und Fortgeschrittene in der Weiterbildung auf und wie verändern sich diese Eigenschaften im Laufe der Ausbildung zur/m SupervisorIn? Tendieren bestimmte Persönlichkeitstypen eher zu Supervisionsweiterbildungen und welche Auswirkung hat das auf die Ausbildungen und die spätere Praxis?

Das Forschungsdesign umfasste insgesamt sechs Messzeitpunkte zu Beginn, am Ende der Ausbildung, sowie begleitende Erhebungen mittels Selbst- und Fremdeinschätzungen bezüglich des Ausbildungsfortschrittes nach jedem Seminartermin durch die TeilnehmerInnen selbst sowie durch die ReferentInnen als ExpertInnen.

Die Untersuchungsverfahren beinhalteten eine Skulpturarbeit zur Motivationsanalyse, die nur zu Beginn der Ausbildung eingesetzt wurde, ein Fallbeispiel, einen Wissenstest zu Arbeitsrecht und Sozialmanagement, sowie acht standardisierte Fragebögen: zu Facially Expressed Emotion Labeling (FEEL) (Kessler et al. 2002); das Comprehensive Affect Testing System (CATS) (Forming et al. 2000); das Bochumer Inventar zur berufsbezogenen Persönlichkeitsbeschreibung (BIP) (Hossiep und Paschen 2003); die Meta-Emotion Scale (MES) (Mitmansgruber 2005), den Acceptance und Action Questionaire (AAQ) (Hayes et al. 2004); Fragebögen zu Mindful Attention and Awareness (MAAS) (Brown und Ryan 2003), zum erinnerten elterlichen Erziehungsverhalten (FEE) (Schumacher et al. 2000) und zur Art der Bindung oder Beziehung (AAS) (Schmidt et al. 2004) unter anderem zur Erkennung von Emotionen und Beziehungserleben sowie zur berufsbezogenen Persönlichkeitsbeschreibung.

Ergebnisse wurden nicht beschrieben, in dieser Arbeit wurde bloß das Design vorgestellt.

Zur Evaluation des Kompetenzmodells des Masterstudienganges Supervision der Katholischen Fachhochschule Nordrhein-Westfalen und des Bistums Münster wurden 63 AbsolventInnen der letzten drei Studiengänge durch Jörg Baur und André Janssen (2008) mit einem eigens dafür entwickelten Fragebogen nach den fünf Kernkompetenzbereichen, den Sach- und Fachkompetenzen sowie der Methoden-, Beziehungs-, Personen- und Beratungskompetenz, ex post befragt. Die Daten wurden auf Basis von Mittelwerten gereiht.

Insgesamt zeigten die Ergebnisse eine fundierte Ausbildung der Studierenden. Diskutiert wurde eine noch stärkere curriculare Berücksichtigung von organisationalem Sach-/Fachwissen und Kompetenzen im Umgang mit Konflikten, Unsicherheiten und Widersprüchlichkeiten. Die Kompetenzen zu Forschung und Praxisentwicklung lagen aufgrund der eher anwendungs- als forschungsorientierten Ausrichtung des Lehrganges in der Rangreihung nur auf mittlerem Niveau. Eine verstärkte wissenschaftliche Ausrichtung der Profession Supervision wurde deshalb überlegt. Baur und Janssen (2008) bezogen sich auf eine grundsätzliche Umorientierung der professionellen Richtung hin zu einer Integration wissenschaftlicher Ausrichtung in das praxisbezogene Selbstverständnis.

Supervisorische Dyaden (PsychologInnen, SozialarbeiterInnen, LogopädInnen, ErgotherapeutInnen) wurden in der RCT-Studie einer Fortbildung in Australien von *David Kavanagh, Susan Spence, Heidi Sturk, Jenny Strong, Jill Wilson, Linda Worrall, Natasha Crow und Robyn Skerrett* („Outcomes of Training in Supervision: Randomized Controlled Trial" 2008) zufällig in drei Untersuchungsgruppen geteilt: eine Kontrollgruppe, die später mit dem Supervisionstraining startete, eine Gruppe, in der SupervisorInnen und SupervisandInnen gemeinsam das Training erhielten sowie eine dritte Gruppe, bei der zuerst die SupervisorInnen und die SupervisandInnen zu einem späteren Zeitpunkt das Training erhielten (N=60). Das Training dauerte zwei Tage und vermittelte theoretische und praktische Fertigkeiten der Supervision. SupervisorInnen wie SupervisandInnen nahmen daran teil, um die jeweils andere Rolle zu erleben und das Engagement in der Supervision zu erhöhen.

7.6 Evaluationen von Supervisionsweiterbildungen

Probleme wie beispielsweise zu wenig Vertrauen in die supervisorische Beziehung, unzureichende formale Vereinbarung oder eine zu geringe Frequenz in der Supervision traten in der Gruppe mit dem gleichzeitigen gemeinsamen Training im Vergleich zur Gruppe, bei der die SupervisandInnen das Training später erhielten, seltener auf.

Helene Ybrandt und Kerstin Armelius (2009) setzten sich in Schweden in ihrer Studie „Changes in Self-Image in a Psychotherapy Supervisor Training Program" mit den Veränderungen im Selbstbild von PsychotherapeutInnen im Rahmen einer Supervisionsweiterbildung mit psychodynamischer und kognitiver Ausrichtung auseinander. Die Erhebungen fanden zu Beginn, vier Wochen vor Abschluss und am Ende der Ausbildung mit dem Fragebogen „Swedish Structural Analysis of Social Behavior" (SASB, Benjamin 1974) statt.

Es wurde ein Vergleich der AusbildungskandidatInnen ($N=9$) mit erfahrenen SupervisorInnen ($N=12$) durchgeführt. Es zeigte sich, dass die AusbildungskandidatInnen zu Beginn des Trainings weniger eigenständig, jedoch am Ende des Trainings genauso eigenständig waren wie die erfahrenen SupervisorInnen. Das nicht sehr überraschende Ergebnis zeigte im Vergleich von vor zu nach der Ausbildung einen signifikanten Unterschied hinsichtlich einer größeren Selbstsicherheit in der supervisorischen Identität bei den SupervisorInnen in Ausbildung. Eine Tendenz in Richtung eines besseren Selbstbildes war bemerkbar.

Nicola Gazzola et al. (2013) interviewten in Kanada in ihrer Studie „Learning to Be Supervisors: A Qualitative Investigation of Difficulties Experienced by Supervisors-in-Training" zehn SupervisorInnen in Ausbildung, die Einzel- und Gruppenlehrsupervision erhielten und Lernsupervisionen im Ausbildungskontext entweder alleine oder zu zweit durchführten.

In der qualitativen Auswertung wurden vier Kategorien gefunden: Schwierigkeiten im Umgang mit der Rolle als „Gatekeeper", die SupervisandInnen zu beurteilen, negatives Feedback zu geben sowie mit Macht und Autorität umzugehen; gleichzeitiger Umgang mit mehreren Herausforderungen, wie der Unterschied Theorie-Praxis und die Balance zwischen Bedürfnissen von Gruppen und einzelnen Personen; Zweifel an den eigenen supervisorischen Fähigkeiten; und Umgang mit Schwierigkeiten mit Ko-SupervisorInnen.

Innerhalb desselben Forschungsprojektes evaluierten Jack De Stefano et al. (2014) unter dem Titel „Supervisors-in-Training: The Experience of Group-Format Supervision-of-Supervision" mit Interviews die Gruppenlehrsupervision.

Während in der Lehrsupervisions-Gruppe ($N=10$) ein großer Umfang an Lernen möglich war, gaben die Interviewten auch einige Konflikte und Probleme an. Die Offenheit, mit der die SupervisorInnen ihre Anstrengungen und Unsicherheiten teilten, schaffte ein respektvolles Klima. Dass andere dieselben Schwierigkeiten hatten, um dann gemeinsam an Lösungen zu arbeiten, wertete die Gruppenlehrsupervision sehr auf. Die Gruppe wurde vor allem bei den Live-Supervisionen als unterstützend empfunden. Einige Interviewte gaben jedoch an, dass sie aufgrund von Scham und befürchtetem Scheitern Einzellehrsupervision bevorzugt hätten.

Eine eintägige (!) Weiterbildung in Clinical Supervision wurde in Australien von Sue Gillieatt et al. (2014) mit SupervisorInnen aus elf verschiedenen Berufsgruppen (N = 90) im Gesundheitsbereich evaluiert. Die SupervisorInnen, die Studierende dieser Berufsgruppen supervidierten, wurden mittels eines selbst erstellten Fragebogens vor und nach dem Training („Evaluation of an Inter-Professional Training Program for Student Clinical Supervision in Australia") befragt.

Fertigkeiten, Wissen und Werte wie zum Beispiel Achtsamkeit in Bezug auf Machtunterschiede oder das Führen von authentischen Dialogen verbesserten sich nach dem Training. Zwischen den SupervisorInnen der unterschiedlichen Berufsgruppen konnten keine signifikanten Unterschiede gefunden werden.

Der Supervisionsweiterbildungslehrgang auf Grundlage der Integrativen Supervision und Organisationsentwicklung der Europäischen Akademie für biopsychosoziale Gesundheit wurde von Regina Bogner-Unterhofer und Christine Ratschiller (2013) anhand von Interviews mit den beiden CurriculumsleiterInnen, einer Gruppendiskussion und Feedbacks während und nach der Ausbildung in der Studie „Evaluation eines Supervisionsweiterbildungslehrganges auf der Grundlage der ‚Integrativen Supervision und Organisationsentwicklung' der EAG – FPI Europäische Akademie für biopsychosoziale Gesundheit – Fritz Perls Institut" evaluiert.

Die Evaluation zeigte, dass sich die TeilnehmerInnen des Lehrgangs (N = 15) dazu befähigt fühlten, als SupervisorInnen professionell zu arbeiten. Zur Optimierung des Curriculums wurde mehr Beschäftigung mit theoretischen Konzepten sowie interkulturellen theoretischen Konzepten gewünscht.

Kurze Bewertung des erhobenen Forschungsstandes Methodisch erfolgen Evaluationen von Supervisionsweiterbildungen mit verschiedenen Instrumenten aus qualitativer wie quantitativer Forschung (Interviews, eigens entwickelte sowie standardisierte Fragebögen, Auswertung einer kreativen Arbeit). Die Datenerhebungen erfolgen zu verschiedenen Zeitpunkten in der Ausbildung. Diese Form der Evaluierung lässt Vergleiche und Aussagen zur Entwicklung eher zu als ex post designs.

Bei einzelnen Studien fallen Besonderheiten auf. Einzigartig ist die Involvierung der SupervisandInnen in die Weiterbildung von SupervisorInnen im RCT von Kavanagh et al. (2008), die damit das Mehrebenensystem (vgl. Abschn. 3.2) berücksichtigten. In Hinblick auf dieses ungewöhnliche Forschungsdesign „… hat der deutschsprachige Forschungsstand nichts zu bieten" (Petzold et al. 2003a), auch 2016 nicht. Dass es sich lediglich um einen zweitägigen Workshop handelte, muss kritisch betrachtet werden, kann jedoch ein Ansatz für Fortbildungen von SupervisorInnen sein. Da es sich um ein RCT-Design handelt, zeichnet diese Studie jedenfalls formal mit einem hohen Grad an Evidenzbasierung aus. Auch eine weitere Studie mit einer eintägigen Weiterbildung zur Clinical Supervision zeigt die minimale Ausbildung vieler SupervisorInnen im angloamerikanischen Raum.

Inhaltlich fällt auf, dass ForscherInnen Persönlichkeitsmerkmale, Selbstbild sowie Beziehungs- und emotionale Kompetenzen von (angehenden) SupervisorInnen sowie deren Veränderung durch eine Supervisionsweiterbildung in den Fokus des Evaluationsinteresses rücken.

7.7 Auswirkungen von Supervision auf die Arbeit der SupervisandInnen

Die Wirkungsforschung ist in der Supervisionsforschung angekommen, wie insgesamt 38 empirischen Studien beweisen. Die Zahl der Studien stieg von 10 (mehrfach-codierten) Beiträgen 2003 (8 englischsprachige und 3 deutschsprachige Publikationen). auf das fast 4-fache (vgl. Petzold et al. 2003a, b, c, S. 155).

Knut Neuschäfer (2004) befragte im Feld Schule mit einem selbst entwickelten Fragebogen 138 Lehrkräfte in Einzel- sowie Gruppensupervision und SchulleiterInnen in Leitungssupervision in seiner Studie „Supervisorinnen und Supervisoren in der Schule. Organisationsinterne Supervision der Schulabteilung der Bezirksregierung Münster". Insgesamt bewerteten 97 % der befragten Lehrkräfte die Supervision als positiv. Sie erfuhren eine Stärkung ihrer sozialen und personalen Wahrnehmungsfähigkeit, eine Verbesserung der Zusammenarbeit mit den KollegInnen, mit der Schulleitung und mit den Eltern. Eine hohe Bedeutung gaben 72,5 % in Bezug auf ihre Arbeit mit den SchülerInnen an. Die Evaluation der fünf Schulleitungssupervisionsgruppen zeigte die Wichtigkeit von Supervision hinsichtlich des Austausches über zentrale Leitungsaufgaben, der Weiterentwicklung der Leitungsrolle, der Reflexion des eigenen Leitungsverhaltens sowie der Bearbeitung belastender Arbeitssituationen. Der Schwerpunkt lag auf dem Vergleich der Supervision der SchulleiterInnen und ihrer Lehrkräfte. SchülerInnen wurden dazu allerdings nicht befragt.

Die Team- und Gruppensupervision sowie das Coaching der Führungskräfte an Südtiroler Schulen evaluierte Christine Gasser (2012) in ihrer Studie „Evaluation von Supervisionsprozessen an Südtiroler Schulen" mit einem Fragebogen angelehnt an das Supervisionsevaluationsinventar (SEI) (vgl. Verwendete standardisierte Fragebögen). Evaluiert wurden die Schuljahre 2007/2008, 2008/2009, 2009/2010 und 2010/2011. Es wurden nur jene Prozesse ausgewertet, die mindestens drei Supervisionstermine umfassten.

Bezogen auf die eigene Person sahen die SupervisandInnen (N = 324) die größte Auswirkung der Supervision im verbesserten Umgang mit Konflikten. Die am häufigsten genannten Auswirkungen in Bezug auf die SchülerInnen wurden im besseren Verständnis der Personen sowie im sicheren Umgang mit den SchülerInnen gesehen. 30 % gaben jedoch an, dass SchülerInnen kein explizites Thema in der Supervision waren. Die meisten Benefits wurden in der Zusammenarbeit mit anderen Lehrpersonen gesehen. Die Zusammenarbeit mit der Schulleitung und die Schule als Institution waren bei 49 % der Befragten kein Thema in der Supervision. Wünsche und Anliegen konnten gegenüber der Schulleitung jedoch durch die generelle Stärkung besser vertreten werden.

Arbeit und Haltung der SupervisorInnen wurden überwiegend als sehr positiv beurteilt: 90 % gaben an, wieder an Supervisionen teilnehmen zu wollen. Auch hier wurde die weitere Auswirkung auf die SchülerInnen nur mittels Befragung der LehrerInnen erhoben.

Sonja Schoenwald et al. (2009) untersuchten in ihrer Studie „Clinical Supervision in Treatment Transport: Effects on Adherence and Outcomes" in den USA die Wirkung der Supervision an 1979 Jugendlichen und deren Familien. Sie nahmen an einem Programm namens „Multisystemic Therapy" teil und wurden aufgrund von kriminellem Verhalten, Schulsuspendierung und Missbrauch illegaler Substanzen von 429 klinischen MitarbeiterInnen behandelt. Nach einer Einschulung in das Programm wurden die klinischen MitarbeiterInnen wöchentlich in Gruppen supervidiert. Vier Dimensionen von Clinical Supervision wurden mit vier standardisierten Fragebögen untersucht: der Child Behavior Checklist (CBCL) (Achenbach 1991); dem Vanderbilt Functioning Inventory (VFI) (Bickman et al. 1998); dem MST Therapist Adherence Measure–Revised (TAM-R) (Henggeler et al. 2006); und dem Supervisor Adherence Measure (SAM) (Schoenwald et al. 1998).

Durch die Dimension „Einhaltung der Behandlungsprinzipien" in der Supervision zeigte sich tatsächlich eine signifikant größere Einhaltung der Behandlungsprinzipien bei den TherapeutInnen in der Behandlung der PatientInnen. Die Dimensionen „Entwicklung des/r Klinischen MitarbeiterIn" und „Struktur und Prozess" zeigten einen Zusammenhang mit langfristigen Verbesserungen im Verhalten der Jugendlichen.

Die Implementierung von Clinical Supervision in der Kinder- und Jugendhilfe in vier US-amerikanischen Staaten evaluierten Crystal Collins-Camargo und Kenneth Millar (2010). MitarbeiterInnen (N = 80) wurden in sieben Gruppendiskussionen zu Beginn, und N = 57 in acht Gruppendiskussionen am Ende der Intervention befragt: Der Titel der Studie lautet „The Potential for a More Clinical Approach to Child Welfare Supervision to Promote Practice and Case Outcomes: A Qualitative Study in Four States".

Die MitarbeiterInnen wurden von den KlientInnen zunehmend mehr in der Rolle als SupervisorInnen im Vergleich zur Rolle „caseworker" und „Manager" wahrgenommen. Im Vorher-Nachher Vergleich wurden von den AutorInnen folgende Phänomene beschrieben: Durch die Supervision wurde im Verlauf der Implementierung ein stärkerer Fokus auf Lernen und die Vermittlung von Techniken der Klinischen Arbeit gelegt. In der täglichen Arbeit wurde eine mehr Evidenz orientierte Praxis mit systematischer Integration von Theorie und Forschungsergebnissen angewendet. In Teambesprechungen wurde mehr auf die Gruppendynamik geachtet. Es fanden eine Vernetzung zwischen den Dienststellen und mehr Interventionen statt. Innerhalb der Supervision war Offenheit für Feedback und für eine Evaluation der Supervision bemerkbar. Aktives Zuhören nahm zu, und die Erwartungen gegenüber den Veränderungen in den Familien wurden realistischer.

Auf der KlientInnenebene wurde von den SupervisorInnen beobachtet, dass die Familien in die weitere Planung mehr miteinbezogen wurden und mehr Selbstbewusstsein zeigten. Prozesse konnten schneller abgeschlossen werden. Beschwerden wurden weniger und es gab mehr positive Rückmeldungen durch die KlientInnen.

7.7 Auswirkungen von Supervision auf die Arbeit der SupervisandInnen

Amanda McCarthy (2013) untersuchte in ihrer Studie „Relationship Between Supervisory Working Alliance and Client Outcomes in State Vocational Rehabilitation Counseling" im Feld der beruflichen Rehabilitation in den USA den Zusammenhang der Arbeitsbeziehung zwischen SupervisorIn und BeraterIn sowie deren Wirkung auf KlientInnen. Die Wirkung wurde anhand eines finalen Status in der individuellen Zielerreichung der KlientInnen gemessen.

Die N = 166 SupervisandInnen füllten das Supervision Working Alliance Inventory – Trainee Form (SWAI-T) (Efstation et al. 1990) aus und gaben die Anzahl an KlientInnen im Status der Zielerreichung für den Zeitraum des letzten Jahres an.

Es konnte kein signifikanter Zusammenhang zwischen den Variablen gefunden werden. Möglicherweise, wie die Autorin angab, weil es sich um eine mehr „therapeutische" Beziehung handelte, die nicht unbedingt zur Erhöhung der beruflichen Performanz der KlientInnen beitrug. In 85 % der Fälle gab es keinen Supervisionsvertrag, der die Aufgaben und Ziele der Supervision hätte klären könnte.

Die Implementierung und Wirkung von Einzelsupervision bei ErgotherapeutInnen (N = 51) in London untersuchten Joe Ayres et al. (2014) in ihrer Studie „Quality and Effectiveness of Clinical Supervision: Evaluation of an Occupational Therapy Service". Sie setzten dafür die Manchester Clinical Supervision Scale (MCSS) (Winstanley und White 2011) ein. Die Daten dieser Untersuchung bei ErgotherapeutInnen zeigten die Wirksamkeit der Supervision in allen Dimensionen der MCSS (Vertrauen/Beziehung; supervisorischer Rat/Unterstützung; Verbesserung von Skills in der Behandlung; Bedeutung von Klinischer Supervision; Zeit für Supervision; persönliche Themen; Reflexion). Es schien dabei für die SupervisandInnen innerhalb ihrer Organisation schwierig zu sein, überhaupt Zeit für Supervision zu finden. Auch hier wurde die Effektivität für die Arbeit nur durch Befragung der SupervisandInnen erhoben.

In einem Untersuchungszeitraum von 1990 bis 2000 wurden von Andrea Wittich und Wilfried Dieterle („Supervision in der Krankenpflege – Empirische Befunde aus einem Krankenhaus der Maximalversorgung" 2004) am Universitätsklinikum Freiburg Fragestellungen zu den Arbeitsbedingungen und psychischen Belastungen von Pflegekräften, zu den Erwartungen an die Supervision und den Inhalten der Supervision untersucht: Eine externe Datenquelle war die Basisdokumentation der SupervisorInnen von 105 Supervisionsgruppen mit durchschnittlich 5,5 Supervisionssitzungen, wobei sich zeigte, dass das Hauptthema der SupervisandInnen die Kommunikation innerhalb des Pflegeteams war.

Es wurden bei den supervidierten Pflegekräften außerdem eine Prä-Befragung vor der Supervision und eine Post-Befragung danach sowie einer Warte-Kontrollgruppe (N = 149), die bisher keine Supervision in Anspruch genommen hatte, durchgeführt. Dafür wurde ein selbst entwickelter Fragebogen eingesetzt, um einen Rückgang des Belastungserlebens durch Supervision zu ermitteln. Weiters wurde eine Katamnese (N = 323) mit einem dafür entwickelten Fragebogen zum Nutzen der Supervision durchgeführt. Die Kontrollgruppe forderte für die künftige Inanspruchnahme von Supervision Information und machte sie vom aktuellen Belastungserleben abhängig.

Die Ergebnisse zeigten: Supervision wurde sowohl aus persönlicher Sicht für die Bearbeitung von Schwierigkeiten innerhalb des Pflegeteams und im Umgang mit den PatientInnen als sehr nützlich beurteilt, erhöhte die Funktionsfähigkeit des Teams, förderte den Aufbau beruflicher Kompetenzen, trug deutlich zur Verbesserung der Kooperation und des Arbeitsklimas zwischen Pflegenden und ÄrztInnen bei, beseitigte Konfliktursachen und steigerte die Bewältigungsmöglichkeiten und Konfliktlösungskompetenzen.

Die überwiegende Mehrzahl der Pflegefachkräfte hielt Supervision zur Vermeidung und Überwindung arbeitsbedingter psychischer Belastungen für wirksam. Bereichsspezifisch („Kooperation und Arbeitsklima zwischen Pflegenden und Ärzten", „Arbeitsorganisation") wurde Supervision mit einem deutlichen Rückgang im Belastungserleben assoziiert. Unabhängig von personenbezogenen Merkmalen wie Alter, Geschlecht und Funktion beurteilte die große Mehrheit der Pflegefachkräfte Supervision als wirksame Unterstützung zur Bewältigung der im Krankenhaus gestellten Anforderungen.

Auch dieses anspruchsvolle Design mit einer Triangulierung von qualitativen und quantitativen Daten erhob den Transfer von Supervision in die Arbeit nur bei den Pflegekräften, aber nicht bei den PatientInnen – wobei die Auswirkungen auf die Kommunikation im Pflegeteam vermutlich auch in die Arbeit mit den PatientInnen weiterwirkten.

Die Auswirkung von Supervision auf die psychotherapeutische Beziehung zwischen TherapeutInnen und PatientInnen untersuchten *Ulrike Willutzki, Britta Tönnies* und *Frank Meyer* in ihrer Studie „Psychotherapiesupervision und die therapeutische Beziehung – eine Prozessstudie" (2005). Als Erhebungsinstrumente wurden der „Fragebogen zur Therapeutenbeurteilung" (THEBU) (Schulte 2001), das „Basisverhalten-Rating durch Therapeuten" (BAV 96) (Schulte und Eifert 2002) und ein für diese Studie konstruierter Fragebogen zur Supervision eingesetzt, wobei aus PatientInnen- (N = 104) und TherapeutInnensicht (N = 16) die therapeutische Beziehung nach der Supervision als günstiger eingeschätzt wurde als vorher. Die Verbesserung der Therapiebeziehung trat nicht nur bei speziell angeforderten, sondern auch bei den regulären Supervisionen auf.

Hervorzuheben ist, dass die PatientInnen die therapeutische Beziehung nach einer Supervisionssitzung besser beurteilten und bei ihnen die Effekte zum Teil prägnanter waren als bei den supervidierten TherapeutInnen. Dieses Ergebnis ist als wichtigen Baustein zu betrachten, da hier auf der Ebene der PatientInnen und durch bei ihnen selbst erhobene Daten ein Wirken der Supervision konstatiert wurde. Eine Replikation der Studie zur Festigung der Ergebnisse steht aus.

Peter Schay et al. (2006) erhoben die Wirksamkeit von Supervision auf das PatientInnensystem in Einrichtungen für die medizinische Rehabilitation von Drogenabhängigen in ihrer Studie „Die Wirksamkeit von Supervision für den Patienten. Eine Evaluationsstudie zur Wirksamkeit von Supervision für das Patientensystem in Einrichtungen der medizinischen Rehabilitation Drogenabhängiger". Befragt wurden PatientInnen, deren Behandlungsprozesse extern supervidiert wurden (N = 84), PatientInnen einer Kontrollgruppe (N = 26), SupervisandInnen (N = 26) und SupervisorInnen (N = 7) im

7.7 Auswirkungen von Supervision auf die Arbeit der SupervisandInnen

Einzel- und Teamsupervisionssetting. Ein Fragebogen angelehnt an die von Beer und Gediga (2000) erweiterte Form des Supervisions-Evaluations-Inventars (vgl. Verwendete standardisierte Fragebögen) wurde eingesetzt.

Die Ergebnisse zeigten, dass die Supervision inhaltlich nicht auf die PatientInnen ausgerichtet war und diese in den Supervisionsprozess nicht einbezogen wurden. So informierten TherapeutInnen ihre PatientInnen überwiegend nicht, dass sie in einer Supervision besprochen wurden und brachten die Ergebnisse aus der Supervision größtenteils nicht erkennbar in die Therapie ein. Die PatientInnen konnten nur mutmaßen, welche Auswirkungen Supervision hatte.

In der Kontrollgruppe blieb fast gänzlich unklar, was Supervision und ihre Wirkung wären. Supervision in diesem Feld blieb somit im Wesentlichen auf die Unterstützung der TherapeutInnen beschränkt, ein Weiterwirken zu den PatientInnen in Bezug auf deren Behandlungsziele konnte nicht nachgewiesen werden. Auch die SupervisandInnen gaben nur geringe Auswirkungen sowohl auf das eigene therapeutische Verhalten und Handeln als auch auf die PatientInnenarbeit an. Die Autoren (2006) plädieren dafür, KlientInnen aktiv in den Supervisionsprozess mit einzubeziehen, um Ressourcen und Potenziale in der Supervision deutlicher zu machen und schließlich besser zu nutzen. Supervisionsergebnisse sollten gegenüber den KlientInnen transparent gemacht werden, um den Prozess fassbar, nachvollziehbarer und klarer zu machen und Nutzen daraus zu ziehen.

Die Randomized Controlled Trial-Studie „Clinical Supervision: Its Influence on Client-Rated Working Alliance and Client Symptom Reduction in the Brief Treatment of Major Depression" von Matthew Bambling et al. (2006) untersuchte den Einfluss von Supervision auf die Arbeitsbeziehung zwischen TherapeutInnen und PatientInnen und einer Symptomreduktion bei Kurzzeittherapien von schwerer Depression.

Es wurden folgende fünf standardisierte Fragebögen eingesetzt: das Beck Depression Inventory (BDI) (Beck et al. 1987); das Social Skills Inventory (SSI) (Crowley 2000); das Working Alliance Inventory (WAI) (Horvath und Greenberg, 1989); die Treatment Evaluation Scale (Scott und Freeman 1992), und der eigens für die Studie konstruierte Fragebogen PST Adherence Scale und Supervision Focus Adherence Scale (SFAS). Standardmaße der therapeutischen Allianz und der Symptomveränderungen wurden als abhängige Variable verwendet. Dabei wurden 127 PatientInnen mit schwerer Depression für jeweils acht (!) Therapiesitzungen nach dem Zufallsprinzip 127 TherapeutInnen zugewiesen, wovon ein Teil Supervision erhielt und der andere nicht. Die von 40 SupervisorInnen supervidierten TherapeutInnen wurden ebenso dem Zufall nach entweder einer Prozess fokussierten Supervision (Schwerpunkt in der Falldiskussion auf der innerpsychischen Dynamik der KlientInnen und deren Auswirkung auf die therapeutische Arbeitsbeziehung ohne direkte Empfehlungen an die SupervisandInnen/TherapeutInnen) oder einer skills-fokussierten Supervision (Schwerpunkt in der Falldiskussion auf Zufriedenheit der KlientInnen mit der Therapie und Klarheit der Therapieziele durch gezielte therapeutische Interventionen zur Verbesserung der Arbeitsbeziehung) zugewiesen und erhielten jeweils acht Supervisionen. Vor Beginn der Behandlung bekamen die TherapeutInnen eine Supervisionssitzung mit einem kurzen Training des jeweiligen Arbeitsbeziehungs-Supervisions-Schwerpunkts und der spezifischen Symptome aller KlientInnen.

Die Ergebnisse zeigten einen signifikanten Effekt für beide Supervisionsbedingungen auf die Arbeitsbeziehung von der ersten Therapiesitzung an, ebenso auf die Symptomreduktion bei den KlientInnen, deren Verbleib in der Therapie und deren Bewertung der Therapie, aber keinen signifikanten Unterschied zwischen den beiden Supervisionsbedingungen. Dieses Ergebnis scheint in einem RCT-Design eine Wirkung von zwei unterschiedlichen Supervisionsmodalitäten gemessen an einer Kontrollgruppe ohne Supervision aufzuzeigen: das therapeutische Arbeitsbündnis war bei den PatientInnen der supervidierten BehandlerInnen besser und es wurde eine Symptomreduktion bei den PatientInnen festgestellt. Diese Konklusion ist indes problematisch, weil vor der Supervision ein Pre-Training aller Beteiligten (SupervisorInnen wie TherapeutInnen) absolviert wurde, das auf die manualisierte Intervention für die achtstündige Behandlung hin schulen sollte, sodass dieses Training genauso gut die Effekte bewirkt haben könnte, wie von den AutorInnen auch eingeräumt wird. Weiterhin war der Hauptuntersucher bei einem Großteil der BehandlerInnen auch der Supervisor. Die SupervisorInnen hatten alle keine formale Supervisionsausbildung, sondern waren erfahrene PraktikerInnen mit psychosozialem Berufshintergrund. Die Studie wurde nicht repliziert – trotz Hinweis der AutorInnen auf diese Notwendigkeit.

Den Einfluss von Supervision auf Burnout, die Zufriedenheit mit dem Beruf und die Qualität in der PatientInnenbetreuung bei finnischem Krankenhauspersonal (N = 799) untersuchten Kristiina Hyrkäs et al. (2006) in ihrer Studie „Efficacy of Clinical Supervision: Influence on Job Satisfaction, Burnout and Quality of Care" mit vier Fragebögen: Manchester Clinical Supervision Scale (MCSS) (Winstanley 2000); Maslach Burnout Inventory (MBI) (Maslach und Jackson 1986; Schaufeli et al. 1993; Maslach et al. 1996); Minnesota Job Satisfaction Scale (short form) (MJSS) (Weiss 1967; Koelbel et al. 1991), und dem Good Nursing Care-Questionnaire (Leino-Kilpi 1990). Clinical Supervision wurde dabei von weiblichen besser als von männlichen SupervisandInnen beurteilt. Pflegekräfte in Tagschicht, in unkündbarer Position in einem psychiatrischen Krankenhaus oder mit zusätzlicher Ausbildung beurteilten Supervision am besten. Bei den SupervisorInnen wurden weibliche Vertreterinnen mit akademischem Grad und einer Ausbildung in Klinischer Supervision, die von den SupervisandInnen selbst ausgesucht werden konnten und innerhalb der Organisation arbeiteten, am besten evaluiert. Vorerfahrung mit Klinischer Supervision, kleine Gruppengrößen in der Gruppensupervision und eine Frequenz von einmal monatlich außerhalb des Arbeitsplatzes erzielten den besten Effekt.

SupervisorInnen mit einem anderen Quellberuf wurden vom Krankenpflegepersonal besser bewertet als SupervisorInnen der gleichen Berufsgruppe. SupervisandInnen mit hohen Werten in der Wirksamkeit von Supervision gaben höhere Werte in Job-Zufriedenheit (intrinsische und extrinsische Zufriedenheit), Aufgabenzentrierung und menschlicher Zuwendung innerhalb der Krankenpflege sowie verminderten Stress an.

Auch diese Studie belegte einen Effekt von Supervision auf die Arbeit der Supervisand-Innen, allerdings wieder (nur) durch deren Selbst-Report. Inwieweit auch die gepflegten PatientInnen von der Supervision profitieren konnten, wurde nicht erhoben.

An der Untersuchung von *Timothy Bradshaw, Anthony Butterworth* und *Hilary Mairs* „Does Structured Clinical Supervision During Psychosocial Intervention Education Enhance Outcome for Mental Health Nurses and the Service Users They Work With?" (2007) nahmen 89 schizophrene PatientInnen, 23 Personen des psychiatrischen Krankenpflegepersonals und einige „nurse supervisors" teil. Diese erhielten ein Zwei-Tages-Training (!) in Psychotherapie-Supervision durch den Erstautor. Die Untersuchung zielte darauf ab herauszufinden, ob strukturierte Klinische Supervision während einer Schulung (Psychological Intervention Training) Auswirkungen auf psychiatrisches Krankenpflegepersonal und deren PatientInnen zeigen würden. Als Erhebungsinstrumente wurden die bei den PatientInnen Krawiecka, Goldberg and Vaughan Symptom Scale (KGVM) (Krawiecka et al. 1977, modified by S. Lancashire, unpublished) und die Social Functioning Scale (SFS) (Birchwood et al. 1990) eingesetzt.

Das Krankenpflegepersonal erhielt 36 Tage lang ein Training in psychosozialer Intervention und dazu Supervision in Kleingruppen. Die Daten wurden zu Beginn und am Ende dieses Trainings erhoben. Die Versuchsgruppe (N = 11) erhielt zusätzlich „workplace clinical supervision" (vierzehntägig, SupervisorIn mit zwei SupervisandInnen), die die Kontrollgruppe (N = 12) nicht erhielt.

Die Ergebnisse zeigten sowohl in der Versuchs- als auch der Kontrollgruppe eine stärkere Wirkung des psychosozialen Trainingsprogrammes hinsichtlich des Wissens über Case Management, in der Versuchsgruppe eine signifikante Steigerung hinsichtlich des Wissens über die Diagnose Schizophrenie und über psychologische Interventionen.

Die PatientInnen beider Gruppen zeigten eine signifikante Reduktion von affektiven und positiven Symptomen sowie eine signifikante Verbesserung der sozialen Funktionen. Im Vergleich beider Gruppen zeigte sich in der PatientInnen-Versuchsgruppe eine signifikant höhere Verbesserung der positiven und affektiven Symptomatik.

Die Auswirkung von Supervision auf PatientInnen mittels systematischer Aufzeichnung von Therapiesitzungen der SupervisandInnen und Einstufung von Fortschritten der PatientInnen in der Therapie zeigten Vaughn Worthen und Michael Lambert (2007) in ihrer Studie „Outcome Oriented Supervision: Advantages of Adding Systematic Client Tracking to Supportive Consultations". Die PatientInnen füllten wöchentlich vor der Therapiesitzung den Fragebogen „Outcome Questionnaire-45" (OQ-45) (Lambert et al. 2004) zu Symptomen, Wohlbefinden, persönlichen Problemen und sozialen Fähigkeiten aus und wurden so bezüglich ihres Therapiefortschrittes eingestuft. Diese Einstufung wurde den TherapeutInnen sofort rückgemeldet. Die auf diese Weise gesammelten Daten wurden in die Supervision rückgekoppelt, und die Beurteilungen der PatientInnen konnten reflektiert werden. Die AutorInnen sahen einen Vorteil darin, dass die PatientInnen ohne Therapiefortschritt in der Supervision am meisten beachtet wurden.

Edward White und Julie Winstanley (2010) untersuchten in Australien mit einem RCT-Design die Wirkung von Clinical Supervision bei psychiatrischem

Krankenpflegepersonal in ihrer Studie „A Randomized Controlled Trial of Clinical Supervision: Selected Findings from a Novel Australian Attempt to Establish the Evidence Base for Causal Relationships with Quality of Care and Patient Outcomes, as an Informed Contribution to Mental Health Nursing Practice Development". Ein Zusammenhang zwischen Qualität der Betreuung der PatientInnen und deren Wirkungen sollte dabei erhoben werden.

Die Versuchsgruppe erhielt ein Jahr lang einmal im Monat Supervision durch zwei SupervisorInnen, die im Gegensatz zur Kontrollgruppe einen viertägigen Kurs in Supervision absolviert hatten. 170 PatientInnen aus verschiedenen psychiatrischen Einrichtungen, die zu Beginn, nach sechs und zwölf Monaten mit den Fragebögen Service Attachment Questionnaire (SAQ) (Goodwin et al. 2003) und Psychatric Care Satisfaction Questionnaire (PCSQ) (Barker und Orrell 1999) befragt wurden, zeigten keine signifikanten Unterschiede in der Versuchs- und der Kontrollgruppe. Hier konnte eine Verbesserung der Ergebnisse der Arbeit durch Supervision unter RCT – Bedingungen nicht nachgewiesen werden.

Die Wirkung von Co-Therapie-Supervision in Form einer Dyade, bestehend aus SupervisorIn und SupervisandIn, auf 236 KlientInnen prüfte Melissa Tanner (2012) in ihrer Studie „An Examination of the Effectiveness of Co-Therapy Supervision on Treatment Outcome, Client Retention, and Therapy Training". Co-Therapie-Supervision bedeutet, dass SupervisorInnen vorerst in der Rolle der TherapeutInnen auftraten. Die TherapeutInnen in Ausbildung übernahmen zu Beginn die Rolle von aktiven BeobachterInnen bis hin zur letzten Stufe, in der sie die SupervisorInnen nur noch bei Bedarf heranzogen. Die Symptome der PatientInnen wurden in dieser Studie mit dem Outcome Questionnaire-45 (OQ-45, Lambert et al. 1996) evaluiert: Es wurden PatientInnen, deren TherapeutInnen in Ausbildung Co-Therapie-Supervision erhielten mit PatientInnen, deren TherapeutInnen in Ausbildung keine Co-Therapie-Supervision erhielten, verglichen. Die Studie wurde an einer Ausbildungsstelle für kognitive Verhaltenstherapie mit Behandlung durch ein Manual durchgeführt.

Therapie generell führte zu einer Reduktion der Symptome der PatientInnen. Zwischen den beiden Gruppen zeigte sich jedoch kein signifikanter Unterschied in der Symptomreduktion bei den PatientInnen. Die Ergebnisse belegten, dass die ko-supervidierte Therapie nicht wirksamer war als die Therapie mit einem/r einzelnen TherapeutIn in Ausbildung.

Nicholas Ladany et al. (2013) verglichen in ihrer Studie „Effective and Ineffective Supervision" die Beschreibungen von SupervisandInnen (N = 128) im psychologisch-psychotherapeutischen und beraterischen Ausbildungskontext von bester und schlechtester Supervision. Fünf Fragebögen kamen zum Einsatz: das Working Alliance Inventory/Supervision (WAI/S) (Bahrick 1989); das Supervisory Styles Inventory (SSI) (Friedlander und Ward 1984); der Supervisor Self-Disclosure Index (SSDI) (Ladany und Lehrman-Waterman 1999); die Trainee Disclosure Scale (TDS) (Ladany et al. 2008); und das Evaluation Process Within Supervision Inventory (EPSI) (Lehrman-Waterman und Ladany 2001). Auch offene Antworten zu Fähigkeiten, Techniken und

7.7 Auswirkungen von Supervision auf die Arbeit der SupervisandInnen

Verhaltensweisen der drei besten bzw. wirksamsten SupervisorInnen und der drei schlechtesten bzw. unwirksamsten SupervisorInnen wurden erhoben. Die SupervisandInnen stimmten in der Beurteilung der supervisorischen Fähigkeiten als wirksam bzw. unwirksam überein. Als ausschlaggebende Komponente wurde die supervisorische Beziehung gesehen, die großen Einfluss auf die berufliche Entwicklung hatte. Selbstermächtigung durch Ermutigung und Erleichterung, eigene Ideen einbringen zu können, das zur Verfügung gestellte klinische Wissen sowie positives und herausforderndes Feedback wurden als nützlich eingestuft.

Effektive SupervisorInnen sollten nach den Ergebnissen dieser Studie versuchen, eine starke Arbeitsbeziehung mit übereinstimmenden Zielen und Aufgaben zu entwickeln, beraterische Kompetenzen wie aktives Zuhören, Spiegeln der Gefühle einzusetzen und eine emotionale Bindung zu den SupervisandInnen aufzubauen. Sich als SupervisorIn selektiv zu öffnen, war wirksam. Die Balance zwischen dem Arbeiten an den Aufgaben, zu strukturieren und den kollegialen Interaktionen sowie Aufmerksamkeit zu schenken, sollte gehalten werden. Außerdem wäre der evaluative Aspekt in Form von Feedback in der Supervision zu beachten.

Kurze Bewertung des erhobenen Forschungsstandes Clinical Supervision als Teil der Ausbildung von PsychotherapeutInnen und BeraterInnen wird im englischsprachigen Raum weithin als essenzieller Bestandteil der professionellen Entwicklung und des Gelingens von Prozessen angesehen. Dazu gibt es einige relevante Studien, die zum Teil in RCT-Designs die Auswirkungen der Supervision nicht nur in der Zunahme der Kompetenz bei den SupervisandInnen (vgl. auch Abschn. 7.12 Methoden und Techniken von Supervision), sondern auch in Verbesserungen wie Symptomreduktion bei den PatientInnen abbilden können. Diese Ergebnisse deuten zumindest im Bereich der Clinical Supervision, der Ausbildungssupervision klinischen Personals, mehrheitlich auf eine Wirksamkeit von Supervision, die bis zu den PatientInnen der SupervisandInnen weiterverfolgt werden kann.

Auch im deutschsprachigen Raum nehmen Forschungsbemühungen zu, die konkrete Wirkung von Supervision auf die Arbeit der SupervisandInnen zu überprüfen – ein Desiderat unserer Studie von 2003. Allerdings bleibt die Erhebung von Daten dabei oft bei den SupervisandInnen stehen, Befragungen der PatientInnen sind selten, Daten durch externe RaterInnen fehlen gänzlich. Hier liegt eine Möglichkeit der Weiterentwicklung von Forschungsbemühungen zur Supervision.

Sichtbar wird auch, dass die Wirkung einer Supervision an TherapeutInnen/PatientInnen-Dyaden bzw. im klinischen Bereich am leichtesten zu erheben ist. Hier gibt es konkrete Symptome, die sich vermindern können und eine therapeutische Beziehung, die geratet werden können. Andere Systeme und Felder, wie etwa in der Jugendhilfe, Forensik oder Geriatrie sind komplexer, die Settings oft weniger formalisiert und daher bleibt die Suche nach direkten Wirkungen oft der nach einer Nadel im Heuhaufen vergleichbar bzw. ist natürlich geprägt durch die Vorannahmen der ForscherInnen, wo solche Effekte auftreten könnten.

Weiters stellt sich die Frage, in welcher Frequenz, Intensität und Form Supervision stattfinden muss, damit eine Wirkung erzielt werden kann. Die Studien berichteten hier von durchaus unterschiedlichen Zugängen mit zum Teil extrem wenig Anforderung an die supervisorische Ausbildung (ein- bis 4-tägige Trainings) oder nur wenigen Supervisionssitzungen. Bradshaw et al. (2007) und White und Winstanley (2010) werfen durch ihre Studien die Frage auf, was solche Kurz-Trainings zu leisten vermögen.

Forschungsmethodisch werden hauptsächlich standardisierte Messinstrumente und einige selbst erstellte Fragebögen eingesetzt bzw. vor allem im deutschsprachigen Raum auch mit qualitativen Methoden trianguliert. Hier taucht auch in mehreren Studien das (immer wieder modifizierte) Supervisionsevaluationsinventar auf, wohl in Ermangelung anderer deutschsprachiger standardisierter Fragebögen zur Evaluation von Supervision.

Überwiegend bestehen keine Informationen in den Studien darüber, wer supervidiert und wer geforscht hat. Bei der Untersuchung von Wittich und Dieterle (2004) fungiert die Erstautorin als organisationsinterne Supervisorin und evaluierte möglicherweise auch ihre eigenen Supervisionsprozesse, was selbstverständlich zu Verzerrungen führen kann. Bradshaw et al. (2007) beforschten das eigene Supervisionstraining. Zumindest machen die AutorInnen diesen Umstand transparent.

Neuschäfer (2004) bezieht in seiner Evaluation der Supervision das Mehrebenensystem des Feldes Schule mit ein, indem er Lehrkräfte und Schulleitungen befragt. Die Ebene der SchülerInnen wird jedoch auch bei Gasser (2012) nicht durch eine eigene Befragung der SchülerInnen evaluiert, sondern nur indirekt durch die Frage der Bedeutung der Supervision für die Arbeit mit ihnen, die die Lehrkräfte beantworten.

Wiederum ist der Unterschied zwischen englisch- und deutschsprachiger Forschung hinsichtlich Organisationsentwicklung festzustellen, die im europäischen Raum häufiger thematisiert wird. Gasser (2012) beispielsweise bezieht in ihrem Fragebogen die Schule als Institution sowie die Hierarchie-Ebene der Schulleitung mit ein.

Supervision wird von den Befragten weitgehend als entlastend erlebt, wobei nach wie vor keine generelle burnout-prophylaktische Wirkung abgeleitet werden kann. Die Wirkung auf PatientInnen wird nur uneinheitlich belegt, Replikationen von Studien wären nötig, um die Ergebnisse zu sichern.

7.8 Bedarf und Risiken von Supervision

Der Themencluster „Bedarf an Supervision" wurde im Vergleich zu SAP 1 neu erstellt. Diesem Cluster wurden allerdings nur zwei Arbeiten zugeordnet, die thematisch übergeordnet den Bedarf an, die Beweggründe für und die Zielsetzungen von Supervision erforschen. Eine weitere wäre als Marktstudie von der Nachfrageseite her zu interpretieren. Wesentlich prominenter vertreten sind die Untersuchungen zu Risiken und negativen Effekten von Supervision, zu dem 11 Arbeiten recherchiert wurden. Beide Bereiche werden hier in einem Kapitel behandelt.

7.8 Bedarf und Risiken von Supervision

Aija Koivu et al. (2011) untersuchten in ihrer Forschungsarbeit die Beweggründe und Ziele, warum weibliches Krankenpflegepersonal am finnischen Kuopio University Hospital Supervision in Anspruch nimmt. Dazu erhoben sie mittels Fragebögen im Jahr 2003 Daten von weiblichem Pflegepersonal welche regelmäßig Supervision nutzten oder nicht nutzten. Diese kamen aus fünf pflegerischen Abteilungen (N = 96) und neun chirurgischen Abteilungen (N = 232). Die Datenerhebung wurde 2007 durch eine Follow-up Befragung wiederholt um Vergleichsdaten zu erhalten.

Als wesentliches Ergebnis der Untersuchung zeigte sich, dass sich insbesondere jüngeres Krankenpflegepersonal deutlich mehr mit dem Unternehmen identifizierte und in Folge auch mehr in die Supervision involviert war bzw. mehr an deren Nutzung interessiert war als ältere Krankenpflege-Personen. Ebenso zeigte sich, dass die teilnehmenden Befragten der inneren-medizinischen Abteilungen weitaus mehr Interesse und Motivation an der Nutzung von Supervision zeigten, während die Teilnehmenden der chirurgischen Abteilungen vornehmlich an praktischer Fort- und Weiterbildung interessiert sind.

Den Bedarf nach und an supervisorischer Unterstützung von SozialarbeiterInnen nach ihrem Ausbildungsabschluss erforschte Heather J. Hair (2014) mittels eines Mixed-Methods-Designs. Dazu wurden 636 graduierte SozialarbeiterInnen, die in unterschiedlichen Feldern tätig waren, nach ihren Bedürfnissen hinsichtlich Supervision mittels online-basiertem Fragebogen befragt. Die Ergebnisse wurden in einem weiteren Schritt mittels einer qualitativen Inhaltsanalyse interpretiert. Es zeigte sich, dass die Bedürfnisse der Befragten hinsichtlich ihrer Supervision größtenteils weder bisher noch aktuell befriedigt wurden. Supervision wurde allerdings für SozialarbeiterInnen als ein zum Beruf gehörender Bestandteil identifiziert, um die Qualität der Arbeit zu sichern und um den hohen Standards der beruflichen Erfordernisse weiterhin gerecht bleiben zu können. Ebenso sahen die Befragten Supervision als einen essenziellen Bestandteil in der beruflichen Entwicklung zur SozialarbeiterIn. Die Befragten wünschten sich mehr SozialarbeiterInnen als SupervisorInnen und sahen es kritisch, wenn an ihrem Arbeitsplatz keine Supervision angeboten wird. Dies wurde damit begründet, dass die Organisationen mitunter kein Verständnis für oder von Supervision hätten oder auch nicht den Nutzen erkennen würden. Supervision solle, um nützlich zu sein, emotionale Unterstützung und Förderung eines Sich-wohl-Fühlens bewirken, um sich den oft schwierigen beruflichen Themen möglichst offen widmen zu können.

Neben diesen beiden Erhebungen zum Bedarf ist eine weitere Studie hier erwähnenswert: Jörg Fellermann (2011), Jörg Fellermann et al. (2009) beschäftigte sich eingehend mit dem „Markt" von BeraterInnen und Coaching-TrainerInnen. Die Publikation basierte auf einer vom Autor bereits 2008 durchgeführten Erst-Umfrage und einer weiteren im Jahre 2010 mit ähnlichem Design durchgeführten. Ziel dieser explorativen Marktstudien war es, „…das Forschungs- und Wissensdefizit aus der Perspektive der NachfragerInnenseite aufzugreifen und zu verringern". Sie sollte dazu beitragen, „…die Fachdebatte der Professionellen zur Ausformung ihrer Dienstleistung um Beiträge aus der Nachfrageperspektive anzureichern" (Fellermann 2011, S. 9).

Die umfangreiche Evaluationsstudie, bei der 800 in Berlin verortete, sozialwirtschaftlich tätige Organisationen sowie 600 gewerbliche Unternehmen befragt wurden, beschäftigte sich mit dem praktischen Einsatz der Supervision, des Coachings sowie der Teamentwicklung. Ziel dieser Studie war es, einen „…weiteren Beitrag zur Entwicklung der praktischen und konzeptionellen Qualität der personenbezogenen Beratung in Organisationen und Unternehmen…" zu leisten (DGSv 2011). Die Rücklaufquote betrug 27 %. Fast die Hälfte der Befragten nannte dabei die Entwicklung von Führungskompetenz als wichtigstes Ziel einer Supervision. Die meisten der sozialen Organisationen (59 %) nannten Supervision als fixen Bestandteil der Konzeption bzw. setzten Supervision bei Konflikten und Belastungen der MitarbeiterInnen ein. Weitere Fragen betrafen den Auswahlmodus für die engagierten SupervisorInnen, die Finanzierung und die Erfolgskontrolle der Supervision. Diese wird mittels der Aussagen: „Wenn die MitarbeiterInnen eine Verbesserung der Zusammenarbeit erkennen" und „Wenn ein Konflikt gelöst ist" angegeben (DGSV und Modus 2010).

In der Zeit zwischen den beiden Bänden von 2003 und 2016 entstand ein weiteres neues Themengebiet: Fragestellungen der Supervisionsforschung wurden wie die Psychotherapieforschung um **Risiken und unerwünschte Nebenwirkungen** erweitert. Elf Studien wurden dazu identifiziert, von denen die aufwendigsten hier beschrieben werden.

Um zwischen inadäquater und schädlicher Supervision zu unterscheiden, ließen Michael V. Ellis et al. (2013) in ihrer ersten Studie „Inadequate and Harmful Clinical Supervision: Testing a Revised Framework and Assessing Occurrence" 34 ExpertInnen der Clinical Supervision, 16 Beschreibungen der AutorInnen von inadäquater (z. B. „weiß nicht, was zu tun ist", „diskutiert Schwierigkeiten mit KlientInnen nicht", „in Konflikten verhaftet", „hört nicht zu") und 21 Beschreibungen von schädlicher Supervision (z. B. körperliche oder sexuelle Übergriffe, Aggression, Traumatisierung) beurteilen. Damit erhielten die AutorInnen ein Klassifikationsschema sowie Definitionen von inadäquater und schädlicher Supervision.

Die Ergebnisse zeigten, dass manche Beurteilungen stark von den ethischen Standards und Richtlinien von Supervision abweichen: Das Fehlen eines Supervisionsvertrages wurde als mäßig inadäquat eingestuft, 11,8 % beurteilten sexuellen Kontakt zu SupervisandInnen nicht als gänzlich schädlich, und ein Drittel der SupervisorInnen gab an, mit SupervisandInnen Drogen zu konsumieren oder betrunken zu sein, sei mäßig schädlich oder „nur" inadäquat.

In ihrer zweiten Studie „Occurrence of Inadequate and Harmful Clinical Supervision" befragten Michael V. Ellis et al. (2013) 363 SupervisandInnen in verschiedenen Stadien psychosozialer Ausbildung, ob sie inadäquate oder schädliche Supervision nach dem von den AutorInnen erstellten Klassifikationsschema aktuell erhalten würden bzw. erhalten hätten, wobei noch die Variablen „selbst-identifiziert" und „de facto" untersucht wurden. „Selbst-identifiziert" bedeutete die subjektive Einschätzung der SupervisandInnen inadäquate Supervision erhalten zu haben. Eine Definition dafür wurde für diese Einschätzung angeboten. Die „de facto" inadäquate Supervision bezog sich auf das von den AutorInnen vorlegte Klassifikationsschema.

7.8 Bedarf und Risiken von Supervision

36 % der Befragten erhielten aktuell schädliche Supervision, die Hälfte hatte solche Supervision in der Vergangenheit schon einmal erhalten. Inadäquate Supervision war mit 93 % in der aktuellen und 96,3 % der vergangenen Supervision noch häufiger zu finden. Ein deutlicher Unterschied zeigte sich zwischen den Kategorien „selbst-identifiziert" und „de facto": Über die Hälfte der SupervisandInnen hatten inadäquate oder schädliche Supervision erfahren ohne es zu wissen und schätzten sie daher als nicht inadäquat ein. Wenn beispielsweise ohne Supervisionsvertrag gearbeitet worden war oder keine KlientInnen bezogene Inhalte in der Supervision besprochen wurden, herrschte bei den SupervisandInnen kein Wissen darüber, welche Pflichten SupervisorInnen haben.

Michael V. Ellis et al. (2015) verglichen in ihrer Studie „A Comparative Study of Clinical Supervision in the Republic of Ireland and the United States" mit einem selbst erstellten Fragebogen irische (N = 149) und US-amerikanische (N = 151) Clinical Supervision im Ausbildungskontext in Bezug auf schädliche Supervision, die einen psychologischen, emotionalen und/oder körperlichen Schaden erzeugt und inadäquate Supervision, wo SupervisorInnen die professionelle Rolle der SupervisandInnen nicht verbessern konnten oder wollten.

Die Anzahl an schädlichen Supervisionen deckte sich in beiden Ländern. Ein Unterschied bestand in der Frequenz der Supervision: Während in Irland weniger als eine Stunde wöchentlich dafür vorgesehen war, war dies in den USA bereits ein Kriterium für inadäquate Supervision.

Die Studien von Wie *Wang et al.* (Wu et al. 2009; Wang et al. 2012) untersuchten den Effekt von „abusive supervision" auf das Verhalten von Angestellten in chinesischen Organisationen. Die Untersuchung beschäftigte sich mit dem Zusammenhang zwischen Beziehungsstressoren und aufgabenbezogenen Stressoren, die von „abusiven" SupervisorInnen ausgehen. Hier wurde auch der Terminus Supervision im Sinne von Kontrolle durch Vorgesetzte verstanden.

Interessante Befunde lieferten Carol A. Sommer und Jane A. Cox (2005, USA) in ihrer Studie, in der sie halbstrukturierte Interviews mit neun BeraterInnen (unterschiedlicher Professionen) von Opfern sexueller Gewalt durchführten. Neben dem vielerorts zitierten Nutzen von Supervision, wie beispielsweise über die eigenen Gefühle zu reflektieren, wurden die SupervisandInnen zum Thema Sekundäre Traumatisierung befragt.

Dabei zeigte sich, dass nicht alle SupervisorInnen das Konzept der Sekundären Traumatisierung anerkannten. Zudem wurden die SupervisandInnen von ihren SupervisorInnen mitunter beschämt oder beschuldigt, diese würden mit ihrer Arbeit nicht zurechtkommen. Sechs der neun Befragten gaben an, Supervision auch als einschränkend oder verletzend empfunden zu haben. In vielen Fällen waren die SupervisorInnen gleichzeitig die Vorgesetzten, die mitunter ein größeres Interesse an der Auslastung als am Wohlergehen der MitarbeiterInnen hatten.

William R. Sterner (2009) untersuchte psychologische BeraterInnen in den USA in Hinblick auf das Arbeitsbündnis in der Supervision. In einer quantitativen Online-Befragung mit 71 SupervisandInnen kamen drei Tests zum Einsatz: Supervisory Working Alliance Inventory-Trainee (SWAI-T) (Efstation et al. 1990); Minnesota

Satisfaction Questionnaire (MSQ) (Weiss et al. 1967); Occupational Stress Inventory-Revised (OSI-R) (Osipow 1998).

Dabei zeigte sich ein Zusammenhang zwischen einem positiv wahrgenommenen Arbeitsbündnis und sowohl Arbeitszufriedenheit als auch reduziertem arbeitsbezogenen Stress. Es konnten jedoch auch Unsicherheiten darüber ausgemacht werden, was die SupervisorInnen von den SupervisandInnen erwarteten und ob sie von den SupervisorInnen bewertet werden würden.

In Jutta Ehrhardts und Hilarion G. Petzolds (2014) Pilotuntersuchung im Rahmen der ersten Dunkelfeldstudie im Bereich der Supervision mit dem Titel „Wenn Supervisionen schaden – explorative Untersuchungen im Dunkelfeld riskanter supervisorischer Praxis" wurden 1996 und 2002 die spezifischen Probleme in der Supervision in zwei ExpertInnenbefragungen mit einem Fragebogen identifiziert. Um weiteres Material für die Sammlung von Problemen zu erhalten, wurden mit sechs ExpertInnen qualitative Interviews geführt. Es konnten weiters 138 Online-Fragebögen zu Problemen, Schäden und Verletzungen in der Supervision ausgewertet werden, wobei die Verletzungsarten „Grenzüberschreitung", „Kränkung" und „Entwertung" als am schwersten eingeschätzt wurden. Die meisten Verletzungen waren in der Teamsupervision zu verzeichnen.

Ergänzend wurden in 14 qualitativen Tiefeninterviews mit Betroffenen die Verletzungen „Schweigepflichtsverletzung" durch den/die SupervisorIn sowie sexuelle Gewalt durch den/die SupervisorIn als besonders schwerwiegend angegeben.

Brigitte Schigl (2013, 2016) bündelte die Ergebnisse aus mehreren Studien im Umfeld der Donau Universität Krems zu Risiken von Supervision aus verschiedenen Perspektiven. In einer Triangulation qualitativer und quantitativer Empirie wurden Aussagen aus der Literatur, Sicht von ExpertInnen und (geschädigten) SupervisandInnen zu Struktur- und Prozessvariablen kombiniert. Die Autorin fasste zusammen: Probleme könnten aus der Persönlichkeit und Kompetenz der SupervisorIn, dem (unklaren) Auftrag und (unpassendem) Setting, mangelnder Passung, unpassenden Interventionen der SupervisorInnen, sowie intransparentem Umgang mit Verschwiegenheit als Risikobedingungen für Schäden und Verletzungen in der Supervision entstehen. Des Weiteren werden Definitionen für Risiko, Schäden und Nebenwirkungen sowie Schlussfolgerungen für Qualitätssicherung in der Supervision skizziert.

Kurze Bewertung des erhobenen Forschungsstandes Die bisherigen Forschungsbestrebungen hinsichtlich des Bedarfs an Supervision sind insgesamt eher dürftig. Forschungsmethodisch zeigen sich die vorhandenen Arbeiten aber als höherwertig.

Die 2003 postulierten Ideen zur Zielsetzung oder Handhabung von Supervisionskontrakten wurden inzwischen teilweise aufgegriffen. Zahlreiche Studien und weiterführende Literatur zum Thema Supervision als Ausdruck von Beziehungen im therapeutischen und Beratungsbereich wurden in das Ethical Framework for Counselling Professions der BACP aufgenommen (Bager-Charleson 2015). Dabei ist ein Trend feststellbar, der sich von der paternalistischen Ausrichtung distanziert und eine gleichberechtigte Partnerschaft zwischen SupervisorIn und SupervisandInnen empfiehlt (vgl. Wheeler und Turpin 2011, S. 10).

Dies schlägt sich auch in den empirischen Arbeiten zum Thema **Risiken** von Supervision nieder, die offenbar das Interesse der Forschung auf sich lenken. Dabei wurden zumeist Erhebungen bei SupervisandInnen durchgeführt – erstaunlich, dass manche Befragten inadäquate oder schädliche Supervision nicht von sich aus identifizieren. Dunkelfeldstudien sind sehr aufwendige Untersuchungen und werden insgesamt selten durchgeführt. Deshalb stellen die Pilotuntersuchung von Ehrhardt und Petzold (2014) und die Zusammenschau von Schigl (2013, 2016) internationale Besonderheiten dar.

7.9 Elemente des Supervisionsprozesses

Diesem Cluster wurden 47 Arbeiten zugeordnet, die einzelne Phasen, spezielle Elemente oder besondere Aspekte des Supervisionsprozesses erforschten. Dies setzt die Linie der intensiven Beschäftigung auch mit diesem Thema im Vergleich zur Review 2003 fort (dort 62 Referenzen, allerdings mehrfachkodiert).

Christiana Edlhaimb-Hrubec (2006) beschäftigt sich auf Basis des Beziehungsmodells der Integrativen Supervision in ihrer Fragebogenuntersuchung mit den mentalen Repräsentationen von SupervisorInnen und SupervisandInnen zur supervisorischen Beziehung. Aus $N=82$ Antworten von SupervisorInnen (Rücklauf 51 %) und $N=67$ Antworten von SupervisandInnen (Rücklauf 30 %) ihres für diese Studie konzipierten Erhebungsinstruments folgert die Autorin, dass bei der Beendigung von supervisorischen Prozessen die supervisorische Beziehung sehr sorgfältig in den Blick zu nehmen sei, um Abschied und Ende einer Arbeitsbeziehung gemeinsam zu planen.

Ein wichtiges Element des Supervisionsprozesses ist die verbale und nonverbale Kommunikation. Iris Lamacz-Koetz und Hilarion G. Petzold (2009) führten eine qualitative, explorativ angelegte Studie zur nonverbalen Kommunikation in der Supervision und deren Bedeutsamkeit für den Supervisionsprozess durch. Im Rahmen der Studie wurden $N=51$ SupervisorInnen hinsichtlich ihrer Kenntnisse der nonverbalen Signale und deren Nutzung in der Supervision befragt.

Laut den Studienergebnissen schenkten SupervisorInnen den nonverbalen Signalen genug Aufmerksamkeit, integrierten diese aber unzureichend in den Supervisionsprozess. Sie verfügten über ein ausreichendes Wissen über nonverbale Signale und deren Wirkungen, nutzten diese aber wenig in ihrer täglichen Supervisionspraxis.

Mit der Evaluation von Sitzungen der Clinical Supervision setzt sich die Studie von Yaser Madani (2008) auseinander. Madani versteht die Evaluation als Prozess, der die Supervisionsbeziehung, die Evaluationsabläufe sowie die Art und Weise der Feedback-Kommunikation mit SupervisandInnen umfasst. Die beiden Hauptforschungsfragen der Studie waren: Welche Bedeutung hat die Evaluation in der Supervisionsbeziehung?

Welche Kontexte setzen verschiedene Bedeutungen der Evaluation in der Supervisionsbeziehung voraus?

Madani wählte für seine Studiendurchführung einen phänomenologischen Ansatz und erhob Evaluationserfahrungen von SupervisandInnen mittels Interviews. Dabei wurden 20 Counsellor-StudentInnen als SupervisandInnen befragt, die Erfahrungen mit der Evaluation hatten.

Es konnte festgestellt werden, dass SupervisandInnen die Evaluationsprozesse als Teil der professionellen und personellen Entwicklung wahrnahmen. Die Bedeutung der Evaluation für SupervisandInnen wurde von deren Zielsetzung, Methoden und den Supervisions-Beziehungen beeinflusst. Das Zusammenspiel von verschiedenen Faktoren hier insbesondere das Setting, die Supervisorin an sich, die KollegInnen und PatientInnen hatten den meisten Einfluss auf Evaluation seitens der SupervisandInnen. Madani deutet aufgrund seiner Ergebnisse ebenso an, dass SupervisorInnen auf Evaluationen besonders sensibel reagierten und Ergebnisse persönlich nähmen.

Charles T. Brooks et al. (2012) führten eine qualitative Studie zur Identifikation jener Schlüsselelemente eines Supervisionsprozesses durch, die die Akzeptanz einer Gruppensupervision seitens der SupervisandInnen bewirken. Dabei wurde davon ausgegangen, dass eine kritische Einstellung gegenüber der Clinical Supervision zur Entstehung von Barrieren in den Supervisionssitzungen führen kann. An der Studie nahmen N=51 PartizipantInnen teil, die einen offenen Fragebogen zu ihren Erfahrungen mit Clinical Supervision ausfüllten. Folgende wesentliche Schlüsselfaktoren für eine erfolgreiche Supervision konnten identifiziert werden: das Kompetenzniveau der SupervisorInnen, deren Kreativität, die Anwendung von Technologie und die Praxisrelevanz des in der Supervision Erarbeiteten.

Patrick J. Murray (2004) untersuchte soziale Einflussnahme in der Clinical Supervision. In dieser Studie wurde davon ausgegangen, dass Supervision ein interpersonaler Prozess wäre, bei dem die beiden beteiligten Parteien einen Einfluss ausüben. Murray untersuchte deshalb die Perspektiven der SupervisorInnen und der Supervisanden in Bezug auf deren Wahrnehmung der ausgeübten Einflussnahme. Er legte drei Variablen fest: Vertrauenswürdigkeit, Attraktivität und Expertise. Die Daten wurden von 2002 und 2003 von N=91 SupervisorInnen und SupervisandInnen über Surveys gesammelt. Die PartizipantInnen sollten einzelne Variable der sozialen Einflussnahme bewerten und die Bewertungen der jeweils anderen Partei prognostizieren. Murray kam zu dem Ergebnis, dass die Zufriedenheit der SupervisandInnen mit der Supervision und die den SupervisorInnen gegebenen Bewertungen eine positive Korrelation aufweisen. Es wurden signifikante Zusammenhänge zwischen der Zufriedenheit der SupervisandInnen und der Bewertung der gemeinsamen Zusammenarbeit innerhalb der Supervision festgestellt.

Chiara Papile (2014) analysierte in ihrer Dissertation an der kanadischen Universität in Alberta Faktoren und Bestandteile der Supervisionsprozesse, die das Kompetenzgefühl von SupervisandInnen beeinflussen. Sie ging davon aus, dass Supervision Lernen, Beratung und Unterstützung kombinieren würde. Im Rahmen der Arbeit wurden SupervisorInnen und Supervisanden mittels der Critical-Incident-Technik interviewt.

7.9 Elemente des Supervisionsprozesses

Die identifizierten Faktoren wurden anschließend nach dem Ähnlichkeitsprinzip in einzelne Kategorien gruppiert. Fördernde Faktoren wurden in Kategorien zusammengefasst: direkte Unterstützung, Feedback, Empowerment und Förderung, prozessbasierte Supervision, SupervisorInnen als Lehr- und Rollenmodelle sowie die Sensibilität der SupervisorInnen.

Als hindernde Faktoren wurden folgende Kategorien extrahiert: Gefühl fehlender Unterstützung, kritische und aggressive Verhaltensweisen sowie Konflikte in der Feedback- und Evaluationskommunikation. Die Ergebnisse dieser Forschung leisten einen Beitrag zur Identifikation der Schlüsselelemente, die einen effektiven bzw. ineffektiven Supervisionsprozess ausmachen.

Interessant ist die Forschung von Mary L. Nelson et al. (2008) zum Konflikt als Element der Supervision. Durch die Frage an KollegInnen nach kompetenten SupervisorInnen wurden acht hochkompetente Supervisorinnen und vier Supervisoren identifiziert und mittels Interviews zu ihren supervisorischen Vorgehen und ihrer Haltung befragt.

Diese SupervisorInnen erwiesen sich als konfliktoffen, entwicklungsorientiert sowie interaktions- und lernbereit. Sie arbeiteten an der Schaffung von starken Supervisionsbeziehungen, diskutierten Evaluationsprozesse frühzeitig, förderten die Offenheit für Konflikte bei SupervisandInnen und gaben diesen regelmäßig Feedback. Als von SupervisorInnen verwendete Strategien fungierten Konfliktkontextualisierung in Bezug auf interne und externe Faktoren, die Suche nach Beratung für sich selbst bei KollegInnen, Selbstcoaching, aktive Konfliktbearbeitung, Akzentuierung und Nutzung von Stärken der SupervisandInnen sowie Evaluation der Dynamik von SupervisandInnen.

Das Thema Vertrauen nahm die Studie von Tamara Sussman et al. (2007) in Angriff, die dieses als Element des Supervisionsprozesses untersuchten. Ziel war, Vorteile und Herausforderungen der Gruppensupervision aus Perspektive der SupervisandInnen zu erheben. Es wurde eine qualitative explorative Studie durchgeführt, im deren Rahmen fünf SupervisorInnen befragt wurden, die Gruppensupervisionen für 20 SupervisandInnen durchgeführt hatten. Primär fokussierten die Forscherinnen auf die Perspektive der SupervisorInnen. Die Perspektive der SupervisandInnen, erhoben durch Interviews, wurde erst später in die Studie inkludiert.

Die Autorinnen identifizierten folgende Faktoren, die zur Schaffung eines produktiven Lernumfeldes in der Gruppensupervision beitrugen: die Vorgeschichte der SupervisandInnen miteinander, die Beziehungen unter den SupervisandInnen, die Steuerung der komplexen Verhaltensweisen von SupervisandInnen (insbesondere derjenigen, die nicht risiko- oder lernbereit waren) und das Balancieren zwischen der individuellen und Gruppensupervision.

Caroline Hunt und Louise Sharpe (2008) widmeten sich der Kommunikation zwischen SupervisorInnen und SupervisandInnen innerhalb des Supervisionsprozesses. Es wurde mittels Fragebogen die Wahrnehmung von 37 SupervisorInnen und 49 SupervisandInnen in Bezug auf die Kommunikation innerhalb des Supervisionsprozesses evaluiert.

Der Großteil der SupervisorInnen brachte die eigene Wahrnehmung hinsichtlich der Kommunikation im Supervisionsprozess nicht ein. Das Feedback der SupervisorInnen wurde jedoch von einem Teil der Befragten als positiv bewertet. Die Studie zeigt auf, dass die Beachtung der Art und Weise, wie während der Clinical Supervision kommuniziert wird, innerhalb des Supervisionsprozesses von den meisten SupervisorInnen nicht als notwendig erachtet wird.

Candace Hildebrandt (2009) analysierte Elemente der besten und der schlechtesten Supervision auf Basis der Erfahrungen der SupervisandInnen aus der Paar- und Familientherapie in Kalifornien. Das Ziel der Studie war der Vergleich von Faktoren, die mit den besten und schlechtesten Supervisionserfahrungen verknüpft wurden. Es wurden N = 101 SupervisandInnen mittels eines onlinebasierten Fragebogens befragt. Den TeilnehmerInnen wurde die Möglichkeit gegeben, anonym Kommentare in Bezug auf ihre Supervisionserfahrungen im Fragebogen zu hinterlassen. Die Mehrheit der Befragten (80 %) war weiblich. Die Datenauswertung fand mithilfe der logistischen Regression statt.

Es zeigte sich wenig überraschend, dass SupervisandInnen vertrauenswürdige und kontaktfreudige SupervisorInnen präferierten. Die Dauer der Supervision war kein wichtiger Faktor, genauso wenig wie die Trainingserfahrung von SupervisandInnen.

In der Studie von Jerriann Peters (2013) stand Macht als sonst oft unterbelichtetes Element der Supervision im Mittelpunkt. Deren Wahrnehmung durch SupervisorInnen und SupervisandInnen wurde untersucht. Außerdem evaluierte die Studie auf welche Weise die Machtbeziehung in der narrativen Supervision von allen SupervisionspartizipantInnen beeinflusst werden könne.

Als Forschungsdesign wurde eine qualitative Herangehensweise gewählt. Es wurden acht SupervisorInnen und acht SupervisandInnen mittels eines teilstrukturierten Interviews befragt. Die Interviewtranskriptionen wurden themenbezogen analysiert und interpretiert. Die darin genannten Themen wurden in strukturelle und texturelle unterteilt. Als strukturelle Themen wurden Kontextvariablen, machtbezogene Ideen sowie das Supervisionssetting und der Ort an dem die Supervision stattfand kategorisiert. Als wichtigste texturelle Themen fungierten Machtverständnisse, Machterfahrungen, Machteinstellung, die Beziehung zu Macht, der Machteinfluss auf die klinische Praxis und die Kongruenz mit machtbezogenen Ideen.

In der Studie von Megan J. Murphy (2002) wurde ebenfalls der Umgang mit und der Einfluss von Macht im Rahmen der Clinical Supervision erforscht. Es wurden teilstrukturierte Interviews mit 11 SupervisandInnen durchgeführt. In der Analyse wurden drei Themen identifiziert: Struktur, individuelle Charakteristiken und Machtausübung. Die Struktur betraf Beziehungen im Supervisionsprozess, das Lernen während der Clinical Supervision und spezifische Supervisionsvereinbarungen, die die Ausgangslage des Supervisionsprozesses bilden. Individuelle Charakteristiken bezogen sich auf verschiedene Eigenschaften der TeilnehmerInnen im Supervisionsprozess, die Macht beeinflussten. Die Machtformen, die SupervisorInnen nutzten, umfassten in positiver Hinsicht Kollaboration, Empowerment, Orientierungsgebung, Sicherheit, Nutzung der Erwartungen von SupervisandInnen und in negativer Hinsicht Favorisieren und

7.9 Elemente des Supervisionsprozesses

Machtmissbrauch. Auch SupervisandInnen nutzten verschiedene Machtformen aus, wie Informationen zu verschweigen, Macht der Peergruppe und konsumierendes Verhalten. Die AutorInnen konstatieren, dass Machtnutzung einer weiteren Erforschung bedarf.

Michael V. Ellis et al. (2015) untersuchten rolleninduzierte Intervention und deren Effekte als Bestandteil der Supervision in einem experimentellen Forschungsdesign mit Randomisierung. Im Fokus der Studie standen die Effektivität der rolleninduzierten Intervention und die Rollenerwartungen von SupervisorInnen und SupervisandInnen. Dabei wurde zu Beginn der Supervision AusbildungskandidatInnen erklärt, was in einer Supervision passiert und wie man sich verhält. Dies schloss zum Teil an das Konzept des „informed consent" an. Neun SupervisandInnen wurden nach dem Ausbildungsniveau in zwei Gruppen unterteilt. Eine bestand aus TeilnehmerInnen, denen Supervision neu war und eine mit Supervision erfahrenen DoktorandInnen.

Als relevanteste Befunde konstatieren die AutorInnen dieser Studie: Rolleninduzierte Intervention war effizient zur Reduzierung der Aufregung. Das Aufregungsniveau war von Sitzung zu Sitzung unterschiedlich, aber war nie so groß wie theoretisch antizipiert. Das Ausbildungsniveau von SupervisandInnen und deren Erfahrungen beeinflusste das Aufregungsniveau.

Ein Vier-Felder-Supervisions-Modell entwickelte Terry Gatfield (2005): Der australische Marketing-Professor betrachtete Supervision vornehmlich aus ökonomischer Sicht. Er filterte aus der vorliegenden Forschungsliteratur insgesamt 80 für Supervision relevante Schlüsselbegriffe und ordnete diese in die drei Hauptgruppen strukturell, unterstützend und extern ein. Diese Grundordnung wurde in weitere Gruppen wie organisatorischer Prozess und Fachkompetenz untergliedert.

Je nach genauem Standort dieser Begriffe und ihrer Ableitungen innerhalb der beiden Pole Unterstützung und Struktur ließen sich verschiedene Ausprägungen von Supervision verorten. Das Begriffsbündel bildet in seiner Gesamtheit die Basis für das Vier-Felder-Modell (Gatfield 2005, S. 267 f.; siehe Abb. 7.1).

Kurze Bewertung des erhobenen Forschungsstandes Im Vergleich zu 2003 ist in diesem Themenfeld eine Zunahme der Forschungsaktivitäten festzustellen. In der ersten Auflage 2003 wurden zu diesem Themenblock Übertragung und Gegenübertragung in Supervisionsprozessen als prominentes Forschungsthemen identifiziert. Dieses bildet sich in den neu erhobenen Forschungsarbeiten nicht mehr ab.

Forschungsmethodisch überwiegen Designs mit qualitativen Daten in diesem Themencluster. In den Studien zeigte sich wiederholt wie wichtig die Arbeitsbeziehung in supervisorischen Settings, ähnlich wie in Psychotherapieprozessen, ist. Ebenso kann abgeleitet werden, dass hilfreiche Faktoren und Aspekte weitaus besser erforscht und somit auch bewusster repräsentiert sind als hinderliche Elemente und Nebenwirkungen von Supervision. Themen wie Erwartungen an Supervision, Macht, Scham und Bedenken werden vermehrt erforscht. Einige Studien zeigen jedoch geringen substanziellen Wert und bringen nur Erwartetes.

Abb. 7.1 Das Vier-Felder-Supervisionsmodell (Gatfield 2005)

Hinsichtlich des Settings von Supervision zeigten sich keine eindeutigen Ergebnisse. Hier empfiehlt sich eine Ausdehnung der Forschungsbestrebungen auf qualitativ hochwertigere Studien.

7.10 Form und Weite des Begriffs Supervision

Zur Kategorie „Form und Weite des Begriffs Supervision" ließen sich nur wenige Ergebnisse, insgesamt vier Studien, zuordnen. Dies bedeutet einen sehr starken Rückgang an Beschäftigung mit diesem Thema seit der ersten Auflage 2003 – wobei damals dazu allerdings nicht nur Forschungsarbeiten, sondern auch konzeptionelle Texte inkludiert wurden. In diesem Cluster wurden jetzt empirische Forschungsarbeiten zusammengefasst, die sich im weitesten Sinn mit dem Begriff der Supervision und dessen Wahrnehmung und Verständnis auseinandersetzen.

Patricia-Luciana Runcan et al. (2012) analysierten wie Supervision in Rumänien wahrgenommen wird und was sich dortige psychosoziale Fachkräfte von einer

7.10 Form und Weite des Begriffs Supervision

Supervision und den SupervisorInnen erwarten. Dazu wurden 100 PsychologInnen und 100 Sozialkräfte mittels online Fragebogen befragt. 50 % definierten Supervision als professionelle Unterstützung, 42,5 % der Befragten verstanden Supervision als Unterstützung der Persönlichkeitsentwicklung und 41,8 % sahen sie als Möglichkeit zur professionellen Weiterentwicklung. Insgesamt zeichneten die Antworten ein positives Bild von Supervision.

Ana Caras und Antonio Sandu (2014) führten eine Studie mit SozialarbeiterInnen in einer rumänischen Kinderschutzeinrichtung (mit Hauptsitz in den USA) durch. Die SupervisandInnen (N=3) und der Supervisor (N=1) (Geschlecht nicht angegeben) wurden in Einzelinterviews befragt. Sie assoziierten die Funktion von Supervision mit so gegensätzlichen Funktionen wie Kontrolle, Begleitung, Monitoring, Evaluation, Beratung, Schulung, Lernprozess und Unterstützung. Die Supervisorin war eine Vorgesetzte mit Leitungsaufgaben, die Supervision war von einer paternalistischen und abhängigen Beziehung geprägt. Die Supervision wurde dennoch als wertvolle Bereicherung zur beruflichen Entwicklung sowie als Mittel zur Umsetzung von Organisationsinteressen angesehen.

Was die von den AutorInnen so bezeichnete „Coaching-Supervision" ist und ob es einen Nutzen davon gibt, das erforschten Paul Lawrence und Ann Whyte (2014). Im deutschen Sprachgebrauch wäre „Coaching Supervision" am ehesten dem Begriff der Leitungssupervision gleichzusetzen. Im Zuge der Datenerhebung wurden 33 Führungskräfte-Coachs und -SupervisorInnen sowie 29 KlientInnen interviewt und mit Fragebögen zur Funktion von Coaching Supervision befragt. Der Großteil der Befragten gab an, dass Coaching Supervision für sie das Mittel der Wahl sei, wenn sie emotionale Unterstützung benötigen würden. Für selbstzahlende KlientInnen sei die Inanspruchnahme von Supervision relevant, wenn es um Qualitätskontrolle und -sicherung gehe, allerdings gaben nur 21 % an Supervision als Qualitätssicherung zu nutzen.

Mittels einer Multi-Case-Studie untersuchte Elaine M. O'Neal (2008) das Verständnis von und die Erwartung an Supervision von MittelschullehrerInnen. Sie führte mit vier LehrerInnen Tiefeninterviews, ergänzend flossen die Beobachtung während der Interviews, Feldnotizen sowie ein Fokusgruppeninterview in die Studie mit ein. Die so gewonnen Daten wurden qualitativ kodiert und Clustern zugeordnet. Im Zuge der Auswertung konnte festgestellt werden, dass Supervision als hierarchisch, kontrollierend und wenig unterstützend wahrgenommen wurde. Die TeilnehmerInnen erwarteten sich SupervisorInnen mit Felderfahrung, unterstützendes Verhalten, aussagekräftiges Feedback und mehr Involviertheit gegenüber den Lehrenden.

Jan Prasko et al. (2012) aus der Tschechischen Republik erstellten eine Review zum Thema Supervision in der Kognitiven Verhaltenstherapie (allgemeine Literaturreview, nicht auf empirische Studien beschränkt). Dabei betrachteten sie Ziele, Inhalte, Methoden und Techniken, Aufgaben und Kompetenzen der SupervisorInnen, die Beziehung SupervisorIn-SupervisandIn sowie ethische Überlegungen. Zusammenfassend hielten sie fest, dass es sich bei Supervision zwar um keine Psychotherapie handelt, dennoch viele Aspekte vergleichbar wären. Auch die SupervisandInnen benötigten Sicherheit, Akzeptanz und Anerkennung um über sich selbst reflektieren und sich beruflich weiterentwickeln zu können.

Kurze Bewertung des erhobenen Forschungsstandes Die Anzahl der Studien zu diesem Cluster ging seit 2003 zurück. Liest man sie quer zeigt sich, dass die schon in SAP 1 getroffene Feststellung, der Supervision würde es noch immer an übergreifenden Referenztheorien, Leit- und Brückentheorien und einem vereinheitlichten und mehrheitlich getragenem Begriffsverständnis fehlen, nach wie vor gültig ist. Wie bereits in Kap. 3 Zum Verständnis der Supervision erwähnt, befinden sich nationale als auch internationale Berufsvertretungen sowie die Supervisions-ForscherInnen in diesem Auseinandersetzungsprozess. Es gibt keine allen Supervisionsauffassungen gemeinsamen Definitionen und Schlüsselbegriffe sowie gemeinsame oder genuin supervisorische Hintergrundtheorien.

In den Studien werden zumeist qualitative Daten erhoben und ausgewertet. Besonders ansprechend erscheint die lexikalische Methode, mit der Milne (2007) versuchte, den Begriff Supervision für den angloamerikanischen Sprachraum zu fassen (vgl. auch Abschn. 3.1).

Die in diesem Kapitel sichtbaren unterschiedlichen Auffassungen von Supervision im mitteleuropäischen und angloamerikanischen Raum haben weiter ihre Gültigkeit. Der Großteil der amerikanischen Supervisionsforschung findet nach wie vor im klinischen Bereich und hier vor allem im Bereich der Psychotherapie-Ausbildung und Krankenpflege statt. Hier findet sich eine große Zahl an Überblicksstudien und Supervisionsevaluationen, allerdings wenig themenspezifische Schwerpunkte.

7.11 Lernen und Kompetenzvermittlung in der Supervision

Dem Themencluster „Lernen und Kompetenzvermittlung" konnten 18 Forschungsarbeiten zugeordnet werden. Das stellt eine leichte Steigerung seit 2003 dar, wo 14 Arbeiten dazu identifiziert werden konnten. In den vorgestellten Arbeiten wird der Aspekt des Lernens in Supervisionsprozessen seitens der SupervisandInnen und SupervisorInnen untersucht.

Derek Milne (2009) setzte sich mit der Frage auseinander, auf welche Weise angehende SupervisorInnen in der Clinical Supervision ihre Kompetenzen erwerben. Im Rahmen der Studie wurde eine Trainingsanleitung für die professionelle Entwicklung von SupervisorInnen mit dem Edivenz basierten Ansatz im nationalen Maßstab erprobt. Die Studie schloss 25 TutorInnen der klinischen Psychologie, die den einzelnen Gruppen von SupervisorInnen nach dem Zufallsprinzip zugewiesen wurden und 256 SupervisorInnen ein. Alle TutorInnen bewerteten die Durchführung des Trainings mittels Feedbackfragebogens positiv, trafen jedoch erheblich unterschiedliche Aussagen.

7.11 Lernen und Kompetenzvermittlung in der Supervision

Die Studie von Alicia Rojas et al. (2010) konzentrierte sich auf den Lernaspekt von Clinical Supervision und erforschte, ob SupervisandInnen verstehen, welchen Beitrag die Supervision zu deren Kompetenzerwerb leistet. Es wurde eine anonyme Befragung von 16 SupervisandInnen zur Evaluation ihrer Lernerfahrungen in einer psychotherapeutischen Supervision durchgeführt. Die Befragung fand anhand eines Fragebogens mit sieben geschlossenen und einer offenen Fragen statt.

Die Ergebnisse zeigten, dass den meisten SupervisandInnen überhaupt nicht klar war, was sie in der Supervision lernen sollten. Dies wurde mit der SupervisorIn auch kaum diskutiert. Neun von 16 TeilnehmerInnen äußerten die Meinung, dass die Supervision keine Verbindung zu den anderen Unterrichtseinheiten aufwies.

Jacob Kraemer Tebes et al. (2011) betrachteten „Interaktionssupervision", ein eigenes Modell ähnlich der Intervision, als Instrument der Kompetenzvermittlung für SupervisorInnen. Dabei wurde untersucht, welchen Beitrag das Supervisionskompetenztraining zur Kompetenzgewinnung von 81 angehenden SupervisorInnen leistet. Es wurden drei Typen von Kompetenzen vor und nach der Trainingsdurchführung sowie bei einem Follow-Up nach drei Monaten mittels Feedbackbogen und dem Einsatz des Supervisor Competency Scales (SCS) evaluiert: Supervisorische-Beziehung, Jobperformance und professionelle Weiterentwicklung.

Die AutorInnen folgerten aus den Ergebnissen, dass das Kompetenztraining ein effektiver Ansatz zur Kompetenzförderung wäre und außerdem positive Einflüsse auf die Zufriedenheit von SupervisorInnen und deren Stressmanagement ausüben würde. Derartige Trainings im Rahmen von Supervision könnten für klinische SozialarbeiterInnen, BeraterInnen, PsychologInnen und psychiatrische Pflegekräfte empfohlen werden, schlussfolgerten die AutorInnen.

Im Rahmen der RCT-Studie von Diane L. Cox und Gonzalo Araoz (2009) wurden PsychotherapeutInnen über ihre Erfahrungen mit Supervision befragt. N = 14 beantworteten einen Fragebogen, der Differenzen in der bisherigen klinischen Supervision und in der Supervision im Rahmen des Experiments zum Thema hatte. Alle gaben an, dass sie Supervision präferierten, die strukturiert und regelmäßig (mindestens einmal im Monat) durchgeführt wurde, ein individuelles und Mehrpersonen-Setting (Teamsupervision) kombinierte sowie Peer-Meetings für Feedback und Kompetenz-Rating und die Analyse der Therapiestunden umfasste.

Laut den Studienergebnissen hing der für SupervisandInnen wahrnehmbare Nutzen der Supervision im Bereich der Kompetenz- und professionellen Weiterentwicklung von ihren bisherigen supervisionsrelevanten Erfahrungen ab.

Diana W. Ho und Tara Whitehill (2009) untersuchte Lernprozesse innerhalb der individuellen und der Team-Supervision. Im Rahmen eines experimentellen Designs wurden 19 StudentInnen nach dem Zufallsprinzip in zwei Gruppen unterteilt: Eine Gruppe für die Team-Supervision mit unmittelbarem verbalen Feedback und eine Gruppe für die individuelle Supervision mit verschobenem schriftlichen Feedback. Beide Gruppen wurden von demselben Supervisor betreut.

Es wurden selbst konstruierte Fragebögen in Anlehnung an das Motivated Strategies for Learning Questionnaire (MSLQ) zur Erhebung der Selbstbewertung eingesetzt. In der Analyse der Befragungsergebnisse konnten Vor- und Nachteile beider Supervisionsformen aus Perspektive der SupervisandInnen erhoben werden. Beide Gruppen konnten ihrer Performance in Behandlungs- und Evaluationskompetenzen sowie interpersonalen Kompetenzen laut Selbstbewertung steigern, Einzel und Mehrpersonensetting sind somit wirksam. Die Gruppe mit dem unmittelbaren verbalen Feedback erzielte jedoch deutlich bessere Ergebnisse als jene mit verzögertem Feedback.

Die Art der Vermittlung von Feedback stand auch im Fokus einer Studie von David L. Phelps (2013). Phelps stützte sich hier auf die Auffassung, dass das Feedback die zentrale Rolle in der Clinical Supervision spielt. Durch Feedback könne Wissen an SupervisandInnen weitergeleitet und die von ihnen gezeigte Performance evaluiert werden. Phelps hob hervor, dass nur wenige empirische Studien die feedbackbezogenen Erfahrungen von SupervisandInnen in der Clinical Supervision analysieren und versuchte ein tieferes Verständnis dieser Erfahrungen zu erlangen. Dazu wurden Interviews mit N = 12 SupervisandInnen durchgeführt.

Alle TeilnehmerInnen verbanden positive Erwartungen mit dem korrigierenden Feedback, diskutierten aber auch negative feedbackbezogene Erfahrungen, die ihre klinische Praxis bzw. Supervisionsbeziehungen beeinträchtigt hatten. Sie äußerten auch Änderungen in ihrer klinischen Tätigkeit aufgrund des korrigierenden Feedbacks.

Ein anderer Aspekt der Lernprozesse in der Clinical Supervision – das interprofessionelle Lernen – stand im Fokus der Studie von Lucy Chipchase et al. (2012). Als Forschungsdesign wurde eine qualitatives Design gewählt, in dessen Rahmen acht StudentInnen und vier SupervisorInnen mit jeweils anderem Berufshintergrund vor und nach der Supervision mit leitfadengestützten Interviews befragt wurden.

Laut den Studienbefunden wurde die Supervision von SupervisorInnen, die einen anderen Beruf als die SupervisandInnen ausüben, als sehr nützlich und bereichernd beschrieben. Alle TeilnehmerInnen bewerteten eine solche Supervision als wertvoll, wiesen aber auch gleichzeitig darauf hin, dass auch eine berufsspezifische Supervision notwendig wäre.

Adriana V. Lyles (2004) setzte sich mit KollegInnen mit der Frage auseinander, auf welche Weise eine optimistische bzw. pessimistische Sichtweise als innere Stimme die Offenheit von SupervisandInnen im Laufe der Supervision beeinflusst. In der Studie wurden in einem qualitativen Design 12 SupervisandInnen mittels offener Interviews befragt. Die Datenauswertung ergab 96 Kategorien und Subkategorien zum Thema innere Stimme/Haltung. Fast alle SupervisandInnen gaben an, dass ihre innere Stimme bzw. multiple innere Stimmen die Offenheit während der Supervision sowohl fördern als auch verhindern könnten, wobei – wenig überraschend – die optimistische innere Stimme fördernd und die pessimistische als hinderlich für die Supervision erlebt wurde.

In der explorativen Untersuchung „Standardisierte Verhaltensbeobachtung als Forschungszugang zu Gruppen- und Teamsupervision mit Hilfe des IKD" von Silja Kotte und Heidi Möller (2013) wurden sechs Gruppensupervisionssitzungen von

7.11 Lernen und Kompetenzvermittlung in der Supervision

PsychotherapeutInnen mit Video aufgezeichnet. Ziel der Supervisionen war nach einer Weiterbildung in Fokaltherapie die Präzisierung der Behandlungsfoci der SupervisandInnen in der Psychotherapie. Die Sitzungen wurden computergestützt mittels eines Instruments zur Kodierung von Diskussionen ausgewertet.

Eine Veränderung über die Sitzungen hinweg zeigte sich im Angleichen der Redeanteile von einer zuvor von FallgeberIn und Supervisorin geprägten Kommunikation zu einem Einbezug aller SupervisandInnen in den Kommunikationsprozess.

Den Effekt von Internet basiertem Training in kognitiver Verhaltenstherapie mit und ohne Supervision untersuchten Sarah Rakovshik et al. (2016) in Russland und der Ukraine in ihrer Studie „Is supervision necessary? Examining the Effects of Internet-based CBT Training with and without supervision" bei zwei Versuchsgruppen (mit Supervision via Skype, N = 22, und ohne Supervision, N = 19) und einer Kontrollgruppe (noch) ohne Training (N = 20). Aufgezeichnete Therapiesitzungen wurden mit der Cognitive Therapy Scale (CTS; Young und Beck 1980, 1988) ausgewertet.

Die Ergebnisse zeigten keine signifikanten Unterschiede in der therapeutischen Kompetenz zwischen der Kontrollgruppe und der Versuchsgruppe ohne Supervision. Die Gruppe mit Skype-Supervision unterschied sich zu beiden anderen Gruppen signifikant und zeigte einen höheren Trainingseffekt in Bezug auf CBT. Ob bzw. wie sich dieser in der konkreten Arbeit mit den PatientInnen auswirkt, wurde nicht erhoben.

In einer 2007 durchgeführten Studie der australischen SupervisionsforscherInnen *Noela Murphy, John D. Bain* und *Linda Conrad* wurde der Zusammenhang zwischen subjektiver Selbsteinschätzung von SupervisorInnen und objektivierbarem Supervisionserfolg untersucht. Die Erhebungen zeigten, dass SupervisorInnen ihre Prozesse selbst als unterstützend einschätzten, ihr Verhalten von den SupervisandInnen aber eher als kontrollierend empfunden wurde.

Die australische Forscherin Tricia Vilkinas (2007) befragte in einer an das Integrated Competing Values Framework (ICVF) angelehnten Untersuchung 25 Lehrkräfte der philosophischen Fakultät in Adelaide, welche Supervisionsmethode sie bei den von ihnen betreuten DoktorandInnen anwandten.

Laut Selbsteinschätzung verhielt sich die Mehrheit der Teilnehmenden, wenn sie als SupervisorInnen auftraten, ziel- und nicht personenorientiert. Sie empfanden es als angenehm, wenn sich in Folge regelmäßig durchgeführter Supervisionen ein Verständnis gleichberechtigter Forschungspartnerschaft einstellte und sich die hierarchisch und fachlich bedingte Abgrenzung zwischen SupervisorIn und SupervisandInnen auflockerte. Allerdings zeigten sich die meisten TeilnehmerInnen gerade durch diese Zielorientierung unfähig, ihre eigenen Supervisionsfähigkeiten selbstkritisch zu reflektieren und daraus zu lernen (S. 297). Dieses Defizit führte zu einer Reduktion der Reflexionsfähigkeit und diese wiederum zu einer Limitierung ihrer Fähigkeit, fachgerecht und angemessen auf die individuellen Anforderungen einer sich dynamisch verändernden Situation zu reagieren (S. 309).

Die englischsprachige ForscherInnen Jessica Lloyd-Hazlett und Victoria Foster (2014) kamen zum Ergebnis, dass es das Ziel einer Supervision im klinischen

Ausbildungskontext wäre, dass SupervisandInnen (wie ihre SupervisorInnen) eine Position metakompetenter, kultureller Bescheidenheit einnehmen. Diese Haltung würden ihre Diagnose- und Behandlungskompetenz sowie ihre Fähigkeit, fallspezifische Besonderheiten zu erkennen und adäquat darauf zu reagieren stärken.

Derek Milne (2009) betonte die Wichtigkeit der supervisorischen Zurückhaltung und Berücksichtigung der kulturellen Besonderheiten der SupervisandInnen. Wie für den australischen Psychologen Carrol ist Clinical Supervision für Milne in allererster Linie eine Form experimentellen Erfahrungslernens. Dieses Lernen in der Supervision ist laut Milne ein Prozess mit vier Stadien, die wiederholt durchlaufen werden: Reflexion, gedankliche Konzeptualisierung, konkrete Planung und erlebte Erfahrung. Der Erfolg einer Supervision könne sich nur dann einstellen, wenn sämtliche TeilnehmerInnen der Supervision einen persönlichen Zugang zu jedem einzelnen dieser vier Aspekte gewinnen (Milne 2009, S. 2) Die wichtigste Aufgabe der SupervisorIn bestünde folglich darin, die SupervisandInnen mit situativ angepassten Methoden dazu zu ermuntern und zu befähigen, sich diese vier Phasen in einem ersten Schritt bewusst zu machen und in einem zweiten Schritt darauf zuzugreifen.

Kurze Bewertung des erhobenen Forschungsstandes In diesem Themengebiet ist ein breites und heterogenes Spektrum an Arbeiten zu finden. Die ForscherInnen untersuchen sehr verschiedene Aspekte des Lernens und des Kompetenzgewinns in der Supervision, die in der Clinical Supervision im Vordergrund stehen.

Die Studien schließen auch wenig aneinander an, es lässt sich eher der Eindruck gewinnen, dass hier je nach ForscherInnengruppe unterschiedliche Konzepte bzw. Aspekte der Clinical Supervision mit unterschiedlichen Basisannahmen beforscht (und untermauert) werden.

Großteils kommen qualitative Daten aus Fragebögen und Interviews zum Einsatz. Die Zahl der ProbandInnen ist meist eher gering.

Es zeigt sich, dass SupervisandInnen zum großen Teil einen geringen Zusammenhang zwischen ihrer Supervision und ihrem Lernen erkennen. Insbesondere scheint auch der Lernaspekt an sich in der Beschreibung und Erklärung sowie auch in der Durchführung von Supervisionsprozessen keine Erwähnung durch die SupervisorInnen zu finden, sodass SupervisandInnen auch nicht darauf fokussieren und so auch nicht von einem Lerneffekt berichten. Dennoch wird in den meisten Studien praxis- und fallorientierte Supervision als hilfreich und somit implizit lernfördernd identifiziert.

7.12 Methoden und Techniken von Supervision

Dem Themencluster „Methoden und Techniken" konnten 12 Ergebnisse zugeordnet werden. Eines davon ist ein Handbuch zu neuen Technologien in der Supervision. Die Anzahl der Treffer stellt eine Verringerung gegenüber der Review des Jahres 2003 dar, damals wurden 27 Beiträge gefunden (allerdings mit Mehrfachzuordnungen).

7.12 Methoden und Techniken von Supervision

Im Folgenden werden alle vorhandenen Forschungsergebnisse dargestellt, die Methoden, Techniken oder Verfahren im Supervisionsprozess beforschen. Mit Techniken wurden oft nun auch Technologien untersucht: Bis vor wenigen Jahren wurde Supervision praktisch ausschließlich von Angesicht zu Angesicht praktiziert. Inzwischen wächst jedoch durch die Verbreitung Web-basierter Kommunikationsmittel ortsunabhängige Supervision via Videoanwendungen wie Skype und per E-Mail. Dieser Trend wird durch eine zunehmende Anzahl von Forschungsvorhaben zu diesem Thema dokumentiert.

Michael T. Hurlock (2008) untersuchte den Einsatz seiner sog. „Sprechrunde-Supervision", eine Weiterentwicklung eines strukturierten Gruppensupervision-Modells. In der Studie wurde dieses Sprechrunde-Supervision-Modell erprobt und evaluiert. Die Studie bestand aus zwei Teilen und kombinierte qualitative und quantitative Elemente. Mittels wiederholter Messungen und Analysen von Aussagen der Gruppenmitglieder wurden Gemeinsamkeiten bestimmt, sodass Vergleiche innerhalb und außerhalb der Gruppe durchgeführt werden konnten.

Laut den Studienbefunden wäre das Sprechrunde-Supervision-Modell effektiver als konventionelle (Clinical) Supervisionsmodelle, da es die Gruppenkohäsion, kognitive Empathie, multikulturelle Kompetenz und Beratungskompetenzen wesentlich erhöhen bzw. verbessern würde.

Jeannie Wright und Frances Griffiths (2010) untersuchten in Neuseeland die Anwendung von Informationstechnologien in der räumlich distanzierten Supervision. Sie gingen davon aus, dass verschiedene Kommunikationsmöglichkeiten erforderlich sind, um Clinical Supervision möglichst effektiv für verschiedene Gruppen von SupervisandInnen zu gestalten. 10 SupervisandInnen wurden interviewt und die Daten qualitativ ausgewertet.

Das Ergebnis zeigte, dass es für den Erfolg der Supervision auf Distanz es essenziell wäre, die Erwartungen der SupervisandInnen klar und konkret zu definieren, die Clinical Supervision an sich aber gleichzeitig hinsichtlich Ausgestaltung, Rahmen und Kommunikationsmittel flexibel zu gestalten.

Von Kristina Xavier et al. (2007) wurde die Nutzung der Videokonferenz als Methode zur Durchführung von Clinical Supervision untersucht. 20 SupervisandInnen nahmen teil. Die Gruppensitzungen wurden innerhalb eines Monats mit drei bis fünf SupervisandInnen per Videokonferenz durchgeführt, deren Dauer zwei Stunden (eine Stunde Ausbildung und eine Stunde Diskussion) betrug. Außerdem wurde den TeilnehmerInnen vorgeschlagen, jeden Monat eine individuelle Supervision per Telefon in Anspruch zu nehmen. Die Daten, die auf die Selbstsicherheit hinsichtlich des Umgangs mit Problemsituationen abzielten, wurden danach mittels Feedbackbögen erhoben.

Das Vertrauens- und Sicherheitsniveau sowie die Wahrnehmung der eigenen Effektivität der SupervisandInnen stiegen deutlich an bzw. verbesserten sich. Die Ausbildungskomponenten der Sitzungen erweiterten das Wissen der SupervisandInnen. 80 % der SupervisandInnen waren zudem mit der Supervision per Telefon äußerst zufrieden. Die Studienergebnisse verdeutlichten, so die AutorInnen, dass Supervision auf räumlicher Distanz eine hohe Akzeptanz aufweisen kann.

Tamara L. Clingerman und Janine M. Bernard (2004) untersuchten die Nutzung von E-Mails als ergänzende Modalität der Clinical Supervision, wobei es um von Counselling-StudentInnen ausgehende E-Mails ging. 19 StudentInnen sandten der SupervisorIn im Lauf ihres Praktikums das 15 Wochen andauerte, regelmäßig E-Mails. Diese E-Mails wurden im Laufe von drei Zeitperioden mittels der Kategorien des „Diskriminationsmodells", ein von Bernhard entwickeltes Manual, bewertet. Es stellte sich heraus, dass die Anzahl der E-Mails mit dem Fortschritt des Praktikums wesentlich zurückging. Der nicht-persönliche Kontakt über das Web brächte manche Vorteile, so die Autorinnen. Dazu zählten die Anonymität sowie die für alle Teilnehmenden frei wählbare Umgebung. Sie prognostizierten, dass die Formen von Supervisionen, welche nicht gemeinsam am selben Ort stattfinden, in den nächsten Jahren weiter an Bedeutung gewinnen würden. Dies würde eine Erhebung bei Studierenden über deren Kommunikationsverhalten untermauern. Die Autorinnen kamen zu dem Ergebnis, dass eine zunehmende Anzahl von Studierenden auch intime Kontakte über das Netz pflegen und aufgrund der Anonymität weitaus eher gewillt wären, im Netz persönliche Defizite zu diskutieren (vgl. auch Walker 2011, S. 119 f.).

Bereits 2003 verglich die Psychologin *Madonna Constantine* in einer Studie Online-Supervisionsgruppen mit solchen, bei denen die Supervision im persönlichen Kontakt durchgeführt wurde (Constantine 2003; zitiert nach Butler und Constantine 2006). Mit *Sylvester Butler* untersuchte sie vier Jahre später Supervisionsgruppen, die ausschließlich im Web miteinander kommunizierten (Butler und Constantine 2006). Beide Studien kamen zu dem Ergebnis, dass der Austausch von E-Mails im Zuge einer Supervision direkte und auch indirekte positive Effekte zeigte, wie etwa die Stärkung konzeptioneller Fähigkeiten bei den Teilnehmenden.

Marion Jakob et al. (2015) untersuchten eine Form der Live-Supervision mit schriftlichem Feedback via Computer. Mit der sogenannten Bug-in-the-eye („BITE"-) Supervision können SupervisorInnen über eine Videobrille räumlich getrennt in Echtzeit präsent sein und auf die Videobrille der Supervisandinnen direkt Rückmeldung in schriftlicher Form abgeben. Bei dieser Methode erhalten SupervisandInnen von den SupervisorInnen also direktes Feedback bereits während deren Arbeit mit Ihren KlientInnen und PatientInnen. In der Studie wurde darauf hingewiesen, dass Live-Supervision in erster Linie aus Akzeptanzgründen nicht häufig eingesetzt wird. Es sollten daher Faktoren untersucht werden, die die Akzeptanz dieser Supervisionsmethode seitens der SupervisandInnen positiv beeinflussen könnten. Es wurden fünf TherapeutInnen (SupervisandInnen) und acht ihrer PatientInnen mit einem teilstrukturierten Interview dazu befragt. Die Datenanalyse erfolgte mittels qualitativer Inhaltsanalyse.

Die Studienbefunde zeigten, dass die Akzeptanz der BITE-Supervision sowohl seitens der SupervisorInnen als auch seitens der SupervisandInnen sehr hoch war. Das schriftliche Feedback via Computer störte die TeilnehmerInnen kaum. Sie merkten aber an, dass das so gegebene Feedback klar sein sollte.

Lana und Ralph Fishkin, Leli Ubaldo, Barbara Katz und *Elise Snyder* führten (2011) im Auftrag der Chinesisch-Amerikanischen Psychoanalytischen Allianz (CAPA) eine

7.12 Methoden und Techniken von Supervision

umfangreiche bilaterale Langzeitstudie durch. Dabei ging es um den Nutzen von Skype und anderen Web und fernsprechbasierten Anwendungen im psychotherapeutischen Bereich.

Es zeigte sich, dass die Eigenheiten der chinesischen Kultur und Mentalität einen nicht unerheblichen Einfluss auf das Resultat von Supervisionen haben. Diese kulturellen Besonderheiten gelte es bereits beim Setting zu berücksichtigen. Eine solche Studie wäre ohne den Einsatz Web – basierter Technologien kaum realisierbar gewesen.

Auch Marianne Woodside et al. (2009) schlossen aus ihren Daten, dass eine durch E-Mails unterstützte Supervision bei den Teilnehmern als zeitgemäß und damit grundsätzlich positiv empfunden wurde. Dadurch würden die Erfolgsaussichten einer Supervision signifikant erhöht.

Eine weitere Studie von Melissa Luke und Cynthia Gordon untersuchte 2011 erstmalig die Besonderheiten der Sprache in E-Mail-Supervisionen (Luke und Gordon 2011). Sie kamen dabei zu dem Ergebnis, dass der spezielle Sprachgebrauch, welcher im E-Mail-Verkehr üblich ist, erheblich zum positiven Ergebnis einer Supervision beitragen könne. Er wirke in diesem Zusammenhang identitätsstiftend, ohne das Ansehen der Teilnehmenden negativ zu beeinflussen.

Erst nach unserem Recherche-Ende 2016 erschien das Buch: Using Technology to Encance Clinical Supervision, herausgegeben von Tony Rousmaniere und Edina Renfro-Michel, das einen umfassenden Überblick über die Anwendungsgebiete neuer Technologien in der Clinical Supervision gibt und viele Beispiele versammelt. Die oben erwähnten Autorinnen *Melissa Luke und Cynthia Gordon* (2016) bringen darin eine Darstellung der Literatur zu Supervision via E-Mail. Ansonsten enthält das Buch in weiten Teilen hauptsächlich Fall-Beschreibungen schon durchgeführter Clinical Supervision via Videokonferenz oder Internet und beschäftigt sich dabei auch viel mit den technischen Voraussetzungen und Umsetzung solcher Settings. In einem Appendix findet sich eine Liste der Literatur zu Online Supervision seit 2000.

Kurze Bewertung des erhobenen Forschungsstandes Zu diesem Themengebiet sind verhältnismäßig wenige Arbeiten zuordenbar. Als deutlicher Interessensschwerpunkt der Forschenden zeigt sich die Beschäftigung mit supervisorischen Prozessen, die mittels neuer Technologien und Settings durchgeführt werden. Insbesondere die web-basierte computergestützte Supervision mittels E-Mails, Chat und Videokonferenzen bildet die allgemeine gesellschaftliche Entwicklung und Anforderung an moderne Beratungsprozesse ab. Es handelt sich bei diesen Untersuchungen durchwegs um englischsprachige Beiträge, aus den USA oder dem australisch-neuseeländischen Raum, wo die räumlichen Verhältnisse deutlich von jenen in Mitteleuropa abweichen. Gerade im australisch-neuseeländischen Raum ist durch die Weite und dünne Besiedelung sowie die disloziert arbeitenden BeraterInnen und PsychologInnen eine Supervision via Web oft der einzige Weg, sich auszutauschen (vgl. Abschn. 8.4.1 Geografische Cluster). Kritische Stimmen zu Supervision via Web finden sich nicht, da die AutorInnen dazu oft nur die positiven Aspekte betrachten bzw. Daten erheben, die diese Art der Supervision stützen. Oft sind die AutorInnen auch die EntwicklerInnen und PromoterInnen dieser Art von Supervision. Eine Ausnahme bildet dabei das Handbuch „Using Technology to Enhance Clinical Supervision", in dem auch rechtliche (USA) und ethische Aspekte dieser Formate diskutiert werden. Ein Ausbau auch kritischer, unabhängiger Forschungsbestrebungen sollte hinsichtlich der sich andeutenden Entwicklung in den kommenden Jahren vorangetrieben werden.

Hinsichtlich der Erforschung von Supervision mit unterschiedlichen Referenztheorien im Hintergrund zeigt sich im Vergleich zu 2003 sinkendes Interesse. Es lassen sich zu diesem Themenfeld keine Forschungsarbeiten, die eine spezielle psychologische- oder psychotherapeutische Schule oder Richtung hinsichtlich Supervision beforschen, finden und zuordnen.

7.13 Peer Supervision

Zum Themencluster Peer Supervision, was inhaltlich im deutschen Sprachgebrauch am ehesten der Intervision bzw. kollegialer Beratung entspricht, wurden insgesamt 12 Forschungsarbeiten ausgehoben. Die Beiträge beschäftigen sich mit den Möglichkeiten der kollegialen Beratung und Reflexion. Dieser Themencluster wurde neu erstellt, 2003 gab es dazu noch keine empirischen Studien.

Die Studie von Jacqui Akhurst und Kevin Kelly (2006) fokussierte auf die Entwicklung und Umsetzung von strukturierten Peer Supervision-Gruppen sowie auf die Untersuchung deren möglichen Beitrags zu den Ausbildungsprogrammen von PsychologInnen. An der Studie nahmen neun Personen teil. Neun einstündige Peer Supervision-Sitzungen, vier individuelle Supervisionssitzungen mit einer Peer-SupervisorIn, eine Fokusgruppe zur Evaluation und Interviews der TeilnehmerInnen wurden aufgenommen und inhaltsanalytisch bearbeitet. Es wurden Faktoren wie eine höhere Aktivität, ein Pendeln zwischen Konkurrenz und Unterstützung sowie die Förderung von Autonomie extrahiert. Es stellte sich heraus, dass in Peer Supervisions-Gruppen andere Lernerfahrungen gemacht werden, die die im Rahmen der traditionellen Supervision erhaltenen Erfahrungen ergänzen können.

Die Studie von Pim Kuipers et al. (2013) setzte sich mit strukturierten Vereinbarungen im Rahmen einer multidisziplinären Peer Gruppensupervision auseinander. Es wurden 192 Peer Supervision-GruppenteilnehmerInnen mittels Fragebogen und des CSEQ Tests befragt.

Die Studie kam zum Ergebnis, dass TeilnehmerInnen in Peer Supervision-Gruppen, in denen die formale Dokumentation und Evaluation implementiert wurden, ihre Gruppen besser bewerteten. Die Implementierung von formalen Vereinbarungen trug offenbar zur Verbesserung von Prozessen und Folgeeffekten in den Peer-Supervisions-Gruppen bei. Es wurden keine wesentlichen Unterschiede zwischen den Studienergebnissen in multidisziplinären und spezialisierten Gruppen gefunden.

7.13 Peer Supervision

Eine Verbindung neuer Technologien mi Peer-Supervisions-Konzepten ist die Studie von Yi-Chun Lin (2012), in der die Effektivität von drei onlinebasierten Peer Supervisions-Modellen untersucht wurde. Deren Effektivität wurde mit zwei abhängigen Variablen gemessen: Konzeptualisierungskompetenzen und Selbsteffizienz. Außerdem wurde der Einfluss der Entwicklungslevels der SupervisorInnen auf die Supervisionsergebnisse erforscht. Für die Forschungsdurchführung wurden praktizierende schulische BeraterInnen ausgewählt, die nach dem Zufallsprinzip drei Gruppen zugewiesen wurden: der onlinebasierten strukturierten Peer Supervision Gruppe (S-Gruppe), der onlinebasierten Peer Discussion Gruppe (D-Gruppe) und einer Kontrollgruppe von SupervisandInnen, die klassische Supervision erhielt. Die Variablen wurden mittels zweier Instrumente (Clinical Hypothesis Exercise Form und Counselor Self-Efficacy Scale) gemessen (vgl. Verzeichnis Verwendeter standardisierter Instrumente). Als unabhängige Variable wurden die beiden Experimentalbedingungen (S- und D-Gruppe) und die in Jahren erfasste Erfahrung von SupervisandInnen bestimmt. Dazu wurden im Rahmen eines Feedback-Fragebogens Informationen zu den Erfahrungen mit der onlinebasierten Supervision gesammelt.

Die statistische Analyse zeigte keine signifikanten Differenzen vor und nach der onlinebasierten Peer Supervision auf. Anhand der Antworten auf qualitative Fragen konnte jedoch ein positives Feedback in Bezug auf die Erfahrungen mit der onlinebasierten Peer Supervision erhalten werden.

John M. Worrall und Alan E. Fruzzetti (2009) beschäftigten sich mit dem Einfluss eines Internet basierten Trainingssystems auf Peer SupervisorInnen. In dem System übernimmt eine/r der Peers die Rolle der SupervisorIn und arbeitet mit den anderen (die ebenso VerhaltenstherapeutInnen sind) als deren Peer SupervisorIn. Diese Person reflektiert ihre Arbeit dann mit einer sie supervidierenden PsychotherapeutIn.

Der Einsatz dieses Trainingssystems veranschaulichte, auf welche Weise die Internettechnologie die Trainingsprotokolle von PsychotherapeutInnen zu Trainings- und Supervisionszwecken von peer SupervisorInnen verbessern kann. Die Evaluation des Systems seitens der TeilnehmerInnen war sehr positiv, wobei fast alle der 56 Befragten das Internet basierte Trainingssystem als sehr bis äußerst hilfreich für das Training von TherapeutInnen einschätzten. Laut den Studienergebnissen würden sich mögliche Einsatzfelder des Trainingssystems erschließen um die verhaltenstherapeutische Behandlung effektiver zu gestalten und zu evaluieren. Ebenso ermögliche diese Vorgehensweise eine Verbesserung der Strukturierung der Ausbildungs- und Supervisionsaktivitäten. Die Autoren schlussfolgerten, dass das Internet-basierte Trainingssystem in der Supervision von PsychotherapeutInnen nützlich sein könne.

Erwähnenswert ist die Studie von Troy Rieck et al.(2015), deren Ziel die empirische Erforschung der Erfahrungsprozesse von SupervisandInnen in Bezug auf Peer Supervision Dyaden war. Es wurden Zusammenhänge zwischen der emotionalen Intelligenz, Zufriedenheit, Prozessverhaltensweisen und Team-Performance von 81 Peer Dyaden im Design eines kontrollierten Experiments erforscht.

Die Studienbefunde zeigten, dass die zufriedensten SupervisandInnen emotional intelligent waren und verantwortliche Peer SupervisorInnen hatten, die sich auf Performance-Aspekte von Teams fokussierten. In der Studie zeigte sich die Fähigkeit der Emotionsnutzung zu Förderzwecken als der wichtigster Aspekt der emotionalen Intelligenz.

Kurze Bewertung des erhobenen Forschungsstandes Dieses Themenfeld wurde im Vergleich zu 2003 neu begründet. Es ist darin eine Tendenz hin zur Nutzung und Erforschung von Peer Supervision ableitbar. Ein thematischer Schwerpunkt kann innerhalb der Forschungsarbeiten aber nicht festgestellt werden. Der Großteil dieser Arbeiten erhebt die Daten mittels Interviews, Skalen und Fragebögen und lässt sowohl qualitative wie quantitative Designs zu.

Die ForscherInnen beschäftigen sich mit Aspekten wie Settingvariablen, den Auswirkungen und der Evaluation von Peer Supervision. Zumeist liegt der Forschungsschwerpunkt auf der Erhebung des Nutzens und der Akzeptanz im Rahmen einer Ausbildung oder eines Trainings. Dabei ist das Ergebnis fast immer eine positive Evaluierung der Konzepte. Oft sind die StudienautorInnen wieder selbst jene, die das Training und seine Methodiken entwickelt haben.

Mehrheitlich werden die Felder Beratung und Psychotherapie erforscht.

7.14 Supervision in der Krankenpflege

Der Bereich Krankenpflege – nursing – umfasste in den hier untersuchten Studien sowohl diplomiertes Pflegepersonal als auch PflegehelferInnen. In manchen Studien wurde zwar in der Stichprobenbeschreibung auf diese unterschiedlichen Qualifikationsniveaus eingegangen, in den Auswertungen wurden die Angehörigen der unterschiedlichen Qualifikationsniveaus in der Regel jedoch als eine homogene Gruppe ausgewertet, es wurde nicht nach etwaigen Unterschieden gefragt. In weiterer Folge wird daher einheitlich von Pflegepersonal bzw. den Angehörigen der Krankenpflege gesprochen, unabhängig vom Ausbildungsniveau.

Das Pflegepersonal in den beschriebenen Studien war entweder in Krankenhäusern oder in Gesundheitszentren tätig. In Einzelfällen arbeiteten die Angehörigen der Pflege auch im extramuralen Bereich und gingen einer mobilen Betreuung nach.

Von den zahlreichen Forschungsarbeiten, die in diesem Cluster versammelt sind, werden die interessantesten ausführlicher besprochen, die anderen gehen v. a. in die Zusammenfassungen ein.

Aufgrund einer Fülle von Artikeln zum Beitrag der Supervision in der Ausbildung und Kompetenzentwicklung in der Krankenpflege wird zuvor umrissen, wie der Begriff in der Pflege(ausbildung) verstanden und was in diesem Bereich geforscht wird (zu anderen Studien in diesem Bereich vgl. Abschn. 7.11 Lernen und Kompetenzvermittlung

7.14 Supervision in der Krankenpflege

in der Supervision). Wir stellen hier auch dar, nach welchen Kriterien wir in diesem Cluster Artikel ein- oder ausgeschlossen haben.

(Clinical) Supervision als Teil von Ausbildung und Kompetenzentwicklung in der Krankenpflege wird im Sinne von Unterrichtsmethode, Praxisanleitung, Mentoring und mitunter sogar als Leistungsbeurteilung verstanden. Reflexion kann zwar Teil eines solchen Settings sein, bildet aber nicht unbedingt den Schwerpunkt. Die Supervisionsbeziehung der (Clinical) Supervision ist von einer hierarchischen und abhängigen Beziehung geprägt, die SupervisorInnen sind berufserfahren und älter als die sich noch in Ausbildung befindlichen SupervisandInnen. SupervisorIn und SupervisandIn kommen zwingend aus derselben Berufsgruppe. Die Supervision dient der Vermittlung von Kompetenzen und Lerninhalten und hat mitunter klare zu erreichende Lernziele, die auch evaluiert werden. SupervisorInnen werden mit Lehrenden gleichgesetzt, die SupervisandInnen mit SchülerInnen bzw. StudentInnen. Einige der Studien befassen sich auch mit Fragen nach Inhalten der Curricula sowie den Kompetenzen der Lehrenden/SupervisorInnen.

Die Vorgehensweise – Studien im Bereich Lernen und Kompetenzentwicklung auszuschließen – wird untermauert von Scott Brunero und Jane Stein-Parbury (2008) sowie Niels Buus und Henrik Gonge (2009), die ebenfalls die Ausbildungssettings als Ausschlusskriterium für ihre Reviews über Supervision in der Krankenpflege angaben (Darstellung der Reviews nachstehend in diesem Kapitel).

Darüber hinaus betonte *Mikko Saarikoski* – der Entwickler von CLES (The Clinical Learning Environment and Supervision Scale) (siehe Verzeichnis Verwendete standardisierte Erhebungsinstrumente) und ein ausgewiesener Forscher auf diesem Gebiet der Ausbildung – die notwendige Differenzierung der unterschiedlichen Supervisionsverständnisse. Er bestätigte, dass Supervision im Bereich Lernen und Kompetenzentwicklung im Sinne von Mentoring und Anleitung der Studierenden im klinischen Praktikum zu verstehen sei.[4]

Ferner wurden jene Studien ausgeschlossen, die Schulungen in Kombination mit wenigen Supervisionseinheiten, die vornehmlich der Implementierung einzelner Trainingsinhalte dienten, untersuchten. Diese meist ein- bis viertägigen Workshops befassten sich mit der Implementierung von Supervision bzw. der Entwicklung von Manuals und Richtlinien von Supervision. Sie dienten aber auch als Training von psychosozialen Kompetenzen (z. B. Kommunikation), verhaltenstherapeutischen Skills oder Störungswissen (z. B. Psychosen).

---

[4]Persönliches E-Mail an die Autorin vom 10.08.2017: „Our topic has always been students' teaching and tutoring in clinical practicum (..). Patient contacts can sometimes be very stressfull (..) for the student. (..) In such situations, mentorship sessions are needed."

Hier kann der Effekt der Supervision nicht von jenen der Theorieinhalte getrennt werden. Außerdem befassten sich einige dieser Studien mit der Evaluation des Implementationsprozesses und der Inhalte der Curricula der Workshops, weniger mit der Supervision per se. Diese Sichtweise ist im Bereich der Krankenpflege noch viel mehr zu finden als im restlichen Bereich von Lernen und Kompetenzvermittlung in der Supervision (siehe Abschn. 7.11 Lernen und Kompetenzvermittlung in der Supervision).

7.14.1 Rahmenbedingungen und Setting

Diana Johansson (2015) demonstrierte die Problematik des Begriffs Supervision, der oft für die Angehörigen der Krankenpflege selbst unklar war. In einem australischen Krankenhaus für Frauen, Babys und Kinder befragte sie 37 Angehörige der Krankenpflege zum Thema Supervision. Nach zwei Schulungseinheiten zum Thema Supervision wurden neun der 37 KrankenpflegerInnen ein weiteres Mal befragt (mündliche Befragung im Gruppensetting; keine näheren Angaben zur Standardisierung der Fragen).

Die Befragten verbanden Supervision mit Arbeitsanleitungen sowie Lernprozessen und drückten Vorbehalte gegenüber der Supervision aus. Tatsächlich erhielten sie keine regelmäßige Supervision, lediglich ein Debriefing nach akuten, belastenden Ereignissen. Auf den Stationen lag auch keine Supervisionsrichtlinie vor. Nach den beiden Schulungseinheiten hatten die Befragten jedoch ein größeres Verständnis von Supervision und deren möglichen Nutzen für die Praxis.

Ebenso zeigten Pam Green Lister und Beth R. Crisp (2005) in einer schottischen Studie in Kinderschutzeinrichtungen die Uneinigkeit des Krankenpflegepersonals darüber auf, was Supervision ist und welchen Zweck sie verfolgt. Die Autorinnen führten 24 halbstrukturierte Interviews mit insgesamt 99 KrankenpflegerInnen und StationsleiterInnen im Einzel- oder Gruppensetting (weder der Anteil an KrankenpflegerInnen/StationsleiterInnen noch der Anteil an Einzel-/Gruppeninterviews geht aus dem Artikel hervor). Die Befragten assoziierten Supervision teilweise mit Kontrolle und Überprüfung von Fehlern, wenngleich sich eine Änderung dieser Rezeption von Supervision abzeichnete und diese zunehmend als (emotionale) Unterstützung gesehen wurde. Auch in dieser Studie hatte nur ein kleiner Teil Zugang zu regelmäßiger Supervision.

Einen interessanten Ansatz verfolgten Henrik Gonge und Niels Buus (2014) in einer randomisierten kontrollierten Studie. In einem dänischen Universitätsklinikum, in dem Supervision für alle Angehörigen der Krankenpflege bereits etabliert war, wurde eine dreimonatige Meta-Supervision eingeführt. Die StudienteilnehmerInnen wurden randomisiert einer Interventionsgruppe (N = 40) und einer Kontrollgruppe (N = 43) zugewiesen, wobei beide Gruppen Supervision erhielten, während die Meta-Supervision nur mit der Interventionsgruppe durchgeführt wurde. In dieser Meta-Supervision wurden die teilnehmenden SupervisandInnen über die Funktion von Supervision unterrichtet,

7.14 Supervision in der Krankenpflege

und sie reflektierten über mögliche individuelle und organisatorische Hindernisse in Hinblick auf die Teilnahme an den Supervisionseinheiten.

Bei der Baseline- sowie der Follow-up-Erhebung ein Jahr später kamen jeweils fünf quantitative standardisierte Tests zum Einsatz (MCSS, SF-36, MBI, CSQ, COPSOQ). Tatsächlich konnte eine erhöhte Teilnahme an der Supervision in der Interventionsgruppe (mit Meta-Supervision) gegenüber der Kontrollgruppe (ohne Meta-Supervision) festgestellt werden. Allerdings konnte kein Unterschied in den Gruppen bezüglich des wahrgenommenen Nutzens der Supervision ausgemacht werden.

Henrik Gonge und Niels Buus (2010) – dieselben Autoren wie in der vorigen Studie – widmeten sich bereits in einem früheren Forschungsprojekt der Häufigkeit der Teilnahme an Supervision. Dazu befragten sie das psychiatrische Krankenpflegepersonal eines dänischen Krankenhauses (N = 239 SupervisandInnen). Neben Fragen zur Person und zu den Rahmenbedingungen der Supervision kamen auch standardisierte quantitative Fragebögen zum Einsatz (EPQ, COPSOQII). In einem Beobachtungszeitraum von drei Monaten zeigten sich große Unterschiede zwischen den Stationen. Obwohl Supervision auf allen untersuchten Stationen angeboten wurde, nahmen auf zwei Stationen sämtliche MitarbeiterInnen an der Supervision teil, in den übrigen sieben Stationen nur in etwa die Hälfte.

Eine Teilnahme an den Supervisionen wurde begünstigt durch Tagschichten sowie durch wahrgenommene soziale Unterstützung auf der Station und verringert durch hohe kognitive Anforderungen in der Arbeit. Keinen Einfluss hatten das Alter, das Geschlecht, die Arbeitserfahrung und Persönlichkeitsmerkmale.

In einer Studie im psychiatrischen Pflegebereich in Wales gingen Deborah J. Edwards und KollegInnen (2005) der Frage nach welches Setting zu einer wirksamen Supervision beiträgt. Die Wirksamkeit der Supervision wurde quantitativ mittels MCSS gemessen (N = 189 SupervisandInnen). Signifikante Belege ergaben sich dabei für die Dauer einer Supervisionseinheit von mehr als 60 min, für mindestens einmal im Monat stattfindende Einheiten, für Supervisionen die außerhalb des Arbeitsplatzes abgehalten wurden sowie für Settings in denen die SupervisorInnen von den SupervisandInnen selbst gewählt werden konnten. Ob Einzel- oder Gruppensupervisionen besucht wurden hatte keinen Einfluss auf die wahrgenommene Wirksamkeit der Supervision.

Einige weitere Studien legten den Schwerpunkt ihrer Untersuchung zwar nicht auf Rahmenbedingungen und Setting (und werden daher in anderen Abschnitten besprochen), erhoben diese Themen aber häufig mit.

Zusammenfassend wirkten sich folgende Aspekte des Supervisionssettings positiv auf die Rezeption und Effizienz von Supervision aus (Hyrkäs 2005; White und Winstanely 2010; Ashburner et al. 2004): Einzelsetting oder kleine Gruppen (im Gegensatz zu großen Gruppen); ein möglichst kleines Intervall zwischen den Sitzungen (einmal pro Woche bis maximal einmal pro Monat); die Auswahl der SupervisorInnen durch die SupervisandInnen selbst; die Supervision findet außerhalb des Arbeitsplatzes statt; Vorerfahrung mit Supervision; sowie das Wissen, was Supervision überhaupt ist. Zur optimalen Dauer einer Einheit lagen widersprüchliche Ergebnisse vor.

Immer wieder wurde vonseiten der SupervisorInnen und SupervisandInnen beklagt, dass es im klinischen Alltag eine Schwierigkeit darstellte für die Supervision Zeit zu finden (O'Connell et al. 2011; Long et al. 2014).

Michael Townend (2005) befragte in Großbritannien 170 Kognitive VerhaltenstherapeutInnen mit unterschiedlichen Quellberufen (davon 69 Angehörige der Krankenpflege) zum Thema interprofessionelle Supervision. Ob die VerhaltenstherapeutInnen zum Zeitpunkt der Studie ambulant oder stationär arbeiteten und in welcher der beiden Professionen sie vorrangig tätig waren wurde nicht näher angegeben. Der Autor legte den SupervisandInnen acht selbst erstellte offene Fragen schriftlich vor (der genaue Wortlaut der Fragen ist dem Artikel zu entnehmen).

Dabei fand er heraus, dass 43 % des befragten Krankenpflegepersonals interprofessionelle Supervision erhielt, vornehmlich von PsychologInnen (vereinzelt von PsychiaterInnen, LehrerInnen oder nicht näher spezifizierten BeraterInnen). Als Vorteile einer interprofessionellen Supervision wurden von den SupervisandInnen u. a. folgende Aspekte angegeben: unterschiedliche Perspektiven, breites Wissen, erhöhte Kreativität und kritisches Denken. Die SupervisandInnen stellten aber auch folgende Nachteile in der interprofessionellen Supervision fest: Missverständnisse aufgrund unterschiedlicher professioneller Rollen, mangelndes Verständnis für organisatorische Belange, Unterschiede in den Ausbildungsniveaus, unterschiedliche Sprache und Theorien, Angst davor Schwäche zu zeigen. (Anmerkung: Bei den Vor- und Nachteilen flossen auch die Antworten Kognitiver VerhaltenstherapeutInnen ein, die anderen Quelleberufen wie Psychiatrie, Psychologie, Sozialarbeit u. a. angehörten).

Zusammenfassende Bewertung des erhobenen Forschungsstandes In einigen Studien zu Rahmenbedingungen und Setting von Supervision in der Krankenpflege wurden Inhalt und Methoden der Supervision nicht miterhoben. Es bleibt unklar, was in der Supervision passiert, wie sie (vonseiten der SupervisorInnen) definiert wird (Gonge und Buus 2014; Gonge und Buus 2010). Ein bestimmtes Supervisionsverständnis wird implizit angenommen. Dies muss jedoch als problematisch angesehen werden, da in manchen Studien gezeigt werden konnte, dass Supervision vonseiten der Angehörigen der Krankenpflege unterschiedlich rezipiert wird: als Kontrolle, als Qualitätssicherung oder als Ausbildung (Johansson 2015; Green Lister und Crisp 2005). O'Connell et al. (2011) schlagen eine Umbenennung von Supervision in Peer- oder Teamunterstützung (peer support, clinical team support) vor. Dawber (2012) empfiehlt den Begriff Übungsgruppe (practice group).

Vielerorts wird eine Ausbildung für SupervisorInnen gefordert (z. B. Green Lister und Crisp 2005) und gut ausgebildete SupervisorInnen werden von den SupervisandInnen sehr positiv eingeschätzt (O'Connell et al. 2011). Aus den Studien geht in der Regel nicht hervor, ob die SupervisorInnen eine entsprechende Ausbildung für ihre Tätigkeit vorweisen können, oftmals ist von einzelnen Tagesworkshops die Rede. Eine einheitliche Ausbildung der SupervisorInnen ist keineswegs ausmachbar.

7.14 Supervision in der Krankenpflege

Lohnend scheint auch die Auseinandersetzung mit der Grundprofession der SupervisorInnen. Townend (2005) unternimmt einen Versuch, interprofessionelle Supervision genauer unter die Lupe zu nehmen. Aufgrund der gesichteten Studien lässt sich allerdings nicht sagen, ob die Vor- oder Nachteile überwiegen oder in welchen Fällen interprofessionelle Supervision der Supervision innerhalb der eigenen Berufsgruppe vorzuziehen wäre oder nicht.

Bezüglich eines wirksamen, vonseiten der SupervisandInnen positiv eingeschätzten Settings lassen sich bereits erste übereinstimmende Ergebnisse festmachen. Allen voran ein kleines Intervall (ca. monatlich) zwischen den Einheiten, in möglichst kleinen Gruppen oder im Einzelsetting, außerhalb des Arbeitsplatzes bei selbst gewählten SupervisorInnen. Weiters beeinflusst das Wissen um Supervision (Theorie und Funktion) die positive Wahrnehmung von und vor allem auch die Häufigkeit der Teilnahme an der Supervision.

Die in diesem Abschnitt vorgestellten Studien zu Rahmenbedingungen und Setting von Supervision in der Krankenpflege sind methodisch betrachtet breit gefächert. Es finden sich sowohl qualitative als auch quantitative Studien. Bei den quantitativen Studien kommen durchwegs standardisierte Fragebögen zum Einsatz; in einem Fall wurde eine randomisierte Kontrollstudie durchgeführt. Die Fragen die bei den qualitativen Designs gestellt wurden wiesen große Unterschiede in Nachvollziehbarkeit und Transparenz auf. Prinzipiell kamen bei den qualitativen Ansätzen Interviews (Einzel oder Gruppe) oder schriftliche Befragungen zum Einsatz.

Die qualitativen Studien und die großangelegten teilweise. randomisierten Längsschnittstudien zum Thema Rahmenbedingungen und Setting von Supervision im Bereich der Krankenpflege stammen vor allem aus dem angloamerikanischen Raum. In diesem Bereich kamen bewährte psychometrische Verfahren zum Einsatz wie zum Beispiel das MBI, ein Instrument zur Messung des Burnout-Levels (vgl. Anhang Verwendete standardisierte Instrumente). Es ist begrüßenswert, dass auch solch etablierten Instrumente aus der Psychologie eingesetzt und mit der Evaluation von Supervision in Verbindung gebracht wurden.

Mit der MCSS (Manchester Clinical Supervision Scale) (Winstanley 2000; zitiert nach White und Winstanley 2010) etabliert sich international ein valides Instrument für den wahrgenommenen Nutzen von Supervision. Der MCSS leistet einen äußerst wertvollen Beitrag für die Supervisionsforschung. Es zeichnet sich ab, dass nur eine als effizient wahrgenommene Supervision positive Effekte in den Bereichen Wohlbefinden, Arbeitszufriedenheit und Burnout bewirkt (Edwards et al. 2006; Koivu et al. 2012a, b).

Dabei ist in den Studien allerdings nicht immer klar, was jeweils unter Supervision verstanden wurde, wer sie erhalten soll, ob Richtlinien dazu existieren bzw. ob diese auch umgesetzt werden (Johansson 2015). Die Studien zeigen Ausschnitte einzelner spezifischer Settings, ohne dass jedoch lokal oder national (geschweige denn international) auf einheitliche Konzepte für die Supervision zurückgegriffen wird bzw. den SupervisandInnen bekannt sind. Gewinnbringend könnte es daher sein, eine Art

Grundlagenforschung voranzutreiben, d. h. systematisch zu erfassen wie Supervision lokal und national definiert und praktisch eingesetzt wird.

Wenn Supervision als Mehrebenensystem (vgl. Petzold 2007) aufgefasst wird, bedarf es im Zuge dieser Grundlagenforschung Studien, die die Einflussfaktoren auf die Inanspruchnahme und Benefits (sowie Risiken) von Supervision näher betrachten. Dazu wären etwa Bedingungen des Feldes (z. B. Klinik, extramuraler Bereich), der Organisation (wie Führung, Arbeitsbedingungen), der SupervisandInnen (wie Persönlichkeitsmerkmale, Ressourcen, Erwartungen), der SupervisorInnen (wie Persönlichkeit, theoretischer Hintergrund, Erfahrung, Kompetenzen) denkbar.

Besonderes Gewicht sollte in künftiger Forschung zu Rahmenbedingungen und Setting auf der Rolle der SupervisorInnen liegen. Hier müsste etwa zwischen interner (meist angloamerikanischer Raum, auch manche Kliniken im europäischen Raum) und externer (meist mitteleuropäischer Raum) Supervision unterschieden werden. Viele Studien zu einem Setting, einer Art der Supervision könnten dann gebündelt, Aussagen zur Wirkung der jeweils spezifischen Supervision treffen. In einer solchen Überschau, wie sie etwa Multicenterstudien gewährleisten, würden sich die verschiedenen Einflussfaktoren zwar unterscheiden, aber insgesamt ausmitteln können.

Nicht zu unterschätzen sind unterschiedliche Einflussfaktoren, die auf den jeweiligen Stationen vorherrschen, auf die empfundene Effizienz von Supervision. So wurde in der Studie von White und Winstanely (2010) die Effizienz der Supervision möglicherweise durch die negative Einstellung der mittleren Leitungsebene gegenüber der Supervision beeinträchtigt.

Der Zeitraum, in dem Supervision durchgeführt wurde, variierte in den Studien beträchtlich. White und Winstanley (2010) forderten eine Mindestteilnahme von sechs Einheiten um SupervisandInnen in eine Studie aufzunehmen. Edwards et al. (2006) schlossen sich dieser Forderung an. In anderen Studien besuchten die TeilnehmerInnen die Supervision schon über Jahre (Koivu et al. 2012a, b). Hier drängt sich die Frage auf, wie stark der Zeitraum der Teilnahme an der Supervision die Studienergebnisse beeinflusst.

7.14.2 Nutzen von Supervision: qualitativ explorative Studien

Auf vier Stationen in öffentlichen und privaten Krankenhäusern in Australien wurde im Zuge einer Studie von Bev O'Connell und KollegInnen (2011) eine Teamsupervision eingeführt. Die SupervisandInnen, allesamt KrankenpflegerInnen oder Hebammen, wurden mittels WEQ (Work Environment Questionnaire) in einer Prä- (N=36) und eine Post-Erhebung (N=27) befragt. Zusätzlich wurden mit den SupervisandInnen Fokusgruppen (N=20) durchgeführt.

Die Akzeptanz der Einführung der Teamsupervision war sehr hoch und ein Nutzen für die SupervisandInnen konnte in folgenden Bereichen ausgemacht werden: ein Forum, wo frei gesprochen werden durfte; Verbesserung der Kommunikation im Team;

reduzierter Stresslevel; erhöhte Problemlösekompetenz; und Wissen und Kompetenz der SupervisorInnen.

Ebenso ergründete auch Chris Dawber (2012) den Nutzen von Supervision in australischen Krankenhäusern. Die SupervisandInnen (N = 18 KrankenpflegerInnen und Hebammen) nahmen zwischen acht Monaten und drei Jahren an reflective peer groups (Peergruppenreflexion) teil, wobei der Autor reflective peer groups teilweise synonym mit Clinical Supervision verwendet. Die Daten wurden mittels Fokusgruppen und mittels CSEQ (Clinical Supervision Evaluation Questionnaire) erhoben. Der Nutzen von Supervision wurde als eine Zunahme der wahrgenommenen Unterstützung, des Teamzusammenhalts, der eigenen Reflexionsfähigkeit, des Selbstvertrauens und Selbstbewusstseins beschrieben.

Britta Olofsson (2005) erhielt in einer qualitativen Studie (N = 21 halbstrukturierte Einzelinterviews mit psychiatrischen KrankenpflegerInnen) in Schweden ähnliche Antworten bezüglich des Nutzens von Supervision. Sie fand jedoch auch negative Aspekte hinsichtlich der Teilnahme an den reflective groups (Gruppenreflexion), die der Reflexion von Zwangsmaßnahmen auf der psychiatrischen Station dienen sollten. Für manche KrankenpflegerInnen war es nicht das richtige Timing, sie hatten gerade nichts zu besprechen, die Teilnahme wurde von ihnen daher als sinnlos erachtet. Auch der Fokus in den Reflexionsgruppen passte für sie nicht, sie wollten nicht nur über das Thema Zwangsmaßnahmen sprechen, sondern die Themen selbst wählen.

Charlotte Ashburner et al. (2004) führten in einem britischen Krankenhaus eine einjährige psychodynamisch ausgerichtete Gruppensupervision ein. Die halbstrukturierten Interviews mit (N = 17) SupervisandInnen und (N = 7) SupervisorInnen ergaben folgenden Nutzen der Supervision: Anerkennung und Analyse der eigenen Gefühle; gesteigertes Selbstverständnis in der Berufsrolle; verminderte Isolation; die Möglichkeit Krisen durchzuarbeiten und nicht gleich den Job zu wechseln; verbesserte Beziehungen im Team. Manche Teilnehmenden hatten jedoch Schwierigkeiten damit, sich in die Gruppe einzufinden und sich zu öffnen. Als störend wurde auch die fluktuierende Teilnahme (bedingt durch unterschiedliche Arbeitszeiten) genannt, die sich destruktiv auf Gruppenprozesse auswirkten.

Bewertung des erhobenen Forschungsstandes Wie in Abschn. 7.14.1 zeigt sich auch in diesem Bereich die Problematik des Begriffs Supervision. Long et al. (2014) fanden heraus, dass die SupervisandInnen in ihrer Studie selbst Teamsitzungen als Supervision ansahen. Dawber (2012) verwendete den Begriff reflective peer group synonym für Supervision, Olofsson (2005) reflective group. Dies zeigt auch die Vielfalt von Supervisionskonzepten innerhalb der Clinical Supervision auf.

Die Studien bringen durchaus vergleichbare Ergebnisse bezüglich des Nutzens von Supervision – und das obwohl sie in unterschiedlichen Ländern und in jeweils spezialisierten Krankenhaussettings durchgeführt wurden. Die Teilnahme an der Supervision steigert in den Augen der befragten SupervisandInnen die Kommunikation im Team, den Teamzusammenhalt, die Zusammenarbeit mit anderen Professionen, das

Rollenverständnis, die Reflexion eigener Gefühle, die Durcharbeitung von Krisen, die Reduzierung von Belastungen aber auch die Effektivität der eigenen Arbeitsweise (Wittich und Dieterle 2004; O'Connell et al. 2011; Dawber 2012; Long et al. 2014; Olofsson 2005; Ashburner et al. 2004).

Negative Aspekte werden weit seltener benannt. Von der Sinnlosigkeit an einer Teilnahme, wenn man selbst kein Problem mit dem vorgegebenen Thema hat, wird bei Olofsson (2005) gesprochen. Darüber hinaus werden Probleme bei der Öffnung in einer Gruppe beschrieben (Ashburner et al. 2004).

In manchen Studien werden SupervisorInnen von den ForscherInnen ausgewählt und eingesetzt. Diese SupervisorInnen werden von den SupervisandInnen als äußerst positiv eingestuft (O'Connell et al. 2011; Ashburner et al. 2004). Das könnte auch zu der auffallend positiven Bewertung der Supervision beigetragen haben, entspricht aber vermutlich nicht immer der Realität. In allen Studien war die Teilnahme an der Supervision freiwillig, wodurch möglicherweise die kritischen Stimmen nicht erfasst wurden (Wittich und Dieterle 2004; O'Connell et al. 2011).

Zwei Studien verfolgen einen rein qualitativen Ansatz mit halbstrukturierten Interviews (Oloffson 2005; Ashburner et al. 2004). In drei der Studien wird ein Mixed Methods Design gewählt, allerdings liegt der Schwerpunkt der Auswertung und der Ergebnisse in den qualitativen Daten bzw. in der deskriptiven Beschreibung der Items (Wittich und Dieterle 2004; O'Connell et al. 2011; Dawber 2012). Long et al. (2014) setzen ausschließlich Fragebögen ein, werten sie jedoch wiederum nur rein deskriptiv (auf Einzelitem-Ebene) aus.

Zu allen Instrumenten dieser Sektion ist zu sagen, dass sie 1) geringe psychometrische Eigenschaften aufwiesen oder diese nicht angegeben waren, 2) selbst entworfen waren, 3) aufgrund des geringen Stichprobenumfangs nicht ausgewertet werden konnten oder 4) nur deskriptiv betrachtet wurden (ergo keine/kaum Signifikanzprüfungen in dieser Sektion).

In allen Studien werden die SupervisandInnen zum Nutzen von Supervision befragt. Keine Studie bringt dazu externe Daten Dritter (PatientInnen, RaterInnen, Vorgesetzte, etc.) ein.

Qualitative Ansätze sind prinzipiell gut dazu geeignet, sowohl positive als auch negative Effekte von Supervision zu identifizieren. Allerdings kommt es zu möglicherweise zu Verzerrungen der Ergebnisse durch die un/freiwillige Teilnahme der SupervisandInnen (Wittich und Dieterle 2004; O'Connell et al. 2011). Hier bräuchte es Vergleichs-Studien um diesen Effekt kontrollieren zu können.

Insgesamt findet man wenig qualitative Studien mit elaborierten Designs. Die Evaluationen sollten ergebnisoffen sein, d. h. unerwünschte Effekte und Schwierigkeiten bei Supervisionsprozessen ebenso erheben wie erwünsche Effekte. Idealiter sollten die Evaluationen von Supervision auf mehrere Datenquellen zurückgreifen. Wie schon in SAP 1 vorgeschlagen, wäre eine Begleitung des Supervisionsprozesses durch teilnehmende BeobachterInnen eine Möglichkeit eine Außenperspektive einzuführen.

Bei Studien sollte die Art der Supervision und Rolle der SupervisorInnen genauer in den Blick genommen und beschrieben werden besonders in Hinblick darauf, ob diese gleichzeitig Leitungsfunktionen innehaben und welche Implikationen sich daraus ergeben. In manchen Studien treten die AutorInnen nicht als externe ForscherInnen auf, sondern arbeiten selbst (oft als die SupervisorInnen) im untersuchten Feld (Dawber 2012; Wittich und Dieterle 2004). Diese Konfundierung der Rollen kann zu einer möglichen Verzerrung der Ergebnisse führen.

Ganz klar muss auch unterschieden werden, ob externe SupervisorInnen im Rahmen einer Intervention durch die AutorInnen eingesetzt wurden oder ob eine bereits existierende Supervisionspraxis untersucht wird. Weitere Studien sollten etwaige Unterschiede noch detaillierter ausarbeiten. Offen ist ebenfalls die Untersuchung des Nutzens von Supervision bei den PatientInnen der SupervisandInnen. Eine solche Evaluation könnte mit einem qualitativen Design vorbereitet werden, da aufgrund der vielen intermittierenden Faktoren (Station, Führungsstil, Diagnose und Symptombelastung, sonstige externe Belastungen der PatientInnen etc.) eine quantitative Untersuchung alleine nicht zum Ziel führen wird.

7.14.3 Nutzen von Supervision: quantitativ -testende Studien

An dieser Stelle werden jene Studien dargestellt, die sich dem Nutzen von Supervision mit einem quantitativen Zugang näherten. Diese Studien wiesen verhältnismäßig große Stichprobengrößen auf, und es kamen je nach Studie zwei bis neun standardisierte Fragebögen zum Einsatz. Alle befassten sich mit dem Themen Wohlbefinden, Arbeitszufriedenheit und Burnout. Zur Erfassung dieser Thematik wurden teilweise dieselben Instrumente verwendet. Darüber hinaus erhoben sämtliche Studien zusätzlich die Effizienz von Supervision – bis auf eine Studie wurde durchgängig derselbe Fragebogen (MCSS) (siehe Abschn. 8.1 Quantitative Erhebungsmethoden) für die Messung der Effizienz gewählt.

In der Studie von C. G. Long et al. (2014) stellte das Krankenpflegepersonal (N = 128 SupervisandInnen) auf einer psychiatrischen Abteilung für Frauen in England der Supervision ein gutes Zeugnis aus. Die Supervision half ihnen, effektiv zu arbeiten und über schwierige Themen zu diskutieren, sie konnten ihre Gefühle besser verarbeiten und den wahrgenommenen Druck in der Arbeit reduzieren.

Die KrankenpflegerInnen wurden mit drei quantitativen Fragebögen befragt, wobei einer davon selbst zusammengestellt war und zu den anderen beiden (Partnership Questionnaire for Supervision; The Bradfort Clinical Supervision Scale) keine Angaben zu den Gütekriterien vorlagen.

Edward White und Julie Winstanley (2010) führten in unterschiedlichen psychiatrischen Einrichtungen in Australien eine komplexe randomisierte Kontrollstudie mit Erhebungen zu drei Messzeitpunkten durch (N = 24 SupervisorInnen; N = 186

SupervisandInnen/psychiatrische KrankenpflegerInnen; N = 54 SupervisandInnen/weiteres Personal; N = 170 PatientInnen). Zu diesem Zweck setzten sie neun quantitative standardisierte Fragebögen ein (GHQ, MCSS, MBI, SF8, NWI-R, MHPPQ, SAQ, PCSQ, PUQ). Die StudienautorInnen ergänzten den quantitativen Ansatz durch (N = 17) qualitative Interviews mit Angehörigen der Leitungsebene.

Die externen SupervisorInnen wurden in einem viertägigen Workshop für die Studie ausgebildet, die Supervision wurde ein Jahr lang durchgeführt. Sowohl die SupervisorInnen als auch die höhere Leitungsebene beklagten das mangelnde Engagement der mittleren Leitungsebene, die Supervisionseinheiten zu fördern und in den Alltag des Krankenpflegepersonals gut einzubinden. Die SupervisorInnen selbst schätzten die Effizienz der Supervision hoch ein. Zudem zeigte sich ein signifikanter Zusammenhang der wahrgenommenen Effizienz der Supervision mit niedrigen Burnout-Levels bei den SupervisorInnen.

Im Gegensatz zu den SupervisorInnen schrieben die SupervisandInnen ihrer Supervision eine nur mäßige Effizienz zu und es konnten keine nennenswerten Zusammenhänge mit psychischer und physischer Gesundheit festgestellt werden. Dennoch gaben zwei Drittel der SupervisandInnen an, dass die Supervision ihren Erwartungen entsprochen hatte. Auf Seiten der PatientInnen konnte kein Unterschied – vor und nach Einführung der Supervision für das Pflegepersonal – in ihrer Zufriedenheit mit der Qualität der Pflege festgestellt werden.

Deborah J. Edwards et al. (2006) führten eine Studie in mehreren psychiatrischen Einrichtungen in Großbritannien durch. Sie befragten die psychiatrischen KrankenpflegerInnen (N = 166 SupervisandInnen) zur wahrgenommenen Effizienz der erhaltenen Supervision sowie zu Burnout. Dafür verwendeten sie die standardisierten quantitativen Fragebögen MBI (Maslach Burnout Inventory) und MCSS (Manchester Clinical Supervision Scale). Die Supervision wurde insgesamt als effizient beurteilt und es konnte ein Zusammenhang zwischen effizient wahrgenommener Supervision und niedrigen Burnout-Levels bei den SupervisandInnen festgestellt werden.

Etliche der Studien wurden in Finnland durchgeführt (Hyrkäs 2005; Hyrkäs et al 2005, Koivu et al. 2012a, b). Kristiina Hyrkäs (2005) die finnische Direktorin für *Nursing* Research rekrutierte für ihre Multicenterstudie eine große Stichprobe (N = 569) von Angehörigen der Krankenpflege in unterschiedlichen, geografisch verstreuten, psychiatrischen Einrichtungen. Den SupervisandInnen wurden drei quantitative standardisierte Erhebungsinstrumente vorgelegt (MCSS, MBI, MJSS). Es konnte ein Zusammenhang zwischen niedrigeren Burnout-Levels sowie höherer Arbeitszufriedenheit mit einer effizient wahrgenommenen Supervision festgestellt werden. Zudem wiesen jene SupervisandInnen, die selbst auch als SupervisorInnen tätig waren, niedrigere Burnout-Levels und eine höhere Arbeitszufriedenheit auf als jene die selbst keine Supervision anboten.

Eine weitere, ebenfalls von *Hyrkäs* sowie von *Kaija Appelqvist-Schmidlechner und Kirsti Kivimäki* (2005). durchgeführte Supervisions-Studie erhob Daten bei 126 leitenden Pflegekräften (Hyrkäs et al. 2005). Die Studie führte zu einem differenzierten

Ergebnis: Pflegekräfte aus dem therapeutisch-psychiatrischen Bereich nutzten und profitierten von der angebotenen Supervision im hohen Maße, bei Pflegekräften aus dem klinischen Bereich dagegen war die Akzeptanz der Supervision deutlich geringer wie Liz Beddoe und Allyson Davys (2016, S. 184) berichteten. Insgesamt kam Hyrkäs zu dem Ergebnis, dass klinische Supervision aus Sicht der TeilnehmerInnen vor allem langfristige positive Auswirkungen auf ihre professionelle Tätigkeit hätte.

Die angebotene Supervision stärkte signifikant Führungskompetenz, kommunikativen Fähigkeiten, den Wunsch nach beruflicher Weiterentwicklung und auch die psychische Belastungsfähigkeit. Darüber hinaus erweiterte Supervision den Blickwinkel der Teilnehmenden auf das klinische Alltagsgeschehen. Supervision wurde nach der Teilnahme (und Untersuchung) deutlich besser als zuvor akzeptiert und beurteilt. Nach Abschluss der Studie war die Mehrheit der TeilnehmerInnen bereit, weitere Supervisionsaktivitäten in Anspruch zu nehmen, ihre diesbezüglichen (Er)Kenntnisse an gleichgestellte KollegInnen weiterzugeben und diese so zur Nachahmung anzuregen (Beddoe und Davys 2016, S. 183).

Einen experimentellen Ansatz verfolgten Aija Koivu et al. (2012a, b). Sie teilten eine Stichprobe von 166 SupervisandInnen unterschiedlicher Stationen eines Krankenhauses in drei Gruppen auf: Gruppe 1 nahm an der Supervision teil und bewertete diese als effizient, Gruppe 2 nahm ebenso an der Supervision teil, bewertete diese jedoch als ineffizient, Gruppe 3 nahm an keiner Supervision teil. Über einen Zeitraum von vier Jahren wurden etwaige Veränderung bezüglich physischer Gesundheit, Burnout sowie Risiko-und Schutzfaktoren in der Arbeit beobachtet. Dazu wurden folgende standardisierte Tests eingesetzt: SRH, MBI-GS, GHQ-12, MCSS, QPSNordic.

In den Ergebnissen zeigte sich, dass höhere physische und psychische Gesundheit sowie persönliche Ressourcen Gruppe 1 zugeschrieben werden konnten, wogegen die Gruppen 2 und 3 insgesamt eine verminderte Gesundheit und weniger persönliche Ressourcen aufweisen – sofern überhaupt ein Signifikanzniveau erreicht wurde, was bei vielen Subskalen nicht der Fall war.

Bewertung des erhobenen Forschungsstandes Die hier beschriebenen Studien befassen sich hauptsächlich mit den Themen Wohlbefinden, Gesundheit, Arbeitszufriedenheit und Burnout (White und Winstanely 2010; Edwards 2006; Hyrkäs 2005; Koivu et al. 2012a, b). Bei den doch recht eindrucksvollen Ergebnissen einer Kovariation von berichtetem Supervisionsnutzen und niedrigerem Burn-Out Gefährdung ist allerdings die Frage zu stellen, welche anderen Wirkungen von Supervision erhoben werden könnten oder welche Persönlichkeitsmerkmale sowohl der SupervisorInnen als auch der SupervisandInnen in den Supervisionsprozess hineinspielen könnten (Selbstwirksamkeit, Bewältigungsstrategien und dergleichen mehr).

Auch in den quantitativen Erhebungen des Nutzens von Supervision sind die StudienteilnehmerInnen mehrheitlich SupervisandInnen, seltener SupervisorInnen. PatientInnen werden nur in einer einzigen Studie – neben den SupervisorInnen und den SupervisandInnen – mitbefragt (White und Winstanely 2010).

Die quantitativ ausgerichteten Studien weisen einfache bis komplexe Designs auf (prä-/zwischen-/post-Erhebungen, RCTs, Kombination mit qualitativen Analysen). Mehrheitlich werden standardisierte Messinstrumente eingesetzt und die Stichproben sind verhältnismäßig groß (zweimal N = 166; N = 304; N = 569; in den einzelnen Zellen der RCT Streuung von N = 11 bis N = 115).

Einschränkend muss jedoch gesagt werden, dass sämtliche etablierten Instrumente aus Selbsteinschätzungen bestehen. Dadurch könnte eine Verzerrung (in Richtung sozialer Erwünschtheit) zustande kommen. Ferner sind auch relativ große Stichproben nicht immer repräsentativ, da sie manchmal aus nur einer Einrichtung rekrutiert werden. Die Ergebnisse können somit nicht auf andere Einrichtungen übertragen werden. Und schließlich ist zu bedenken, wie unterschiedlich die Vorqualifikationen zwischen SupervisorInnen sind, z.b. wenn für deren Ausbildung ein viertägiger Workshop ausreichenden musste. Dennoch hatten sie Effekte auf der Ebene der SupervisandInnen gehabt.

Für die weitere Forschung könnten Designs von großem Nutzen sein, die nicht (nur) auf Selbsteinschätzung durch die SupervisandInnen beruhen. Vorstellbar wären Untersuchungen, wo unabhängige ForscherInnen den Supervisionseinheiten beisitzen und ihre Beobachtungen dokumentieren, z. B. in Hinblick auf den Umgang der SupervisandInnen mit sich selbst (Thema Psychohygiene) oder in Hinblick auf den Umgang der einzelnen TeilnehmerInnen untereinander (Unterstützung, Kooperation, Kommunikation im Team). Auch Befragungen Dritter (anderer Teammitglieder oder Leitungspersonen) könnten hier eine Außenperspektive beisteuern.

7.14.4 Reviews zur Supervision in der Krankenpflege

Scott Brunero und Jane Stein-Parbury (2008) führten in Australien eine Review empirischer Studien im Bereich Krankenpflege durch (inkludierte papers von 1993 bis 2005). Als theoretisches Modell für Supervision zogen Brunero und Stein-Parbury das Modell von Proctor (1986; zitiert nach Brunero und Stein-Parbury 2008) heran. Proctor beschrieb drei Funktionen von Supervision: formativ (Lernen, Kompetenzentwicklung), normativ (Qualitätssicherung und Kontrolle) sowie restaurativ (Unterstützung durch kollegiales Feedback, Reflexion eigener Gefühle).

Jede Studie wurde auf die Wirkungen von Supervision gemäß Proctors Modell geprüft. Dabei zeigte sich, dass in den Studien alle drei Funktionen zu finden waren, die restaurative Funktion jedoch etwas überwog. Die AutorInnen zogen daraus den Schluss, dass sich – geschichtlich betrachtet – die ursprünglich formativ ausgerichtete Supervision mehr und mehr zu einer restaurativen Funktion entwickeln würde. Kritisch hielten sie fest, dass der Großteil der Studien in der Krankenpflege im psychiatrischen und geriatrischen Bereich angesiedelt wären und andere Spezialisierungen wenig vertreten seien. Auch fehlte der Bezug zum PatientInnensystem.

Niels Buus und Henrik Gonge (2009, Dänemark) konzentrierten sich bei ihrer Review auf den psychiatrischen Krankenpflegebereich (inkludierte papers von 1993 bis 2007).

Sie stellten dabei in über 34 Studien (die sich auf 25 Projekte bezogen) fest, dass Proctors Modell am häufigsten zitiert wurde.

Im Gegensatz zu Brunero und Stein-Parbury (2008) vertraten sie aber die Ansicht, das Modell eigne sich nicht zur Kategorisierung der Studien, zum einen, weil viele Studien explorativen Charakter „mit offenem Ausgang" hatten, zum anderen, weil das Interesse der Untersuchungen außerhalb der drei Funktionen lag.

Erwähnenswert ist jedoch, dass viele der Studien in beiden Reviews zu finden sind, was auf deren Qualität schließen lässt. Buus und Gonge (2009) unterzogen den empirischen Gehalt der Studien einer äußerst fundierten kritischen Prüfung. Die Forschungsmethoden variierten stark, was keine echte Meta-Analyse der Daten zuließ. Problematisch war anzusehen, dass die Rolle der ForscherInnen häufig mit den Rollen von SupervisorInnen, SupervisandInnen und DatenerheberInnen konfundierten. In den qualitativen Studien wurden weder die Datensets noch der Prozess der inhaltlichen Analyse hinreichend beschrieben. In vielen Fällen wurden in den quantitativen Studien Fragebögen eingesetzt, die selbstentworfen oder erst wenig erprobt waren oder geringe psychometrische Eigenschaften aufwiesen. In den Hypothesen, Diskussionen und Schlussfolgerungen wurden häufig Kausalzusammenhänge konstatiert, obwohl diese aus den Querschnittsdaten nicht herausgelesen werden konnten. Die Rücklaufquoten waren mitunter sehr niedrig und die Stichprobengrößen klein. Ferner fehlten Längsschnittdesigns.

Das vielleicht größte Problem der Supervisionsforschung besteht laut Buus und Gonge (2009) jedoch darin, dass es noch keinen Konsens bezüglich Definition und Modellen von Supervision gibt, die international forschungsanleitend sind. Dadurch wäre die Vergleichbarkeit der Studien fragwürdig und ein kumulativer Forschungseffekt bleibt aus (Buus und Gonge 2009).

Bewertung des erhobenen Forschungsstandes Die AutorInnen der reviews kommen zu ähnlichen Schlüssen, wie wir sie schon in SAP 1 und nur mehr auch in der vorliegenden Literaturanalyse ziehen.

7.15 Supervision in weiteren Gesundheitsberufen

Englischsprachige Studien zu Supervision in weiteren Gesundheitsberufen bildeten das zahlenmäßig größte Feld von Artikeln in der ursprünglichen Zuordnung. Der Begriff Gesundheitsberufe wird in diesem Teil-Cluster *ohne* die ärztlichen Berufe und *ohne* die Krankenpflege verwendet, die in einem eigenen Kapitel berücksichtigt werden (vgl. Abschn. 7.14 Supervision in der Krankenpflege). Unter die Gesundheitsberufe, die an dieser Stelle behandelt werden, fallen die medizinischen Assistenzberufe sowie psychosoziale BeraterInnen aus unterschiedlichen Quellenberufen, zumeist aus Psychologie und Sozialarbeit (Clinical Counsellors). In den zitierten Studien wurden beispielsweise Berufssparten wie Diätologie, Ergotherapie, Logopädie, medizinische Radiologie, Physiotherapie, Psychologie, Sozialarbeit u. a. (Ducat und Kumar 2015) beforscht.

Die StudienteilnehmerInnen unterschiedlicher Berufssparten wurden in der Regel als gemeinsame Gruppe untersucht (interdisziplinäre oder interprofessionelle Supervision). Der Cluster wurde für die Endfassung dieses Buches jedoch weitgehend reduziert und versucht, die Studien soweit möglich inhaltlich in die anderen Cluster einzuordnen. Er stellt in der hier präsentierten Form eine Restkategorie dar.

7.15.1 Studien zu Rahmenbedingungen und Setting

Sandra T. Neil et al. (2010) befragten die Teammitglieder eines multiprofessionellen Teams in einem psychiatrischen Setting in Großbritannien zu dem seit einem Jahr bestehenden Supervisionsangebot. Zu diesem Zweck führten sie 16 halbstrukturierte Interviews.

Einem Drittel der Befragten war unklar, was Supervision überhaupt bedeutet, zumal die Supervision teils im Rahmen von Teamsitzungen stattfand und mit Leitungsangelegenheiten konfundierte. Ein Großteil der SupervisandInnen hatte selbst schon supervidiert oder zumindest Interesse daran. Der optimale Intervall zwischen den Supervisionen wurde widersprüchlich definiert, manche bevorzugten häufige Sitzungen (wöchentlich) manche weniger häufige (alle sechs Wochen). Ferner gab es unterschiedliche Bedürfnisse dahingehend, ob die SupervisorInnen derselben Profession angehören sollten.

In einer US-amerikanischen Studie untersuchten Joseph M. Roberts et al. (2016) Angehörige unterschiedlicher Professionen, die Kinder mit Verhaltensauffälligkeiten behandelten. Die BeraterInnen der ersten Studie (N = 96 SupervisandInnen) waren entweder aufsuchend oder in eigener Praxis tätig. In einer schriftlichen Befragung erhoben die AutorInnen Daten zum jeweiligen Setting ihrer Supervision. Dabei stellte sich heraus, dass die mobilen BeraterInnen seltener Einzelsupervision sowie kollegiale Beratung erhielten als ihre KollegInnen in den Praxen. Bezüglich Gruppensupervision zeigte sich kein signifikanter Unterschied zwischen den mobilen BeraterInnen und jenen in eigener Praxis.

In einer zweiten Studie (N = 116) befragten die AutorInnen abermals schriftlich mobile BeraterInnen sowie BeraterInnen in eigener Praxis – diesmal nach etwaigen Fällen von Kindesmisshandlungen. Die mobilen BeraterInnen sahen sich signifikant häufiger mit Fällen von Kindesmisshandlung konfrontiert als die BeraterInnen in den Praxen, thematisierten diese jedoch seltener in ihrer Supervision. Laut den ForscherInnen hing dies möglicherweise damit zusammen, dass mobile BeraterInnen seltener Einzelsupervision (sondern hauptsächlich Gruppensupervision) erhielten als jene in den Praxen.

Kurze Bewertung des erhobenen Forschungsstandes Neil et al. (2010) stellen einmal mehr die Konfusion der SupervisandInnen bezüglich des Begriffs Supervision fest. Dies wurde nicht zuletzt dadurch begünstigt, dass Supervisionen beispielsweise auch im Rahmen von Teamsitzungen abgehalten wurden. Wichtig ist der Befund, dass unterschiedliche MitarbeiterInnen unterschiedliche Bedürfnisse bezüglich des Settings von Supervision (Häufigkeit, Profession der SupervisorInnen) hatten.

Die Studie von Roberts et al. (2016) geht der sehr spezifischen Frage nach, ob die BeraterInnen die beobachteten Fälle von Kindesmisshandlung in der Supervision zur Sprache bringen, was unterschiedlich beschrieben wird. Hier stellt sich die Frage, warum diese offensichtlich schwerwiegenden Fälle in der Supervision nicht besprochen wurden.

In beiden Studien werden SupervisandInnen befragt, jedoch mit sehr unterschiedlichen Designs: Neil et al. (2010) setzen halbstrukturierte Interviews ein (N = 16) und werten diese inhaltsanalytisch aus. Roberts et al. (2016) führen eine schriftliche Befragung mit einem größeren Sample (N = 96 in Studie 1; N = 16 in Studie 2) durch. Sie fragen nach Häufigkeiten und prüfen auf signifikante Unterschiede zwischen den Gruppen (mobile versus in eigener Praxis tätige BeraterInnen).

7.15.2 Gesundheitsberufe im ländlichen Australien

Mehrere Studien befassten sich mit demselben, sehr spezifischen Setting, nämlich mit Angehörigen der Gesundheitsberufe, die in dislozierten ländlichen (in Abgrenzung zu städtischen) Gebieten in Australien arbeiten.

Margaret Dawson und Sandra G. Leggat (2012, 2013) untersuchten in einer allgemeinen Gesundheitseinrichtung (im ländlichen Australien) sowohl die SupervisandInnen als auch die SupervisorInnen in Hinblick auf die Effektivität der Supervision. Die SupervisandInnen (N = 30 aus den Bereichen Diätologie, Ergotherapie, Logopädie, Physiotherapie, Podologie, Prothetik, Psychologie und Sozialarbeit) wurden mittels MCSS befragt und die Werte der Subskalen und der Gesamtskala mit den MCSS-Referenzwerten verglichen. Es konnte gezeigt werden, dass die SupervisandInnen ihre Supervision insgesamt als sehr effektiv einschätzten. Die Supervision stellte für sie keinen geeigneten Rahmen dar, in dem sie persönliche Themen besprechen wollten. Das hing möglicherweise damit zusammen, dass die SupervisandInnen in den meisten Fällen ihre SupervisorInnen nicht selbst wählen konnten, sondern aus der eigenen Einrichtung zugeteilt wurden und mitunter sogar direkte Vorgesetzte der SupervisandInnen waren. Weiters stellte es eine Schwierigkeit dar, im Arbeitsalltag für die Supervision Zeit zu finden.

Die Befragung der SupervisorInnen erfolgte in einer ersten Studienphase mittels Fokusgruppen (N = 14). Aus den Inhalten der Fokusgruppen wurde von den Autorinnen in einer zweiten Studienphase ein eigener Fragebogen entworfen und nach erfolgter Pilottestung 25 SupervisorInnen schriftlich via E-Mail zugesendet. Die SupervisorInnen gaben an, dass sie ihre Tätigkeit positiv herausfordernd und gewinnbringend empfanden und sich gerne auf die Beziehung SupervisorIn-SupervisandIn einließen. Sie brachten allerdings auch mangelndes Commitment der SupervisandInnen sowie das Problem der Zuteilung SupervisorIn-SupervisandIn zur Sprache. Darüber hinaus wünschten sich die SupervisorInnen mehr Zeit und Ressourcen für ihre Tätigkeit. Als inhaltlichen Fokus von Supervision gaben sie zwar einerseits die Linderung von Druck in der Arbeit und die professionelle Entwicklung der SupervisandInnen an, andererseits jedoch auch Mentoring, Anleitung sowie Erfüllung von Unternehmenszielen.

Saravana Kumar et al. (2015) untersuchten die Effektivität von Supervision in einem Gesundheitsnetzwerk im ländlichen Australien. Dazu führten sie eine quantitative Onlinebefragung mit 189 SupervisandInnen (aus den Bereichen Ergotherapie, Sozialarbeit, Diätologie, Logopädie, Physiotherapie, Podologie und Psychologie) durch. Eingesetzt wurde dabei auch hier der standardisierte Fragebogen MCSS-26. Zusätzlich hielten die ForscherInnen Fokusgruppen (N = 12) ab und führten halbstrukturierte telefonische Interviews (Anzahl nicht angegeben) mit SupervisorInnen und LeiterInnen des Gesundheitsnetzwerkes.

Die Supervision wurde von den SupervisandInnen durchwegs positiv bewertet. Sie sprachen der Supervision hohen Nutzen und Wert zu, fühlten sich unterstützt von ihren SupervisorInnen und berichteten von positiven Effekten auf die Qualität ihrer Arbeit. Wiederum fand sich die Schwierigkeit ausreichend Zeit für die Supervision zu finden. Von den SupervisorInnen und LeiterInnen wurde die Tatsache positiv hervorgehoben, dass die Supervision nun im gesamten Gesundheitsnetzwerk ermöglicht und vereinheitlicht wäre. Sie berichteten jedoch von organisatorischen Problemen bei der Implementierung und Abhaltung der Supervision.

In einem anderen Teilbereich desselben Forschungsprojektes (Kumar et al. 2015) fragten Wendy Ducat et al. (2015) wiederum nach der Effektivität von Supervision, diesmal jedoch mit einem rein qualitativen Zugang. Die AutorInnen führten halbstrukturierte Interviews mit SupervisandInnen (N = 42), SupervisorInnen (N = 4) sowie LeiterInnen (N = 9) eines Gesundheitsnetzwerks.

Der Nutzen der Supervision wurde in den Interviews wie folgt beschrieben: Steigerung der beruflichen Fähigkeiten und des Selbstvertrauens, ein gesteigertes berufliches commitment, reduzierte berufliche Isolation sowie eine verbesserte Qualität in der Arbeit mit PatientInnen. Erneut wurden organisatorische Faktoren (Zeit, Ressourcen, geografische Erreichbarkeit der SupervisorInnen) als problematisch angegeben.

Wendy H. Ducat und Saravana Kumar (2015, Australien) widmeten sich in ihrer Review den Erfahrungen mit Supervision in einem spezifischen Setting, respektive Angehörige der Gesundheitsberufe, die in ländlichen Gebieten in Australien arbeiteten (inkludierte papers von 2000 bis 2013).

Aus den fünf Studien ging hervor, dass die Arbeit auf dem Land besonderen Bedingungen unterworfen war wie Isolation, einem Mangel an Ressourcen und hohen Burnout-Raten. Auch der Zugang zu Supervision wäre erschwert, weshalb vielerorts Videokonferenzen zum Einsatz kamen. Prinzipiell herrschte Konsens darüber, dass Supervision einen großen Nutzen brächte. Dieser Nutzen wurde von den MitarbeiterInnen in den ländlichen Gebieten als höher eingeschätzt als von jenen in städtischen Gebieten. Als Hindernisse wurden ein Mangel an Zeit für Supervision genannt, die fehlende Unterstützung seitens der Organisationen um die Supervision umzusetzen sowie technische Probleme für Videokonferenzen und dergleichen.

Abgesehen von den inhaltlichen Erkenntnissen bemängelten Ducat und Kumar das Problem der Definition von Supervision in der Literatur sowie unterschiedliche methodische Defizite in den gesichteten Studien. Sie forderten dringend qualitativ hochwertige Studien, die auch die Wirkungen von Supervision auf das PatientInnensystem miteinschließen.

Bewertung des erhobenen Forschungsstandes Prinzipiell ist es begrüßenswert, spezifische Settings mehrfach zu untersuchen. Einschränkend muss gesagt werden, dass die für den ländlichen australischen Raum beschriebenen Studien aus nur zwei unterschiedlichen Forschungsprojekten stammen.

Ducat et al. (2015) schlagen den Begriff professional supervision (berufliche Supervision in Abgrenzung zu Supervision in der Ausbildung, Clinical Supervision) vor. Wieder deutet dies auf eine Uneinigkeit bezüglich Definition und Funktion von Supervision in der Literatur und in der Praxis.

Die größten Gruppen innerhalb der Gesundheitsberufe bilden zumeist SozialarbeiterInnen und PsychologInnen (Dawson und Leggat 2012), aber auch DiätologInnen, ErgotherapeutInnen, LogopädInnen und andere wurden genannt (Ducat und Kumar 2015). Es ist davon auszugehen, dass jede Berufsgruppe in der jeweiligen Ausbildung unterschiedlich „sozialisiert" wurde, auch in Hinblick auf den Gegenstand der Supervision. Allein durch diesen Umstand ergaben sich heterogene Untersuchungsgruppen. Kumar et al. (2015) bemängeln an der eigenen Studie, dass Unterschiede zwischen den Berufsgruppen aufgrund der geringen Stichprobengröße nicht analysiert werden konnten.

Dawson und Leggat (2012) sowie Kumar et al. (2015) setzen zur Messung der Effizienz der Supervision den MCSS ein (vgl. Abschn. 8.1 Quantitative Erhebungsmethoden), ein valides Instrument, das allerdings für den Bereich Krankenpflege entwickelt und hier auf die Gesundheitsberufe übertragen wurde. Die Testentwicklerin erstellte zwar eine adaptierte Form des MCSS für die Gesundheitsberufe, diese Version unterscheidet sich jedoch nur in Hinblick auf die soziodemografischen Daten.

Methodisch sind die Studien dieses Abschnittes breit gefächert: In einer Studie wird ein rein qualitativer Ansatz gewählt, in einer weiteren ein rein quantitativer; zwei Studien verwenden ein Mixed Methods Design. Sämtliche Studien werden wissenschaftlich präzise durchgeführt und dokumentiert. Befragt werden SupervisandInnen, SupervisorInnen als auch Angehörige von Leitungspositionen. Ansätze dafür, wie die Effizienz von Supervision aus Sicht des Patientensystems gemessen werden könnte, liegen auch in diesem Bereich keine vor – ein weitgehend auf die Supervisionsforschung generell zutreffendes Merkmal.

Weitere Studien zur Überprüfung der Effizienz der Supervision mit dem MCSS für die Gesundheitsberufe stehen noch aus. Ebenso fehlt ein Instrument für die Beurteilung der Effizienz von Supervision aus Sicht der SupervisorInnen. Dawson und Leggat (2013) unternehmen einen ersten Versuch diese Lücke zu schließen und ein entsprechendes Instrumentarium zu entwickeln.

Literatur

Akhurst, Jacqui und Kelly, Kevin. (2006). Peer Group Supervision as an Adjunct to Individual Supervision: Optimising Learning Processes during Psychologists' Training. *Psychology Teaching Review, 12*(1), 3–15.

Ashburner, Charlotte, Meyer, Julienne und Cotter, Angela. (2004). Seeing things differently: Evaluating psychodynamically informed group clinical supervision for general hospital nurses. *Journal of Research in Nursing, 9*(1) 38–48.

Austin, Della. (2010). Introducing consultancy supervision in a primary school for children with social, emotional and behavioural difficulties. *Emotional und Behavioural Difficulties, 15*(2), 125–139.

Ayres, Joe, Watkeys, Flippa und Carthy, John. (2014). Quality and effectiveness of clinical supervision: evaluation of an occupational therapy service. *British Journal of Occupational Therapy, 77*(9), 447–450.

BACP (British Association for Counselling und Psychotherapy). (Hrsg.). (2016): *Ethical framework for the counselling professions.* Zugriff am 16.05.2019. Verfügbar unter https://www.impactaas.co.uk/visageimages/BACP%20ethical_framework.pdf

Bager-Charleson, Sofie. (2015). Monitoring the Supervisory Relationship from the Perspective of A Supervisee. *Good Practice in Action 011 – Commonly Asked Questions Resource.* Zugriff am 16.05.2019. Verfügbar unter https://www.bacp.co.uk/events-and-resources/ethics-and-standards/good-practice-in-action/publications/gpia011-monitoring-the-supervisory-relationship-supervisee-caq/

Bambling, Matthew, King, Robert, Raue, Patrick, Schweitzer, Robert und Lambert, Warren. (2006). Clinical supervision: Its influence on client-rated working alliance and client symptom reduction in the brief treatment of major depression. *Psychotherapy Research, 16*(03), 317–331.

Bartle, Dale und Trevis, Alexandra. (2015). An evaluation of group supervision in a specialist provision supporting young people with mental health needs: A social constructionist perspective. *Educational and Child Psychology, 32*, 78–89.

Bauer, Petra. (2003). Teamsupervision in psychiatrischen Teams – eine empirische Studie. *Organisationsberatung, Supervision, Coaching 10*(2), 105–119.

Baur, Jörg und Janssen, André. (2008). Ein Forschungsbeitrag zur Kompetenzdebatte: Konstruktion und Evaluation des Kompetenzprofils des Masterstudienganges Supervision der Katholischen Fachhochschule Nordrhein-Westfalen und des Bistums Münster. In Lothar Krapohl, Margret Nemann, Jörg Baur und Peter Berker (Hrsg.), *Supervision in Bewegung. Ansichten – Aussichten* (S. 63–80). Leverkusen: Verlag Barbara Budrich.

Bausch, Vera. (2007). *Supervision in Mentoringprogrammen. Eine empirische Studie.* Hamburg: Verlag Dr. Kovac.

Beddoe, Liz und Davys, Allyson. (2016). *Challenges in Professional Supervision.* London: Jessica Kingsley Publishers.

Bernard, Janine M., Clingerman, Tamara L. und Gilbride, Dennis D. (2011). Personality Type and Clinical Supervision Interventions. *Counselor Education and Supervision, 50*(3), 154–170.

Bernsdorf, Peter und Petzold, Hilarion G. (2011). „Organisationsentwicklungsprozesse in Altenheimen und Integrative Supervision" ein Interventionsforschungsprojekt.: www.FPI-Publikationen.de/materialien.htm *Supervision: Theorie – Praxis – Forschung. Eine interdisziplinäre Internet-Zeitschrift – 6/2011.* http://www.fpi-publikation.de/downloads/download-supervision/download-nr-18-2011-bernsdorf-p-petzold-h-g.html

Boer, Marjo, Hoonhout, Marcel und Oosting, Jan. (Hrsg.). (2015). *Supervisiekunde: meerperspectivisch.* Vestiging Alphen a/d Rijn: Vakmedianet.

Bogo, Marion. (2005). Field Instruction in Social Work: A Review of the Research Literature. In Lawrence Shulman und Andrew Safyer (Hrsg.), *Supervision in counseling: Interdisciplinary issues and research* (S. 163–193). New York: Haworth Press.

Bogner Unterhofer, Regina und Ratschiller Christine. (2013). Evaluation eines Supervisionsausbildungslehrganges auf der Grundlage der „Integrativen Supervision und Organisationsentwicklung" der EAG – FPI Europäische Akademie für biopsychosoziale Gesundheit – Fritz Perls Institut. *Supervision* 01/2013. http://www.fpi-publikation.de/supervision/alle-ausgaben/01-2013-bogner-unterhofer-r-ratschiller-c-evaluation-eines-supervisionsausbildungslehr.html

Bradshaw, Timothy, Butterworth, Anthony und Mairs, Hilary. (2007). Does structured clinical supervision during psychosocial intervention education enhance outcome for mental health nurses and the service users they work with? *Journal of psychiatric and mental health nursing, 14*(1), 4–12.

Brooks, Charles T., Patterson, David A. und McKiernan, Patrick M. (2012). Group supervision attitudes: Supervisory practices fostering resistance to adoption of evidence-based practices. *Qualitative report (Online), 17*(1), 191. Zugriff am 16.05.2019. Verfügbar unter https://nsuworks.nova.edu/cgi/viewcontent.cgi?article=1814&context=tqr

Brühlmann-Jecklin, Erica. (2005). Supervision bei Pflegefachleuten Eine Studie zur Situation in der Schweiz. Masterthesis, Donau-Universität Krems, Krems. Zugriff am 29.04.2019. Verfügbar unter http://www.pflegeportal.ch/pflegeportal/pub/masterthese_erica_bruehlmann_jecklin_1030_1.pdf

Brunero, Scott und Stein-Parbury, Jane. (2008). The effectiveness of clinical supervision in nursing: an evidenced based literature review. *Australian Journal of Advanced Nursing, 25*(3), 86–94.

Brünker, Jutta (2005). Supervision als Personalentwicklungsinstrument bei der Einführung industrieller Teamarbeit. *Supervision. Mensch Arbeit Organisation, 4*, 51–59.

Buchinger Petra (2016). Braucht Life Science Beratung? Empirische Untersuchung zu Bedarf und Inanspruchnahme von Beratung in Life Science Organisationen. *Supervision*: Theorie – Praxis – Forschung. Eine interdisziplinäre Internet-Zeitschrift. http://www.fpi-publikation.de/images/stories/downloads/supervision/buchinger-braucht-life-science-beratung-empirische-untersuchung-bedarf-inanspruchnahme-superv-03-2016.pdf

Burkard, Alan, W., Johnson, Adanna J., Madson, Michael. B., Pruitt, Nathan. T., Contreras-Tadych, Deborah. A., Kozlowski, JoeEllen M., Hess, Shirley A. und Knox, Sarah. (2006). Supervisor cultural responsiveness and unresponsiveness in cross-cultural supervision. *Journal of Counseling Psychology, 53*(3), 288–301.

Burkard, Alan, Knox, Sarah, Hess, Shirley A. und Schultz, Jill. (2009). Lesbian, gay, and bisexual supervisees' experiences of LGB-affirmative and nonaffirmative supervision. *Journal of Counseling Psychology, 56*(1), 176–188.

Butler, Sylvester und Constantine, Madonna. (2006). Web-based Peer Supervision. Collective self-esteem and case conception conzeptualization ability in school counsellor trainees. *Professional School Counseling Journal, 10*, 146–152.

Buus, Niels und Gonge, Henrik. (2009). Empirical studies of clinical supervision in psychiatric nursing: A systematic literature review and methodological critique. *International Journal of Mental Health Nursing, 18*(4), 250–264.

Caras, Ana und Sandu, Antonio. (2014). The role of supervision in professional development of social work specialists. *Journal of Social Work Practice, 28*, 75–94.

Chipchase, Lucy, Allen, Shelley, Eley, Diann, McAllister, Lindy und Strong, Jenny. (2012). Interprofessional supervision in an intercultural context: A qualitative study. *Journal of Interprofessional Care, 26*(6), 465–471.

Clingerman, Tamara und Bernard, Janine M. (2004). An investigation of the use of e-mail as a supplemental modality for clinical supervision. *Counselor Education and Supervision, 44*, 82–95.

Collins-Camargo, Crystal und Millar, Kenneth. (2010). The Potential for a More Clinical Approach to Child Welfare Supervision to Promote Practice and Case Outcomes: A Qualitative Study in Four States. *The Clinical Supervisor, 29*(2), 164–187.

Cox, Diane L. und Araoz, Gonzalo. (2009). The experience of therapy supervision within a UK multi-centre randomized controlled trial. *Learning in Health and Social Care, 8*(4), 301–314.

Crockett, Stephanie und Hays, Danica G. (2015). The Influence of Supervisor Multicultural Competence on the Supervisory Working Alliance, Supervisee Counseling Self-Efficacy, and Supervisee Satisfaction with Supervision: A Mediation Model. *Counselor Education and Supervision, 54*(4), 258–273.

Cutcliffe, John R., Hyrkäs, Kristiina und Fowler, John. (2010). *Routledge Handbook of Clinical Supervision: Fundamental International Themes.* Wales: Routledge, Taylor and Francis Group.

Dawber, Chris. (2012). Reflective practice groups for nurses: a consultation liaison psychiatry nursing initiative: part 2 – the evaluation. *International Journal of Mental Health Nursing, 22,* 241–248.

Dawson, Margaret und Leggat, Sandra. (2012). Effective clinical supervision for regional allied health professionals – the supervisee's perspective. *Australian Health Revue, 36,* 92–97.

Dawson, Margaret und Leggat, Sandra. (2013). Effective clinical supervision for regional allied health professionals – the supervisor's perspective. *Australian Health Revue, 37,* 262–267.

De Stefano, Jack, Gazzola, Nicola, Audet, Cristelle T., Thériault, Anne. (2014). Supervisors in Training: The Experience of Group-Format Supervision-of-Supervision. *Canadian Journal of Counselling and Psychotherapy, 48*(4), 409–424.

DGSv (Deutsche Gesellschaft für Supervision). (Hrsg.). (2011). Forschungsförderung – Prozesse und Projekte im Bereich Supervision und Coaching, Köln. Zugriff am 27.05.2017. Verfügbar unter: http://www.dgsv.de/wp-content/uploads/2011/08/forschungsfoerderung_20110727.pdf

DGSv (Deutsche Gesellschaft für Supervision). (Hrsg.). (2012). *Supervision – ein Beitrag zur Qualifizierung beruflicher Arbeit.* Zugriff am 29.04.2019. Verfügbar unter http://www.forschungsnetzwerk.at/downloadpub/supervision_grundlagenbroschuere_2011.pdf

DGSv (Deutsche Gesellschaft für Supervison) und Modus. (2010). *Supervision und Coaching in Berlin. Ausgewählte Ergebnisse einer Evaluationsstudie zur Praxis von Supervision, Coaching und Teamentwicklung in Organisationen und Unternehmen (November 2010).* Zugriff am 18.05.2019. Verfügbar unter http://docplayer.org/11207012-Supervision-und-coaching-in-berlin.html

Drexler, Arthur und Möller, Heidi. (2007). Berufliche Kompetenzentwicklung von Supervisor/innen in Ausbildung. *Supervision. Mensch Arbeit Organisation, 3,* 51–57.

Driller, Ulrich. (2004). *Gruppensupervision mit Sachbearbeiterinnen für Sexualdelikte.* Zugriff am 17.05.2019. Verfügbar unter https://d-nb.info/1006968954/34

Driller, Ulrich und Hoffmeister, Christiane. (2005). *Gruppensupervision mit Dienstabteilungs- und Dienstschichtleitern.* Zugriff am 17.05.2019. Verfügbar unter https://d-nb.info/1006968954/34

Drüge, Marie und Schleider, Karin. (2015). Merkmale der Supervisionspraxis in der Sozialen Arbeit. *Organisationsberatung Supervision Coaching, 22,* 385–395.

Ducat, Wendy. H. und Kumar, Saravana. (2015). A systematic review of professional supervision experiences and effects for allied health practitioners working in non-metropolitan health care settings. *Journal of Multidisciplinary Healthcare, 8,* 397–407.

Ducat, Wendy H., Martin, Priya, Kumar, Saravana, Burge, Vanessa und Abernathy, Lu Juana. (2015). Oceans apart, yet connected: Findings from a qualitative study on professional supervision in rural and remote allied health services. *The Australian Journal of Rural Health, 24,* 29–35.

ECVision (2015). (Hrsg.) *ECVision. Ein Europäisches Kompetenzprofil für Supervision und Coaching.* Zugriff am 29.04.2019. Verfügbar unter https://www.oevs.or.at/fileadmin/oevs_website/user_upload/ECVision_Kompetenzprofil.pdf

ECVision. (2014). (Hrsg.). *Ein Europäisches Glossar für Supervision und Coaching.* Zugriff am 18.05.2019. Verfügbar unter https://www.oevs.or.at/fileadmin/oevs_website/user_upload/ECVision_Glossar_deutsch_englisch.pdf und http://www.anse.at/tl_files/ecvision/dokuments/Att%202_ECVision_Glossary.pdf

Edlhaimb-Hrubec, Christiana. (2006): Die „Supervisorische Beziehung": Theoriekonzepte und soziale Repräsentation im Lehrsupervisoren-, Supervisoren- und Supervisandensystem – im Fokus der Integrativen Supervision. *Supervision 2/2005.* Zugriff am 19.05.2019. Verfügbar unter http://www.fpi-publikation.de/supervision/alle-ausgaben/02-2006-edlhaimb-hrubec-christiana-maria-die-supervisorische-beziehung.html

Edwards, Deborah J., Cooper, Linda, Burnard, Philip, Hannigan, Ben, Adams, John, Fothergill, Ann und Coyle, David. (2005). Factors influencing the effectiveness of clinical supervision. *Journal of Psychiatric and Mental Health Nursing, 12*(4), 405–414.

Edwards, Deborah J., Burnard, Philip, Hannigan, Ben, Cooper, Linda, Adams, John, Jugessur, Tara, Fothergill, Ann und Coyle, David. (2006). Clinical supervision and burnout: the influence of clinical supervision for community mental health nurses. *Journal of Clinical Nursing, 15,* 1007–1015.

Ehrhardt, Jutta und Petzold, Hilarion G. (2014). Wenn Supervisionen schaden – explorative Untersuchungen im Dunkelfeld riskanter supervisorischer Praxis. *Supervision: Theorie – Praxis – Forschung. Eine interdisziplinäre Internet-Zeitschrift, 03.* Zugriff am 21.05.2019. Verfügbar unter http://www.fpi-publikation.de/images/stories/downloads/supervision/ehrhardt-petzold-wenn-supervisionen-schaden-_explorative-untersuchungen-riskante-praxis-03-2014.pdf

Eichert, Hans-Christoph. (2005). Entwicklung beruflicher Ressourcen durch Supervision – Eine Untersuchung im ambulanten psychiatrischen Bereich. *Gruppendynamik und Organisationsberatung, 36*(3), 285–302.

Eichert, Hans-Christoph. (2008). Supervision und Ressourcenentwicklung. Eine Untersuchung zur Supervision in der stationären Psychiatrie. *Supervision: Theorie – Praxis – Forschung. Eine interdisziplinäre Internet-Zeitschrift, 08.* Zugriff am 21.05.2019. Verfügbar unter http://www.fpi-publikation.de/images/stories/downloads/supervision/eichert_supervision08-2008.pdf

Ellis, Michael V., Berger, Lauren, Hanus, Alexa E., Ayala, Erin E., Swords, Brett. A. und Siembor, Michael. (2013). Occurrence of inadequate and harmful clinical supervision: Testing a revised framework and assessing occurrence. *The Counseling Psychologist, 42*(4), 434–472.

Ellis, Michael. V., Creaner, Mary, Hutman, Heidi und Timulak, Ladislav. (2015). A comparative study of clinical supervision in the Republic of Ireland and the United States. *Journal of Counseling Psychology, 62*(4), 621–631.

Erbring, Saskia. (2009). *Pädagogisch professionelle Kommunikation: Eine empirische Studie zur Professionalisierung von Lehrpersonen unter Supervision.* Baltmannsweiler: Schneider Verlag Hohengehren.

Ertel, Frank, Jakob-Krieger, Cornelia und Petzold, Hilarion G. (2009). Supervision als Ressource von TelefonSeelsorge. Eine Felderkundung zur Rolle und Bedeutung von Supervision mit Ehrenamtlichen in der TelefonSeelsorge aus Integrativer Sicht. *Supervision: Theorie – Praxis – Forschung. Eine interdisziplinäre Internet-Zeitschrift, 04.* Zugriff am 21.05.2019. Verfügbar unter http://www.fpi-publikation.de/images/stories/downloads/supervision/Ertel-Jakob-Krieger-Telfonseelsorget-Supervision_06_2009.pdf

Falender, Carol A. und Shafranske, Edward, P. (2004). *Clinical Supervision: A Competency-Based Approach.* Washington: American Psychological Association.

Falender, Carol A. (2012): Clinical Supervision: A New Era. Zugriff am 29.04.2019. Verfügbar unter https://cdn.ymaws.com/www.lapsych.org/resource/resmgr/Ethics/Web_Article_for_LACPA_7_2012.pdf.

Falender, Carol A. und Shafranske, Edward, P. (2008). *Casebook for Clinical Supervision: A Competency-Based Approach.* Washington: American Psychological Association.

Falender, Carol A. und Shafranske, Edward, P. (2011). *Getting the Most Out of Clinical Training and Supervision: A Guide for Practicum Students and Interns.* Washington: American Psychological Association.

Falender, Carol A., Shafranske, Edward, P. und Falicov, Celia J. (2014). *Multiculturalism and Diversity in Clinical Supervision: A Competency-Based Approach.* Washington: American Psychological Association.

Fellermann, Jörg. (Hrsg.). (2011). *Supervision und Coaching auf dem Beratungsmarkt: Eine explorative Studie als Beitrag zur Marktforschung.* Göttingen: Kölner Reihe – Materialien zu Supervision und Beratung.

Fellermann, Jörg, Rosenkranz, Doris und Scholz, Norbert. (2009). Aktuelle Daten zum Markt für Supervision und Coaching. In *NDV Nachrichtendienst des Deutschen Vereins für öffentliche und private Fürsorge e. V. 89,* 06/2009, 238–240.

Fishkin, Ralph, Fishkin, Lana, Leli, Ubaldo, Katz, Barbara und Snyder, Elise. (2011). Psychodynamic Treatment, Training, and Supervision Using Internet-Based Technologies. *The Journal of the American Academy of Psychoanalysis and Dynamic Psychiatry, 39,* 155–168.

Gasser, Christine. (2012). Evaluation von Supervisionsprozessen an Südtiroler Schulen. *Organisationsberatung Supervision Coaching, 19*(4), 443–457.

Gatfield, Terry. (2005). An Investigation into PhD Supervisory Management Styles: Development of a Dynamic Conceptual Model and Its Managerial Implications. *Journal of Higher Education Policy and Management,* S. 311–325.

Gazzola, Nicola, De Stefano, Jack, Thériault, Anne und Audet, Cristelle T. (2013). Learning to Be Supervisors: A Qualitative Investigation of Difficulties Experienced by Supervisors-in-Training. *The Clinical Supervisor, 32*(1), 15–39.

Geißler-Piltz, Brigitte und Gerull, Susanne. (2007). Soziale Arbeit im Gesundheitswesen. Subjektive Einschätzungen und Rahmenbedingungen professionellen Handelns. *Klinische Sozialarbeit, 3,* Juli 2007, 10–12.

Gillieatt, Sue, Martin, Robyn, Marchant, Trudy, Fielding, Angela und Duncanson, Kate. (2014). Evaluation of an inter-professional training program for student clinical supervision in Australia. *Human Resources of Health, 12.* Zugriff am 21.05.2019. Verfügbar unter https://espace.curtin.edu.au/bitstream/handle/20.500.11937/34593/202725_202725.pdf?sequence=2&isAllowed=y

Green Lister, Pam und Crisp, Beth R. (2005). Clinical Supervision in Child Protection for Community Nurses. *Child Abuse Review, 14,* 57–72.

Gottfried, Kurt (2012). *Supervision in Psychiatrischen Kliniken: Eine europäische empirische Multicenter-Vergleichs-Studie Fallsupervision versus Teamsupervision.* Hamburg: Wissenschaftsverlag Verlag Dr.Kovac.

Gonge, Henrik und Buus, Niels. (2010). Individual and workplace factors that influence psychiatric nursing staff's participation in clinical supervision: a survey study and prospective longitudinal registration. *Issues in Mental Health Nursing, 31,* 345–354.

Gonge, Henrik und Buus, Niels. (2014). Is it possible to strengthen psychiatric nursing staff's clinical supervision? RCT of a meta-supervision intervention. *Journal of Advanced Nursing, 71*(4), 909–921.

Gottfried, Kurt, Petitjean, Sylvie und Petzold, Hilarion G. (2003). Supervision in der Psychiatrie. Eine Multicenterstudie (Schweiz). In Hilarion G. Petzold, Brigitte Schigl, Martin Fischer und Claudia Höfner (Hrsg.), *Supervision auf dem Prüfstand. Wirksamkeit, Forschung, Anwendungsfelder, Innovation* (S. 299–334). Opladen: Leske + Budrich.

Gotthardt-Lorenz, Angela, Hausinger, Brigitte und Sauer, Joachim. (2009). Die supervisorische Forschungkompetenz. In Harald Pühl (Hrsg.), *Handbuch der Supervision 3. Grundlagen. Praxis. Perspektiven* (S. 362–380). Berlin: Leutner Verlag.

Green, Mary und Dekkers, Tara. (2010). Attending to Power and Diversity in Supervision: An Exploration of Supervisee Learning Outcomes and Satisfaction With Supervision. *Journal of Feminist Family Therapy, 22*(4), 293–312.

Häder, Michael. (Hrsg.). (2002). *Delphi-Befragungen. Ein Arbeitsbuch.* Wiesbaden: Westdeutscher Verlag.

Hair, Heather J. (2014). Power relations in supervision: Preferred practices according to social workers. *Families in Society, 95*(2), 107–114.

Haubl, Rolf. (2009). Grundsatzfragen der Supervisionsforschung. In Harald Pühl (Hrsg.), *Handbuch der Supervision 3. Grundlagen. Praxis. Perspektiven* (S. 348–361). Berlin. Leutner Verlag.

Haubl, Rolf und Voß, G. Günter. (2011). (Hrsg.). *Riskante Arbeitswelt im Spiegel der Supervison.* Kölner Reihe – Materialien zu Supervision und Beratung. Göttingen: Vandenhoeck und Ruprecht.

Haubl, Rolf, Voß, G. Günter, Alsdorf Nora und Handrich, Christoph. (2013). *Belastungsstörung mit System. Die zweite Studie zur psychosozialen Situation in deutschen Organisationen.* Kölner Reihe – Materialien zu Supervision und Beratung. Göttingen: Vandenhoeck & Ruprecht.

Hildebrandt, Candace. (2009). Marriage and family therapy interns' best and worst supervision experience. *ProQuest Information & Learning, 70*, 3172–3172.

Hird, Jeffrey, Tao, Karen W. und Gloria, Alberta M. (2004). Examining Supervisors' Multicultural Competence in Racially Similar and Different Supervision Dyads. *The Clinical Supervisor, 23*(1), 107–122.

Ho, Diana W. und Whitehill, Tara. (2009). Clinical supervision of speech-language pathology students: Comparison of two models of feedback. *International Journal of Speech-Language Pathology, 11*(3), 244–255.

Hunt, Caroline und Sharpe, Louise. (2008). Within-session supervision communication in the training of clinical psychologists. *Australian Psychologist, 43*(2), 121–126.

Hurlock, Michael T. (2008). *Talking Circle Supervision: A group supervision format for marriage and family therapy master's students.* University of Connecticut, Storrs. Zugriff am 16.05.2019. Verfügbar unter https://search.proquest.com/docview/304625615

Hyrkäs, Kristiina. (2005). Clinical Supervision, Burnout, and Job Satisfaction Among Mental Health and Psychiatric Nurses in Finland. *Issues in Mental Health Nursing, 26*(5), 531–556.

Hyrkäs, Kristiina, Appelqvist-Schmidlechner, Kaija und Kivimäki, Kirsti. (2005). First-line managers' views of the long-term effects of clinical supervision: how does clinical supervision support and develop leadership in health care? *Journal of Nursing Management, 13*(3), 209–220.

Hyrkäs, Kristiina, Appelqvist-Schmidlechner, Kaija und Haataja, Riina. (2006). Efficacy of clinical supervision: influence on job satisfaction, burnout and quality of care. *Journal of advanced nursing, 55*, 521–535.

Jakob, Marion, Weck, Florian, Schornick, Meike, Krause, Tiffany und Bohus, Martin. (2015). Wenn der Supervisor zuschaut. *Psychotherapeut, 60*(3), 210–215.

Johansson, Diana. (2015). Nursing clinical supervision project in a Neonatal Intensive Care and a Special Care Baby Unit: a best practice implementation project. *JBI Database of Systematic Reviews und Implementation Reports, 13*(3), 247–257.

Kames, Helmut. (2011). *Ein Fragebogen zur Erfassung der „Fünf Säulen der Identität" (FESI).* Zugriff am 21.05.2019. Verfügbar unter https://www.fpi-publikation.de/images/stories/downloads/polyloge/kames-ein-fragebogen-zur-erfassung-der-fuenf-saeulen-der-identitaet-polyloge-18-2011.pdf

Karlinger, Sabine. (2011). *Gender Matters? Genderkompetenz in der Supervision – Zur Bedeutung der Genderkompetenz von Supervisorinnen und Supervisoren im psychosozialen Feld.* Saarbrücken: VDM Verlag.

Kavanagh, David J., Spence, Susan, Sturk, Heidi, Strong, Jenny, Wilson, Jill, Worrall, Linda, Crow, Natasha und Skerrett, Robyn. (2008). Outcomes of training in supervision: Randomized controlled trial. *Australian Psychologist, 43*(2), 96–104.

Kissil, Kami, Davey, Maureen und Davey, Adam. (2013). Foreign-Born Therapists in the United States: Supervisors' Multicultural Competence, Supervision Satisfaction, and Counseling Self-Efficacy. *The Clinical Supervisor, 32*(2), 185–211.

Knaus, Klaus-Josef, Petzold, Hilarion G. und Müller, Lotti. (2006). Supervision in der Altenhilfe in Deutschland – eine explorative Multicenterstudie. *Supervision: Theorie – Praxis – Forschung. Eine interdisziplinäre Internet-Zeitschrift,* 01. Zugriff am 21.05.2019. Verfügbar unter http://www.fpi-publikation.de/images/stories/downloads/supervision/Knaus-Petzold-Mueller-Supervision-Altenhilfe-Supervision-01-2006.pdf

Koivu, Aija, Hyrkas, Kristiina und Saarinen, Pirjo I. (2011). Who attends clinical supervision? The uptake of clinical supervision by hospital nurses. *Journal of Nursing Management, 19*(1), 69–79.

Koivu, Aija, Saarinen, Pirjio I. und Hyrkäs, Kristiina. (2012a). Does clinical supervision promote medical-surgical nurses' well-being at work? A quasi-experimental 4-year follow-up study. *Journal of Nursing Management, 20*, 401–413.

Koivu, Aija, Saarinen, Pirjio I. und Hyrkäs, Kristiina. (2012b). Who benefits from clinical supervision and how? The association between clinical supervision and the work-related well-being of female hospital nurses. *Journal of Clinical Nursing, 21*(17–18), 2567–2578.

Kotte, Silja und Möller, Heidi. (2013). Standardisierte Verhaltensbeobachtung als Forschungszugang zu Gruppen- und Teamsupervision mit Hilfe des IKD. In Stefan Busse und Brigitte Hausinger (Hrsg), *Supervisions- und Coachingprozesse erforschen. Theoretische und methodische Zugänge* (S. 152–179). Göttingen: Vandenhoeck und Ruprecht.

Kraemer Tebes, Jacob, Matlin, Samantha L., Migdole, Scott J., Farkas, Melanie S., Money, Roy W., Shulman, Lawrence und Hoge, Michael A. (2011). Providing competency training to clinical supervisors through an interactional supervision approach. *Research on Social Work Practice, 21*(2), 190–199.

Kühne-Eisendle, Margit. (2004). *Supervision und Coaching mit weiblichen Führungskräften.* Zugriff am 17.05.2019. Verfügbar unter https://d-nb.info/1006968954/34

Kuipers, Pim, Pager, Susan, Bell, Karen, Hall, Fiona und Kendall, Melissa. (2013). Do structured arrangements for multidisciplinary peer group supervision make a difference for allied health professional outcomes? *Journal of multidisciplinary healthcare, 6*, 391.

Kumar, Saravana, Osborne, Kate und Lehmann, Tanya. (2015). Clinical supervision of allied health professionals in country South Australia: A mixed methods pilot study. *The Australian Journal of Rural Health, 23*(5), 265–271

Ladany, Nicholas, Mori, Yoko und Mehr, Kristin E. (2013). Effective and Ineffective Supervision. *Counseling Psychologist, 41*(1), 28–47.

Lamacz-Koetz, Iris und Petzold, Hilarion G. (2009). Nonverbale Kommunikation in der Supervision und ihre leibtheoretische Grundlage. Wenn Sprache nicht ausreicht – Eine explorative Studie. In: *SUPER ISION: Theorie – Praxis – Forschung* Ausgabe 03/2009 http://www.fpi-publikation.de/downloads/download-supervision/download-03-2009-lamacz-koetz-petzold.html

Lawrence, Paul und Whyte, Ann. (2014). What is coaching supervision and is it important?. *Coaching: An international journal of theory, research and practice, 7*(1), 39–55.

Lin, Yi-Chun. (2012). *On-line supervision of school counselors: effects on case conceptualization skills and self-efficacy.* Dissertation, University of Iowa, Iowa City. Zugriff am 17.05.2019. Verfügbar unter https://ir.uiowa.edu/cgi/viewcontent.cgi?article=3491&context=etd

Lloyd-Hazlett, Jessica und Foster, Victoria. (2014). Utilizing Interpersonal Process Recall in Clinical Supervision to Address Counselor Countertransference. *VISTAS Online, Article 34*. Zugriff am 21.05.2019. Verfügbar unter https://www.counseling.org/docs/default-source/vistas/article_34.pdf?sfvrsn=40a07c2c_10

Lohl, Jan. (2014). „Und wenn du groß bist, dann darfst du vielleicht mal was sagen". Ein Zwischenbericht aus einem Forschungsprojekt zur Geschichte der Supervision. *Freie Assoziation, 17*(1+2), 111–129.

Lohl, Jan. (2015). „... dass man von ihm mehr wollte und zu gleich ein bisschen Schiss kriegte." Über die Herstellung von Zugehörigkeit von SupervisorInnen. *Freie Assoziation, 2*, 56–59.

Long, Clive. G., Harding, S., Payne, Katy-Louise und Collins, Lesley. (2014). Nursing and healthcare assistant experience of supervision in a medium secure psychiatric service for women: implications for service development. *Journal of Psychiatric and Mental Health Nursing, 21*, 154–162.

Luke, Melissa und Gordon, Cynthia. (2011). A Discourse Analysis of School Counseling Supervisory E-Mail. *Counselor Education and Supervision, 50*(4), 226–292.

Luke, Melissa und Gordon, Cynthia. (2016). Clinical Supervision via E-Mail: A Review of the Literature and Suggestions for Practice. In Tony Rousmaniere und Edina Renfro-Michel (Hrsg.), *Using Technology to Enhance Clinical Supervision* (S. 117–134). Hoboken N.J.: Wiley.

OSC (Organisationsberatung, Supervision, Coaching). Zugriff am 21.05.2019. Verfügbar unter https://link.springer.com/journal/11613.

Lyles, Adriana V. (2004). *Influence of an optimistic/pessimistic internal voice on supervisee openness in supervision*. Dissertation, California Institute of Integral Studies, San Francisco.

Madani, Yaser. (2008). *The meaning of evaluation in the supervisory relationship for counselors-in-training*. Dissertation, Colorado State University, Fort Collins.

Mangione, Lorraine, Mears, Gail, Vincent, Wendy und Hawes, Susan. (2011). The Supervisory Relationship When Women Supervise Women: An Exploratory Study of Power, Reflexivity, Collaboration, and Authenticity. *The Clinical Supervisor, 30*(2), 141–171

McCarthy, Amanda K. (2013). Relationship Between Supervisory Working Alliance and Client Outcomes in State Vocational Rehabilitation Counseling. *Rehabilitation Counseling Bulletin, 57*(1), 23–30.

Messinger, Lori. (2007). Supervision of Lesbian, Gay, and Bisexual Social Work Students by Heterosexual Field Instructors: A Qualitative Dyad Analysis. *The Clinical Supervisor, 26*(1/2), 195–222.

Milne, Derek L. (2007). An empirical definition of clinical supervision. *British Journal of Clinical Psychology, 46*, 437–447.

Milne, Derek L. (2009). *Evidence-Based Clinical Supervision. Principles and Practice*. West Sussex: John Wiley und Sons/BPS Blackwell.

Müller, L., Petzold, H. G., Schreiter-Gasser, U. (2005): Supervision im Feld der klinischen und sozialgerontologischen Altenarbeit. *Integrative Therapie* 1/2 (2005) 181–214.

Murphy, Megan J. (2002). *Developing a theory of power in the clinical supervisory relationship*. Doctoral dissertation, University of Georgia, Athens. Zugriff am 17.05.2019. Verfügbar unter https://getd.libs.uga.edu/pdfs/murphy_megan_j_200208_phd.pdf

Murphy, Noela, Bain, John D. und Conrad, Linda. (2007). Orientations to Research Higher Degree Supervision – The Interrelatedness of Beliefs about Supervision, Research, Teaching and Learning, Griffith University, Australien. Zugriff am 17.05.2019. Verfügbar unter https://link.springer.com/article/10.1007/s10734-005-5608-9

Murray, Patrick James. (2004). Social influence in clinical supervision: A bi-directional process? *ProQuest Information & Learning*. 64: 5228–5228.

Musaeus Jeanette Louise und Petzold, Hilarion, G. (2008). Soziale Repräsentationen und Erfahrungen mit Supervision im Feld der Psychiatrie in Norwegen. Zentrum für IBT, Vrije Universiteit Amsterdam, Department für psychosoziale Gesundheit und Psychotherapie, Donau Universität, Krems. In *SUPERVISION* 9/2015. http://www.fpi-publikation.de/supervision/alle-ausgaben/09-2015-musaeus-j-l-petzold-h-g-soziale-repraesentationen-supervision-psychiatrie.html

Naujoks, Andrea und Petzold, Hilarion G. (2012). Die Wirkung von Supervision in stationären Entwöhnungsbehandlungen für Alkohol- und Medikamentenabhängige – eine empirische Felderkundung als Beitrag zur Situation der Qualitäts- und Wirkungsnachweise von Supervision. *Supervision: Theorie – Praxis – Forschung. Eine interdisziplinäre Internet-Zeitschrift, 04.* Zugriff am 18.05.2019. Verfügbar unter http://www.fpi-publikation.de/images/stories/downloads/supervision/naujoks-petzold-supervision-sucht-felderkundung-qualitaet-wirkungsnachweise-supervision-04-2012.pdf

Neil, Sandra T., Nothard, Sarah, Glentworth, David und Stewart, Elaine. (2010). A study to evaluate the provision of psychosocial supervision within an Early Intervention team. *The Cognitive Behaviour Therapist, 3*(2), 58–70.

Nelson, Mary Lee, Barnes, Kristin L., Evans, Amelia L. und Triggiano, Patrick J. (2008). Working with conflict in clinical supervision: Wise supervisors' perspectives. *Journal of Counseling Psychology, 55*(2), 172.

Neuschäfer, Knut. (2004). Supervisorinnen und Supervisoren in der Schule. Organisationsinterne Supervision der Schulabteilung der Bezirksregierung Münster. *Forum Supervision. Supervision – Organisationsberatung – Coaching, 23*, 70–84.

Niessen, Andrea. (2010). Arbeitsentlastungen für MitarbeiterInnen im Altenheim – Die Wirksamkeit protektiver Faktoren als gesundheitsfördernder Aspekt in der Integrativen Supervision. *Supervision: Theorie – Praxis – Forschung. Eine interdisziplinäre Internet-Zeitschrift, 09.* Zugriff am 16.05.2019. Verfügbar unter https://www.fpi-publikation.de/images/stories/downloads/supervision/niessen_andrea-arbeitsentlastungen_fuer_mitarbeiterinnen_im_altenheim-supervision-09-2010.pdf

O'Connell, Bev, Ockerby, Cherene M., Johnson, Susan, Smenda, Helen und Bucknall, Tracey K. (2011). Team clinical supervision in acute hospital wards: a feasibility study. *Western Journal of Nursing Research, 35*(3), 330–347.

Olofsson, Britta. (2005). Opening up: psychiatric nurses' experiences of participating in reflection groups focusing on the use of coercion. *Journal of Psychiatric and Mental Health Nursing, 12*(3), 259–267.

O'Neal, Elaine M. (2008). *Middle school teachers' understandings of supervision: Exploring feedback for professional growth in teacher performance and student achievement.* ProQuest Information & Learning. 69: 1242–1242.

Orth, Susanne, Siegele, Frank und Petzold Hilarion, G. (2007). Die Wirkung von Supervision in psychiatrischen Tageskliniken. *SUPERVISION*: Theorie – Praxis – Forschung. Eine interdisziplinäre Internet-Zeitschrift – 05/2007 http://www.fpi-publikation.de/downloads/download-supervision/download-05-2007-orth-siegele-petzold.html

Ortega-Villalobos, Lideth. (2011). *Confirmation of the structure and validity of the Multicultural Supervision Inventory.* ProQuest Information & Learning. 72: 1802–1802.

Pannewitz, Anja. (2012). *Das Geschlecht der Führung. Supervisorische Interaktion zwischen Tradition und Transformation.* Göttingen: Vandenhoeck und Ruprecht.

Papile, Chiara. (2014). *Two sides to the coin: An exploration of helpful and hindering supervision events contributing to psychologist competence.* Masterthesis. University of Alberta, Kanada.

Peters, Jerriann. (2013). *Supervisees' and Supervisors' Experiences of Power in Narrative Supervision.* Doctoral dissertation, Alliant International University, California School of Professional Psychology, Irvine.

Petzold, Hilarion G., Petitjean, Sylvie und Gottfried, Kurt. (2003b). Supervision in der Psychiatrie – eine Multicenterstudie (Schweiz). In Hilarion G. Petzold, Brigitte Schigl, Martin Fischer und Claudia Höfner. (Hrsg.), *Supervision auf dem Prüfstand* (S. 299–334). Opladen: Leske + Budrich.

Petzold, Hilarion G., Schigl, Brigitte, Fischer, Martin und Höfner, Claudia. (2003a). *Supervision auf dem Prüfstand. Wirksamkeit, Forschung, Anwendungsfelder, Innovation*. Opladen: Leske + Budrich.

Petzold, Hilarion G., Müller, Lotti und König, Michael. (2008). Supervision in Einrichtungen der Altenarbeit im deutschsprachigen Raum – ein Vergleich dreier Studien der empirischen Felderkundung in Österreich, Deutschland und der Schweiz. *Supervision: Theorie – Praxis – Forschung. Eine interdisziplinäre Internet-Zeitschrift, 09*. Zugriff am 21.05.2019. Verfügbar unter http://www.fpi-publikation.de/images/stories/downloads/supervision/petzoldmuellerkoenigsup_09_2008.pdf

Phelps, David L. (2013). Supervisee experiences of corrective feedback in clinical supervision: A consensual qualitative research study. Dissertation, Marquette University, Milwaukee. Zugriff am 16.05.2019. Verfügbar unter https://epublications.marquette.edu/cgi/viewcontent.cgi?article=1256&context=dissertations_mu

Prasko, Jan, Vyskocilova, Jana, Slepecky, Milos und Novotny, MIroslav. (2012). Principles of supervision in cognitive behavioural therapy. *Biomed Pap Med Fac Univ Palacky Olomouc Czech Repub, 156*(1), 70–79.

Pühl, Harald. (Hrsg.). (2009a). *Handbuch der Supervision 3. Grundlagen. Praxis. Perspektiven*. Berlin: Leutner Verlag.

Pühl, Harald. (Hrsg.). (2009b). *Handbuch Supervision und Organisationsentwicklung* (3. aktualisierte und erweiterte Auflage). Wiesbaden: VS Verlag.

Pühl, Harald (Hrsg.). (2017). *Das aktuelle Handbuch der Supervision: Grundlagen – Praxis – Perspektiven*. Gießen: Psychosozial Verlag

Rabelt, Vera. (2005). Zur Bedeutung von Supervision in transdisziplinären (Forschungs)Netzwerken. Betreuung des Begleitforschungsprojektes BeNN, ein vom BMBF geförderter Schwerpunkt im Bereich Nachhaltigkeit, Beauftragung durch das Umweltbundesamt. *BeNN – Wissenschaftliche Begleitforschung, Moderation und Coaching regionaler Netze auf dem Gebiet neuer Nutzungsstrategien. Abschlussbericht*, 121–132. Zugriff am 19.05.2019. Verfügbar unter https://d-nb.info/1006968954/34

Rakovshik, Sarah, McManus, Freda, Vazquez-Montes, Marie, Muse, Kate und Ougrin, Dennis. (2016). Is supervision necessary? Examining the effects of internet-based CBT training with and without supervision. *Journal of Consulting and Clinical Psycholog, 84*(3), 191–199.

Rieck, Troy, Hausdorf, Peter und Callahan, Jennifer L. (2015). The role of emotional intelligence in peer instructional dyads. *Scholarship of Teaching and Learning in Psychology, 1*(1), 24.

Roberts, Joseph M., Roberts, Jennifer L., Harrington, Angela L., Vudy, Vanessa A. und Krumenacker, Joy B. (2016). Clinical supervision dilemmas related to child abuse in wraparound treatment. *Journal of Child and Family Studies, 25*, 2258–2267.

Rojas, Alicia, Arbuckle, Melissa und Cabaniss, Deborah. (2010). Don't leave teaching to chance: Learning objectives for psychodynamic psychotherapy supervision. *Academic Psychiatry, 34*(1), 46–49.

Runcan, Patricia-Luciana, Goian, Cosmin und Laurentiu, Tîru. (2012). The socio-communicational style and the need for supervision of professionals from the social services. *Revista de cercetare si interventie sociala, 37*, 180.

Satterly, Brent und Dyson, Donald. (2008). Sexual Minority Supervision. *The Clinical Supervisor, 27*(1), 17–38.

Schay, Peter, Dreger Bernd und Siegele, Frank (2006). Die Wirksamkeit von Supervision für den Patienten. Eine Evaluationsstudie zur Wirksamkeit von Supervision für das Patientensystem in Einrichtungen der medizinischen Rehabilitation Drogenabhängiger. In: Schay, P. *Innovationen in der Drogenhilfe. Beispiele alternativer Finanzierungsmöglichkeiten und inhaltlicher Weiterentwicklung*. Wiesbaden: VS Verlag für Sozialwissenschaften.

Schigl, Brigitte. (2013). Wie gefährlich kann Supervision sein? Perspektiven in ein Dunkelfeld. *Organisationsberatung Supervision Coaching, 20*, 35–49.

Schigl, Brigitte. (2016). Risiken von Supervision: Perspektiven in ein Dunkelfeld. *Psychotherapie Forum, 21*(3), 82–89.

Schigl, Brigitte und Petzold, Hilarion G. (1998). Evaluation einer Ausbildung in Integrativer Supervision mit Vertiefungsschwerpunkt für den klinisch-geriatrischen Bereich – Ein begleitendes Forschungsprojekt. *Integrative Therapie*, 1–2/1997.

Schoenwald, Sonja. K., Sheidow, Ashli J. und Chapman, Jason E. (2009). Clinical supervision in treatment transport: effects on adherence and outcomes. *Journal of Consulting and Clinical Psychol*ology, 77(3), 410–421.

Seckinger, Mike. (2008). Supervision in der Kinder- und Jugendhilfe. *Supervision. Mensch Arbeit Organisation, 2*, 43–47.

Severinsson, Elisabeth, Haruna, Megumi und Friberg, Febe. (2010). Midwives' group supervision and the influence of their continuity of care model – a pilot study. *Journal of Nursing Management, 18*(4), 400–408.

Shulman, Lawrence und Safyer Andrew. (Hrsg.). (2005). Supervision in Counselling: Interdisciplinary Issues and Research. *The clinical Supervisor, 24*, 1–2.

Simpson-Southward, Chloe, Waller, Glenn und Hardy, Gillian E. (2016). Supervision for treatment of depression: An experimental study of the role of therapist gender and anxiety. *Behaviour Research and Therapy, 77*, 17–22.

Sommer, Carol A. und Cox, Jane A. (2005). Elements of Supervision in Sexual Violence Counselors' Narratives: A Qualitative Analysis. *Counselor Education and Supervision, 45*(2), 119–134.

Starr, Fiona, Ciclitira, Karen, Marzano, Lisa, Brunswick, Nicala und Costa, Ana. (2013). Comfort and challenge: a thematic analysis of female clinicians' experiences of supervision. *Psychological Psychotherapy: Theory, Research and Practice, 86*, 334–51.

Sterner, William R. (2009). Influence of the supervisory working alliance on supervisee work satisfaction and work-related stress. *Journal of Mental Health Counseling, 31*(3), 249–263.

Strobelt, M., Petzold, H. G. (2008): Supervision in Selbsthilfegruppen Bei: www.FPI-Publikationen.de/materialien.htm – *SUPERVISION: Theorie – Praxis – Forschung. Eine interdisziplinäre Internet-Zeitschrift* – 12/2008 – http://www.fpi-publikation.de/supervision/alle-ausgaben/12-2008-strobelt-m-petzold-h-g-supervision-in-selbsthilfegruppen.html

Sturm, Tim. (2016). Burnout in der IT-Branche: Sind Reflexion, Coaching und Supervision wirksame Instrumente zur erfolgreichen Prävention? *Polyloge: Materialien aus der Europäischen Akademie für biopsychosoziale Gesundheit Eine Internetzeitschrift für „Integrative Therapie", 17*. Zugriff am 21.05.2018. Verfübar unter https://www.fpi-publikation.de/images/stories/downloads/polyloge/sturm-burnout-it-branche-reflexion-coaching-supervision-instrumente-praevention-polyloge-17-2016.pdf

Sussman, Tamara, Bogo, Marion und Globerman, Judith. (2007). Field instructor perceptions in group supervision: Establishing trust through managing group dynamics. *The Clinical Supervisor, 26*(1–2), 61–80.

Tanner, Melissa. A. (2012). An *Examination of the Effectiveness of Co-Therapy Supervision on Treatment Outcome, Client Retention, and Therapy Training*. Zugriff am 17.05.2019. Verfügbar unter https://search.proquest.com/openview/2f996eaa128eb7019989fe2978b36158/1?pq-origsite=gscholar&cbl=18750&diss=y

Literatur

Taylor, Brent A., Hernández, Pilar, Deri, Aaron, Rankin, Presley R. und Siegel, Andrew. (2006). Integrating Diversity Dimensions in Supervision. *The Clinical Supervisor, 25*(1/2), 3–21.

Thomann, Barbara. (2012). Wirkung und Nebenwirkungen von Supervision – Exemplarische Studie im Praxisfeld der Arbeit mit Menschen mit Behinderung. *Supervision: Theorie – Praxis – Forschung. Eine interdisziplinäre Internet-Zeitschrift, 05.* Zugriff am 21.05.2019. Verfügbar unter http://www.fpi-publikation.de/images/stories/downloads/supervision/thomann-supervision-exemplarische-studie-praxisfeld-menschen-behinderung-supervision-05-2012.pdf

Townend, Michael. (2005). Interprofessional supervision from the perspectives of both mental health nurses and other professionals in the field of cognitive behavioural psychotherapy. *Journal of Psychiatric and Mental Health Nursing, 12*(5), 582–588.

Van Wijnen, Hester. (2006). Berufliche Identität und Supervision bei Physiotherapeuten. *Supervision: Theorie – Praxis – Forschung. Eine interdisziplinäre Internet-Zeitschrift, 03.* Zugriff am 24.05.2016. Verfügbar unter http://www.fpi-publikation.de/images/stories/downloads/supervision/Wijnen-Physiotherapie-Supervision-03-2006.pdf

Vilkinas, Tricia. (2007): An Exploratory Study of the Supervision of Ph.D./Research Students Theses, Adelaide, Australien. *Innovative Higher Education, 32* (online first) und 2008, 297–311.

Waibel, Martin (2004). Integrative Supervision in der Ausbildung von Physiotherapeuten. *Supervision: Theorie – Praxis – Forschung. Eine interdisziplinäre Internet-Zeitschrift, 12.* Zugriff am 21.05.2019. Verfügbar unter http://www.fpi-publikation.de/images/stories/downloads/supervision/Waibel-Ausbildung-Physiotherapeuten-Supervision-12-2004.pdf

Waibel, Martin und Petzold H. G. (2007). Mobbing und Integrative Supervision – Materialien, Modelle, Perspektiven und eine Befragung zu Mobbingberatung und Supervision. *Supervision: Theorie – Praxis – Forschung. Eine interdisziplinäre Internet-Zeitschrift, 09.* Zugriff am 21.05.2019. Verfügbar unter http://www.fpi-publikation.de/images/stories/downloads/supervision/Waibel_Petzold_Mobbing_Supervision-09-2007.pdf

Walker, Jessica. (2011). Supervision Techniques. In Nicholas Ladany und Loretta J. Bradley (Hrsg.), *Counselor Supervision.* New York: Routledge, Taylor and Francis Group.

Wang, Wei, Mao, Jiye, Wu, Weiku und Liu, Jun. (2012). Abusive supervision and workplace deviance: The mediating role of interactional justice and the moderating role of power distance. *Asia Pacific Journal of Human Resources, 50,* 43–60.

Watkins Jr., C. Edward und Milne, Derek L. (2014). (Hrsg.). *The Wiley International Handbook of Clinical Supervision.* West Sussex: Wiley Blackwell.

Wettlaufer, Antje. (2007). „Bin ich hier Polizist oder Komplize?" Fallsupervision in SGB II – Arbeitsgemeinschaften (ARGEN). *Organisationsberatung Supervision Coaching, 14*(2), 144–154.

Wheeler, Sue und Turpin, Graham. (2011): *IAPT Supervision Guidance.* University of Sheffield and University of Leicester. Zugriff am 16.05.2019. Verfügbar unter https://www.uea.ac.uk/documents/246046/11919343/IAPT+Supervision+Guidance+2011.pdf/3a8f6c76-cea0-4f76-af78-e2f0a1f64c5e

White, E., Winstanley, J. (2010): A randomized controlled trial of clinical supervision: Selected findings from a novel Australian attempt to establish the evidence base for causal relationships with quality of care and patient outcomes, as an informed contribution to mental health nursing practice development. *Journal of Research in Nursing, 2,* 151–167.

Willutzki, Ulrike, Tönnies, Britta und Meyer, Frank. (2005). Psychotherapiesupervision und die therapeutische Beziehung – eine Prozessstudie. *Verhaltenstherapie & Psychosoziale Praxis, 37*(3), 507–516.

Winkens, Herbert. (2016). *Der Beitrag der Supervision zur Stärkung von Resilienz in der Jugendhilfe – Eine empirische Untersuchung der Risikofaktoren für Arbeitnehmer/-innen und Organisationen der Jugendhilfe, sowie der Steigerung psychischer Widerstandsfähigkeit durch Supervision,* Kassel: kassel university press.

Winstanley, Julie. (2000). Manchester Clinical Supervision Scale. *Nursing Standard,* *14*(19), 31–32.

Winstanley, Julie und White, Edward. (2011). The MCSS-26©: Revision of the Manchester Clinical Supervision Scale Using the Rasch Measurement Model. *Journal of Nursing Measurement,* *19*(3), 160–178.

Wittich, Andrea und Dieterle, Wilfried E. (2004). Supervision in der Krankenpflege – Empirische Befunde aus einem Krankenhaus der Maximalversorgung. *Supervision. Mensch Arbeit Organisation, 4,* 44–50.

Woodside, Marianne, Ziegler, Mary, und Paulus Trena. (2009). Understanding school counseling internships from a community of practice framework. *Counsellor Education and Supervision,* 49, 20–38.

Worrall, John M. und Fruzzetti, Alan E. (2009). Improving peer supervisor ratings of therapist performance in dialectical behavior therapy: An Internet-based training system. *Psychotherapy: Theory, Research, Practice, Training, 46*(4), 476–479.

Worthen, Vaughn E. und Lambert, Michael J. (2007). Outcome oriented supervision: Advantages of adding systematic client tracking to supportive consultations. *Counselling and Psychotherapy Research, 7*(1), 48–53.

Wright, Jeannie und Griffiths, Frances. (2010). Reflective practice at a distance: using technology in counselling supervision. *Reflective practice, 11*(5), 693–703.

Wu, Long-Zeng, Liu, Jun und Liu, Gang. (2009). Abusive supervision and employee performance: Mechanisms of traditionality and trust. *Acta Psychologica Sinica, 41,* 510–518.

Xavier, Kristina, Shepherd, Louise und Goldstein, David. (2007). Clinical supervision and education via videoconference: a feasibility project. *Journal of Telemedicine and Telecare, 13*(4), 206–209.

Ybrandt, Helene und Armelius, Kerstin. (2009). Changes in Self-Image in a Psychotherapy Supervisor Training Program. *The Clinical Supervisor, 28*(2), 113–123.

Designs, Forschungsmethoden und -instrumente

Brigitte Schigl, Claudia Höfner, Noah A. Artner, Katja Eichinger, Claudia B. Hoch und Hilarion G. Petzold

Da die Qualität der verwendeten Forschungsdesigns und deren operative Ausführung von der Stichprobengenerierung und den Erhebungsinstrumenten bis zu den Auswertungen ein zentrales Merkmal für die Aussagekraft, die Wertigkeit und den Nutzen von Studien darstellt, widmen wir diesem Thema ein eigenes Kapitel. Am Ende des Buches findet sich zur besseren Übersicht auch ein Verzeichnis der in den gesichteten Studien verwendeten standardisierten Erhebungsinstrumente mit Angaben ihrer AutorInnen.

Prinzipiell kann festgehalten werden, dass sowohl qualitative wie quantitative Forschungsdesigns zur Anwendung kamen (vgl. Tab. 5.2) und jeweils von sehr simplem zu hoch elaboriertem Studienaufbau reichten. Es werden auch einige Mixed Methods Designs beschrieben, auch diese rangieren von wenig bis sehr aufwendig.

8.1 Quantitative Erhebungsmethoden

8.1.1 Evaluationsinstrumente im deutschsprachigen Raum

Schneider und Müller (1998) entwickelten als erstes deutschsprachiges quantitatives Messinstrument das *„Supervisions-Evaluations-Inventar"* *(SEI)* im Zuge der Befragung von Fachkräften im kirchlichen Bereich, um die Wirkung der dortigen Supervision zu erheben. Der Fragebogen, der auf die Dokumentation der Veränderung durch den Supervisionsprozess abzielt, ist folgendermaßen aufgebaut:

- Allgemeine Angaben zur Person (Fragen 1–5)
- Fragen zum Zustandekommen der Supervision, zur beruflichen Zufriedenheit, zu Zielen und Befürchtungen (Fragen 6–10)

- Auswirkungen der Situation auf die eigene Person, auf die Arbeit mit den KlientInnen, auf die Zusammenarbeit mit den KollegInnen und der Leitung (Fragen 11a–d)
- Aussagen zur Haltung und Arbeitsweise der SupervisorInnen (Frage 12).

Es handelt sich beim SEI allerdings um keinen testtheoretisch konstruierten und genormten Fragebogen.

Das SEI wurde auch in späteren deutschsprachigen Studien immer wieder eingesetzt, an Fragestellungen adaptiert und weiterentwickelt, beispielsweise von Beer und Gediga (1998), die das SEI um die vier Dimensionen Person, Klientel, KollegInnen und Institution weiterentwickelten (Schay et al. 2006). In erheblich veränderter Form und in Kombination mit stark strukturierten Interviews wurde das SEI bei einer Evaluationsstudie im Feld der Sozialen Arbeit durch Beer und Gediga (1998) verwendet, bei der Bedingungsfaktoren für den Erfolg und Bewertungen von Supervision erfragt wurden.

In den Evaluationsstudien aus dem Feld der Integrativen Supervision (Multicenterstudien) wurde mehrmals der von Gottfried et al. (2003) konstruierte *Fragebogen zur Evaluation von Supervision* eingesetzt, der sowohl quantitative als auch qualitative Daten erhebt.

- Der erste Block an Fragen betrifft demografische Daten der befragten Person (Alter, Geschlecht, Grundberuf, Funktion, Berufserfahrung in Jahren),
- der zweite Block den Arbeitskontext (Art der Einrichtung, Art der Führung, Leitbild, Art der Zusammenarbeit).
- Der dritte Block erfragt das Setting der Supervision (Supervisionsart, Finanzierung, Räumlichkeit, Verschwiegenheit, Freiwilligkeit, Frequenz, Dauer, informed consent).
- In weiteren fünf Fragen ging es um Angaben zum/r SupervisorIn (Alter, Geschlecht, Grundberuf, Zusatzausbildung, Kompetenz, Verbandszugehörigkeit).
- In der nächsten Gruppe von Fragen geht es um die bereits gemachten Erfahrungen in laufenden und vergangenen Supervisionen, um die Einschätzung der Wirkung von Supervision und die Kompetenzen der SupervisorIn, wobei zwei Fragen zu den positiven und negativen Erfahrungen in offener Form zu beantworten sind.
- Es folgen vier Fragen zu den Erwartungen an Supervision, eine davon wiederum offen formuliert.
- Schließlich werden die möglichen Risiken, Nebenwirkungen, protektiven Faktoren für die SupervisandInnen selbst und für KlientInnen anhand von vier offenen Fragen erhoben.

Auch dieser Fragebogen ist kein testtheoretisch konstruiertes Instrument und erhält seine Wertigkeit vor allem durch seinen vielfältigen Einsatz. In jeweils an die Berufsgruppe bzw. das Land angepasster Form wurde der Fragebogen mehrmals eingesetzt und z. B. ins Französische übersetzt (vgl. Abschn. 7.2 Multicenterstudien aus dem Feld der Integrativen Supervision). Der Fragebogen fokussiert somit auf verschiedene Bereiche nach denen Supervision evaluiert werden kann und erhebt den Nutzen von Supervision in Bezug auf berufliche, persönliche, Team und PatientInnen bezogene Benefits. Er findet sich am Ende des Buches nach dem Verzeichnis der verwendeten Erhebungsinstrumente in der Gesamtversion.

8.1.2 Erhebungsmethoden und Instrumente englischsprachig/international

Die international/im englischsprachigen Raum verwendeten Instrumente sind vielfältig. Vor allem eines, das MCSS, sticht hervor und wird daher nach der Auflistung detailliert beschrieben und ist auch abgedruckt.

Die Forschungsmethoden v. a. in den (englischsprachig dominierten) Bereichen Supervision in der Krankenpflege bzw. Supervision in weiteren Gesundheitsberufen (vgl. Abschn. 7.14 und 7.15) sind generell vielfältig: Qualitative und quantitative ebenso wie Mixed Methods Designs sind zu finden. Manche Studien sind als explorative Studien zu betrachten, andere stellten Querschnitts- oder Längsschnittuntersuchungen dar, vereinzelt kamen auch randomisierte Kontrollstudien zum Einsatz. In Tab. 8.1 sind die unterschiedlichen Erhebungsmethoden aufgelistet.

Tab. 8.2 zeigt welche Fragebögen im Zuge der quantitativen Erhebungsmethoden eingesetzt wurden und wie häufig. In etlichen Studien kamen mehrere Fragebögen gleichzeitig zum Einsatz (bis zu neun Fragebögen in derselben Studie). (Eine Legende der Abkürzungen findet sich im Anhang).

Die *MCSS© – Manchester Clinical Supervision Scale©*

In der Durchsicht der englischsprachigen empirischen Studien wurde insbesondere ein Instrumentarium zur Evaluation von Supervision augenfällig: die MCSS© von Julie Winstanley und Edward White (2011). Dabei handelt es sich um einen validierten quantitativen Fragebogen zur Selbsteinschätzung der Wirksamkeit von Supervision durch die SupervisandInnen. Im Folgenden soll dieser Fragebogen daher eingehend dargestellt werden.

Tab. 8.1 Anzahl der Erhebungsmethoden in den Themenbereichen Supervision in der Krankenpflege und den Gesundheitsberufen

Erhebungsmethode	Krankenpflege	Gesundheitsberufe
Gruppendiskussion	5	5
Interview	4	6
Fragebogen (qualitativ)	1	–
Fragebogen (quantitativ)	12	6
Review	2	2
Summe der Referenzen	19	15

Tab. 8.2 Namen und Anzahl der Fragebögen in den Bereichen Supervision in der Krankenpflege und Supervision in Gesundheitsberufen

Fragebogen (Name)	Krankenpflege	Gesundheitsberufe
Selbstentworfener Fragebogen	3	3
COPSOQ	2	–
CSEQ	1	–
CSQ	1	–
EPQ	1	–
GHQ	2	–
MBI	5	–
MCSS	5	2
MHPPQ	1	–
MJSS	1	–
MSQ	–	1
NWI-R	1	–
PCSQ	1	–
PUQ	1	–
QPSNordic	1	–
OSI-R	–	1
SAQ	1	–
SF8/SF36	2	–
SRH	1	–
SWAI-T	–	1
WEQ	1	–
Partnership Questionnaire for Supervision	1	–
The Bradford Clinical Supervision Scale	1	–
Summe der Referenzen	19	15

Ausgangspunkt für die Entwicklung des MCSS© war eine großangelegte quantitative Datenerhebung im Jahr 1995 in Großbritannien (Butterworth et al. 1999). In dieser Studie – genannt Clinical Supervision Evaluation Project (CSEP) – wurden an 18 Standorten in England sowie an fünf Standorten in Schottland insgesamt 586 KrankenpflegerInnen befragt (SupervisandInnen, SupervisorInnen und eine Kontrollgruppe). Durchgeführt wurde die Untersuchung von der University of Manchester mit (finanzieller) Unterstützung des British Department of Health sowie des Scottish Home and Health Department.

Die Studie zielte einerseits darauf ab, Effekte von klinischer Supervision im Bereich Krankenpflege zu evaluieren. Andererseits sollte eruiert werden, welche Testinstrumente

8.1 Quantitative Erhebungsmethoden

den Einfluss von Supervision am besten abbilden konnten. Hierfür wurden sämtliche bereits etablierte Fragebögen eingesetzt, die Konstrukte wie Gesundheitsfaktoren, Stress, Burnout, Arbeitszufriedenheit und Bewältigungsstrategien erfassten (Details und Ergebnisse siehe Butterworth et al. 1999).

Zudem wurden im darauffolgenden Jahr 34 Tiefeninterviews mit SupervisandInnen, SupervisorInnen und VertreterInnen der Leitungsebene durchgeführt (Details und Ergebnisse siehe White et al. 1998). Aufbauend auf die CSEP-Studie und die anschließenden Tiefeninterviews wurde der Versuch unternommen, ein neues Instrumentarium zu entwickeln, das die Supervision per se zum Gegenstand hatte (Winstanley und White 2014). Der Fragebogen wurde nach der tragenden Forschungseinrichtung, der University of Manchester, benannt, an der die beiden TestautorInnen selbst studiert hatten.

Zunächst wurden für den Fragebogen 59 Items entwickelt und im Feld getestet. Faktorenanalytisch wurde der Fragebogen auf 45 Items reduziert. Diese wurden einer weiteren Feldtestung unterzogen und wiederum faktorenanalytisch ausgewertet. Die verbleibenden 36 Items weisen eine hohe Reliabilität auf und stellten somit eine Replizierbarkeit der Ergebnisse sicher (Winstanley 2000). Zu einem späteren Zeitpunkt wurden Daten von mehreren internationalen Studien akkumuliert und einer Rasch Analyse unterzogen. Daraus ergab sich die finale 26 Item-Version mit sechs Subskalen (Winstanley und White 2011).

Der vollständige Fragebogen MCSS-26© im englischen Original ist – mit freundlicher Genehmigung der beiden TestautorInnen Dr.in Julie Winstanley und Dr. Edward White – (siehe Verwendete standardisierte Fragebögen)[1] in diesem Band enthalten.

Neben einigen soziodemografischen Daten zur SupervisandIn und zur SupervisorIn sowie Fragen zum Setting der Supervision beinhaltet der MCSS-26© also 26 Aussagen, die auf einer fünfstufigen Likert-Skala einzustufen sind. Unter den Items finden sich Aussagen wie

„Die Supervisionseinheiten sind ein wichtiger Bestandteil meiner Arbeitsroutine",
„Ich lerne von den Erfahrungen meines Supervisors", oder
„Es ist wichtig für die Supervisionseinheiten Zeit freizuschaufeln".

Die sechs Subskalen des MCSS-26© lauten

1. Wichtigkeit/Wert der Supervision (normativ)
2. Zeit finden für die Supervision (normativ)
3. Vertrauen zur Supervisorin/Beziehung (restaurativ)

---

[1] An dieser Stelle sei darauf hingewiesen, dass der MCSS© urheberrechtlich durch die Osman Consulting Pty Ltd geschützt ist. Das Unternehmen ist spezialisiert auf die Planung, Durchführung und Veröffentlichung wissenschaftlicher Studien im Bereich des Gesundheitswesens. Die beiden DirektorInnen des Unternehmens sind zudem die EntwicklerInnen des MCSS©, Dr.in Julie Winstanley und Dr. Edward White (siehe http://www.osmanconsulting.com/info_oc/home_oc.php.html Zugriff am 17.05.2019). Sie erlauben gerne, nach Rücksprache, die Übersetzung in andere Sprachen.

4. Rat der Supervisorin/Unterstützung (restaurativ)
5. Verbesserung der Pflegebetreuung/Kompetenzen (formativ)
6. Reflexion (formativ)

und können den drei Funktionen des Proctor-Modells für Supervision zugeordnet werden (Winstanley und White 2014). Sowohl die Bildung eines Gesamtscores als auch die Bildung von Subscores ist möglich und sind teststatistisch untermauert (Winstanley und White 2011).

Ferner nahmen Winstanley und White (2014) einen theoretischen Schwellenwert von 73 an (das sind etwa 70 % des maximal möglichen Gesamtscores von 104). Sie postulieren, dass man von wirksamer Supervision sprechen könne, wenn ein Testwert von 73 oder höher erreicht werde.

Der MCSS© wurde 1999 offiziell der Öffentlichkeit vorgestellt und seither international in etwa 150 lizensierten Studien eingesetzt (wobei nur ein kleiner Teil dieser Studien wissenschaftlich begleitet und in wissenschaftlichen Zeitschriften veröffentlicht wurde). Das englische Original wurde mit Genehmigung der TestautorInnen bisher in neun weitere Sprachen übersetzt und steht auf Arabisch, Dänisch, Finnisch, Französisch, Norwegisch, Portugiesisch, Schwedisch, Spanisch und Tschechisch zur Verfügung (White 2018). Mit einer Genehmigung der TestautorInnen, die per E-Mail kontaktiert werden können, kann dieser Fragebogen ebenso ins Deutsche oder andere Sprachen übersetzt werden.

Auch die bereits verwendeten Übersetzungen und ihre Implikationen auf die Güte des Instrumentariums wurden durch die jeweiligen internationalen StudienleiterInnen teilweise ausführlich dokumentiert (vgl. beispielsweise Hyrkäs et al. 2003a, b für die finnische Version; Cruz 2011 für die portugiesische Version).

Kritisch muss angemerkt werden, dass es sich beim MCSS© um einen Fragebogen zur Selbsteinschätzung handelt und dadurch ein verzerrtes Antwortverhalten beispielsweise in Richtung soziale Erwünschtheit nicht ausgeschlossen werden kann. Zudem wurde der Test im Bereich der Krankenpflege entwickelt und kann möglicherweise nicht automatisch auf andere Berufsfelder in denen Supervision abgehalten wird übertragen werden. Auch die Übersetzung des Fragebogens und der Einsatz in unterschiedlichen Kulturkreisen verlaufen nicht immer ganz reibungslos. Dies wurde zum Beispiel im Fall der norwegischen und schwedischen Version dokumentiert (zur Übersetzung siehe Severinsson 2012; Buus und Gonge 2013; zur Stellungnahme der TestautorInnen siehe Winstanley und White 2013). Zudem sei angemerkt, dass der Einsatz des MCSS© aufgrund des Copyrights der AutorInnen mit relativ hohen Kosten verbunden und somit für kleine und/oder nicht auf Profit ausgerichtete Organisationen vermutlich nicht leistbar ist[2].

---

[2]Zu den Lizenzbedingungen siehe http://www.osmanconsulting.com/assets/docs/mcss_conditions_licenses.pdf Zugriff am 17.05.2019.

Der MCSS© dient der Befragung von SupervisandInnen. Doch Supervision befindet sich immer im Dreieck SupervisandInnen – SupervisorInnen – PatientInnen/KlientInnen. Es wäre wünschenswert, dass Testverfahren entwickelt werden, die auch die SupervisorInnen sowie die PatientInnen/KlientInnen adressieren.

Zur Erforschung von Beratungsprozessdynamiken entwickelte Christiane Schiersmann (2013) das *„Synergetische Navigationssystem"*, ein Softwareprogramm für das Synergetische Prozessmanagement. Dieses Instrument eines Selbsteinschätzungsfragebogens dient der Erfassung sowie Untersuchung der Prozessdynamik von Beratungssitzungen. Aus den Daten sollen Hinweise für die weitere Gestaltung des Prozesses abgeleitet werden (vgl. etwa in der Psychotherapieforschung das Outcome-Questionnaire von Lambert et al. 2004). Dieser Erhebungsbogen muss in engen Zeitabständen ausgefüllt werden und an den Rahmen von Beratungssitzungen, die oft in längeren Zeiträumen stattfinden, angepasst werden. Die Ergebnisse der erhobenen Daten werden im Sinne eines Prozessfeedbacks an den/die Ratsuchende/n rückgemeldet und sollen mit ihr diskutiert werden. So kann die zu beratende Person die eigene Selbstwirksamkeit durch die Steuerung des Prozesses erleben. Das Softwareprogramm lässt vielfältige statistische Auswertungen zu. Die Daten könnten sowohl für Einzelfallstudien als auch für eine Zusammenschau vieler solcher Prozesse verwendet werden. Bei ausreichend großer Zahl ließen sich so Verallgemeinerungen, zum Beispiel auf Zielgruppen oder Beratungsanlässe, herstellen.

8.2 Qualitative Erhebungsmethoden

In den Studien zu Supervision in der Krankenpflege und weiteren Gesundheitsberufen wurde neben verschiedenen Formen von *Interviews* auch auf weitere Datenmaterialen, wie Dokumentationen, Tagebucheintragungen oder Notizen zurückgegriffen.

Unter *Dokumentationen* sind Aufzeichnungen zu verstehen, die auf der jeweiligen Station bereits vorlagen, wie zum Beispiel soziodemografische Merkmale der StudienteilnehmerInnen oder Angaben zu Häufigkeit und Setting der Supervisionseinheiten. Diese Dokumentationen dienten keiner inhaltlichen Erfassung (wie z. B. Themen, Methoden oder Prozesse) der Supervision, zählen aber als Informationsquellen ebenfalls zum Repertoire qualitativer Forschungsinstrumente, die entweder im Vorfeld der Designerstellung einer Studie dienen oder auch entsprechend ausgewertet als Daten herangezogen werden konnten. Wer diese Dokumentationen erstellte, geht aus den Studien nicht hervor. Die AutorInnen der Studien erwähnten lediglich, dass sie auf diese bereits vorhandenen Daten zugriffen.

Tagebucheintragungen wurden von den SupervisandInnen vorgenommen, *Notizen* während der Supervision von den SupervisorInnen. Lediglich die Tagebucheintragungen als auch die Notizen während der Supervision bezogen sich auf die Inhalte der Supervision.

Für den vermehrten Einsatz von *systematischer Verhaltensbeobachtung* in der Supervisionsforschung plädieren Silja Kotte und Heidi Möller (2013). Sie begründen den sehr geringen Einsatz von vor allem Videoaufzeichnungen mit dem „intimen Raum" (S. 155) der Supervision, dessen Setting bereits durch die veränderte Sitzordnung für die Kamera beeinflusst werden könnte, sowie mit dem großen Aufwand, den Aufzeichnungen per Kamera, Beobachterschulung, Kodierung des Videomaterials, Auswertung und Analyse verursachen (vgl. auch Abschn. 7.3).

8.3 Auswertungsverfahren

Die Auswertungen der *quantitativen Daten* erfolgten sowohl deskriptiv -statistisch (Häufigkeits- oder Mittelwertangaben) als auch inferenzstatistisch in unterschiedlicher Komplexität (Mittelwertvergleiche, uni- und multivariate Varianzanalysen, Regressionen, Faktorenanalysen u. a.). Dazu wurde in der Regel das Computerprogramm SPSS eingesetzt, seltener STATA.

In einer Review wurde zur Beurteilung der empirischen Qualität der Studien das Programm McMaster Critical Review Form – Qualitative Studies/Quantitative Studies eingesetzt. Ferner kam in einer der Studien JBI-PACES (Joanna Briggs Institute Practical Application of Clinical Evidence System) zum Einsatz, ein Programm zur Unterstützung von Implementationsprozessen.

Zu den verwendete Auswertungsmethoden von *qualitativen Daten* zählten:

- Grounded-Theory
- (Qualitative und quanitative) Inhaltsanalyse
- Interpretative Analyse
- Induktive Analyse
- Sequenzielle Analyse
- Objektive Hermeneutik
- Phänomenologische Reduktion
- Systematische Metaphernanalyse
- Consensual Qualitative Research methodology (CQR; Hill et al. 2005)
- Constant comparison method (Strauss und Corbin 1990)

Die Auswertungen der qualitativen Daten werden gemäß dem qualitativen Paradigma an den Forschungsgegenstand angepaßt und dafür adaptiert. Die oben genannten Bezeichnungen stammen von den AutorInnen der Studien und sind teilweise von ihnen selbst entwickelt bzw. verändert.

Bis auf eine Ausnahme wurden die qualitativen Studien nicht computergestützt ausgewertet oder das Programm wurde nicht erwähnt.

Im qualitativen *Integrativen Analysemodell* wurden nach Busse et al. (2013) Gesprächstranskripte von Supervisionssitzungen auf vier Ebenen untersucht: Sequenzen,

Passagen, Passagenverlauf und Phasen (als eine besondere Form von Passagen). Diese an die objektive hermeneutische Interpretation anschließende Methode stellt das Wie und Wozu von Redebeiträgen von SupervisorInnen und SupervisandInnen in den Mittelpunkt, indem die Wirkung eines Beitrages durch den Folgebeitrag erfasst wird und was der Folgebeitrag daraus aufgreift bzw. nicht aufgreift. Als weitere mögliche Anwendungen dieses Modells führten die AutorInnen beispielsweise den Vergleich von Prozessverläufen oder die Untersuchung des Umgangs mit Wissen von SupervisorInnen mit wenig und viel Erfahrung an.

Das für Video-Aufzeichnungen von Kotte und Möller (2013) entwickelte Instrument zur Kodierung von Gruppeninteraktionen in der Supervision (vgl. Abschn. 8.2), soll dazu dienen, Interaktionen möglichst zeitschonend und benutzerfreundlich zu beobachten. Nonverbales Verhalten wird dabei mitberücksichtigt. Durch die Hinzunahme der Inhaltskategorie „sozioemotionale Aussagen zum Fall" könnten in Fallsupervisionen auch (berichtete) Emotionen der KlientInnen kodiert werden, um der Frage nachzugehen, ob sich die KlientInnen-Phänomene in der Supervisionsgruppe widerspiegeln.

8.4 Forschungscommunities

Die hier extrahierten Communities beziehen sich ausschließlich auf die in unseren Recherchen gefundenen AutorInnen. Wir erheben keinen Anspruch auf Vollständigkeit und haben lokale, uns sprachlich nicht zugängliche ForscherInnen-Gruppen nicht berücksichtigen können. Eine ausführlichere Analyse findet sich auch in der Zusammenfassung (Abschn. 10.3).

8.4.1 Geografische Cluster

Aus geografischer Sicht liegen die Schwerpunkte der in SAP 2 erhobenen Supervisionsforschung vornehmlich in West- und Mitteleuropa, den USA sowie in Australien. Die nachfolgende Analyse bündelt daher die in diesen Regionen erhobenen Forschungsergebnisse und neuesten Trends bezüglich Supervision.

Dabei gilt es zu berücksichtigen, dass die konzeptionelle und begriffliche Einordnung des Begriffs Supervision nach wie vor maßgeblich vom Sprachraum, dem jeweiligen betrieblichen, psychosozialen, medizinischen Einsatzgebiet sowie von der methodischen Ausrichtung der SupervisorIn und deren Explikationszielen zusammenhängt (Petzold et al. 2010). Ergebnisse, die in einem Land erhoben wurden, lassen sich folglich nicht 1:1 auf ein anderes Setting oder Land übertragen. Aufgrund des Fehlens eines übergeordneten und universal anwendbaren Ordnungskonzeptes kommt erschwerend hinzu, dass sich das Verständnis von, die Abgrenzung zu und die Definition des Begriffs der

Supervision kaum vereinheitlichen lassen dürfte (vgl. Abschn. 3.1, auch z. B. Ebert 2001). Eine weitere Schwierigkeit stellt die zunehmende Vermischung von Supervision mit Coaching dar, die von den Berufsverbänden gefördert wird (wohl um ihren Mitgliedern beide Felder offen zu halten). Dennoch muss die

> „…Supervision als Sozialwissenschaft immer wieder Felderkundungen unternehmen und…immer wieder dieses Feld oder bestimmte Areale, für die ein Reflexions- und Untersuchungsbedarf besteht systematisch in den kritisch-selbstkritischen Blick nehmen…, um Entwicklungen bewusst zu verfolgen und Fehlentwicklungen begegnen zu können" (Petzold et al. 2010).

V. a. in der Analyse der Artikel zu den Themen Supervision in der Krankenpflege und Supervision in diversen Gesundheitsberufen zeigten sich Zitationszirkel bzw. ForscherInnengruppen in Australien, Großbritannien und Skandinavien.

In *Australien* konnte eine Gruppe von ForscherInnen ausgemacht werden, die Studien im ländlichen Australien durchführten. Dazu zählen Margaret Dawson und Sandra G. Leggat sowie die Forschergruppe um Wendy H. Ducat und Saravana Kumar. Diese zitieren sich gegenseitig, berufen sich aber auch auf die AutorInnen Edward White und Julie Winstanley (ebenso Australien) sowie die Forschergruppe um Kristiina Hyrkäs, Aija Koivu und Pirjo Irmeli Saarinen (Finnland) und um Deborah J. Edwards (Großbritannien). White und Winstanley führten ebenfalls Studien in Australien durch, jedoch im urbanen Bereich. Weiters sind Scott Brunero und Jane Stein-Parbury in Australien tätig und weisen Querverbindungen zur bereits erwähnten Forschergruppe um Kristiina Hyrkäs (Finnland) auf.

In *Großbritannien* konnte zwar kein eigener Forschungscluster ausgemacht werden. Auffallend sind jedoch Zitationsverbindungen zwischen der Forschergruppe um Deborah J. Edwards (Großbritannien) und Kristiina Hyrkäs (Finnland) sowie Edward White und Julie Winstanley (Australien). Interessant ist auch die Tatsache, dass die australischen ForscherInnen White und Winstanley zuvor selbst in Großbritannien forschten und ansässig waren.

In *Skandinavien* zeigen sich eindeutige Verbindungen zwischen der Gruppe um Kristiina Hyrkäs (Finnland), Elisabeth Severinsson (Schweden und Norwegen) und Niels Buus und Henrik Gonge (Dänemark). Der skandinavische Cluster bezieht sich auch häufig auf die Forschergruppe um Deborah J. Edwards (Großbritannien) sowie die beiden ForscherInnen Edward White und Julie Winstanley (Australien) wie auch auf Scott Brunero und Jane Stein-Parbury (ebenfalls Australien).

Ein Teil dieser Kooperationen lässt sich durch den Einsatz des MCSS© erklären. Dennoch stellt sich die Frage, warum ausgerechnet in Skandinavien, Großbritannien und Australien der MCSS© vermehrt in wissenschaftlichen Studien eingesetzt wird (zumal der MCSS© auch in andere Sprachen wie Französisch, Spanisch oder Portugiesisch übersetzt wurde). Möglicherweise sind die dort akademisierten und forschungsaffinen Pflegeausbildungen mitbeteiligt.

Die wenigen Quellen aus dem *asiatischen* Raum sind eher der Auffassung von Supervision als Kontrollinstrument zuzurechnen.

8.4.2 Forschung aus dem Umfeld Integrativer Supervision

Aus dem Feld der Integrativen Supervision wurden 20 publizierte Studien recherchiert (vgl. Abschn. 7.2 Multicenterstudien aus der Integrativen Supervision). Sie entstammen Forschungseinrichtungen und Forschungsverbünden, in denen die Integrative Supervision das Leitparadigma ist, z. B. Europäische Akademie für biopsychosoziale Gesundheit, Naturtherapie und Kreativitätsförderung EAG in der Trägerschaft des „Fritz Perls Instituts"[3] oder des Departments für Psychotherapie und biopsychosoziale Gesundheit an der Donau Universität Krems[4], in der auch diese Arbeit sowie ihre erste Auflage 2003 entstanden.

Typische Designs sind die Felderkundungen zur Erhebung der Häufigkeit und Akzeptanz von Supervision in verschiedenen Bereichen. Oft handelt es sich dabei um Multicenterstudien, einer Reihe von gleichen bzw. ähnlichen Erhebungen in einem Feld an verschiedenen Einrichtungen, z. T. in verschiedenen europäischen Ländern, vorzugsweise deutschsprachigen. Diese stellen länderübergreifende universitäre Forschungskooperationen dar und sollen die Akzeptanz, die Implementierung und gegebenenfalls die Probleme von Supervision – unabhängig von der Supervisionsform – in spezifischen Feldern untersuchen. Nicht aufgenommen sind zahlreiche unveröffentlichte Masterarbeiten aus dem Feld der Integrativen Supervision, die auf empirischen Untersuchungen basieren. Sie fielen nicht in unser Auswahlkriterium der Publikation von Daten. Viele der zitierten Arbeiten sind in der open access Zeitschrift der Integrativen Supervision, „Supervision"[5] veröffentlicht, sie wurden berücksichtigt (vgl. Abschn. 7.2 Multicenterstudien aus der Integrativen Supervision).

Literatur

Beer, Thomas und Gediga, Günther. (1998). Evaluation von Supervision: Eine Untesuchung im Bereich der sozailen Arbeit. In Heinz Holling und Günther Gediga (Hrsg.), *Evaluation in den Arbeitswissenschaften* (S. 73–126). Göttingen: Hogrefe.

Busse, Stefan, Hansen, Simona und Lohse, Markus. (2013). Methodische Rekonstruktion von Wissen in Supervisionsprozessen. In Stefan Busse und Brigitte Hausinger (Hrsg.), *Supervisions- und Coachingprozesse erforschen. Theoretische und methodische Zugänge* (S. 14–53). Göttingen: Vandenhoeck und Ruprecht.

Butterworth, Tony, Carson, Jerome, Jeacock, Julie, White, Edward und Clements, April. (1999). Stress, Coping, Burnout und Job Satisfaction in British Nurses: Findings from the Clinical Supervision Evaluation Project. *Stress Medicine, 15*, 27–33.

Buus, Niels und Gonge, Henrik. (2013). Translation of the Manchester Clinical Supervision Scale (MCSS) into Danish and a preliminary psychometric validation. *International Journal of Mental Health Nursing, 22*(2), 145–153.

Cruz, Sandra. (2011). Translation and validation of the Manchester Clinical Supervision Scale©: effective clinical supervision evaluation. *Procedia – Social and Behavioral Sciences, 29*, 51–56.

---

[3]https://www.eag-fpi.com/ Zugriff am 17.05.2019.

[4]https://www.donau-uni.ac.at/de/department/psymed/index.php Zugriff am 17.05.2019.

[5]www.fpi-publikation.de/supervision/alle-ausgaben/index.php Zugriff am 18.05.2019.

Ebert, Wolfgang. (2001). *Systemtheorien in der Supervision – Bestandsaufnahme und Perspektiven*. Opladen: Budrich.
Gottfried, Kurt, Petitjean, Sylvie und Petzold, Hilarion G. (2003). Supervision in der Psychiatrie. Eine Multicenterstudie (Schweiz). In Hilarion G. Petzold, Brigitte Schigl, Martin Fischer und Claudia Höfner (Hrsg.), *Supervision auf dem Prüfstand. Wirksamkeit, Forschung, Anwendungsfelder, Innovation* (S. 299–334). Opladen: Leske + Budrich.
Hill, Clara, E., Knox, Sarah., Thompson, Barbara, J., Nutt Williams, Elisabeth und Hess, Shirley, A. (2005). Consensual Qualitative Research: An Update. *Journal of Counseling Psychology*, 52(2), 196–205.
Hyrkäs, Kristiina, Appelqvist-Schmidlechner, Kaija und Oksa, Lea. (2003a). Validating an instrument for clinical supervision using an expert panel. *International Journal of Nursing Studies*, 40, 619–625.
Hyrkäs, Kristiina, Appelqvist-Schmidlechner, Kaija und Paunonen-Ilmonen, Marita. (2003b). Translating and validating the Finnish version of the Manchester Clinical Supervision Scale. *Scandinavian Journal of Caring Sciences, 17*, 358–364.
Kotte, Silja und Möller, Heidi. (2013). Standardisierte Verhaltensbeobachtung als Forschungszugang zu Gruppen- und Teamsupervision mit Hilfe des IKD. In Stefan Busse und Brigitte Hausinger (Hrsg), *Supervisions- und Coachingprozesse erforschen. Theoretische und methodische Zugänge* (S. 152–179). Göttingen: Vandenhoeck und Ruprecht.
Lambert, Michael. J., Gregersen, Ann T. und Burlingame, Gary M. (2004). The Outcome Questionnaire-45. In Mark E. Maruish (Hrsg.), *The use of psychological testing for treatment planning and outcomes assessment: Instruments for adults* (S. 191–234). Mahwah, NJ, US: Lawrence Erlbaum Associates Publishers.
Petzold, Hilarion G., Ebert, Wolfgang und Sieper, Johanna. (2010). *Beiträge zur Feldentwicklung im Feld der Supervision 1999 bis 2009 – Kritische Diskurse und supervisorische Kultur – SUPERVISION: Konzeptionen, Begriffe, Qualität. Probleme in der supervisorischen „Feldentwicklung" – transdisziplinäre, parrhesiastische und integrative Perspektiven*. Zugriff am 21.05.2019. Verfügbar unter http://www.fpi-publikation.de/images/stories/downloads/textarchiv-petzold/petzold_ebert_sieper-beitraege_zur_feldentwicklung-1999_2001update2010.pdf.
Schay, Peter, Dreger, Bernd und Siegele, Frank. (2006). Die Wirksamkeit von Supervision für den Patienten. Eine Evaluationsstudie zur Wirksamkeit von Supervision für das Patientensystem in Einrichtungen der medizinischen Rehabilitation Drogenabhängiger. In Peter Schay (Hrsg.), *Innovationen in der Drogenhilfe* (S. 247–305). Wiesbaden: VS-Verlag.
Schiersmann, Christiane. (2013). Prozessanalyse und Monitoring von arbeitsweltbezogener Beratung auf der Basis der Theorie der Selbstorganisation. In Stefan Busse und Brigitte Hausinger (Hrsg.), *Supervisions- und Coachingprozesse erforschen. Theoretische und methodische Zugänge* (S. 54–76). Göttingen: Vandenhoeck und Ruprecht.
Schneider, Klaus und Müller, Andreas (1998). Das Supervisions-Evaluations-Inventar (SEI). Entwicklung und Anwendung. In Peter Berker und Ferdinand Buer (Hrsg.), *Praxisnahe Supervisionsforschung. Felder – Designs – Ergebnisse*. (S. 90–98). Münster: Votum.
Severinsson, Elisabeth. (2012). Evaluation of the Manchester clinical supervision scale: Norwegian and Swedish versions. *Journal of Nursing Management, 20*, 81–89.
Strauss, Anselm und Corbin, Juliet M. (1990). *Basics of qualitative research: Grounded theory procedures and techniques*. Thousand Oaks, CA, US: Sage Publications Inc.
White, Edward. (2018). Editorial. Measuring Clinical Supervision; how beneficial is yours and how do you know? *Journal of Advanced Nursing, 74*, 1437–1439.
White, Edward, Butterworth, Tony, Bishop, Veronica, Carson, Jerome, Jeacock, Julie und Clements, April. (1998). Clinical Supervision: insider reports of a private world. *Journal of Advanced Nursing, 28*(1), 185–192.

Winstanley, Julie. (2000). Manchester Clinical Supervision Scale. *Nursing Standard, 14*(19), 31–32.

Winstanley, Julie und White, Edward. (2011). The MCSS-26©: Revision of the Manchester Clinical Supervision Scale Using the Rasch Measurement Model. *Journal of Nursing Measurement, 19*(3), 160–178.

Winstanley, Julie und White, Edward. (2013). Letter to the Editor: Nordic translations of the Manchester Clinical Supervision Scale©: a rejoinder. *International Journal of Mental Health Nursing, 22*(2), 190–191.

Winstanley, Julie und White, Edward. (2014). The Manchester Clinical Supervision Scale© – MCSS-26©. In C. Edwards Watkins, Jr. und Derek. L. Milne (Hrsg.), *The Wiley International Handbook of Clinical Supervision* (S. 386–401). Chichester: Wiley Blackwell.

Schwierigkeiten und Limitationen

Brigitte Schigl, Claudia Höfner, Noah A. Artner, Katja Eichinger, Claudia B. Hoch und Hilarion G. Petzold

Die wahrscheinlich größte Herausforderung dieser Literaturanalyse lag in der *überbordenden Trefferzahl* bei der Datenbankrecherche mit den Keyword-Kombinationen zu Supervision/supervision (siehe Kap. 5 Datenerhebung). Nachdem der Begriff Supervision im englischsprachigen Raum den der Kontrolle umfasst und auch in der Technik verwendet wird, hatte das ForscherInnen-Team zu Beginn eine unüberschaubare Trefferzahl (mehr als 300.000) in den Fachdatenbanken erhalten. Mithilfe einer gezielteren Recherche durch das Cochrane Team Österreich konnte die Trefferzahl auf den sozialpsychologischen Begriff von Supervision eingegrenzt werden, und ergab noch immer die stattliche Anzahl von 1629 Quellen (vgl. Kap. 6 Ergebnisse der quantitativen Analyse). Das bedeutet, dass sich die Datenlage seit der Erstauflage völlig geändert hatte (vgl. Abschn. 10.4, Vergleich des Forschungsstandes 2003 und 2016).

Jedoch gab auch diese Recherche noch kein endgültiges Ergebnis: Viele der Abstracts stammten von Studien, die mehrfach unter unterschiedlichen Titeln, in verschiedenen Zeitschriften und zum Teil mit unterschiedlichen Schwerpunktsetzungen veröffentlicht wurden. Die AutorInnen dieser Studien waren z. T. nicht ident, da die Texte von den unterschiedlichen ForscherInnen stammen konnten, die an dem Projekt beteiligt gewesen waren. Oft erschienen diese Artikel auch in aufeinander folgenden Jahren.

Erst beim sorgfältigen Studium der Originaltexte wurde manches Mal klar, dass es sich bei der neu ausgehobenen Quelle um eine schon bekannte Untersuchung handelte. Da wir in SAP 2 auch nicht durch Doppelnennungen von Studien (in SAP1 gab es solche) die Studienanzahl noch weiter vergrößern wollten, wurden solche Mehrfachpublikationen einer Studie (ohne neue Daten oder Schwerpunktsetzungen) nach Überprüfung ausgeschlossen. Wir wollten ja Forschungsvorhaben (und deren Ergebnisse), nicht aber Publikationszahlen darstellen. Es verblieben immer noch eine Anzahl von Studien, bei denen nicht klar war, ob sie zusammenhingen, da die Datenlage und Explanation nicht deutlich genug war. Diese gingen dann doch als zwei eigene Publikationen in unserer Recherche ein.

Die so große und schwer zu strukturierende Datenmenge ergab sich vornehmlich aus der *Differenz der Verwendung der Begriffe Supervision* im deutschsprachig/europäischen und angloamerikanisch/australischen Raum (vgl. Kap. 3 Zum Verständnis von Supervision). Supervision im englischsprachigen Raum hat neben dem technischen Kontrollbegriff im klinischen und psychosozialen Feld vor allem den Charakter von Aus- bzw. Weiterbildung und Qualitätskontrolle. Supervision meint dort die Anleitung unter Aufsicht bzw. die Kontrolle des Prozesses durch die SupervisorInnen, oft Vorgesetzte oder AusbildnerInnen. Die Art der Kontrolle ist natürlich je nach Feld verschieden, viel mehr genormt etwa im Bereich der Krankenpflege (wo Supervision als Begriff sehr geläufig ist) z. B. als bedside teaching mit starken Kontroll- und Anleitungselementen; bzw. mehr dialogisch in der Anleitung etwa in Psychotherapie und Clinical Counseling. Wobei selbst in den tiefenpsychologisch oder humanistisch orientierten Psychotherapieausbildungen diese Clinical Supervision der residents (Auszubildenden in Kliniken) oft Manualen und einem vorgegebenen Prozess folgt.

So hatten wir mit der Schwierigkeit zu kämpfen, dass wir nur jene Studien berücksichtigen wollten, in denen Supervision neben einem reinen Ausbildungs- oder Qualitätskontrollaspekt einen zumindest minimal diskursiv-reflektierenden Bedeutungsgrund hatte. Supervision im psychosozial-klinischem Bereich, die ausschließlich Kontrollfunktion hatte, wurde ausgeschieden (dies war vor allem im Feld von Nursing der Fall; vgl. Abschn. 7.14 Supervision in der Krankenpflege).

Eine weitere Herausforderung stellte die *Zuordnung zu den einzelnen Clustern* dar, die natürlich in einem gewissen Maße subjektiv gefärbt war, je nachdem wo die ForscherIn selbst den Schwerpunkt einer Studie/Publikation verortete. Wir hatten für SAP 2 (wie auch in SAP 1) einen gemeinsamen Probedurchlauf der Zuordnung mit einer Auswahl von Artikeln, die alle ForscherInnen lasen und deren Einordnung in ein inhaltliches Cluster dann besprochen, abgeglichen und daraus Regeln festgelegt wurden. Trotzdem blieb es eine subjektive Entscheidung der ForscherIn, ob das Abstract treffend bzw. relevant genug erschien und eine Bestellung des Volltextes erfolgen sollte. So stellten sich immer neue, individuelle Entscheidungen, die getroffen werden mussten.

Eine Besonderheit stellten das Feld Krankenpflege/Nursing und Supervision in weiteren Gesundheitsberufen (vgl. Abschn. 7.14 und 7.15) dar: Diese beiden Cluster wurden im Rahmen der ersten Zuordnung gebildet, wobei der Bereich Supervision in sonstigen Gesundheitsberufen eine Restkategorie darstellt, in die hauptsächlich diverse unspezifische Supervisionsevaluationen untergebracht wurden.

Unsere *Analyse von Studien im Bereich Nursing* (vgl. Abschn. 7.14 Supervision in der Krankenpflege) enthält viele Überblicksstudien zu Effekten, Rahmen, Setting und Evaluation von Supervision im Bereich der Krankenpflege – also sind fast alle Themen-Cluster hier nochmals in dem speziellen Feld vertreten, das das größte Supervisionsfeld im angloamerikanischen Raum darstellt. Hier wurden keine Studien inkludiert, die ausschließlich Ausbildung und Training von Kompetenzen als Fokus der Supervision hatten bzw. wenn vor allem der Kontrollaspekt der Supervision im Vordergrund stand. Alle anderen Studien, die darüber hinausgingen, wurden zur Gänze erfasst.

9 Schwierigkeiten und Limitationen

In den anderen Clustern war es etwas einfacher, die Selektion durchzuführen. Hier wurden Studien nur zum Teil als Volltexte ausgehoben und konnten schon per Abstract selektiert werden. Von den verbleibenden ausgewählten Studien wurden jene beschrieben, die am leichtesten auffindbar und besorgbar waren.

Der Cluster *Studien zur Supervision bei sonstigen Gesundheitsberufen* (vgl. Abschn. 7.15 Supervision in weiteren Gesundheitsberufen) enthält vor allem Evaluationsstudien über Supervision für verschiedene klinische Berufe/Gesundheitsfelder: BeraterInnen, PsychologInnen, LogopädInnen oder ErgotherapeutInnen aus dem angloamerikanischen Raum. Hierbei gab es viele Studien, die keinen Fokus hatten, sehr spezifische Settings untersuchen (vor allem im Mental Health Bereich), aber wenig Prozessforschungscharakter hatten. Oft blieb unklar, was in diesen Supervisionen passiert, nach welchem Konzept sie durchgeführt wurden.

Generell war festzustellen, dass viele der Darstellungen der Studien vor allem aus den letztgenannten, aber auch quer über alle anderen Cluster, nur sehr geringe *Qualität* der Elaboration hatten. Besonders bei vielen qualitativen Studien fehlten genaue Angaben zum Design, den Forschungsinstrumenten oder vor allem auch der Auswertungsmethode. Die Angaben in den Texten dazu waren oft nur allgemein bzw. gaben eigens konstruierte Erhebungs- und Auswertungsmethoden an, die nur teilweise nachvollziehbar ausgeführt wurden. Auch war die Zahl der teilnehmenden Personen (besonders bei Fokusgruppen) oft nicht angegeben. Bei Fragebogen-Untersuchungen wurden zum großen Teil eigens für den jeweiligen Zweck von den AutorInnen konstruierte Fragebögen verwendet, was an sich noch nicht verwerflich wäre. Diese untersuchten aber oft Detailfragen zu selbstdurchgeführten oder von den AutorInnen selbst konzipierten Supervisions-Formen, was dem Instrumentarium einen recht explorativen Charakter verleiht.

Nicht nur die Supervisionsbegriffe waren zum Teil unklar und divers; auch die jeweiligen supervidierten Tätigkeiten wurden nicht immer genau beschrieben bzw. waren nicht immer nachvollziehbar. Oft waren es sehr spezielle, neue Begrifflichkeiten (z. B. „beratende Traumatherapie"). Wir entschieden uns bei solch nicht genau definierten Begriffen den Originalterminus bzw. eine wortwörtliche deutsche Übersetzung zu verwenden. Was genau sich hinter manchen (selbsterfundenen) Termini verbarg wurde nicht überall klar genug beschrieben.

Dennoch schienen auch diese Publikationen in den hochrangigen Datenbanken auf; obwohl die Journals in denen sie erschienen, von höchst unterschiedlicher Qualität waren – dennoch alles Index-Journals.

All diese Aspekte begrenzten die Möglichkeiten trennscharfer Einordnung in die inhaltlichen Cluster und stellen eine Limitation unserer Bemühungen dar.

Zusammenfassung

10

Brigitte Schigl, Claudia Höfner, Noah A. Artner, Katja Eichinger, Claudia B. Hoch und Hilarion G. Petzold

10.1 Kritische Überschau: Datenmenge und Heterogenität

Supervisionsforschung existiert in vielen sehr unterschiedlichen Bereichen, mit unterschiedlichen Fragestellungen und Methoden und vor allem für unterschiedliche inhaltliche Supervisionsbegriffe. Suchanfragen in Datenbanken zu Supervision mit gängigen Keywords führen zu großen Datenmengen (vgl. Kap. 5 Die Datenerhebung und 9 Limitationen, Schwierigkeiten). Die Anzahl und Heterogenität der Treffer macht deutlich, dass Supervision ein breit verstandener Begriff ist und seitens unterschiedlicher Disziplinen und Professionen genutzt wird (vgl. Abschn. 3.1 Unterschiedliche Auffassungen von Supervision, 7.10 Form und Weite des Begriffs „Supervision" und Kap. 9 Limitationen, Schwierigkeiten). Viele Treffer unserer ersten Recherchen beschäftigten sich auch kaum mit Supervision; oft wird im Zuge eines anderen Forschungsthemas nur ergänzend erhoben, ob Supervision stattfindet.

Die unterschiedlichen Schwerpunkte in den Auffassungen und Definitionen von Supervision im englisch- und deutschsprachigen bzw. europäischen Raum erschweren systematische Vergleiche. Forschungsergebnisse zu Supervision müssen stets im Kontext des regionalen Supervisionsverständnisses interpretiert und können nie einheitlich – für das gesamte Feld – verstanden werden. Zum genaueren Vergleich der beiden Auffassungen kann auf die Ausführungen in der Erstauflage SAP1 hingewiesen werden (Petzold et al. 2003, S. 161 ff.). Daher gilt aktuell noch immer: „Die Wirkung der Supervision *allgemein* kann deshalb auch nicht beforscht werden" (ebd. S. 169).

Während im englischsprachigen Raum Supervision als Kontrolle und zum Teil Anleitung im Sinne von Mentoring in der Pflege, im klinisch-psychiatrischen und sozialarbeiterischen Ausbildungsbereich explizit betont wird, werden diese Aspekte in der deutschsprachigen Literatur in den Definitionen eher hintangestellt. Sie sind somit kaum Forschungsthemen, obwohl die Strömungen von Macht und Kontrolle auch in supervisorischen Kontexten in Europa untergründig existieren (Petzold 2009, 2014) – die oft postulierte „Qualitätskontrolle" durch Supervision deutet das ja auch an.

Möglicherweise ist das auch der Grund, warum Vernetzung zwischen deutsch- und englischsprachigen ForscherInnen kaum stattzufinden scheint. Es wird gegenseitig nicht oder kaum zitiert, und es ist kein gegenseitiger Bezug in den Studien sichtbar.

Die Uneinheitlichkeit bzw. Unklarheit der Hintergrundannahmen spiegelt sich auch in der Durchführung der Supervisionen und weiter in den Forschungsprojekten wider: So wussten die SupervisandInnen und SupervisorInnen selbst in manchen Studien nicht, was genau unter Supervision zu verstehen ist oder durch sie bezweckt war. Dies zeigte sich besonders in den angloamerikanisch/australischen Forschungsergebnissen von Krankenpflege und sonstigen Gesundheitsberufen.

So sind auch z. B. die Aus- bzw. Weiterbildungen der SupervisorInnen höchst unterschiedlich. Während im europäischen Raum mehrjährige, oft akademische Weiterbildung auf Basis langjähriger Tätigkeit im psychosozialen Bereich die Regel ist, sind in einigen – durchaus bemerkenswerten – Studien aus dem amerikanischen bzw. australischen Raum etwa Trainings von SupervisorInnen im Ausmaß von ein bis vier (!) Tagen ausreichend (z. B. White und Winstanley 2010).

Jede Studie ist demnach bezüglich

- der Auffassung von Supervision (aber sogar innerhalb derselben Studie unterscheidet sich mitunter die Auffassung von Supervision zwischen den ForscherInnen und den untersuchten Personen),
- der Ausbildung der SupervisorInnen,
- des jeweils spezifischen Settings und
- des empirischen Gehalts

unterschiedlich zu verorten. Kumulative Forschungseffekte und gemeinsame Forschungslinien können sich so nur schwer entwickeln.

10.2 Inhalte der Supervisionsforschung und beforschte Elemente des Mehrebenensystems Supervision

Über alle Quellen hinweg betrachtet scheinen Forschungsthemen zu Rahmenbedingungen und Setting von Supervision sowie Evaluationsstudien zu diversen Supervisionsformen und -angeboten zu überwiegen. Dabei handelt es sich oftmals um

10.2 Inhalte der Supervisionsforschung und beforschte ...

Legitimationsforschung, d. h. AutorInnen möchten die (manchmal sogar von ihnen bzw. in ihrem Feld) angebotenen Supervisionsprozesse in ihrer Wirksamkeit darstellen. Oft war die Implementation einer Supervision und die Frage nach deren Nutzen der Anlass für das Forschungsprojekt und wird mit dem generellen Anliegen der Evidenzbasierung von Supervision begründet. Dabei steht zumeist ein bestimmtes Setting bzw. eine spezielle Form der Supervision im Zentrum der Bemühungen. Die Forschungsdesigns waren in diesen Fällen eher einfach gehalten, es wurde nicht ausgeschöpft, was an „sophisticated designs" (Schigl und Petzold 1997) möglich und wünschenswert gewesen wäre. Teilweise ging es in der Publikation um Beschreibungen des Ablaufs der Maßnahme mit anschließenden Zufriedenheitsmessungen der NutzerInnen; also Kohortenstudien ohne Vergleichsgruppen, zumeist als ex post Befragungen. Dabei kann man kritisch feststellen, dass von den AutorInnen die Zufriedenheit der SupervisandInnen als eine allgemeine positive Wirkung und Nützlichkeit von Supervision generalisiert interpretiert wird.

Insgesamt lassen trotz der eklatanten Zunahme der Zahl der empirischer Studien über Evaluationsbemühungen hinaus keine Hauptströmungen und Forschungslinien extrahieren. Supervisionsforschung passiert hauptsächlich im klinischen und Gesundheitsbereich, sowie als Ausbildungs- und Evaluationsforschung, die sich wiederum überschneiden. Daher liegt die Vermutung nahe, dass viele der Projekte dort aus einem gewissen Legitimationsdruck entstanden. Andere Forschungsfelder sind weit abgeschlagen in der Häufigkeit, es gibt im Vergleich zu den summativen Evaluationen nur wenig Prozessforschung (N = 46). Was in der Supervision passiert, darüber haben wir nur wenige Daten.

In der Mehrzahl der Studien (vor allem über Supervision in der Krankenpflege und sonstigen Gesundheitsberufen) wurden zur Datengewinnung die SupervisandInnen befragt, seltener die SupervisorInnen, die Eindrücke KlientInnen/PatientInnen der SupervisandInnen wurden nur in einer Nursing Studie (White und Winstanley 2010) sowie bei Psychotherapie von Willutzki, Tönnies und Meyer (2005) mit erhoben. Wenngleich häufig von Qualitätssicherung vor allem in den Feldern der Pflege und klinischen Behandlung die Rede war, so wurde diese vielerorts jedoch nur implizit angenommen und nicht ausgeführt, was darunter genau zu verstehen wäre. Hier stellt sich natürlich die Frage nach der Operationalisierbarkeit von Qualität und wo sie erhoben werden sollte: Wie etwa können die Auswirkungen von Supervision auf die PatientInnen in äußerst komplexen Pflege- und klinischen Behandlungssettings gemessen werden?

Wenn wir das Mehrebenensystem Supervision als Referenz heranziehen, läßt sich weiters konstatieren, dass das AuftraggeberInnen-System niemals befragt wurde. Auch das im deutschsprachigen Raum so viel diskutierte Contracting, Diagnose des Auftrags und Auftragserstellung, bilden sich in der empirischen Forschung nicht ab. Ebenso ist eine In-den-Blick-Nahme des Systems der Supervisionsforschung selbst nur rudimentär in einzelnen Reviews oder der Diskussion um die Definitionen von Supervision eingelöst. Der hier vorliegende Band SAP 2 tritt an, diese Lücke zu schließen.

10.3 Supervisionsforschung nach Regionen

Seit der Jahrtausendwende wird Supervision im deutschsprachigen Raum im verstärkten Maß Gegenstand wissenschaftlicher Forschung. In Deutschland sowie in Österreich ist sie mittlerweile ein teilweise im Gesetz benannter struktureller Bestandteil psychotherapeutischer und psychosozialer Ausbildungen (Leitner et al. 2004).

Der Hauptanteil der Veröffentlichungen der deutschsprachigen wie auch der gesamten europäischen Supervisionsliteratur sind nur in geringerem – wenn auch steigendem Maß – auf Empirie basierende Beiträge über konkrete Forschungsvorhaben. Stattdessen findet man überwiegend Arbeiten, die die Expertenmeinung der AutorInnen zu mehr oder minder genau umrissenen Themenbereichen aus Supervision behandeln, bzw. Praxisberichte dieser ihrer supervisorischen Arbeit. Oft sind die theoretischen Arbeiten weit angelegt, und umfassen keine genau definierten Fragen (Schigl 2008, S. 42).

10.3.1 Deutschsprachige Supervisionsforschung

Das universitäre Datenbank-Infosystem Psyndexplus ist eine umfangreiche Sammlung deutschsprachiger, psychologischer Literatur und Testverfahren und enthielt zum Zeitpunkt der Recherche 2016 deutlich über 2000 Einträge zum Stichwort „Supervision". Kombiniert man diesen Begriff jedoch mit dem zweiten Wort „Forschung" oder „research", sinkt die Trefferzahl auf unter 50 (DBIS 2017). Sondiert man die Texte der Treffer, so zeigt sich, dass deren wissenschaftlicher Wert zudem oftmals eher gering zu bewerten ist. Die Mehrzahl der Forschungstexte ist praxisorientiert, darunter sind vor allem Fallvignetten, Erfahrungsberichte der AutorInnen oder die Beschreibung der von ihnen angewandten Supervisionsmethoden und -instrumente zu finden.

Es fehlt jedoch weitgehend die Einbettung dieser Erfahrungsberichte in andere theoretische oder empirische Publikationen bzw. die systematische Verknüpfung mit supervisorischen/sozialwissenschaftlichen Theorien. Dies beklagen auch Rolf Haubl und Brigitte Hausinger in ihrem 2009 erschienenen Sammelband „Supervisionsforschung". Das Buch bündelte die Forschungsergebnisse und -überlegungen sowie damals aktuelle empirische Studien und Theorien mehrerer AutorInnen unterschiedlicher Fachbereiche. Das Bestreben dieses Werkes war es, einen Überblick über die aktuelle Supervisionsforschung zu geben, neue Trends zu benennen und dabei „…zu einer Bekanntmachung, zu einer Vernetzung und einer forschungsfreundlichen Kultur bei(*zu*)tragen" (Haubl und Hausinger 2009, S. 7). In der Gesamtbewertung der versammelten Arbeiten kamen die AutorInnen zu dem Ergebnis, dass sich im Bereich Supervision empirische Forschung intensiviert hat. Sie verorteten aber dennoch weiter einen hohen Bedarf an systematischen, qualitätsvollen Projekten.

Einen guten Überblick über den damaligen Stand der deutschsprachigen Supervisionsforschung bietet zudem die Veröffentlichung „Der Nutzen von Supervision" (DGSv 2008). Dabei handelt es sich um ein Verzeichnis von empirischen Forschungsarbeiten zu Supervision, vor allem Evaluationen. Im Mittelpunkt stand hier die Frage „...ob und wie Supervision in ihren unterschiedlichen Formen wirkt und nützt" (DGSv 2008, S. 7). Darin wurden Projekte versammelt, die mittels quantitativer und/oder qualitativer Datenerhebung einer systematischen Erforschung von Nutzen, Wirken und Grenzen der Supervision nachgehen. Wie die Auswahl gerade dieser Projekte erfolgte, ist unklar. Es wurden nur solche Arbeiten aufgenommen, welche den Standards empirischer Sozialforschung entsprechen und insbesondere in ihrem jeweiligen Untersuchungsbereich auf (andere) aktuelle Forschungsergebnisse zurückgreifen (DGSv 2008, S. 11 f.).

Zu den deutschsprachigen Supervisionsforschungszentren zählen die ForscherInnen am Psychologischen Institut der Universität Kassel[1] (Leitung Heidi Möller), die in der Reihe „kassel university press, Positionen – Beiträge zur Beratung in der Arbeitswelt" seit 2008 zu Supervisions- und Coaching-Themen empirische Untersuchungen publizieren. Der Schwerpunkt der Forschung und Publikationstätigkeit in Kassel hat sich allerdings von Supervision auf Coaching verlagert und ist deshalb größtenteils in SAP 2 nicht berücksichtigt.

Eine weitere Gruppe deutschsprachiger Supervisionsforschung besteht um das Verfahren der Integrativen Supervision, aber auch die darüber hinaus gehenden Forschungsvorhaben wie etwa umfangreiche Multicenter-Felderhebungen der AutorInnengruppen um Hilarion G. Petzold (vgl. Abschn. 7.2 Multicenterstudien aus der Integrativen Supervision und 8.4.2 Forschung aus dem Umfeld Integrativer Supervision). Die Forschungsvorhaben betreffen vor allem Deutschland, Österreich und zum Teil die Schweiz und Norwegen. Sie können unter der open access Zeitschrift Supervision[2] abgerufen werden bzw. sind Masterarbeiten zu Supervision unter dem Bibliothekssystem des Departments für Psychotherapie und biopsychosoziale Gesundheit der Donau Universität Krems auffindbar.

Die Kölner Reihe – Materialien zu Supervision und Beratung[3] im Verlag Vandenhoeck und Ruprecht versammelt Forschungsarbeiten zu Supervision, Beratung und Coaching im Umfeld der DGSv. Bislang sind 5 Bände zu Veränderungen in der modernen Arbeitswelt, zur psychosozialen Situation in Organisationen, zu Supervision und Coaching auf dem Beratungsmarkt und zum Pädagogischen Feld erschienen.

10.3.2 Supervisionsforschung in weiteren europäischen Ländern

In Mitteleuropa wird Supervision eher als (meist) freiwillig in Anspruch genommene, temporär zugekaufte, externe Dienstleistung für Einzelpersonen, Teams oder Organisationsbereiche verstanden und mit Qualitätssicherung in der Arbeit mit Menschen verbunden.

---

[1] https://www.uni-kassel.de/fb01/institute/psychologie/theorie-u-methodik-der-beratung/aktuelle-forschungsprojekte-zu-coaching-und-supervision.html Zugriff am 20.04.2019.
[2] https://www.fpi-publikation.de/supervision/alle-ausgaben/index.php Zugriff am 31.05.2019.
[3] Kassel university press, Positionen – Beiträge zur Beratung in der Arbeitswelt. Zugriff 18.05.2019. Verfügbar unter https://www.upress.uni-kassel.de/katalog/schriftenreihe.php?Positionen.htm.

Dabei findet außer einer persönlichen Schwerpunktsetzung supervisorischer PraktikerInnen kaum Spezialisierung statt. Gemäß dem europäischen Glossar ECVision (2015) sind Supervisionen als Ausbildungssupervision im Rahmen beruflicher Weiterbildung, Supervision für Coaches, Fallsupervisionen, Gruppensupervision, Teamsupervision, Intervision/ Peer Supervision, klinische Supervision, Leitungssupervision, Organisationssupervision möglich (in der Aufzählung im ECVision vermischen sich Formen und Settings). Unterschiedliche Supervisionsformate werden also für eine Vielzahl unterschiedlichster klinischer und psychosozialer Einrichtungen, Verwaltungskörper und teilweise auch Wirtschaftsunternehmen bzw. Unternehmensbereiche angeboten – wobei die von Unternehmen zugekaufte Dienstleistung dann meist unter Coaching läuft und eine noch heterogenere Begrifflichkeit umfasst.

Dennoch ist selbst den Beteiligten nicht immer klar, was diese Supervision ist und leisten soll. So ergab eine zwischen 2004 und 2005 durchgeführte Supervisionsstudie unter 300 Schweizer Pflegekräften, dass 43,4 % der TeilnehmerInnen noch nicht einmal den Begriff „Supervision" kannten (Brühlmann-Jecklin und Petzold 2006). Sie kommen in der Regel erst nach situativer Notwendigkeit damit in Kontakt, also wenn in ihrem direkten Arbeitsbereich oder ihrem Team problembehaftete Situationen auftreten und jemand Supervision als Krisenbehebung vorschlägt.

Die Schwedische National Agency for Higher Education veröffentlichte 2006 eine Studie über das differierende Verhalten von graduierten AkademikerInnen in vier europäischen Ländern (Swedish National Agency for Higher Education 2006). Dabei wurden knapp 15.000 irische, südspanische, finnische und schwedische UniversitätsabsolventInnen auch über ihre theoretischen und praktischen Supervisionserfahrungen und -fähigkeiten befragt. Interessant war dabei, dass die irischen AbsolventInnen ihre ehemaligen DozentInnen zwar deutlich stärker kritisierten als die Teilnehmenden der anderen drei Länder, ihnen aber dennoch eine hohe Fachkompetenz sowie ein starkes Engagement bescheinigten. Damit schnitten die irischen SupervisorInnen deutlich besser ab als ihre Kolleginnen und Kollegen der anderen drei Länder.

Mit Unterstützung der EU wurde 2014 in Brüssel das Projekt ECVision durch Bestrebungen der Association of National Organisations for Supervision in Europe (ANSE) initiiert (vgl. Abschn. 7.1 Handbücher zur Supervision). Dieses versucht, die supervisionsrelevanten, zentralen Begrifflichkeiten zu Supervision (und Coaching) zu definieren und voneinander abzugrenzen. Darüber hinaus verfolgt ECVision das Ziel, „…Schlüsselbegriffe nicht nur zu definieren, sondern mit lernergebnisorientierten Beschreibungen nachvollziehbar zu machen, welche Lernschritte jemand beobachtbar vollzogen haben muss, um als qualifizierte/r SupervisorIn gelten zu können" (ECVision 2015).

Eine Erweiterung dieses Glossars erschien unter dem Titel „Im Spiegel der Kompetenzen. In the Mirror of Compentences: Supervision und Coaching in Europa. Supervision and Coaching in Europe" (Knopf und Judy 2016). Dieses zweisprachige Handbuch versammelt die Kompetenzbeschreibungen von Supervision als Grundannahmen dieser Profession auf Basis des Europäischen Projekts ECVision. Beide

10.3 Supervisionsforschung nach Regionen

Werke sind aufgrund einer Expertise von internationalen Fachleuten entstanden, jedoch nicht an empirische Forschung rückgebunden.

Die ANSE (Association of National Organisations for Supervision in Europe) richtete im Frühjahr 2015 in Budapest eine internationale Supervisionsforschungskonferenz aus, zu der TeilnehmerInnen aus europäischen Staaten anreisten. Zahlreiche Projekte wurden vorgestellt und zeigten die Heterogenität der Supervisionsauffassungen bzw. die mangelnde gegenseitige internationale Rezeption. Die Ergebnisse der Konferenz – 22 Projekte – erschienen unter dem Titel „Inspire and Be Inspired – A Sample of Research on Supervision and Coaching in Europe" (De Roos et al. 2017). Sie geben einen ersten Eindruck von der Buntheit europäischer Supervisionsforschung.

Lokale Supervisionsforschungscommunties auch aus den nordischen und den östlichen EU-Staaten (wie Norwegen, Lettland, Estland) sind aufgrund der Sprachbarrieren ansonsten nur schwer zugänglich. Sie publizieren, wie die meisten deutschsprachigen KollegInnen in sozialwissenschaftlichen Zeitschriften der jeweiligen Länder. Leider werden solche Artikel selten übersetzt und sind so keinem breiteren ForscherInnenkreis zugänglich. Wenige Ausnahmen erscheinen in internationalen, englischsprachigen Zeitschriften (v. a. zum Themenbereich Krankenpflege vgl. Abschn. 7.14), sie wurden in unserer Recherche aufgefunden.

Betrachtet man die europäischen Entwicklungen kritisch, so kann man feststellen, dass die Erkenntnisse der europäischen Supervisionsforschung heterogen und unsystematisch erscheinen. Hochelaborierte und aufwendige Designs stehen neben simplen oder forschungstechnisch wenig aussagekräftigen Projekten (vgl. auch Schigl 2008, S. 41).

Publikationen der englischsprachigen Supervisionsforschung sind, entsprechend der Supervisionsauffassung eher mit der amerikanischen community vernetzt. Auffallend häufig sind im Überblick der englischsprachigen AutorInnen Arbeiten zu ethnischen Konflikten in Einrichtungen und deren Bewältigung durch multikulturelle Supervision. Bedingt durch die Zuwanderungsaktivitäten der letzten Jahre nach Großbritannien setzt die britische Supervisionsfachliteratur offenbar diesen Schwerpunkt und zwar besonders in den Feldern Dienstleistungsunternehmen und im Gesundheitswesen. Beispiele hierfür liefern Jurai Darongkamas und Kollegen (Darongkamas et al. 2014), Sofie Bager-Charleson (2015) sowie die British Association for Counseling und Psychotherapy (BACP 2016). Es wird dabei ein Phänomen multikultureller Supervision deutlich: Die Komplexität der Beziehung zwischen SupervisorIn und SupervisandIn erhöht sich offenbar in multiethnischen Supervisionssettings. Die AutorInnen verweisen daher verstärkt auf die Notwendigkeit von Rahmenrichtlinien zur grundsätzlichen Orientierung und Durchführung solcher Supervisionen. Insbesondere fehlt es noch immer an praxisnahen und anwendbaren Supervisionsmodellen sowie klaren, methodischen Richtlinien für im therapeutischen Bereich eingesetzte SupervisorInnen (z. B. Davis 2016, S. 4 ff.).

Einen Ansatz zur supervisorischen Zurückhaltung und Berücksichtigung der kulturellen Besonderheiten der SupervisandInnen postuliert auch Derek Milne (2009). Er ist einer der bekanntesten AutorInnen zu Supervision im anglo-amerikanischen Raum.

Milne ist Autor wichtiger Handbücher zu Supervision (vgl. Abschn. 7.1) und sieht Supervision als experimentelles Erfahrungslernen durch gemeinsame Reflexion – eine Haltung, mit der er sich wieder der europäischen Supervision annähert.

10.3.3 Supervisionsforschung in den USA

Supervisionsforschung scheint in Nordamerika breiter etabliert zu sein als in Europa. Zu beachten ist dabei allerdings der schon mehrfach erwähnte Unterschied in der europäischen und angloamerikanischen Auffassung von Supervision: Wenn in den USA von Supervision die Rede ist, so ist damit vornehmlich die Ausbildung und Fortbildung im klinischen und beratend/psychotherapeutischen Bereich gemeint. Forschungsschwerpunkte in den USA beziehen sich vornehmlich auf ausbildungsbezogene Fragestellungen, wie die Kompetenzvermittlung spezieller Aspekte des beratenden Berufs sowie deren Erlernen. Aus diesem Grund sind die Ergebnisse US-amerikanischer Supervisionsforschung nur für dieses Feld auf europäische Verhältnisse übertragbar.

2005 untersuchten Marion Bogo und Kathryn McKnight in einer Review 13 exemplarische, amerikanische Supervisions-Studien der Jahre 1994–2004. Sie kamen zu dem Schluss, dass diese Studien hauptsächlich deskriptiver Art waren, sich auf einen sehr begrenzten Forschungsbereich beschränkten und sich daraus kaum allgemeine Rückschlüsse ableiten ließen (Bogo und McKnight 2005). Ihrer Meinung nach fehle es insbesondere an vergleichenden Studien und solchen, die die Effektivität unterschiedlicher Supervisionsmethoden messen und bewerten würden. Derartige Studien könnten, so die AutorInnen, entscheidend dazu beitragen, Instrumente zu entwickeln, mit dem sich Supervisionsaktivitäten besser validieren lassen.

Mor Barak und KollegInnen hoben 2009 27 wissenschaftliche Supervisionsbeiträge der Jahre 1990 bis 2007 aus, die sich mit der Supervision bei ArbeiterInnen beschäftigen. Sie kamen dabei zu dem Resultat, dass nur eine konstruktive und zwischenmenschlich als angenehm empfundene Supervision positive Ergebnisse liefern würde. Fehlten diese soft skills, dann würden der SupervisorIn auch die in der Ausbildung erworbenen Fachkenntnisse nicht viel nutzen und die Ziele der Supervision könnten nicht oder allenfalls nur im sehr begrenzten Ausmaß erreicht werden (Mor Barak et al. 2009).

Bei unserer Recherche in US-amerikanischen Zeitschriften zeigten sich folgende Phänomene:

- Es finden sich mehr empirische Studien unter den Veröffentlichungen zu Supervision als in Europa. Die Zeitschriften beschreiben in ihren Anforderungen auch diese Ausrichtung und eine nötige Relevanz der eingereichten Beiträge für die Forschungscommunity.
- Mehr als zwei Drittel der englischsprachigen Beiträge sind empirische Studien, der Rest Literatur-Reviews und Praxisberichte/Fallvignetten und nur wenige ExpertInnenmeinungen und Hintergrundberichte – ein deutlicher Unterschied zu den deutschsprachigen Zeitschriften.

- Die Studien bedienen sich jeweils etwa zur Hälfte quantitativer und qualitativer Forschungsmethoden.
- Erhebungen in den Supervisionsfeldern (klinischer) Sozialarbeit, Klinischer Psychologie, Clinical Counselling (klinisch-psychologischer Beratung) und Psychotherapie sind häufig, andere Bereiche nur marginal vertreten. Das lässt sich durch das Supervisionsverständnis der Clinical Supervision in Zusammenhang mit Ausbildung in den oben genannten Berufen erklären.
- Diversity, Ethnizität und Gender (vor allem das matching dieser Faktoren) sind in den Studien thematisch weitaus häufiger beforscht als im deutschsprachigen bzw. mitteleuropäischen Raum. Dies ist der multiethnischen Bevölkerungszusammensetzung der Vereinigten Staaten von Amerika geschuldet.
- Supervisorisch wird häufig mit standardisierten Programmen innerhalb von Ausbildungen gearbeitet. Es existieren dazu mittlerweile Manuale für Supervision.

Insgesamt kann festgestellt werden: Mittlerweile zählt Supervision in den USA zu den obligaten Kernkompetenzen von TherapeutInnen und PsychologInnen (Falender 2016, S. 4 f.). In den USA ist die intern durchgeführte Supervision fester Bestandteil der Ausbildungen und Schulungen angehender klinischer PsychologInnen und PsychotherapeutInnen. Im Mittelpunkt der derzeitigen US-amerikanischen Forschung stehen Supervisionen im psychotherapeutischen Ausbildungskontext sowie deren Evaluation meist durch SupervisorInnen und SupervisandInnen. Dabei werden professionelle Heuristiken und berufliche Basiskompetenzen dargestellt und als Evaluationsbasis für Untersuchungen und Forschungsprojekte verwendet (Lloyd-Hazlett und Foster 2014). In den letzten Jahren wurden zahlreiche derartige Studien durchgeführt. Sie haben, so die AutorInnen, erheblich zu einer praxisnäheren, erfolgreicheren Berufsausübung beigetragen und die Fachkompetenz der Teilnehmenden signifikant erhöht (vgl. Falender 2007, S. 38 f.). Ziel einer Supervision im Ausbildungskontext ist, dass die SupervisandInnen (wie ihre SupervisorInnen) eine Position metakompetenter, kultureller Bescheidenheit einnehmen. Diese Haltung stärkt ihre Diagnose- und Behandlungskompetenz sowie ihre Fähigkeit, fallspezifische Besonderheiten zu erkennen und adäquat darauf zu reagieren (Lloyd-Hazlett und Foster 2014).

10.3.4 Supervisionsforschung außerhalb USA und Europa

Auch im australisch-neuseeländischen Raum findet sich eine Reihe von Supervisionsforschungsprojekten. Die Auffassungen von Supervision entsprechen der Ausbildungssupervision im klinisch-beratenden und behandelnden Feld, und beziehen sich vor allem auf Krankenpflege und weitere klinische Gesundheitsberufe. Diese AutorInnen sind in der Rezeption mit den englischen und US-amerikanischen KollegInnen verbunden. Es überwiegen Evaluationen von Supervision, die in ihrer Qualität sehr heterogen sind. Auch kritische Ergebnisse sind zu finden (Murphy et al. 2007; Vilkinas 2007) (vgl. Abschn. 7.11 Lernen und Kompetenzvermittlung in der Supervision), in denen sich die (mangelnde) Selbstreflexion und Selbstwahrnehmung der untersuchten SupervisorInnen als problematisch herausstellte.

Forschungspublikationen zu Supervision im asiatischen Raum wurden in unserer Recherche vereinzelt gefunden, fast alle Quellen jedoch nach Prüfung wieder verworfen, da unter Supervision im asiatischen Raum vor allem die Kontrolle durch Vorgesetzte gemeint ist.

10.4 Vergleich des Forschungsstandes 2003 und 2016

Sowohl das Erstellen neuer, als auch die Weiterentwicklung bereits existierender wissenschaftlich gegründeter Modellvorstellungen zu Supervision kranken an einem grundlegenden Mangel eines gemeinsamen konzeptionellen Verständnisses darüber, was man genau unter Supervision versteht und welche Elemente in einer Supervision vorkommen müssen (Pearson und Kayrooz 2007, S. 99). Die unterschiedlichen Definitionen und Modelle von Supervision reichen von einfachen Listungen von Elementen der Supervision über oft wenige präzise Bilder und interpretationsbedürftige Metaphern bis hin zum Erstellen komplexer, mehrdimensionaler Supervisionsmodelle (vgl. Holloway 1995 zitiert nach Milne et al. 2003; Petzold et al. 2003). Sie können grob eingeteilt werden in Modelle, die sich an ein Psychotherapieverfahren anlehnen (z. B psychoanalytisch, psychodramatisch, systemisch), Modelle, welche die Entwicklung der SupervisandInnen zum Thema haben und Modelle, die auf den supervisorischen Prozess fokussieren (Felder und Schürmann 2018). Bernard et al. (2014) fügten als weitere, komplexere Kategorie „Modelle der zweiten Generation" hinzu. Je nachdem welches Hintergrundmodell ein/e ForscherIn wählt, desto einfacher bzw. komplexer wird ihre Fragestellung und Ergebnisdiskussion sein. Viele dieser Modelle sind empirisch nicht abgesichert und haben eher Augenschein-Validität.

Mangels solcher gemeinsamer, überdauernder Referenztheorien ist ein Vergleich der Ergebnisse der Recherche von SAP 1 2003 und der zweiten Auflage 2018 schwierig und folgt deshalb nur groben Linien. Für eine detaillierte Beschreibung der einzelnen Felder sei auf die jeweiligen Kapitel in SAP 1 und SAP 2 verwiesen, die dieselben Cluster zur Ordnung der Themen verwenden.

10.4.1 Was hat sich in diesem Zeitraum verändert?

Im Vergleich zur Erstauflage, in der 201 Beiträge analysiert und bearbeitet wurden, wurden im Rahmen der zweiten Auflage 1629 Referenzen aus den Datenbanken sowie Handbüchern und Fachzeitschriften aus dem Zeitraum 2003 bis 2016 gesichtet, eingeordnet und analysiert (vgl. Kap. 5). Es ist also generell eine exponentielle Zunahme an empirischer Forschung zu Themen der Supervision zu verzeichnen. Während 2003 alle 201 Beiträge in SAP1 dargestellt werden konnten, konnte in der aktuellen Auflage

10.4 Vergleich des Forschungsstandes 2003 und 2016

nur eine Auswahl der gesammelten Texte beschrieben werden. Bei der Recherche in SAP 1 legten wir unserer Suche ein „weitgefasstes Verständnis von ‚Sozialwissenschaft'" zugrunde (Petzold et al. 2003, S. 55). Im Hinblick auf den damals offensichtlich noch großen Entwicklungsbedarf der Disziplin Supervision, wurden 67 der 201 Beiträge, also 34 %, auch als „wissenschaftliche Beiträge zum Thema Forschung" eingestuft, obwohl keine empirischen Daten erhoben und dargestellt wurden. Dies war zum damaligen Zeitpunkt eine legitime Vorgehensweise, damit an diese Vorstudien, Felderkundungen und Diskussionen zu forschungsmethodischen Fragestellungen empirische Untersuchungen anschließen können. Bei 28 der damaligen Beiträge handelte es sich um einfachere Praxisberichte, nur 24 % aller deutschen Literaturangaben waren Beiträge aus empirischer Forschung. Ähnliches konstatierten auch Sue Kilminster und Brian Clark Jolly in ihrer Review aus dem Jahr 2000, die ebenfalls erst wenige (englischsprachige) empirische Studien fanden.

In SAP 2 waren wir bei der Auswahl der – wesentlich zahlreicheren -Arbeiten deutlich strikter, es wurde (inklusive den in einem eigenen Abschn. 7.1 versammelten Beispiele für relevante Handbücher) eine empirische Fundierung der Artikel verlangt. ExpertInnenmeinungen, Praxisberichte, generelle Diskussionen zur Forschungsmethodik gingen nicht mehr in den Datenpool ein.

Somit kann aus unserer zweiten Recherche sowie den Erhebungsbefunden anderer Übersichtsarbeiten eindeutig geschlossen werden, dass die Supervisionsforschung international auf dem Level der Empirie angekommen ist.

Die deutschsprachigen Auffassungen von Supervision scheinen sich einerseits zu weiten und zu verschwimmen; so umfasst Supervision etwa auch Elemente aus der Organisationsentwicklung bzw. -beratung, die sog. Organisationssupervision (Gotthardt-Lorenz 2019) oder des Coaching (Rauen 2014). Letzteres wurde von der DGSv und der ÖVS als der Supervision inherentes Format postuliert (Coaching Report 2019; ÖVS und DGSv Homepage Stand 2019). Andererseits ist eine Tendenz zur Schärfung des Begriffs zum Beispiel mittels des Glossars im ECVision (2015) beobachtbar.

In der englischsprachigen Wirkungsforschung wurden mehr komplexere Supervisionsmodelle berücksichtigt. Während 2003 in der ersten Auflage von „Supervision auf dem Prüfstand" noch „die Person, die in der Supervision profitieren soll, die SupervisandIn sei" (S. 170) sind nun auch (einige) Studien zum Wirksamkeitsnachweis auf KlientInnen in der Klinischen Supervision vorhanden (z. B. Bambling et al. 2006; White und Winstanley 2010). Entgegen der im deutschsprachigen Raum oft zitierten Aussage, dass die Wirkung von Supervision unzureichend erforscht wird, zeigt sich, dass diesbezüglich international gesehen, doch vermehrt Aktivitäten gesetzt wurden.

Vermehrt werden auch Fragen der Qualität von Supervision (und Supervisionsweiterbildungen) aufgeworfen. Man ist auf der Suche nach einem spezifischen Kompetenzprofil für SupervisorInnen – dies ist sowohl für die SupervisandInnen als auch für AusbildungskandidatInnen zur SupervisorIn notwendig. Verschiedene Berufsvereinigungen versuchen solche zu erstellen und publik zu machen – im deutschsprachigen Raum etwa die DGSv, bso und die ÖVS, bzw. international die amerikanische Association for Counselor

Education and Supervision (ACES)[4], die dafür elf Kernbereiche aufgrund von Evaluationsdaten beschreibt.

Einige Cluster von SAP 1 konnten in SAP 2 nicht mehr befüllt werden (vgl. Kap. 6). So wurden in der SAP 2 Recherche keine Studien zu „Identität von SupervisorInnen" und keine Studien zu „Speziellen Inhalten von Supervision" (in SAP 1 z. B. Themen wie Humor, Scham, Krisen etc.) gefunden. Auch das Thema „Geschichte von Supervision" ist mit nur zwei Publikationen schwach besetzt (allerdings produziert die Forderung nach empirischer Forschung zu dem Gebiet möglicherweise einen Bias).

Neu hinzugekommen sind die inhaltlichen Bereiche: „Supervision in der Krankenpflege" und „Supervision in sonstigen Gesundheitsberufen" (diese versammeln ausschließlich englischsprachige Forschung). Supervision in der Krankenpflege wurde als größtes Feld identifiziert, während Supervision in sonstigen Gesundheitsberufen als Restkategorie sehr heterogene Studien, oft Evaluationen, zu verschiedenen Supervisionsformen und -feldern enthält. Dieser Cluster wurde für die Endfassung dieses Buches weitgehend reduziert und versucht, die Studien soweit möglich inhaltlich in die anderen Cluster einzuordnen.

Als neu hinzugekommene Gebiete etablierten sich weiters über die in SAP 1 erstellten Cluster hinaus: „Peer Supervision" und das Forschungsgebiet „Risiken von Supervision". Der in SAP 1 vertretene Cluster „US amerikanische Forschung" wurde aufgelassen, da in SAP 2 englischsprachige Forschungsbeiträge in alle Cluster integriert wurden.

10.4.2 Was ist in diesem Zeitraum gleichgeblieben?

Als wichtigste, weiterhin bestehende Tatsache ist hier die Heterogenität und Diversität des Begriffes Supervision zu sehen. Dieser ist sowohl innereuropäisch also auch im Vergleich der angloamerikanischen zur europäischen Auffassung weiterhin unterschiedlich, wenngleich manche Anzeichen auf eine Annäherung hindeuten (Milne 2009; Bernard und Goodyear 2014). Daher kann weiterhin konstatiert werden: „Es gibt viele Supervisionen, aber nicht d i e Supervision" (Petzold et al. 2003, S. 169).

2003 wurde festgestellt, dass sich in der US-amerikanischen Literatur im Vergleich zur deutschsprachigen mehr standardisierte Instrumente zur Befragung von SupervisandInnen und SupervisorInnen finden. Auch 2016 konnten mehr englischsprachige Evaluations- und Messinstrumente identifiziert werden (siehe Verzeichnis Verwendete standardisierte Erhebungsinstrumente). Im deutschsprachigen Raum kommt nach wie vor das Supervisions-Evaluations-Inventar von Schneider und Müller (1995) bzw. die weiterentwickelte Form von Beer und Gediga (1998) – häufig in an die Fragestellung

---

[4]https://www.counseling.org/about-us/governance-bylaws/candidate-profiles/divisions-and-regions/association-for-counselor-education-and-supervision Zugriff am 20.04.2019.

adaptierter Form – zum Einsatz. Weiters wurde der Fragebogen von Gottfried et al. (2003) in diversen Multicenterstudien (z. B. Brühlmann-Jecklin 2005) verwendet. Auch diese Hauptinstrumente sind im Vergleich zur ersten Recherche gleichgeblieben. Auf den Mangel an geeigneten, standardisierten und testtheoretisch konstruierten Messinstrumenten zur Supervision wurde daher bereits 2003 hingewiesen, dieser besteht im deutschsprachigen Raum auch 2016, im englischsprachigen Raum hat sich die Situation hingegen deutlich verbessert.

Weiterhin gleichgeblieben ist, dass im deutschsprachigen Raum die PatientInnen/KlientInnen von SupervisandInnen sehr selten in den Evaluationsprozess miteinbezogen und zur Supervision befragt werden. Diesbezügliche Evaluationsaktivitäten von Supervisionsprozessen werden in den vorhandenen Studien kaum erwähnt. Wie z. B. Peter Schay et al. (2006) im Feld der Drogenrehabilitation zeigten, wissen KlientInnen von SupervisandInnen überwiegend nicht, was Supervision ist und ob diese sie betrifft. Hierbei kann auch ein Zusammenhang mit den unterschiedlichen Auffassungen von Supervision vermutet werden: Während hinsichtlich des Nutzens von Supervision in Europa Motive wie Reflexion und Austausch genannt werden, so werden im angloamerikanischen Raum oft Kontrolle, Überprüfung sowie Qualitätssicherung genannt.

Wir haben zu Risiken, unerwünschten Wirkungen und Schäden von Supervision schon einige, aber weiterhin insgesamt noch zu wenig empirische Daten. Dies hängt wahrscheinlich auch mit der Motivation zu Supervisionsforschung zusammen, die oft Legitimationsforschung für implementierte Supervisionsprogramme ist.

Aus der Qualität und den Ergebnissen der Studien zur Evaluation von Supervisionsweiterbildungen in SAP 2 lässt sich schließen, dass die in der ersten Auflage aufgeworfene und unbeantwortet gebliebene Frage nach verbindlichen Qualitätskriterien (theoretisch, praktisch, methodisch) für gute Supervisionsweiterbildungen noch immer aktuell ist. Dies kann damit begründet werden, dass durch die unterschiedlichen Weiterbildungskonzepte und Begriffsverständnisse ebenso keine umfassende Vergleichbarkeit gegeben ist.

10.5 Die Zukunft der Supervisionsforschung

Insgesamt zeigen die analysierten Veröffentlichungen, dass wir in der Supervision noch von der immer wieder geforderten Evidenzbasierung entfernt sind. Es muss allerdings auch kritisch diskutiert werden, ob der Ruf nach einer solchen klassisch verstandenen Evidenzbasierung im Feld der Supervision überhaupt angebracht ist. So wie in der Psychotherapieforschung ist dieses „evidence-based" Konzept aus der quantitativen biomedizinischen Forschung für komplexe soziale Prozesse mit ihren multiplen Einflussfaktoren, die sich kaum in ein experimentelles Design integrieren lassen, durchaus diskussionswürdig. Desungeachtet werden immer wieder RCT-Studien zum Beweis der Wirksamkeit von Supervision gefordert und versucht durchzuführen. Ergebnisse wie die von Willutzki et al. (2005, vgl. Abschn. 7.7) oder White und Winstanley (2010) (vgl. Abschn. 7.14) sind hierzu als wichtige Versuche anzusehen. Dabei wurde eine Wirkung der Supervision auch auf der Ebene der PatientInnen festgestellt und zwar durch bei ihnen selbst erhobene Daten. Dieses Einbeziehen der PatientInnen ist eine begrüßenswerte Maßnahme, die auch für die Wirkung der festgestellten Verbesserung der Arbeitsbeziehung Ursache sein könnte, neben einer vielleicht spezifischen Wirksamkeit von Supervision. Durch welcher Art supervisorischer Intervention das dortige positive Ergebnis erzielt wurde bleibt jedoch offen. Die Studien verweisen jedoch auf eine Möglichkeit supervisorischer Interventionsforschung. Sie wurden leider nicht repliziert, so dass hieraus noch keine generalisierenden Schlüsse gezogen werden können außer diesen: Es müssen mehr Studien dieser Art durchgeführt werden. Eine generelle Verbesserung der wissenschaftlichen Qualität aller Studien, wie der Replikation einiger herausragender, wäre auf jeden Fall ein anzustrebendes Ziel.

Es stellt sich jedoch die Frage, was generell Evidenzbasierung in einem solch komplexen Gebiet mit so vielen unkontrollierbaren Einflüssen aus multiplen Systemen bedeutet. Wie könnte eine solche Evidenzbasierung für Supervision beschaffen sein? Würde es hier reichen, wie schon in einigen Studien verwirklicht, Kohorten von NutzerInnen und Nicht-NutzerInnen von Supervision zu vergleichen? Oder ist Evidenzbasierung auch jenseits quantitativer Forschung denkbar? Wie müsste sie dazu definiert werden? Hierzu unternimmt Milne (2009) einen Versuch, in dem er auch qualitative Forschungsdesigns dafür als geeignet beschreibt. Denn im Grund bedeutet Evidenzbasierung nichts anderes, als dass NutzerInnen (oft PatientInnen) eine Maßnahme bzw. eine Behandlung nur dann erhalten sollen, wenn diese nachweislich wirksam ist. Weitere Anstrengungen in Richtung Definition von Evidenzbasierung in der Supervision und die Durchführung weiterer Studien dazu sind Desiderat.

Es gilt derzeit noch immer, dass Ergebnisse von Supervisionsforschung nicht einfach von einem Feld in ein anderes übertragen werden können und die Heterogenität der Auffassungen, Ziele, Methoden und Settings eine genaue Beschreibung des jeweils untersuchten Supervisionsformats nötig macht (was in den untersuchten Texten nur teilweise der Fall war).

Manche AutorInnen wie Gertrud Siller (2010) plädieren für eine Vernetzung der Forschungsfelder und -perspektiven sowie der unterschiedlichen Beratungsansätze in Richtung einer „interprofessionellen Beratungsforschung" (S. 20). Eine gemeinsame Methodik und Fragestellungen sollten entwickelt werden. Dem ist kritisch zu entgegnen, dass – wie die erhobenen Befunde zeigen – die Wirksamkeit von Supervision generell nicht einheitlich beforscht werden kann. Je größer und vager ein Gebiet ist – siehe nicht nur Supervision sondern generell „Beratung", desto unübersichtlicher werden die Konzepte dazu.

Wir sind eher der Ansicht, dass es vor allem darum ginge, die Ergebnisse der bisherigen Supervisionsforschungsbemühungen systematisch zu verknüpfen und auf vorhandenem Wissen aufzubauen – dieses Buch soll einen Beitrag dazu leisten. Supervisorische Forschungscommunities sollten vermehrt aufeinander Bezug nehmen. Dafür wären, wie auch Heidi Möller (2016) ausführt, wissenschaftlich valide Forschungsdesigns notwendig. Sie sollten in der Praxis leicht handhabbar sein und standardisierte Erhebungsinstrumente nutzen, um Vergleiche spezifischer Themen möglich zu machen. Die Erhebungsinstrumente sollten leicht im supervisorischen Praxis-Alltag eingesetzt werden können und bedürfen daher einer verständlichen Sprache mit eindeutigen und klar definierten Begriffen wie sie beispielsweise im Glossar der ECVision (2015) konzipiert wurden. Die Zahl der Items sollte dabei überschaubar sein, sodass sie zeitsparend von SupervisorInnen und SupervisandInnen ausgefüllt werden können (Schiersmann 2013). Die Bereitschaft von supervisorischen PraktikerInnen ihre Prozesse mit ihren SupervisandInnen für Forschungsvorhaben zur Verfügung zu stellen, ist dafür Voraussetzung (vgl. Schigl 2008). So könnten – derzeit noch weitgehend zu findende – Rollenüberschneidungen wie durchführende SupervisorIn und gleichzeitig die Supervision evaluierende ForscherIn zu sein, vermieden werden.

Dazu wäre auch der Austausch der Methoden der Datenerhebung sinnvoll: Solch oft genutzte, standardisierte Messinstrumente, böten für den europäischen Raum die Möglichkeit einer Vergleichbarkeit von Kompetenzprofilen von SupervisorInnen in verschiedenen Ländern, Branchen und Sektoren anhand großer Stichproben (Heidi Möller 2016). Sie könnten entweder aus dem angloamerikanischen Raum übernommen oder etwa in Anlehnung an die Begrifflichkeiten des EC Vision konstruiert werden.

Literatur

BACP (British Association for Counselling und Psychotherapy). (Hrsg.). (2016): *Ethical framework for the counselling professions.* Zugriff am 16.05.2019. Verfügbar unter https://www.impactaas.co.uk/visageimages/BACP%20ethical_framework.pdf

Bager-Charleson, Sofie. (2015). Monitoring the Supervisory Relationship from the Perspective of A Supervisee. *Good Practice in Action 011 – Commonly Asked Questions Resource.* Zugriff am 16.05.2019. Verfügbar unter https://www.bacp.co.uk/events-and-resources/ethics-and-standards/good-practice-in-action/publications/gpia011-monitoring-the-supervisory-relationship-supervisee-caq/

Bambling, Matthew, King, Robert, Raue, Patrick, Schweitzer, Robert und Lambert, Warren. (2006). Clinical supervision: Its influence on client-rated working alliance and client symptom reduction in the brief treatment of major depression. *Psychotherapy Research, 16*(03), 317–331.

Beer, Thomas und Gediga, Günther. (1998). Evaluation von Supervision: Eine Untesuchung im Bereich der sozailen Arbeit. In Heinz Holling und Günther Gediga (Hrsg.), *Evaluation in den Arbeitswissenschaften* (S. 73–126). Göttingen: Hogrefe.

Bernard, Janine M. und Goodyear, Rodney K. (2014). *Fundamentals of Clinical Supervision.* New York: Pearson.

Bogo, Marion und McKnight, Kathryn. (2005). Clinical Supervision in Social Work. A review of Research Literature. *The Clinical Supervisor, 24*(1/2), 49–67

Brühlmann-Jecklin, Erica. (2005). Supervision bei Pflegefachleuten Eine Studie zur Situation in der Schweiz. Masterthesis, Donau-Universität Krems, Krems. Zugriff am 29.04.2019. Verfügbar unter http://www.pflegeportal.ch/pflegeportal/pub/masterthese_erica_bruehlmann_jecklin_1030_1.pdf

Brühlmann-Jecklin, Erica und Petzold, Hilarion G. (2006). Supervision bei Pflegefachleuten. Eine Studie zur Situation in der Schweiz. In. *Supervision: Theorie – Praxis – Forschung. Eine interdisziplinäre Internet-Zeitschrift. 7/2006.* Zugriff am 19.05.2019. Verfügbar unter http://www.fpi-publikation.de/downloads/download-supervision/download-nr-07-2006-erica-bruehlmann-jecklin-hilarion-g-petzold.html

Coaching Report. (2019). *Coaching vs. Supervision.* Zugriff am 29.04.2019. Verfügbar unter https://www.coaching-report.de/definition-coaching/modelltheoretischer-hintergrund/coaching-vs-supervision.html

Darongkamas, Jurai, John, Christopher und Walker, Mark James. (2014). An eight-eyed version of Hawkins and Shohet's clinical supervision model: the addition of the cognitive analytic therapy concept of the ‚observing eye/I' as the ‚observing us'. *British Journal of Guidance and Counselling, 42*(3), 261–270

Davis, Nicola. (2016). Research and literature overview of supervision within the counselling professions. *Good practice in action 043 – Research Overview.* Zugriff am 17.05.2019. Verfügbar unter https://www.bacp.co.uk/events-and-resources/ethics-and-standards/good-practice-in-action/publications/gpia043-supervision-within-the-counselling-professions-ro/

De Roos, Sijtze, Geißler-Piltz, Brigitte und Nemes, Eva. (Hrsg.). (2017). *Inspire and be inspired – A Sample of Research on Supervision and Coaching in Europe.* Budapest: Károli Gáspár university press.

DGSv (Deutsche Gesellschaft für Supervision). (Hrsg.). (2008). *Der Nutzen von Supervision. Verzeichnis von Evaluationen und wissenschaftlichen Arbeiten.* Kassel: kassel university press. Zugriff am 03.05.2019. Verfügbar unter https://d-nb.info/1006968954/34

ECVision (2015). (Hrsg.) *ECVision. Ein Europäisches Kompetenzprofil für Supervision und Coaching.* Zugriff am 29.04.2019. Verfügbar unter https://www.oevs.or.at/fileadmin/oevs_website/user_upload/ECVision_Kompetenzprofil.pdf

Falender, Carol A. und Shafranske, Edward, P. (2007). Competence in competency- based supervision practice: Construct and application. In Ronald Brown (Hrsg.), *Professional Psychology: Research and Practice.* Washington: American Psychological Association.

Falender, Carol A. und Shafranske, Edward, P. (2016). *Supervision Essentials for the Practice of Competency-Based Supervision – Clinical Supervision Essential Series.* Washington: American Psychological Association.

Felder, Wilhelm und Schürmann, Kurt. (2018). Supervisionsmodelle. In *Swiss Archives of Neurology, Psychiatry and Psychotherapy.* Zugriff am 19.04.2019. Verfügbar unter https://sanp.ch/en/online-only-content/post/supervisionsmodelle/

Gottfried, Kurt, Petitjean, Sylvie und Petzold, Hilarion G. (2003). Supervision in der Psychiatrie. Eine Multicenterstudie (Schweiz). In Hilarion G. Petzold, Brigitte Schigl, Martin Fischer und Claudia Höfner (Hrsg.), *Supervision auf dem Prüfstand. Wirksamkeit, Forschung, Anwendungsfelder, Innovation* (S. 299–334). Opladen: Leske+Budrich.

Gotthardt-Lorenz, Angela. (2019). *Organisationssupervision – ein Konzept: Erfahren, Verstehen und Mitgestalten organisationaler Interaktionen.* Göttingen: Vandenhoeck und Ruprecht.

Haubl, Rolf und Hausinger, Brigitte. (2009). *Supervisionsforschung – Einblicke und Ausblicke, interdisziplinäre Beratungsforschung,* Göttingen: Vandenhoeck und Ruprecht.

Knopf, Wolfgang und Judy, Michaela. (2016). *Im Spiegel der Kompetenzen. In the Mirror of Compentences. Supervision und Coaching in Europa. Supervision and Coaching in Europe.* Wien: Facultas.

Leitner, Anton, Petzold, Hilarion G., Orth, Susanne, Sieper, Johanna und Telsemeyer, Petra. (2004). Mythos Supervision? – Zur Notwendigkeit von ‚konzeptkritischen' Untersuchungen im Hell- und Dunkelfeld zu Risiken, Nebenwirkungen und Rechtsverletzungen. Düsseldorf/Hückeswagen. *Supervision: Theorie – Praxis – Forschung. Eine interdisziplinäre Inter-*

net-Zeitschrift, 02. Zugriff am 21.05.2019. Verfügbar unter http://www.fpi-publikation.de/images/stories/downloads/supervision/petzold-leitner-orth-sieper-telsemeyer-mythos_supervision-supervision-02-2004.pdf

Lloyd-Hazlett, Jessica und Foster, Victoria. (2014). Utilizing Interpersonal Process Recall in Clinical Supervision to Address Counselor Countertransference. *VISTAS Online, Article 34.* Zugriff am 21.05.2019. Verfügbar unter https://www.counseling.org/docs/default-source/vistas/article_34.pdf?sfvrsn=40a07c2c_10

Milne, Derek L. (2009). *Evidence-Based Clinical Supervision. Principles and Practice.* West Sussex: John Wiley und Sons/BPS Blackwell.

Milne, Derek. L., Pilkington, Janet, Gracie, Jennifer und James, Ian. (2003). Transferring Skills from Supervision to Therapy: A Qualitative and Quantitative N = 1 Analysis. *Behavioural and Cognitive Psychotherapy, 31,* 193–202.

Möller, Heidi. (2016). Supervisions- und Coaching Kompetenz-Forschung. *Psychotherapie Forum, 15*(57), 1–8. Zugriff am 21.05.2019. Verfügbar unter http://link.springer.com/article/10.1007/s00729-015-0057-0

Mor Barak, Michàlle E., Travis, Dnika J., Pyun, Harold und Xie, Bin. (2009). The Impact of Supervision on Worker Outcomes: A meta-analysis. *Social Service Review, 83*(1), 3–32.

Murphy, Noela, Bain, John D. und Conrad, Linda. (2007). Orientations to Research Higher Degree Supervision – The Interrelatedness of Beliefs about Supervision, Research, Teaching and Learning, Griffith University, Australien. Zugriff am 17.05.2019. Verfügbar unter https://link.springer.com/article/10.1007/s10734-005-5608-9

ÖVS (Österreichische Vereinigung für Supervision und Coaching). (2019). *Beratungsformate.* Zugriff am 21.05.2019. Verfügbar unter https://www.oevs.or.at/oevs-fuer-kundinnen/beratungsformate/

Pearson, Margot und Kayrooz, Carole. (2007). Enabling critical reflection on research supervisory practice. *International Journal for Academic Development, 9*(1), 99–116.

Petzold, Hilarion G. (2009). „Macht", „Supervisorenmacht" und „potentialorientiertes Engagement". Überlegungen zu vermiedenen Themen im Feld der Supervision und Therapie verbunden mit einem Plädoyer für eine Kultur „transversaler und säkular-melioristischer Verantwortung. *Supervision: Theorie – Praxis – Forschung. Eine interdisziplinäre Internet-Zeitschrift, 04.* Zugriff am 21.05.2019. Verfügbar unter https://www.fpi-publikation.de/images/stories/downloads/supervision/petzold_macht_supervision_04_2009druck.pdf

Petzold, Hilarion G. (2014). Supervision und Führung – Kritische Überlegungen – Supervision? - 'Die gibt man, die ‚nimmt' man doch nicht!" – „Führen, das kann man, oder lernt es nie!" *Supervision: Theorie – Praxis – Forschung. Eine interdisziplinäre Internet-Zeitschrift, 01.* Zugriff am 21.05.2019. Verfügbar unter https://www.fpi-publikation.de/images/stories/downloads/supervision/petzold-supervision-und-fuehrung-kritische-ueberlegungen-supversion-01-2014.pdf

Petzold, Hilarion G., Schigl, Brigitte, Fischer, Martin und Höfner, Claudia. (2003a). *Supervision auf dem Prüfstand. Wirksamkeit, Forschung, Anwendungsfelder, Innovation.* Opladen: Leske + Budrich.

Rauen, Christopher. (2014). *Coaching.* (3. überarbeitete und erweiterte Auflage). Göttingen: Hogrefe.

Schay, Peter, Dreger, Bernd und Siegele, Frank. (2006). Die Wirksamkeit von Supervision für den Patienten. Eine Evaluationsstudie zur Wirksamkeit von Supervision für das Patientensystem in Einrichtungen der medizinischen Rehabilitation Drogenabhängiger. In Peter Schay (Hrsg.), *Innovationen in der Drogenhilfe* (S. 247–305). Wiesbaden: VS-Verlag.

Schiersmann, Christiane. (2013). Prozessanalyse und Monitoring von arbeitsweltbezogener Beratung auf der Basis der Theorie der Selbstorganisation. In Stefan Busse und Brigitte

Hausinger (Hrsg), *Supervisions- und Coachingprozesse erforschen. Theoretische und methodische Zugänge* (S. 54–76). Göttingen: Vandenhoeck und Ruprecht.

Schigl, Brigitte. (2008). Supervision: Ergebnisse aus der Forschung oder was brauchen ForscherInnen und PraktikerInnen voneinander? In Hannes Krall, Erika Mikula, Erika und Wolfgang Jansche. (Hrsg.), *Supervision und Coaching. Praxisforschung und Beratung im Sozial- und Bildungsbereich* (S. 39–52). VS Verlag Wiesbaden.

Schigl, Brigitte und Petzold, Hilarion G. (1997). Evaluation einer Ausbildung in Integrativer Supervision mit Vertiefungsschwerpunkt für den klinisch-geriatrischen Bereich. Ein begleitendes Forschungsprojekt. *Supervision: Theorie – Praxis – Forschung. Eine interdisziplinäre Internet-Zeitschrift, 04*. Zugriff am 21.05.2019. Verfügbar unter https://www.fpi-publikation.de/images/stories/downloads/supervision/schigl-petzold-1997-ausbildungsevaluation-integrative-supervision-klinisch-geriatrisch-superv-04-2017.pdf

Schneider, Klaus und Müller, Andreas (1995). Evaluation von Supervision. *supervision. Zeitschrift für berufsbezogene Beratung, 27*, 86–98.

Siller, Gertrud. (2010). Eckpfeiler der Supervision und Perspektiven für die Supervisionsforschung. *Supervision. Mensch Arbeit Organisation, 2*, 14–21.

Swedish National Agency for Higher Education. (Hrsg.). (2006). *International Postgraduate Students Mirror – Catalonia, Finland, Ireland and Sweden, Report 2006:29 R*. Zugriff am 21.05.2019. Verfügbar unter http://www.ub.edu/depdibuix/ir/0629R-shv_se-catalonia.pdf

Vilkinas, Tricia. (2007). An Exploratory Study of the Supervision of Ph.D./Research Students Theses, Adelaide, Australien. *Innovative Higher Education, 32* (online first) und 2008, 297–311.

White, Edward und Winstanley, Julie. (2010). A randomized controlled trial of clinical supervision: selected findings from a novel Australian attempt to establish the evidence base for causal relationships with quality of care and patient outcomes, as an informed contribution to mental health nursing practice development. *Journal of Research in Nursing, 15*(2), 151–167.

Willutzki, Ulrike, Tönnies, Britta und Meyer, Frank. (2005). Psychotherapiesupervision und die therapeutische Beziehung – eine Prozessstudie. *Verhaltenstherapie & Psychosoziale Praxis, 37*(3), 507–516.

Diskussion und Schlussfolgerungen

11

Brigitte Schigl, Claudia Höfner, Noah A. Artner, Katja Eichinger, Claudia B. Hoch und Hilarion G. Petzold

Nach Überschau über alle rezipierten Abstracts und Texte diskutieren wir nun folgende Perspektiven:

- Welche Aussagen können zur Begrifflichkeit und dem Verständnis von Supervision gemacht werden?
- Welche Themen und Felder werden prägnant? Welche Ebenen des Mehrebenensystems Supervision werden beforscht?
- Wie ist die Qualität/Form der empirischen Bearbeitung?
- Welche Forschungslinien bzw. Communities von SupervisionsforscherInnen stechen ins Auge?

Die Breite und Uneinheitlichkeit der Definitionen von Supervision zeigten sich in den analysierten Beiträgen deutlich. Neben den großen, regionalen Unterschieden in den Auffassungen, was Supervision ist und wozu sie dienen soll, gibt es weiters die berufspolitisch geprägten Definitionen der Berufsverbände oder die der therapeutischen Verfahren. Es existieren Listen und Taxonomien was Supervision ist und was nicht (vgl. Petzold et al. 2010), z. B. keine Therapie – aber vielleicht doch Beratung, Ausbildung, Kontrolle oder Mentoring. Es existiert aber keine einheitliche, von der Community geteilte Definition oder gar Theorie von Supervision. Die Vorstellungen von Supervision sind sehr divergent und auf unterschiedlichen Komplexitätslevels angesiedelt (vgl. Kap. 3 Zum Verständnis von Supervision). Auch Cutcliffe et al. (2010) kommen bei ihrem Vergleich zwischen den USA und Europa zum Hauptproblem einer differierenden Konzeptualisierung von Supervision.

Diese Problematik schlägt sich in vielen Forschungsvorhaben nieder: Weil wir so unterschiedliche Vorstellungen davon haben, was in der Supervision passiert, werden viele unterschiedliche Daten erhoben bzw. sehr spezielle, die nur für das Supervisionsmodell der jeweiligen StudienautorInnen relevant sind.

Die angloamerikanische Auffassung enthält mehr Aspekte von Ausbildung, Anleitung und (Qualitäts)kontrolle. Doch selbst die Konzepte über Lernen und Kompetenzvermittlung in der Supervision beinhalten ganz verschiedene Modelle und Vorstellungen. In einigen Studien zeigt sich, dass sogar die Supervisionsverständnisse von ForscherInnen und StudienteilnehmerInnen unterschiedlich waren (wie im Feld Nursing, vgl. Abschn. 7.14 Supervision in der Krankenpflege) und die Befragten nicht wussten, was sie von Supervision erwarten könnten.

Clinical Supervision im englischsprachigen Raum als Forschungsthema fragt vor allem danach, was diese in der Ausbildung der klinischen Berufe (PsychotherapeutInnen, Clinical Counsellors, Nurses, etc.) leisten kann, wie die Zusammenarbeit in der (Ausbildungs)supervision zwischen SupervisorIn und SupervisandIn gelingen soll, welche Inhalte sie haben muss und wie diese vermittelt werden sollen.

Die mitteleuropäische Auffassung von Supervision entspricht im ehesten noch der angeleiteten Peer Supervision (vgl. Abschn. 7.13 Peer Supervision) im englischsprachigen Raum als einen Kreis von Berufsangehörigen meist gleicher Profession, die sich über ihre Praxis verständigen, reflektieren und gegenseitig beraten; Oder könnte auch, wie Ducat et al. (2015) vorschlagen Professional Supervision benannt werden.

Dennoch bleibt bestehen, dass auch im europäischen Raum Supervision als ein Mittel der Qualitätssicherung postuliert (und zum Teil ja auch deswegen bezahlt) wird. Im psychosozialen Feld gilt sie als eine Maßnahme der Sicherung eines Standards der Betreuung, Beratung und Behandlung und ist in vielen Berufsfeldern (Kinder- und Jugendlichenhilfe, Psychotherapie) fixer Bestandteil und vorgeschriebene Form der Reflexion.

Ihre zunehmende Diffundierung in den Begriff Coaching kann hier nur erwähnt werden, ein Prozess der eine einheitliche Modellentwicklung von Supervision sicher nicht einfacher macht. Wenn die Breite und Allgegenwärtigkeit des Begriffes Coaching auch noch Supervision umfasst, oder Supervision auch Coaching ist, wird das Feld der Definitionen und wissenschaftlichen Bearbeitungsmöglichkeiten noch größer und unübersichtlicher. Vielleicht ist es deshalb sinnvoll, den Begriff wieder enger zu fassen, ihn auf bestimmte Felder oder Zwecke zu beschränken und nicht dem berufspolitisch oft postulierten: „Wir können alles und machen alles" zu folgen.

Die am häufigsten gestellt Forschungsfrage war die nach der (guten) Wirksamkeit von Supervision, also Evaluationen von Supervisionsangeboten. Hierbei fehlen oft zuvor postulierte Qualitätskriterien, die Supervision erzielen soll. In der Hauptsache wird die Zufriedenheit mit Rahmenbedingungen, Setting oder Kompetenz der SupervisorInnen bzw. ein genereller Nutzen (aus Sicht der SupervisandInnen) erhoben. Clinical Supervision als Form der Ausbildungssupervision wird besonders häufig derartig evaluiert. Wir finden generell Supervisions-Evaluationen im v. a. stationären klinischen Kontext bei Berufsgruppen wie Krankenpflegepersonal, Clinical Counsellors, PsychotherapeutInnen. Fragestellungen um Lernen und Kompetenz in der Supervision sind damit eng

11 Diskussion und Schlussfolgerungen

verknüpft und besonders in der Ausbildungssupervision der Clinical supervision von Bedeutung; obwohl diese das dominante Feld der angloamerikanischen Supervisionstätigkeit ist, ist die Zahl der qualitätsvollen Studien dazu überschaubar. Oft handelt es sich bei den Forschungsthemen um die Frage nach speziellen Herangehensweisen in der Supervision im Rahmen von Trainings. Zumeist geht es dabei um interne Supervision.

Die Fragestellungen zu Gender und Ethnizität – Diversity – sind vor allem in der englischsprachigen Literatur weit verbreitet. Im deutschsprachigen bzw. europäischen Raum fanden wir nur wenige Beiträge zu diesen Themen. Das erklärt sich aus der Struktur der angloamerikanischen Supervisionspraxis, in der interne, d. h. von den Auszubildenden nicht frei wählbare SupervisorInnen die Ausbildungssupervision durchführen. Aufgrund der multiethnischen Zusammensetzung der MitarbeiterInnen tauchen Fragen des ethnic matching (auch in Kombination mit Gender) auf. Es ist anzunehmen, dass die gender- und kultur- bzw. ethnie-sensible Haltung (Abdul-Hussain and Baig 2007) in der Supervision auch im europäischen Raum mit der Integration von MigrantInnen weiter an Bedeutung gewinnen wird. Denn auch in Europa steigt die ethnische Diversität und im psychosozialen Bereich nehmen multiethnische Teams zu bzw. haben die KlientInnen der SupervisandInnen nicht dieselbe ethnische Herkunft wie diese. Somit steigt auch die Notwendigkeit auf die spezifischen kulturellen Besonderheiten in der Supervision adäquat zu reagieren. Dies kann jedoch nur gelingen, wenn SupervisorInnen in der Lage sind, diese multikulturellen Themen als solche zu (er)kennen und die Vorgehensweise entsprechend anzupassen (vgl. auch Falender et al. 2014, S. 11 f.).

Elemente des Supervisionsprozesses wie Manuale oder Entwicklungen für formalisierte Supervisionsprozesse sind häufig Hintergrund von Forschungsvorhaben – zumeist handelt es sich dabei um Studien mit kleiner Fallzahl, in denen konkrete Handlungen der SupervisorIn im Zentrum stehen und überprüft werden sollen.

Detaillierte Forschungsfragen zum supervisorischen Prozess oder der Spezifitäten der Entwicklung der supervisorischen Beziehung fehlen weitgehend. Dennoch wird übereinstimmend die Wichtigkeit der supervisorischen Beziehung konstatiert.

Ein im Vergleich zur ersten Auflage neues Forschungsfeld ist jenes der neuen Settings für Supervision: Online-Supervision via E-Mail, Videokonferenzen oder Life-Supervision mittels bug-in-the-eye, bei der die SupervisandIn direkt mit der SupervisorIn verbunden ist, werden in einzelnen Studien erprobt. Da die AutorInnen meist EntwicklerInnen oder Durchführende solcher neuer Settings sind, fallen die Evaluationen meist sehr optimistisch bzw. wenig kritisch aus. Eine Notwendigkeit für diese neuen Medien in der Supervision stellt der dünn besiedelte neuseeländisch-australische Raum dar, in dem sich Berufsangehörige über solche neue Medien vernetzen können.

Das größte aufgefundene Feld in dem Supervision beforscht wurde, war das der Krankenpflege im angloamerikanisch-australischen Bereich (Abschn. 7.14 Supervision in der Krankenpflege). Alle beforschten Themen bildeten sich auch im Feld nursing ab. Außerhalb von Krankenpflege finden sich nur wenige Studien zu Supervision im Krankenhaus. Denn hier wird Supervision (mit Ausnahme der Psychiatrie oder spezieller Einrichtungen zur psychischen Rehabilitation) eher als eine Maßnahme des Debriefings nach critical incidents betrachtet und in Anspruch genommen. Das Format ist den meisten Krankenhausangehörigen auch eher fremd oder gar suspekt und es ist den potenziellen NutzerInnen nicht klar, welchen Benefit sie mit Supervision erzielen könnten.

Sehr heterogen zeigt sich die Aus/Weiter/bildung zur SupervisorIn: Auch hier spiegelt sich die unterschiedliche Auffassung von Supervision der europäischen und angloamerikanischen Ansätze. In vielen englischsprachigen Untersuchungen steht die Ausbildung zur psychotherapeutischen SupervisorIn im Zentrum, und nicht die einer allgemeinen supervisorischen Profession, die für verschiedene Angehörige des psychosozialen/klinischen Feldes Supervision anbieten kann. Auch die Länge und Aufwendigkeit solcher Weiterbildungen ist sehr unterschiedlich: Sie reicht von ein- bis viertägigen Trainings bis zu mehrjährigen akademischen Lehrgängen mit umfangreichen schriftlichen und mündlichen Abschlussprüfungen.

Wenige Studien finden sich zum Bedarf von Supervision und nur wenige Studien konnten ausgemacht werden, die sich mit ethischen Fragen wie informed consent der SupervisandInnen bzw. deren KlientInnen beschäftigen. Auch keine Untersuchungen zum Thema contracting waren auffindbar, obwohl das in der Fachliteratur der ExpertInnenmeinungen als für den Prozess und die Diagnose in der Supervision als so eminent wichtig und prominent diskutiert wird.

Bezüglich des Mehrebenensystems Supervision (vgl. Abb. 1) wird klar, dass v. a. SupervisandInnen und SupervisorInnen im Zentrum der Forschungsbemühungen stehen. Nur vereinzelt finden sich Studien mit Erhebungen beiden Klientinnen oder KundInnen der SupervisandInnen. Die AuftraggeberInnen werden nicht beachtet, ebensowenig das System der Supervisionsforschung und -community selbst.

Verschiedene Forschungsstränge laufen parallel und nehmen einander kaum wahr. Dies ist das wohl größte Manko vor allem der europäischen Supervisionsforschung. Wir können grob unterscheiden in:

- einige Überblicksarbeiten und Reviews (ExperInnenmeinungen wurden in dieser Recherche ausgeschlossen)
- viel Legitimationsforschung – Outcome-Forschung
- einige Untersuchungen zu speziellen Themen und Elementen des Supervisionsprozesses – meist Prozessforschung
- vorwiegend Evaluationen der Wirkung von Supervision vor allem auf SupervisandInnen (und kaum Wirkung von Supervision auf KlientInnen/PatientInnen der SupervisandInnen) in Form von Kohortenstudien.

Zumeist handelt es sich um Forschungsbemühungen, um den Outcome von Supervision festzumachen, Prozessforschung ist weniger verbreitet und wenn, dann mit sehr kleiner Fallzahl. Zumeist wird nach der Wirkung der angebotenen Supervision gefragt, ohne dass aus den Publikationen klar hervorgeht, welchem Konzept diese Supervision folgt und was ihr Hintergrund und ihre Methodik sind.

11 Diskussion und Schlussfolgerungen

Bezüglich der Forschungsmethodik überwiegen Studien in den unteren Ebenen der Evidenzlevels (vgl. Kap. 5 Die Datenerhebung). Als Instrumente dienen zu 90 % Fragebogen oder Interviews. In englischsprachigen Studien werden standardisierte Messinstrumente häufiger verwendet. Insgesamt kann festgestellt werden, dass sich der Forschungslevel gegenüber SAP 1 deutlich weiterentwickelt hat. Die Qualität der Untersuchungen ist jedoch weit gestreut, es hat sich noch kein state of the art herausgebildet. Es entstehen jedoch standardisierte Fragebögen und Messinstrumente für Supervision (z. B. MCSS) (vgl. Abschn. 8.1 Quantitative Erhebungsmethoden).

DatengeberInnen für die Forschungserhebungen sind fast ausschließlich die SupervisandInnen, manchmal im Vergleich mit Nicht-SupervisandInnen oder solchen, die eine andere Form der Supervision erhalten (Kohortenstudien).

In der uns zugänglichen deutsch- und englischsprachigen Literatur lassen sich mehrere lokale Communities von SupervisionsforscherInnen ausmachen[1]. Diese Linien wurden nicht systematisch erhoben und speisen sich aus den Zahlen der Veröffentlichungen bzw. den Zitationen der jeweiligen AutorInnen durch andere:

- Großbritannien: vor allem im Bereich Krankenpflege und dem sonstigen klinischem Feld sind folgende AutorInnen aktiv: Derek Milne und Edward Watkins (vgl. Abschn. 7.1 Handbücher der Supervision) bzw. Sue Wheeler (für therapeutische Supervision) sowie Julie Winstanley und Edward White mit der Manchester Clinical Supervision Scale©.
- Australien: Lynch et al. (2010) beschäftigen sich mit der Implementierung und Erforschung im Bereich Nursing (vgl. Abschn. 7.14 Supervision in der Krankenpflege) und konstatieren für Australien und Neuseeland in der aktuellen Supervisionsforschung vor allem Studien zu Clinical Supervision von Nurses. Auch in unserer Analyse kann das bestätigt werden. Studien zu Supervision fanden wir im pazifischen Raum vorrangig im Bereich Krankenpflege und an Universitäten.
- USA: Hier finden wir vor allem Supervision im klinischen Bereich, Evaluationen zur Supervision in der Krankenpflege, Clinical Counselling und Psychotherapie.
- Europa: Zu erwähnen sind hier die ANSE Bestrebungen, Supervisionsauffassungen in Europa im ECVision (2015) als erstem europäischem Glossar zur Supervision zu zusammenzuführen. Interessant ist der Blick auf Europa von angloamerikanischen SupervisionsforscherInnen Cutcliffe et al. (2010) zu rezipieren: Im letzten Kapitel des „Routledge Handbook of Clinical Supervision: Fundamental International Themes" werden internationale Entwicklungen und Perspektiven von Supervision und der diesbezüglichen Forschung vorgestellt. Ingela Berggren und Elisabeth Severinsson (2010) beschäftigen sich dabei mit den Schwerpunkten europäischer Supervisionsforschung.

---

[1]Wir bitten alle jene KollegInnen um Nachsicht, die wir nicht erkennen konnten, weil sie in der großen Datenmenge für uns nicht prägnant genug ersichtlich wurden oder die uns aufgrund der Publikation in der Landessprache nicht zugänglich waren.

In ihrer Zusammenschau würden in Europa Themen ethischer Herausforderungen innerhalb der Supervision, Wirkungsforschung und Professionalisierung von Supervision dominieren. Diese Analyse ist gut vergleichbar mit unseren Ergebnissen.
- Skandinavischer Raum: Hier fanden wir auch vermehrt englischsprachige Beiträge, Studien vor allem zur Ausbildungssupervision im klinischen oder universitären Feld.
- Deutschsprachiger Raum: Im Umfeld der DGSv um Rolf Haubl und Brigitte Hausinger entstanden mehrere Publikationen, vor allem Reviews zur Supervisionsforschung. Weiters erwähnenswert ist Kornelia Rappe-Gieseckes Ansatz einer Methodik der kommunikativen Supervisionsforschung (Giesecke und Rappe-Giesecke 1997). Supervisions- und Coachingforschung an der Universität Kassel (Heidi Möller und KollegInnen), Multicenterstudien aus dem Feld der Integrativen Supervision stellen erste systematische Evaluation von Supervision in verschiedenen (klinischen) Bereichen dar.

Am Rande aber dennoch wichtig sei erwähnt, dass international gesehen eine Vielzahl der Studien zu Supervision von weiblichen Forscherinnen publiziert wird, deutlich mehr als etwa im Bereich Psychotherapieforschung – Supervisionsforschung ist international mehrheitlich in der Hand von Frauen; möglicherweise hängt das auch mit den Schwerpunktfeldern Nursing, Clinical Counselling und Psychotherapie zusammen, die ja auch hoch feminisierte Professionen darstellen.

Was können wir daraus für die zukünftige Supervisionsforschung ableiten?
Als einen ersten und vielleicht wichtigsten Schritt wären eine Vernetzung der unterschiedlichen Auffassungen und Ziele von Supervision bzw. eine Abgrenzung zu anderen im Feld angesiedelten Formaten (vor allem Coaching, Mentoring, Krisenintervention, Beratung und dgl.) nötig. Dazu wären internationale Treffen der sich wissenschaftlich mit Supervision Beschäftigenden nötig; Erkenntnisreich wäre eine Kontaktaufnahme mit dem angloamerikanischen Raum, um über den Tellerrand eigener Vorstellungen zu schauen. Dies ist der wichtigste Punkt unserer Resultate. Denn in manchen Aspekten hat sich gezeigt, dass die angloamerikanische Supervisionsforschung sich in ihren Schlussfolgerungen mehr an europäische Traditionen von Supervision annähert. So argumentieren z. B. Priya Martin und Derek Milne (2018), man solle Supervision mehr als Beziehung begreifen und weniger als anleitendes Ausbildungselement. Diese Überlegung hat im angloamerikanischen Raum erst in den letzten Jahren an Bedeutung gewonnen, insbesondere im therapeutischen Kontext. Hier entwickeln sich das Verständnis und die Umsetzung der Supervision nach Ansicht britischer SupervisionsforscherInnen stetig weiter. Sie distanziert sich von der eher hierarchisch orientierten Ausrichtung und tendiert zu einem Setting, bei dem sämtliche TeilnehmerInnen auf Augenhöhe agieren (Delany 2009). Jedoch ist diese Art von Supervisionsverständnis immer noch weit entfernt von einem universal anwendbaren und allgemeingültigen Praxiskonzept (BACP 2016, S. 23).

11 Diskussion und Schlussfolgerungen

Es gibt wenig Anschluss der unterschiedlichen Forschungsprojekte, wenig Allgemeingut an supervisorischem Wissen, das zusammengetragen und systematisiert ist und auf das ForscherInnen zurückgreifen könnten. Es fehlt dazu ein (internationales) Publikationsorgan für Supervisionsforschung. Forschungsergebnisse liegen unverbunden nebeneinander. Die deutschsprachige Zeitschrift OSC (Organisationsberatung, Supervision, Coaching) kommt dem noch am nächsten, enthält allerdings nicht nur Forschungsbeiträge, sondern auch Praxisberichte und Expertenmeinungen. Sie hat außerdem in den letzten Jahren ihren Schwerpunkt sehr auf das Thema Coaching gesetzt, Beiträge zur Supervision nehmen ab. Das amerikanische Journal „The Clinical Supervisor" ist ein ähnliches Organ, in dem eine Mischung aus Praxisanleitungen und empirischen Untersuchungen Platz findet. Ergebnisse empirischer Untersuchungen zu Supervision finden sich ansonsten weit verstreut in den jeweiligen Fachzeitschriften für Psychotherapie, Krankenpflege, Beratung, Sozialarbeit und anderen klinischen Feldern. Es gibt keine Forschungsgesellschaft für Supervision/Clinical Supervision wie etwa im Bereich der Psychotherapie die Society of Psychotherapy Research (SPR)[2], die Ergebnisse sammelt und miteinander in Bezug setzt oder Konferenzen ausrichtet. Die Gründung einer solchen Gesellschaft, sei es international oder auch auf den europäischen Raum begrenzt, würde es erleichtern, Forschungsergebnisse zu vergleichen und zu vernetzen. Denn es fehlen Räume für den Austausch zwischen den Forschungslinien. Einen ersten Schritt dazu hat die ANSE Konferenz 2015 in Budapest gesetzt, weitere regelmäßige Kongresse sollten folgen.

Die aufgefundenen Studien beschreiben oft Evaluationen von speziellen Supervisionen, die für spezifische Anforderungen kreiert wurden. Vielfach handelt es sich um Legitimationsforschung. Oft (vor allem, aber nicht nur im Feld Krankenhaus) wird Supervision unter dem Aspekt der Qualitätssicherung durchgeführt und muss beweisen, dass sie nutzbringend (zumindest für die SupervisandInnen) ist. Da für Supervision finanzielle Mittel bereitgestellt werden, steht die Supervision unter Rechtfertigungsdruck (siehe auch Abschn. 4.3 Wissenschaftlichkeit, Wirksamkeit, Wirtschaftlichkeit, Unbedenklichkeit als Leitkriterien für Supervisionsforschung) und die ForscherInnen, die oft auch die Supervision konzipiert haben, manchmal sogar durchführen, sind angewiesen nachzuweisen, dass ihre Supervision wirkt. Supervision ist Teil von Qualitätskriterien und muss sich legitimieren (vgl. Petzold et al. 2011).

Die Mehrzahl der Studiendesigns ist bis dato nicht sehr elaboriert. Bei Evaluationen wird oft nur ein Instrument (meist ein von den AutorInnen selbst entwickelter Fragebogen) eingesetzt. Seltener werden mehrere, standardisierte Instrumente verwendet, die miteinander in Bezug gesetzt werden können. Die unterschiedlichen Instrumente machen es schwer, Studienergebnisse zu vergleichen. Dies umso mehr, da auch die AutorInnen nur wenig Anstrengungen in diese Richtung verfolgen – die mangelnde gegenseitige Rezeption wird hier eklatant deutlich. Deshalb kommen wir zu dem Schluss, dass

---

[2] https://www.psychotherapyresearch.org/ Zugriff am 21.05.2019.

vermehrt dieselben, idealiter schon standardisierte Erhebungsinstrumente oder auch ähnliche qualitative Designs zur Bearbeitung ähnlicher Forschungsfragen eingesetzt werden sollten (vgl. Abschn. 8.1 Quantitative Erhebungsmethoden). Denkbar wären etwa die Übersetzung und Adaption der bereits vorhandenen englischsprachigen Instrumente (siehe Verzeichnis Verwendete standardisierte Erhebungsinstrumente), um die Qualität der Untersuchungen zu erhöhen. Es gilt jedoch zu überprüfen, ob die darin enthaltene Auffassung von Supervision zum jeweiligen Forschungskontext passend ist.

Immer wieder stellen AutorInnen (z. B. Cutcliffe et al. 2010) die Forderung nach einer Evidenzbasierung von Supervision. Solange die Grundlagen und Grundkonzepte noch nicht übereinstimmend ausgearbeitet sind, wird das nicht möglich sein. Es fehlt dazu auch eine kritische Diskussion über Möglichkeiten und Alternativen zu evidence-based Standards, wie sie in der Psychotherapieforschung schon stattfindet (vgl. Hollon und Wampold 2009). In der komplexen Betrachtung des Mehrebenensystems der Supervision (vgl. Abb. 3.1) sind nur jeweils spezifische Felder, Berufsgruppen und Settings von Supervision vergleichbar zu untersuchen (vgl. Abschn. 7.2 Multicenterstudien aus dem Feld der Integrativen Supervision). Viele der Ideen für Designs von Untersuchungen im Mehrebenensystem der Supervision können aus unserer ersten Auflage übernommen werden – sie haben noch immer ihre Gültigkeit (vgl. Petzold et al. 2003, dort Kap. 5.6 ff.). Auch schon durchgeführte Studien warten auf eine Replikation in anderen Feldern oder Settings und könnten so an Aussagekraft gewinnen.

Sowohl formative wie summative Evaluationen sind nötig, die vom Supervisionsangebot unabhängigen ForscherInnen durchgeführt werden. Wir brauchen auch Prozessforschung, um darstellen zu können, wie und wodurch Supervision wirksam wird. Wird nach einer Wirkung gefragt, sollte diese vorher gut theoretisch begründet und operationalisiert werden.

Themen der Forschungsbemühungen um Supervision sollten vorrangig solche zum Bedarf und natürlich auch der Evaluation in den unterschiedlichen Feldern sein. Welches ist die Qualität, die Supervision mit sichern soll, wie tut sie das? Auch Fragen zur Aus-/Weiterbildung und den Kompetenzen von SupervisorInnen (und Lehr-SupervisorInnen) wären von größtem Interesse, hierzu wäre das ECVision Glossar und die Folgerungen von Judy und Knopf (2015) eine gute Basis. Ebenso sind ethische Fragen für die Supervision von größtem Interesse. Wie weit geht die postulierte (aber nicht genau verankerte) Schweigepflicht von SupervisorInnen? Müssen SupervisandInnen ihre KlientInnen davon informieren, wenn sie sie in der Supervision thematisieren? Was ist, wenn diese das verweigern?[3] Es darf auch nicht nur nach dem Nutzen, sondern sollte auch nach möglicherweise auftretenden Schwierigkeiten und Risiken von Supervisionsprozessen gefragt werden. Und schließlich wäre der Prozess des Beginns von Supervisionen, die Einflussnahme der anderen Systeme in der Mehrebenen-Perspektive von Interesse,

---

[3]In den meisten europäischen Ländern wird Verschwiegenheit rechtlich festgelegt (Petzold und Rodriguez-Petzold 1996, Petzold et al. 2016).

schenkt man den Publikationen über die Wichtigkeit von Diagnose und contracting Glauben.

Am klarsten ist Supervision wahrscheinlich im Feld der Psychotherapie zu beforschen. Dort herrschen zumindest in den meisten Staaten inzwischen berufsgesetzliche Regelungen und Supervision ist als Teil der Aus- und Fortbildung verankert. Sie ist hier überschaubar und es kann gut auf ein dyadisches Setting fokussiert werden; im Unterschied zu vielen anderen Feldern wo die komplexeren Formate der Teamsupervision vorherrschen und eine Fülle unterschiedlicher Institutionen mit ihren jeweils unterschiedlichen Organisationsdynamiken betreffen.

Fazit
Die hier vorliegende zweite Auflage von „Supervision am Prüfstand" stellte ein viel komplexeres Projekt dar, als anfangs vermutet. Durch die hohe Zahl an abstracts und der Vorgabe der nur einmaligen Zuordnung zu einem Cluster kreisten unsere Diskussionen häufig um Fragen der Begrifflichkeit und Einordenbarkeit. Immer wieder stießen wir auf die unterschiedlichen Supervisionsverständnisse. Viele Studien verwendeten jeweils neue Definitionen der dort untersuchten (spezifischen) Art der Supervision. Es galt herauszufinden, ob es hier ausschließlich um Kontrolle und Qualitätssicherung ging (dann wurden die Texte verworfen) oder ob eine kommunikativ-reflexive Komponente im Spiel war. Nicht nur die Supervisionsbegriffe waren zum Teil unklar, und divers; auch die jeweiligen supervidierten Tätigkeiten wurden nicht immer genau beschrieben bzw. waren nicht immer nachvollziehbar.

Unser in unseren Diskussionen immer wieder aufkommender Wunsch nach mehr Klarheit und Eindeutigkeit stellte wohl eine Widerspiegelung des uneinheitlichen und diffusen Feldes der Supervisionsforschung dar.

Trotz erkennbarer Forschungsfortschritte in einzelnen Teilbereichen der Supervisionsforschung besteht nach wie vor ein erheblicher Forschungsbedarf. Insbesondere fehlt es aufgrund ungenügender internationaler Vernetzung an einer weiteren Sammlung und Ordnung der Forschungsergebnisse, um sie den ForscherInnen zugänglich machen zu können. In einigen Subbereichen existieren mittlerweile genügend und qualitativ gesehen gute Studien, die aussagekräftige Ergebnisse liefern. Aufgrund der mangelnden Vernetzung und gegenseitigen Rezeption vieler Projekte, verlieren die Ergebnisse an Aussagekraft. Es fehlt der Bezug zu anderen, ähnlich gelagerten Projekten; dies verzögert bzw. blockiert die wissenschaftliche Untermauerung von Supervision. Dazu kommen differierende Begrifflichkeiten und Supervisionsverständnisse sowie Unterschiede bei den internationalen Forschungsansätzen. All diese Faktoren schränken die qualitative und quantitative Evaluation, die länderübergreifende Rezeption der Erkenntnisse ein. Zwar existiert eine kaum mehr zu überblickende Vielzahl empirischer Studien und Veröffentlichungen, aber nur die wenigsten von ihnen werden außerhalb ihrer Landesgrenzen wahrgenommen.

Es war zwar noch nicht weit gediehen, aber vereinzelte Bemühungen zur Ordnung und Vernetzung sowie Internationalisierung sind auszumachen wie ECVision (2014,

2015) oder die Projekte von Milne (2009) zeigten. Die gewonnenen Erkenntnisse vor allem der Supervisionsevaluationen sollten so länderübergreifend abgeglichen und bewertet werden können. Einer dieser Schritte ist die hier vorliegende zweite Auflage von „Supervision auf dem Prüfstand".

Als Fazit gilt daher unverändert und immer noch das bereits 2008 formulierte Postulat: „Unser forschungsgegründetes Wissen über Supervision ist noch Stückwerk, die meisten Untersuchungen stellen kleine Inseln der Erkenntnis im Meer des Unbekannten dar" (Schigl 2008, S. 13).

Zeitgemäße Supervisionsforschung erfordert neben dem Austausch, dem Forschungsbezug und dem Praxisabgleich (Haubl und Hausinger 2009, S. 10 ff.) auch „…eine Haltung weiterführender Kritik sowie eine Kultur des konstruktiven Zweifels und damit der Forschungsfreundlichkeit…, um Qualität zu entwickeln und zu verbessern" (Petzold 2016b, S. 78). Stets ist von „Forschung in den Kinderschuhen" (Petzold et al. 2003, S. 35) die Rede: „Es muss noch sehr[,] sehr viel Arbeit an Forschung, Methodenentwicklung und Qualitätsausbau und -sicherung geleistet werden, denn Wirksamkeitsbehauptungen und Geltungsansprüche lassen sich auf der Basis der vorliegenden Forschungsergebnisse generalisiert überhaupt nicht vertreten …" (Petzold et al. 2003, S. 230). Bei Supervision handelt es sich um ein Forschungs- und Wissenschaftsfeld, das kaum einmal 50 Jahre alt ist, ein Gebiet, das eine eigenständige Tradition erst entwickeln muss. Wissenschaftliche Beschäftigung mit Supervision ist erst dabei, eine eigene Forschungskultur festzumachen, Standards und Instrumente zu generieren und ihre verstreuten Ergebnisse zu sammeln und zu ordnen. Dennoch kann in der Überschau der letzten 15 Jahre vorsichtig konstatiert werden: Die Supervisionsforschung ist den Kinderschuhen entwachsen und in der Empirie angekommen.

Literatur

Abdul-Hussain, Surur und Baig, Samira. (Hrsg.). (2007). *Diversity in Supervision, Coaching und Beratung*. Wien: Facultas.

BACP (British Association for Counselling und Psychotherapy). (Hrsg.). (2016). *Ethical Famework for the Counselling Professions*. Zugriff am 16.05.2019. Verfügbar unter https://www.impactaas.co.uk/visageimages/BACP%20ethical_framework.pdf

Berggren, Ingela und Severinsson, Elisabeth. (2010). The state of the science of clinical supervision in Europe. In John Cutcliffe, Kristiina Hyrkäs und John Fowler (Hrsg.), *Routledge Handbook of Clinical Supervision: Fundamental International Themes*. Wales: Routledge, Taylor and Francis Group.

Cutcliffe, John R., Hyrkäs, Kristiina und Fowler, John. (2010). *Routledge Handbook of Clinical Supervision: Fundamental International Themes*. Wales: Routledge, Taylor and Francis Group.

Delany, David (2009): *A Review of the Literature on effective PhD Supervision*, Trinity College, Dublin Zugriff am 12.7.2019 Verfügbar unter: https://www.tcd.ie/CAPSL/assets/pdf/Academic%20Practice%20Resources/Effective_Supervision_Literature_Review.pdf

Ducat, Wendy. H. und Kumar, Saravana. (2015). A systematic review of professional supervision experiences and effects for allied health practitioners working in non-metropolitan health care settings. *Journal of Multidisciplinary Healthcare, 8*, 397–407.

ECVision. (2014). (Hrsg.). *Ein Europäisches Glossar für Supervision und Coaching.* Zugriff am 18.05.2019. Verfügbar unter https://www.oevs.or.at/fileadmin/oevs_website/user_upload/ECVision_Glossar_deutsch_englisch.pdf und http://www.anse.at/tl_files/ecvision/dokumente/Att%202_ECVision_Glossary.pdf

ECVision (2015). (Hrsg.) *ECVision. Ein Europäisches Kompetenzprofil für Supervision und Coaching.* Zugriff am 29.04.2019. Verfügbar unter https://www.oevs.or.at/fileadmin/oevs_website/user_upload/ECVision_Kompetenzprofil.pdf

Falender, Carol A., Shafranske, Edward, P. und Falicov, Celia J. (2014). *Multiculturalism and Diversity in Clinical Supervision: A Competency-Based Approach.* Washington: American Psychological Association.

Giesecke, Michael und Rappe-Giesecke, Kornelia. (1997). *Supervision als Medium kommunikativer Sozialforschung – Die Integration von Selbsterfahrung und distanzierter Betrachtung in Beratung und Wissenschaft.* Berlin: suhrkamp taschenbuch wissenschaft 1105.

Haubl, Rolf und Hausinger, Brigitte. (2009). *Supervisionsforschung – Einblicke und Ausblicke, interdisziplinäre Beratungsforschung,* Göttingen: Vandenhoeck und Ruprecht.

Hollon, Steven D. und Wampold, Bruce E. (2009). Are randomized controlled trails relevant to clinical practice? *The Canadian Journal of Psychiatry, 54*(9), 637–641.

Judy, Michaela und Knopf, Wolfgang. (2015). (Hrsg.) *ECVision. Supervision and Coaching in Europe. Concepts and Competences.* Zugriff am 30.04.2019. Verfügbar unter www.anse.at/tl_files/ecvision/dokumente/ECVision_Handbuch.pdf

Lynch, Lisa, Happel, Brenda und Hancox, Kerrie. (2010). The state of the science of clinical supervision in Australia and New Zealand. In John Cutcliffe, Kristiina Hyrkäs und John Fowler (Hrsg.), *Routledge Handbook of Clinical Supervision: Fundamental International Themes.* Wales: Routledge, Taylor and Francis Group.

Martin, Priya und Milne, Derek. (2018). Editorial. Reciprocal leadership in clinical supervision comes of age. *Journal of Advanced Nursing, 74*, 2019–2020.

Milne, Derek L. (2009). *Evidence-Based Clinical Supervision Principles and Practice.* West Sussex: John Wiley und Sons/BPS Blackwell.

Petzold, Hilarion. G., Rodriguez-Petzold, Francesca. (1996). Geht es nur um Schweigepflicht oder um praktische Ethik? Eine Stellungnahme und empirische Erkundung zur Weitergabe von Geheimnissen und zur Anonymisierung in der Supervision. *Organisationsberatung Supervision Clinical Management* (OSC) 3, 277–288. http://www.fpi-publikation.de/supervision/alle-ausgaben/01-2018-petzoldh-g-rodriguez-petzold-f-1996-anonymisierung-schweigepflicht-ethisches.html

Petzold, Hilarion G., Schigl, Brigitte, Fischer, Martin und Höfner, Claudia. (2003a). *Supervision auf dem Prüfstand. Wirksamkeit, Forschung, Anwendungsfelder, Innovation.* Opladen: Leske + Budrich.

Petzold, Hilarion G., Ebert, Wolfgang und Sieper, Johanna. (2010). *Beiträge zur Feldentwicklung im Feld der Supervision 1999 bis 2009 – Kritische Diskurse und supervisorische Kultur – SUPERVISION: Konzeptionen, Begriffe, Qualität. Probleme in der supervisorischen „Feldentwicklung" – transdisziplinäre, parrhesiastische und integrative Perspektiven.* Zugriff am 21.05.2019. Verfügbar unter http://www.fpi-publikation.de/images/stories/downloads/textarchiv-petzold/petzold_ebert_sieper-beitraege_zur_feldentwicklung-1999_2001update2010.pdf

Petzold, Hilarion G., Oeltze, Joachim und Ebert, Wolfgang. (2011). Mythos „Gütesiegel" – „Supervision", ein Markenzeichen ohne Standards? Qualitätssicherung und die Weiterbildungspläne der DGSv 2001 – Probleme, Befunde aus der Forschung und ExpertInnenmeinungen von der Basis [2002]. *Supervision Theorie – Praxis – Forschung. Eine interdisziplinäre Internet-Zeitschrift, 19.* Zugriff am 18.05.2019. Verfügbar unter https://www.fpi-publikation.de/

supervision/alle-ausgaben/19-2011-petzold-h-g-ltze-j-ebert-w-mythos-guetesiegel-supervision-ein-marken.html

Petzold, Hilarion G. (2016b). Lehrsupervision, Verantwortung, Forschung – Anmerkungen zu Zukunftsperspektiven der Supervision. *Supervision: Theorie – Praxis – Forschung, Eine interdisziplinäre Internet-Zeitschrift, 07.* Zugriff am 21.05.2019. Verfügbar unter https://www.fpi-publikation.de/images/stories/downloads/supervision/petzold-2016m-lehrsupervision-verantwortung-forschung-anmerkungen-zukunftsperspektiven-07-2016pdf.pdf

Petzold, Hilarion G., Orth-Petzold, Susanne, Sieper, Johanna. (2016). Theoriegeleitete Arbeit und Prozesstransparenz im „biopsychosozialökologischen" Ansatz der Integr.Supervision" – Perspektiven für SupervisorInnen zum „Transparenzdilemma" (nicht nur) im Kontext „Sozialtherapie Sucht" *Supervision* 1/2016 http://www.fpi-publikation.de/downloads/download-supervision/download-nr-01-2016-hilarion-g-petzold-susanne-orth-petzold-johanna-sieper.html

Schigl, Brigitte. (2008). Supervision: Ergebnisse aus der Forschung oder was brauchen ForscherInnen und PraktikerInnen voneinander? In Hannes Krall, Erika Mikula, Erika und Wolfgang Jansche. (Hrsg.), *Supervision und Coaching. Praxisforschung und Beratung im Sozial- und Bildungsbereich* (S. 39–52). VS Verlag Wiesbaden.

Teil III
Nachgedanken

Nachgedanken zum Forschungsbericht 12

Qualitätssicherung, Qualitätsentwicklung und Qualitätskultur in Supervision und supervisorischer Weiterbildung durch Theorieentwicklung und Forschung – Perspektiven „weiterführender Kritik"

Hilarion G. Petzold

„Damit Supervision gute Ergebnisse erzielen kann, muss sie eine *transversale, dissensfreundliche* und zugleich *lösungsorientierte* Kultur pflegen, die vielfältige Positionen deutlich werden lässt, um in Ko-respondenzen, d. h. in Begegnung und Auseinandersetzung Probleme offen zu legen, damit sie durch *Konsens-Dissens-Prozesse* hindurchgehend in *weiterführender Kritik* geklärt werden können. So können tragfähige Übereinstimmungen, gemeinsame Konzepte und ko-kreative Kooperationen entstehen, die positive und nachhaltige Arbeitsergebnisse gewährleisten oder notwendige Revisionen ermöglichen" (Petzold 1990z).

„Ohne Forschung kann in der Wirksamkeit von Supervision und von Supervisionsweiterbildungen nichts weitergehen. Hier steht es nicht anders als in allen anwendungszentrierten Praxeologien wie Psychotherapie oder Beratung. Die schlechte Kultur, zu wenig Qualitäts-, Anwendungs- und Wirksamkeitsforschung auf den Weg zu bringen und die noch schlechtere, kritische Forschungsergebnisse nicht zur Kenntnis zu nehmen und die Praxis forschungsgestützt zu revidieren, muss unbedingt verändert werden". (Petzold 2019b).

12.1 Vorbemerkung

„*Sed quis custodiet ipsos custodes?* – Aber wer bewacht die Wächter?" (Juvenal, Satire 6, S. 346–348)

Wahrsprechen, d. h. „*Parrhesia,* erfordert den Mut, trotz einer gewissen Gefahr die Wahrheit zu sprechen." Foucault (1996, S. 15)

„Offene Sprache (παρρησια/parrhesia) ist das Kennzeichen der Freiheit; über das Risiko dabei entscheidet die Bestimmung des richtigen Zeitpunkts." Demokrit (Fragment 226)

Supervision ist in der Mehrzahl der europäischen Länder ein verbreitetes und wertgeschätztes Instrument der Unterstützung und Förderung von Menschen bei der Bewältigung komplexer Situationen im interpersonalen, kommunikativen und kooperativen Umgang mit den vielfältigen Anforderungen und Problemen in der modernen Arbeitswelt. Sie ist besonders im psychosozialen Bereich und Gesundheitswesen, aber zunehmend auch im Bildungsbereich, der Verwaltung und bei Unternehmen und Firmen des Profitsektors angefragt, um die Kooperation, die Problemlösungskompetenz, die Produktivität und das Commitment von MitarbeiterInnen zu fördern, Teamarbeit zu unterstützen, den Umgang mit Stressbelastungen zu optimieren, und dadurch zur Prozessqualität der Arbeitsabläufe und letztlich auch zur Wertschöpfung beizutragen. Im psychosozialen, pädagogischen und pflegerischen Bereich wird Supervision auch in breiter Weise als Instrument der **Weiterbildung, Qualitätssicherung** und **Qualitätsentwicklung** – immer wieder auch der Konfliktlösung und Krisenintervention – eingesetzt, um die fachliche Fundiertheit, methodisch-praktische Performanz und damit Effizienz und Qualität der Arbeit insgesamt zu fördern und weiterhin zu einem gedeihlichen Arbeitsklima und zur KlientInnen-/PatientInnensicherheit beizutragen. Das sind hohe Ansprüche und zugleich Kompetenzattributionen, die an moderne Supervision, an SupervisorInnen und Supervisoren für die Arbeit mit anspruchsvollen Aufgaben in komplexen Kontexten herangetragen werden und die mit hohen Erwartungen an die Qualität supervisorischer Arbeit verbunden sind – eine Herausforderung an die „professional community" der SupervisorInnen und die allmählich sich formierende „scientific community" der SupervisionsforscherInnen. Blickt man in die verschiedenen Praxisfelder im europäischen Raum so sieht man, dass überall SupervisorInnen in supervisorischer Arbeit tätig und engagiert sind, dass sie überwiegend gute Arbeit in der Begleitung und Unterstützung der **MitarbeiterInnensysteme** leisten und mit ihren Dienstleitungen meistenteils geschätzt werden. Natürlich gibt es auch Kritik, kommt es zu kritischen Situationen. So wird immer wieder auch ein „sehr kritisches Bild von Supervision und deren Wirksamkeit" (Eberl 2018, S. 5) aufgezeigt. Das muss bei dem beschriebenen komplexen Anforderungs- und Erwartungsspektrum nicht Wunder nehmen. Um die Wirkungen und Wirkungsnachweise von Supervision auf die **KlientInnen-/PatientInnensysteme** ist es allerdings überhaupt nicht gut bestellt. Insgesamt besteht aber wenig Anlass, die *positive Wirkung* von qualifizierter Supervision für **MitarbeiterInnensysteme,** Teamarbeit, Kompetenzförderung infrage zu stellen oder die Leistungen engagierter SupervisorInnen klein zu reden. Sie zu fördern, weiter zu entwickeln und weiter zu verbessern ist die Zielsetzung des vorliegenden Forschungsberichtes **SAP 2** und der beiden vorausgehenden (Petzold et al. 1999/2001/2011) und **SAP 1** (Petzold et al. 2003), die ich als Seniorautor auf den Weg bringen konnte. Sie verstehen sich als Beiträge zur Qualitätssicherung und Qualitätsentwicklung des supervisorischen Feldes und der supervisorischen Methoden und Praxeologien, von deren Nützlichkeit, Wichtigkeit und vor allem von deren entwicklungsfähigem Potenzial ich vollauf überzeugt bin. Aber Qualitätssicherung bedarf

12.1 Vorbemerkung

des „kritischen Blickes und Überblicks", der *„supervisio"*, wenn man so will. Und deshalb habe ich dieser Vorbemerkung die gleichen Leitsätze vorangestellt wie unserem ersten Bericht zur Felderkundung von 1999: *„quis custodiet ipsos custodes?"* Die Frage behält heute, zwanzig Jahre, später immer noch Gültigkeit und wird ihre Gültigkeit behalten. Und da wir in der Wissenschaft keine Hoffnung auf einen letzten großen Supervisor setzen können und sollten, lautet die Antwort – in aller Bescheidenheit und des eigenen Fehlens und der Fehleranfälligkeit jeglichen Wissens bewusst: Wächter ist die kritisch-diskursive, transversale Kultur einer internationalen, interdisziplinären, grundsätzlich pluralen **Wissensgemeinschaft**, die *Theoretiker, Forscher, Praktiker* **und** ***Beforschte*** – KlientInnen und PatientInnen als aktiv Mitdenkende und Mitwirkende – einschließt (Steffan und Petzold 2001, S. 5). Von Menschen hervorgebracht, ist dieses Wissen von einem unübersteigbaren „epistemologischen punctum caecum" gekennzeichnet und deshalb immer auch ein *prekäres Wissen,* dessen *Risiken* nur durch konnektivierte Interdisziplinarität und durch eine umfassende differenzielle und integrative Ethik (Krämer 1992; Petzold 1992a, S. 500 ff.) und Beteiligung aller Betroffenen (d. h. auch Patienten, vgl. idem 2000d) abgepuffert werden können (Steffan und Petzold 2001, S. 5). Die letztgenannte Gruppe der KlientInnen ist im Bereich der Supervision in unverständlicher und inakzeptabler Weise unberücksichtigt bzw. ausgegrenzt. Das muss anders werden, und dafür gibt es Modelle (Petzold 2019b) die umzusetzen und weiter zu entwickeln sind. Dafür müssen LehrsupervisorInnen und LehrsupervisorInnen in ihren **Kompetenzen** und **Performanzen** ausgerüstet werden, wie wir schon 1994 gezeigt haben (Petzold et al. 1994) und seitdem forschungs- und evaluationsgestützt zu gewährleisten bemüht sind (Lindermann et al. 2018). Supervision und Supervisionsforschung – beide müssen eng verbunden sein, will man gesicherte Qualität bieten – hat die Aufgabe, durch Wissenschaft immer wieder Wissen zu schaffen und in kritischen Diskursen, Ko-respondenzen, Polylogen durch Konsens-Dissens-Prozesse (Petzold 1991e, 2000n) zu prüfen und zur Umsetzung zu bringen. Allein auf dem Papier nutzen Erkenntnisse wenig.

Eine große Forschungsarbeit, wie die vorliegende SAP 2 bringt immer wieder interessante und herausfordernde Resultate und nicht immer nur Bestätigungen, sondern auch kritische Ergebnisse, manchmal sogar wenig Erfreuliches. Aber dazu ist die Validierung durch Forschung ja da – zu *falsifizieren* und zu *verifizieren* und dadurch geprüftes Wissen zu schaffen – Wissen-schafft eben.

Wie in der ersten Studie zur Forschungslage der Supervision von 2003, SAP 1, die ich mit einer kritischen Stellungnahme, gleichsam als eine Message an das supervisorische Feld abgeschlossen hatte, lege ich hier wieder einen kritischen Abschlusstext vor und wiederum aus unserer integrativen Grundposition und Theorie der **„weiterführenden Kritik"** (Petzold 2014a), alles andere wäre nicht fruchtbar. Letztlich ist diese Forschungsarbeit eine „Feldanalyse", sie dokumentiert „Feldverhältnisse". Forschung soll immer wieder auch Materialien für konkrete Strukturierungsaufgaben liefern. Das erfordert natürlich auch Rezeptions- und Umsetzungsarbeit und Bereitschaft, diese auch zu leisten. Dafür sollen diese Nachgedanken einen Aufschlag liefern, indem sie drei zentrale Ergebnisse gleichsam als konkludierende Botschaften aus diesem gesamten Forschungsvorhabens aufnimmt:

1. die Forschungslage ist in vielen Bereichen noch in Entwicklung,
2. die vorliegenden Forschungsergebnisse können noch keine generalisierenden hohen Wirksamkeitsbehauptungen mit Blick auf „die" Supervision unterstützen, im Gegenteil, man muss kontrafaktischen Exzellenz-Behauptungen entgegentreten. Generalisierte Exzellenz kann bei Beratung und Therapie nicht erreicht werden; So die Forschungslage (Castonguay und Hill 2017; Wyl et al. 2016);
3. schließlich: Es gibt nach wie vor keine konsistente Main-Stream-Methode von Supervision, sondern es findet sich eine Vielfalt von Ansätzen mit unterschiedlicher theoretischer und praxeologischer bzw. methodischer Orientierung (selbst innerhalb eines Verbandes)!

Diese Situation muss man mit einer konkreten Aufgabenstellung im supervisorischen Feld heute verbinden:

1. Wie kann man Qualität erreichen *(quality attainment)*, wo sie noch nicht vorliegt,
2. wie kann man Qualität sichern *(quality assurance* resp. *control)* und
3. wie kann man Qualität entwickeln *(quality development)?*

Mit diesen Themen sind derzeit die Fachverbände und die Weiterbildungsinstitutionen befasst, ja sie müssen ein Anliegen der gesamten „professional community" und des supervisorischen Feldes sein und oft auch noch werden und hierzu sollen diese „Nachgedanken" im Sinne „weiterführender Überlegungen und Kritik" (Petzold 2014a) Impulse liefern.

Es ist die dritte Felderkundung und Feldanalyse durch übergreifende Forschungsprojekte, die ich als Supervisionsforscher und bis heute praktisch arbeitender Supervisor, Coach und Organisationsentwickler für das „Feld" der deutschsprachigen Supervision auf den Weg gebracht habe und mit meinen KollegInnen vorlegen kann (vgl. Vor- und Nachwort meines Handbuchs *„Integrative Supervision, Meta-Consulting & Organisationsentwicklung"* 1998a). Die erste Feldanalyse von **1999** wurde und wird oft übersehen: *„Kritische Diskurse und supervisorische Kultur. Supervision: Konzeptionen, Begriffe, Qualität. Probleme in der supervisorischen ‚Feldentwicklung' – transdisziplinäre, parrhesiastische und integrative Perspektiven"* (Petzold et al. 1999/2001/2011). Sie war eine wichtige, theoriegeleitete Voraussetzung für die zweite Feldanalyse SAP 1 **2003**: „Supervision auf dem Prüfstand" mit Schigl et al.) und für die vorliegende SAP (2019). Die Untersuchung von **1999** wurde möglich, weil ich zuvor nach dreißigjähriger Arbeit als Supervisor – 1968 in der Drogentherapie und in Großunternehmen der Autoindustrie mit dem „Gastarbeiterproblem" (Petzold 1968) beginnend – den schon erwähnten Grundlagentext für eine moderne Supervisionstheorie und -praxeologie geschrieben hatte (ders. 1998). 2007 aktualisiert, deckt er eigentlich bis heute die meisten theoretisch und praxeologisch wichtigen Fragen zur Supervision ab. Er war umfänglich auf dem Boden moderner, empirischer Sozialpsychologie konzipiert. Das ist bis heute eine Ausnahmeerscheinung im

12.1 Vorbemerkung

Feld der Supervision, kennzeichnet aber den Integrativen Ansatz (Petzold 1990), wie auch schon das erste Lehrbuch für „Integrative Supervision" meiner einstigen Weiterbildungskandidatin und dann Mitarbeiterin und Kollegin Astrid Schreyögg (1992/2004) ausweist. Es basierte im Weiterbildungsteil auf *Schreyöggs* empirischer Dissertation zur Weiterbildungsforschung in der Supervision. Nach Beginn unserer ersten Supervisionsausbildung [1974] bot diese dann ab 1998 ein Curriculum für „Integrative Supervision" an, das nach den damaligen verbandlichen Standards durchgeführte wurde und das erste empirisch evaluierte Supervisionscurriculm war – wahrscheinlich international. Wir haben diese Tradition mit empirisch sehr aufwendigen Studien fortgesetzt (Schigl und Petzold 1997; Oeltze et al. 2002; Bogner-Unterhofer und Ratschiller 2013).

Mein Theoriehandbuch von 1998 war der erste Band (vgl. S. 15 f.) eines auf zwei bis drei Bände konzipierten Werkes, bei dem sich der zweite Band mit „Klinischen Perspektiven der Supervision" und der Wirksamkeits- und Prozessforschung befassen sollte und der dritte mit curricularen Fragen, Ausbildungsforschung und Organisationsentwicklung. Es wurde also die Forschungsfrage keineswegs übergangen, sondern im Text immer wieder betont und es wurde im Band selbst eine erste empirische Erhebung zur Risiken und Schäden von Supervision zusammen mit meiner Nichte *Fracisca Veal* Rodriguez-Petzold (S. 191) vorgelegt. Schadensforschung ist eine Forschungslinie, die wir bis heute verfolgen (Ehrhardt und Petzold 2011; Petzold und Leitner 2002; Schigl 2012/2016) und die wichtig ist, denn in den in **20** Multicenter-Studien 2003–2016 (vgl. hier Abschn. 7.2) berichten zwischen 5–18 % der SupervisandInnen aus vielen Feldern davon, dass sie durch Supervision beschädigt worden seien – eigentlich eine untragbare Situation bis heute, ohne dass die Fachverbände darauf reagiert hätten. Die seinerzeit sehr defiziente Forschungslage machte leider das Erscheinen des zweiten projektierten Bandes nicht möglich. Wir gingen daran, Forschung zu generieren und das führte zu SAP 2.

Dieser Forschungsbericht SAP 2 mit seinen Ergebnissen stellt die Leserin und den Leser vor die Situation, das eigene berufliche Handeln in den verschiedenen beruflichen Feldern und Aufgaben vor dem aufgezeigten Forschungshintergrund zu reflektieren. Auch für mich stellten die im Verlauf dieser Forschungsarbeit eingehenden und gesammelten Informationen eine Herausforderung dar, meine theoretischen und praxeologischen Positionen in meinen verschiedenen Rollen und Funktionen wieder einmal anzusehen. Oft war das auch mit einem Blick auf meine Lebensarbeit verbunden. Über die Ergebnisse werde ich sicher mit einigem Abstand – das ist immer notwendig – verschiedene Artikel schreiben und neue Arbeiten zu mir wichtigen Themen in Angriff nehmen oder anregen und begleiten.

Über Jahrzehnte in der DGSv und im ÖVS **Verbandsmitglied,** mache ich ja auch Supervisionsforschung für die „community of supervisors" und für die Qualitätsbemühungen dieser Verbände, die mit SAP 2 wieder einmal Argumente „pro Supervision" erhält. In dieser „Mitgliedsrolle" war ich lange berufs- und verbandspolitisch sehr aktiv mit vielen, meist kritischen und manchmal streitbaren Beiträgen in der Verbandszeitschrift, auf Symposien, in Foren oft auf mehr Wissenschaft und Forschung drängend. So muss es, demokratietheoretisch betrachtet, auch in Verbänden sein. Ich habe lernen müssen, dass Kritik aus der Forschung bislang eher wenig Chancen hat, durchzudringen. Das hatte Klaus Grawe (1992) vor Jahren auch für die Psychotherapie beklagt. Aber die Zeiten haben sich dort geändert. Selbst unsere doch schwergewichtigen Beiträge wie unser erster Forschungsbericht SAP 1 von 2003 oder unsere über zwanzig Multicenterstudien (vgl. Abschn. 7.2) oder unsere Forschungen zu Risiken und Nebenwirkungen von Supervision (vgl. Abschn. 7.8) hatten bislang wenig „impact". Aber dann muss man eben daran weiter arbeiten und es bewegt sich ja etwas, wie dieser neue Forschungsbericht zeigt.

Verbände sind schwerfällig. Als sogenannt „lernende Organisationen" lernen sie meist langsam und manchmal auch nicht. Das habe ich als Verbandsmitglied gelernt und wird mir durch die Forschung verdeutlicht (exemplarisch: Petzold et al. 1999/2001/2011, 2002a/2011). Unser Forschungsbericht von 2003 hatte durchaus „Resonanzen" und zwar positive – aber „Konsequenzen" hatte er nur wenige. Fast keine der als dringlich angemahnten Forschungsaufgaben, die sogar mit Design-Vorschlägen von uns publiziert worden waren, sind in der Community in Angriff genommen worden (die Wirkungsforschung wird immer noch beklagt und das ist in der Tat ein gravierender Mangel, stattdessen gehen Investitionen ins Coaching!). Insofern bleibt das Buch von 2003 immer noch brandaktuell. Und dennoch hat die DGSv seit einigen Jahren begonnen, Forschungsarbeiten zu unterstützen, auch die vorliegende, und es wurden Tagungen zum Thema Forschung organisiert. Das muss gesehen werden und das sind Schritte in die richtige Richtung. Aus Sicht der Forscher allerdings zu wenige. Und es werden derzeit alte Fehler wiederholt, z. B. ohne jeden Forschungsbezug Weiterbildungsreformen zu initiieren – doch dazu später noch. Welche **Konsequenzen** der Forschungsbericht tatsächlich haben wird, bleibt abzuwarten, zumal ja derzeit beachtliche Restrukturierungsprozesse in der Supervisionsszene im Gange zu sein scheinen – und bedenkliche (Jansenberger 2019): Die Supervision wird dem Coaching gleichgeordnet unter ein übergreifendes Beratungsmodell gestellt, das es aber – so die internationale Beratungsforschung – bislang nicht gibt! Dagegen muss man sich „parresiastisch" zu Wort melden im Sinne der diesem Abschnitt vorangestellten Parrhesie-Maximen von *Demokrit* und *Foucault*. Das will ich mit den Nachgedanken zu diesem Forschungsbericht tun.

12.2 Nachgedanken zur Qualität, Supervisionsvielfalt, zu Forschung und zum Lehren und Lernen von Supervision

Forschung stellt Daten zur Verfügung, um Situationen zu beschreiben, einschätzbar zu machen und Grundlagen für Entscheidungen zu bieten, die in der Regel andere fällen müssen. Sie hat aber auch die Verpflichtung – so meine wir jedenfalls in unserer integrativen Forscher-Community – auf Konsequenzen hinzuweisen, Defizite zu benennen, Entwicklungen zu fördern oder Fehlentwicklungen aufzuzeigen. ForscherInnen stellen, wenn sie sich so äußern, *ihre* Positionen und Schlussfolgerungen in den *Diskurs* (hier wirklich sensu Habermas 1971, 1981), in dem dann hoffentlich das „bessere Argument" zählt, und nicht unbedingt nur die Datenlage der ForscherInnen, aber ohne die Daten geht nichts.

12.2 Nachgedanken zur Qualität, Supervisionsvielfalt, zu Forschung ...

Als Supervisor muss man, wie als Forscher, an kritische Fakten mit der Frage herangehen: Was ist richtig und was ist bedenkenswert an diesen kritischen „**Positionen**"? Man unterläuft dann – hoffentlich – den Mechanismus einer *primären Reaktanz* und wird offener, denn es geht ja nicht um „Rechthaben", sondern um ein zur Kenntnis nehmen von „Positionen":

> „**Positionen** sind Standorte „auf Zeit", um bei theoretischen und praxeologischen Aufgaben und Themen eine hinlänglich sichere Basis für interventives Handeln zu gewährleisten, Themen, die noch aufgrund von Theoriearbeit, Forschung und klinischer Erprobung in Entwicklungsprozessen stehen (Derrida 1986). **Positionen** müssen aber verlassen werden, wenn durch Fortschritt und **Innovationen** „**Überschreitungen/Transgressionen**" möglich oder notwendig werden (Petzold et al. 2000) – sei es im Sinne einer **Vertiefung** von Bestehendem oder einer **Verbreiterung** der Basis und des Handlungsfeldes oder durch Paradigmenwechsel, Gesetzesänderungen, Fortschritte der Forschung und des wissenschaftlichen und praxeologischen Erkenntnisgewinns, denn damit wird jeweils Neuland eröffnet. In ihm müssen dann neue „**Positionen** auf Zeit" gefunden werden, weil der *heraklitische* Strom weiter fließt." (Petzold 2000e)

Es wird auf das *Derrida*sche Positionskonzept abgestellt, das Positionen als „Szenen, Akte, Figuren der Verbreitung *[dissémination]*" (Derrida 1986, S. 184) sieht, die spezifische Unterschiedlichkeiten *[différance]* ermöglichen, weil sie eine temporäre Prägnanz schaffen bei gleichzeitiger Offenheit und struktureller Unfertigkeit nach innen, zum eigenen System hin, und nach außen zu umliegenden Systemen hin. Damit einher geht eine Verzögerung abschließender Wertungen, sodass durch diesen Aufschub (Derrida 1986, S. 154) verbindende Kontakte [Konnektivierungen] möglich werden. Es können dann fruchtbare Polyloge mit einer Qualität transversaler Vernunft stattfinden, durch die Innovationen erarbeitet werden können – zuweilen emergieren sie (vgl. Petzold 2003a, S. 30 f.; Petzold et al. 2019a).

Viele ForscherInnen und auch SupervisorInnen – ich vertrete ja beide Profile – sind, so nehme ich an, wohl der wissenschaftlich und supervisionstheoretisch solide begründeten Überzeugung, dass fundierte **Qualitätsentwicklung** und **Qualitätssicherung ohne vertiefte theoretische Reflexion/Metareflexion und ohne solide empirische Forschung zu strukturellen Bedingungen, Prozessverläufen, Ergebnissen/Wirksamkeiten nicht möglich sind (ggf. kommt es zu Negativergebnissen/Nebenwirkungen). Klar ist auch, dass ohne konsistente Modelle und Praxen des Lehrens- und Lernens eine Gewährleistung von Qualität nicht gelingen kann.** Das gilt auch und gerade im Bereich der Supervision bzw. für die Dienstleistung und das „Produkt Supervision" selbst. Und da wiegt schwer, dass im Felde der deutschsprachigen Supervision, anders als im niederländischen (Wijnen und Petzold 2006/2019) keine konsistenten Modelle zum Lehren und Lernen vorliegen. Aber ohne Lernen geht nichts – ob in Therapie, Beratung oder Supervision. Es reicht eben nicht, nur mit impliziten und nicht spezifisch zugepassten vagen Konzepten zum Lernen zu arbeiten, wie das weitgehend geschieht. Deshalb haben wir in diesen Bereich seit Jahrzehnten investiert (Petzold und Sieper 1977; Sieper und Petzold 1993c/2011, 2002/2011; Sieper 2007/2019; Holzapfel 2019; Chudy und Petzold 2011a, b; Lukesch und Petzold 2011).

In Supervision und Intervision wirken wahrscheinlich, wie Marcus Galas (2013) darlegt, unspezifische *„common factors"*, wie sie auch in Psychotherapie und Beratung zum Tragen kommen – etwa die „Grawe-Heuristiken" oder meine „Vierzehn plus drei Wirkfaktoren" (Petzold 2012b; Petzold et al. 2019a; Hohmeier 2015). Wenn das so ist, muss durch Forschung untersucht werden, *wann, wo, wie, welche Faktoren in welchen Kombinationen wirken*. Nur dann kann man von probaten Heuristiken zu hinlänglich gesicherten Interventionsstrategien kommen, und nur dann können SupervisorInnen von psycho- und soziotherapeutischen Prozessen ihre SupervisandInnen, z. B. BeraterInnen/TherapeutInnen bei deren Anwendung solcher Wirkfaktoren beraten und ihnen helfen, wie sie ggf. dann auch diese Erkenntnisse **mit den KlientInnen** oder PatientInnen reflektieren. Viele feld- und fachkompetente SupervisorInnen im integrativen Paradigma tun das, wenn sie die für die Weiterbildung verpflichtenden, supervidierten **Therapiejournale** begleiten. Das sind sogenannte „Fallberichte" bzw. besser: „Prozessberichte" – wir verzichten, wo immer möglich, auf den verdinglichenden Begriff „Fall" und sprechen von unseren „Prozessen" mit PatientInnen bzw. KlientInnen, vgl. Petzold 2016b) –, mit denen die WeiterbildungskandidatInnen ihre therapeutische Arbeit dokumentieren (z. B. Scheiblich et al. 2016). Ähnliches findet sich in den gleichfalls zur Weiterbildung gehörenden **Supervisionsjournalen** der supervisorischen KandidatInnen (Linz et al. 2008; Petzold 2019b; Kriescher 2019), die wir gerade aktualisiert und mit grundlegenden Ausführungen zu Supervisionsforschung und Praxis fundiert haben (Petzold 2019b) – eine wichtige Ergänzung zu diesen „Nachgedanken". Das ist eine einzigartige Möglichkeit zur dokumentierten, theorie- und forschungsgestützten Qualitätssicherung und auch für überprüfbare Qualitätsnachweise von Therapie- und Supervisionsweiterbildungen und ihrer Arbeit. In ihm werden *SupervisorInnen, SupervisandInnen* und über das Supervisionsgeschehen informierte *PatientInnen* bzw. *KlientInnen* im Mehrebenensystem der Supervision verbunden, wie wir es immer wieder herausstellen (Petzold 1990) und visualisiert haben. Die Behandlungsjournale werden mit 2000 bis 4000 und mehr Aufrufen genutzt (http://www.fpi-publikation.de/artikel/behandlungs-und-supervisionsjournale/151.html) und haben also ein immenses praxisrelevantes Wirkungspotenzial.

Alle Beteiligten in diesem Mehrebenen_Modell von Supervision (vgl. Abb. 12.1) können potenziell direkt ins Gespräch gebracht werden (etwa in *life supervision*) oder sie können zumindest indirekt miteinander konnektiviert werden (Petzold 1994, 2019b; Kriescher 2019), wenn der Supervisand/Therapeut dem Patienten/der Patientin über die Supervision berichtet. Patientin und Therapeut können so auch gemeinsam Fragen zum Prozess an den Supervisor richten. Ziel solchen Vorgehens ist, einen möglichst durchlässigen Informationsfluss und ein hohes Bemühen um Transparenz zu fördern

12.2 Nachgedanken zur Qualität, Supervisionsvielfalt, zu Forschung …

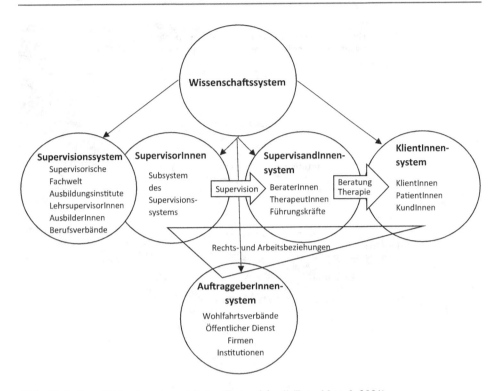

Abb. 12.1 Das „**Mehrebenenmodell der Supervision**" (Petzold et al. 2001)

(vgl. Petzold et al. 2016), und das ist wichtig, stellt man in Rechnung, dass viele Menschen durch Intransparenz in ihren Sozialisationen belastet worden sind und zum Teil in ihrem professionellen Kontext heute noch belastet werden. Bei einem solchen Vorgehen besteht die Chance, dass Supervision auch ins PatientInnensystem wirkt und nicht wirkungslos bleibt, weil solche Vernetzung fehlt, wie bei der Untersuchung von Schay et al. (2006) ersichtlich ist.

Diese Transparenz ist aber nicht nur im dyadischen Setting herzustellen, sie kann auch in der supervisorischen Arbeit in Teams, also in einem Multipersonensetting im institutionellen Kontext angestrebt werden, wie Christoph Kriescher (2019) in einen Supervisionsjournal gezeigt hat, indem er das Integrative Modell mit dem Ansatz von Cornelia Rappe-Gieseke (2009, S. 13) verbindet. Diese benennt drei Strukturelemente, die in der Supervision das Spezifikum eines Teams in Abgrenzung zu einer Gruppe ausmachen. „Diese Strukturelemente sind: das Team als **Organisationseinheit** oder **Subsystem einer Organisation/Institution,** das Team als **Gruppe** i. S. von Gruppendynamik und das Team als **Verbund von Professionals**" (Kriescher 2019, S. 6 f.). *Rappe-Gieseke* betont, dass diese Trias nur für Teams geeignet ist, „deren Produkt eine Dienstleistung ist, die die Professional-Klient-Beziehung als Arbeitsinstrument nutzt" (ebenda S. 13) D. h. hier sind Teams im psychosozialen Arbeitsfeld angesprochen (vgl. Abb. 12.2).

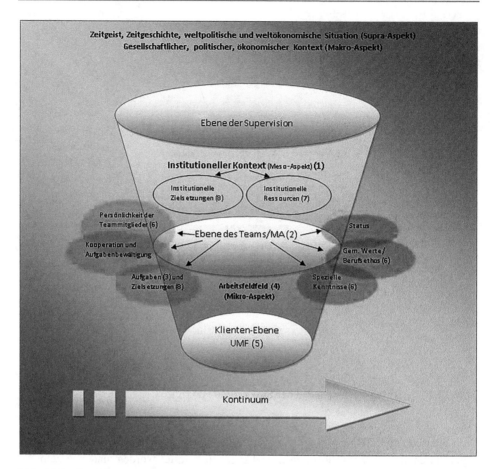

Abb. 12.2 Triplexmodell der Supervision. Graue Fläche = Kontext, Grün = Team als Gruppe, Blau = Team als Verbund von Professionals (Kriescher 2019)

In dieser Arbeitsweise können auch die Teamer füreinander mit ihren **Kompetenzen** (Fähigkeiten/Wissen) und **Performanzen** (Fertigkeiten/Können) transparent werden, sich als Ressourcen nutzen und kokreativ kooperieren.

In welcher Weise in dieser Art durch Supervision auch Beratungs- oder Therapieprozesse positiv beeinflusst werden können, muss durch Forschung noch gezeigt werden. Es kann am besten in der Kombination mit einem Beratungs- oder Therapieforschungsprojekt beforscht werden – wahrscheinlich nur so. Das wäre ein Gold-Standard. Wir haben in SAP 1 dazu Design-Vorschläge gemacht. Ich konnte selbst wegen fehlender Forschungsmittel ein solches Projekt bislang nicht realisieren. Es ist aufwendig, aber machbar. Bislang wurde es auch anderen Orts lange nicht versucht. White und Winstanley (2010) und Bambling et al. (2006) haben Mehrebenen-Untersuchungen durchgeführt, *Bambling* bei manualisierten Kurztherapien, die aber auf die europäische Supervisionspraxis so nicht zu

12.2 Nachgedanken zur Qualität, Supervisionsvielfalt, zu Forschung ...

übertragen sind (ich habe das näher ausgeführt Petzold 2019b). Um auf mehreren Ebenen Effekte nachzuweisen, braucht man dazu die Kooperation von Therapie- bzw. Beratungsforscherinnen und SupervisionsforscherInnen und dabei ihre Entscheidung, „ihren Willen", die PatientInnen (ggf. auch Angehörige) – in der Regel mündige Bürger und nicht bloß „Fälle" (Petzold 2016b) – als „Mitforscher" zu beteiligen. So vertreten wir das in unserer Forschungstheorie und versuchen es in der Forschungspraxis, wo es möglich ist, umzusetzen, damit umfassende Qualität erreicht werden kann (Laireiter und Vogel 1998; Steffan und Petzold 2001; z. B. Petzold et al. 2000; Petzold 2019b).

Im Integrativen Ansatz haben wir hierzu grundlegende Konzepte entwickelt mit der Theorie „multipler Relationalität" und „intersubjektiver Ko-Respondenz" (Petzold und Müller 2007) und auch Forschungsprojekte zur supervisorischen Beziehung auf den Weg gebracht (Edlhaimb-Hrubec 2006). Dennoch sind hier noch weitere erhebliche Investitionen etwa im Bereich der Prozessforschung erforderlich, für die mit den Supervisions- und Behandlungsjournalen (Linz et al. 2008; Petzold 2019b; Krieschier 2019) schon eine gute Basis vorliegt. Vor dem Hintergrund von SAP 1 und 2 muss man sagen: Jeder Supervisionsansatz muss *seine* Theorie supervisorischer Beziehung im Mehrebenensystem explizit darlegen und auch Studien dazu vorlegen, weil man nicht von einem übergreifenden Theoriemodell und einer übergreifenden Praxis ausgehen kann.

Dass SupervisorInnen auch ohne elaborierte Weiterbildungen arbeiten können und dass sie dabei auch wirksam sind (Bambling et al. 2006), ist empirisch nachgewiesen und unbestreitbar. Welcher Ansatz aber dann besser oder weniger gut wirkt, konnte bislang übergreifend nicht untersucht werden. Anders als in der Psychotherapie fehlen in der Supervisionsweiterbildungsforschung Methodenvergleiche gänzlich. Es herrscht bislang eine hohe Hermetik zwischen den Richtungen.

Wenngleich Forschungen zur „Intervision" zeigen, dass auch *ohne externe Supervision* Qualitätsförderung wirksam unterstützt wird, ist das kein Argument gegen wissenschaftlich fundierte, forschungsbezogene Weiterbildungen, genauso wenig wie das Faktum, dass im angloamerikanischen und neuseeländischen und australischen Bereich eine große Zahl, wenn nicht bis in die jüngere Zeit die Mehrzahl der Supervidierenden **ohne** formale Ausbildung arbeiten. Sie werden in psychosozialen und klinischen Feldern mit Supervisionen beauftragt und tätig und sind dafür „nur" aufgrund ihrer langjährigen Berufserfahrung „qualifiziert" oder durch eine Kurzschulung von zwei/drei Tagen. Und offenbar machen sie zumeist gute Arbeit. Ein Großteil der empirischen Studien, die wir in SAP 1 und 2 von als **wirksam** evaluierten Supervisionen gesichtet haben, wurde von solchen SupervisorInnen durchgeführt. Dabei liegt oft – nicht immer – ein gegenüber europäischen Ansätzen eingegrenztes Supervisionsverständnis zugrunde (z. B. Supervision manualisierter „Case Interventions" auf Manual-Treue hin, vgl. Petzold 2019b). Auch hier fehlen kontrollierte vergleichende Studien, um ein „besser oder schlechter", „wirksam oder nicht wirksam" zu beurteilen oder auch ein „wie wirksam", mit welchen „Risiken und Nebenwirkungen", denn die gibt es, wie SAP 2 zeigt (Petzold et al. 2004; Schigl 2012).

Was die Auftraggebersysteme wollen, dazu liegt bislang nur spärliche Forschung vor, und die hat oft einen Bias. Welche Auftraggebersysteme beforscht werden liegt häufig in den Interessenspräferenzen der Auftraggeber von Forschung. Hier sind kritische Anfragen auch an die Verbände zu richten – haben sie die Bedarfe der Sozial- und Jugendämter, der Altenheime und der Pflegeeinrichtungen beforscht? Wissen die Supervisionsverbände, ob der **größte Auftraggeber** von Supervision, die „öffentlichen Hände", **Supervision** zur Qualitätssicherung institutioneller psychosozialer oder pädagogischer oder organisationaler Arbeit in Hilfeleistung, Betreuung, Förderung oder ob sie **Coaching** wollen? Großangelegte Studien, repräsentative gar, fehlen dazu – ein gravierendes Forschungsdefizit.

Wenn die Studienlage der internationalen Supervisionsforschung immer noch nicht berauschend ist, verlangt das Investitionen. Besonders für die Wirksamkeit von Supervision für das **KlientInnen/PatientInnensystem** liegen kaum belastbare Nachweise vor und es gibt auch zahlreiche Untersuchungen, die nur mäßige Wirksamkeit belegen oder auch Risiken und Nebenwirkungen aufzeigen. Und dann gibt es auch zufriedenstellende – aber kaum methodisch exzellente – Nachweise für die Ebene des **SupervisandInnensystem,** wo sich „Formen der Supervision" *(nicht Supervision schlechthin!)* als unterstützend, entlastend, klärend erweisen. Aber auch hier ist die Zahl methodisch wirklich guter Untersuchungen noch nicht sehr groß. Das ist keineswegs ungewöhnlich bei **Praxeologien,** die sich in heterogenen Arbeitsformen und mit zum Teil recht divergierenden Theoriehintergründen **forschungsfern** entwickelt haben. Die ältere Psychotherapie und auch viele kleinere Psychotherapierichtungen der Gegenwart können hier als Beispiel genannt werden. Es wird dann immer wieder das Thema der „Weiterbildung" aufgeworfen: *„Gute Aus- bzw. Weiterbildung gewährleistet gute Qualität",* so sagt man als *„common sense"* Position. Aber auch das ist eine Annahme, für die (noch) kaum gute empirische Unterstützung für die Supervisionsweiterbildungen vorliegt, jedenfalls nicht für die ganze Breite der verschiedenen Methoden der Supervision, die sich unter diesem „Umbrella-Begriff" finden lassen oder auch für die, die sich unter das Dach eines Berufs- oder Fachverbandes begeben haben, denn selbst bei gleichen Formalstandards findet sich da Differentes, Divergentes und zuweilen Diskordantes. Gute Ausbildungsstandards sind noch kein Nachweis, dafür, dass sie für wirksame Supervision qualifizieren. Sie können sogar mäßige Qualität zementieren oder Fehlerhaftes transportieren, wenn sie eine **„Monokultur" von Weiterbildung** schaffen, wie die bislang unüberprüften Standards der grossen Fachverbände. Das ist eine Hypothese die man aufzustellen wagen muss und die es zu überprüfen gilt. Dass es keine Wirksamkeitsnachweise auf der Ebene des PatientInnen-/KlientInnensystems gibt, braucht ja nicht nur Resultat fehlender Forschung zu sein. Es spricht einiges dafür, dass die Forschung fehlt, weil man dieser Ebene keine Beachtung schenkt. Sie fehlt zum Beispiel gänzlich in den Ethikrichtlinien der DGSv (2003) und dem Qualitätssicherungssystem der DGSv (2017b). Da taucht das KlientInnensystem nicht auf, von einem aktiven, emanzipatorischen Einbezug der KlientInnen in die supervisorische Arbeit nicht zu reden (vgl. hierzu Petzold 2019b). Auch das Faktum, das von den Befragten in unseren 20 Multicenterstudien (2003–2016) zwischen 4 und 18 % der Supervidierten

12.2 Nachgedanken zur Qualität, Supervisionsvielfalt, zu Forschung ...

angaben, mit Supervision negative Erfahrungen gemacht zu haben bzw. sich durch Supervision beschädigt zu fühlen, sind bedenklich. Das und die Ergebnisse der supervisorischen „Risiko- und Schadensforschung" (Eberl 2018; Ehrhardt und Petzold 2011; Kleibinger 2014; Petzold und Rodriguez-Petzold 1996; Petzold et al. 2004; Schigl 2016) zeigen, dass es sich hier nicht um vernachlässigbare Ausnahmefälle handelt, sondern dass strukturell etwas in den Weiterbildungen fehlt bzw. fehlen muss. Eine generalisierende Rede von „exzellenter Qualität" hat da keinerlei Boden, was empirische Nachweise anbelangt. In einer aktuellen Mitgliederbefragung zum „Qualitätsverfahren" (DGSv 2018) für die Teilnahme am diesem Verfahren zwischen 2008 und 2017, ausgesendet an 1152 Mitglieder, beantwortet von 335 zeigt sich, dass bei einem Teil der Mitglieder Bemühungen im Gange sind, Qualität zu sichern. Auffällig ist dann aber, dass in der umfänglichen Themensammlung zu den bearbeiteten Gruppenthemen die Themen Risiken, Schäden, Krisen nicht auftauchen, das Thema Forschung/Forschungsergebnisse gar nicht, und dass neben sehr positiver Bewertung auch eine erhebliche Zwiespältigkeit über das System und seinen Nutzen sichtbar wird. Aber immerhin hat man eine solche Befragung durchgeführt, man hat aber nicht spezifisch nach der Bedeutung von Forschung gefragt (und deshalb taucht das Thema nicht auf). Weiterhin hat man nach den „Kunden", d. h. den Supervisionsnehmern gefragt und nicht spezifisch nach dem KlientInnen-/PatientInnensystem und den Problemen, die dort auftauchen und gelöst werden müssen – als ob das keine Bedeutung hätte. Hier liegt jedenfalls kein prioritärer Interessenfokus und das signalisiert vielleicht – man muss das empirisch überprüfen –, dass in den Weiterbildungen hier kein Relevanzthema gesehen und vermittelt wird.

Haben Formalstandards für die supervisorische Qualität der Weitergebildeten in ihrer Praxis nach Abschluss Weiterbildung Bedeutung gehabt, damit sie „gute SupervisorInnen" geworden sind? Was ist eigentlich „gute Supervision", herrscht darüber im „Feld der Supervision" hinlängliche Einigkeit? Wir haben versucht, das in einer aktuellen richtungsübergreifenden Studie herauszufinden (Mittler et al. 2019) und fanden einige gute Konsensfelder und doch auch beträchtliche Divergenzen. „Supervision" als „Umbrella-Begriff" signalisiert auf den ersten Blick eine gewisse Homogenität. Er vereint vieles unter sich, was den Namen „Supervision" trägt, aber auf den zweiten Blick zeigt sich doch eine beträchtliche Heterogenität. Auch zu Supervisionsweiterbildungen gibt es nur sehr wenige empirische Untersuchungen und die sind bislang ausschließlich „richtungsspezifisch" und lassen sich nicht auf das ganze Feld generalisieren. Es herrscht also ein großer Forschungsbedarf. Statements wie **„Exzellente Beratung basiert auf exzellenter Qualifizierung"** (Vorstandsvorlage DGSv 2017a) haben bislang in der Beratungs- und Supervisionsforschung, wie noch ausgeführt werden soll **keinerlei soliden empirischen Boden,** und so erscheint es problematisch, solche Statements – kontrafaktisch – zu machen. Werden sie als ein „Programm" für künftige Qualitätsentwicklung formuliert, wie in der DGSv-Vorlage, wäre mit Blick auf die Forschungslage und auf die ja auch vorhandenen Forschungsprobleme die Formulierung **„gute Supervision erfordert gute Qualifizierung"** wohl angemessener. Für ein solches „Programm" kann ganz klar festgestellt werden: Ohne **Auswertung und Berücksichtigung vorliegender**

Forschung – und wo die Basis schwach ist, und das ist sie oft – ohne vorbereitende Studien in Pilotprojekten sowie ohne **Begleitforschung** bei neuen Projekten der Weiterbildung bzw. Qualifizierung wird sich kein Programm mit guter Qualität aufstellen und mit **guten** Ergebnissen realisieren lassen, von „exzellenten" Ergebnissen nicht zu reden, wie noch ausgeführt werden soll. Nun wird derzeit über die Themen „Qualität und Qualifizierung" in der Supervision und für die Supervision – und das Coaching (!) – mit neuen Initiativen diskutiert, und dabei kommen viele Themen auf, die zu bearbeiten wären, weil sie weitgehend unbearbeitet sind:

- Das Thema des **Lehrens und Lernens** und seiner neurobiologischen Grundlagen (Kline 2015; Sieper und Petzold 2002/2011; Spitzer 2007) und zwar supervisionsspezifisch (Lukesch und Petzold 2011), das ist nämlich bei den meisten Supervisions-Richtungen ungeklärt; hier hat die niederländische Supervisionstradition viel erarbeitet (Wijnen und Petzold 2006/2019) und weiterführend noch die Integrative Agogik (Sieper 2007/2019; Holzapfel 2019; Sieper und Petzold 1993c/2011) mit ihrer Theorie „komplexen Lernens" (Sieper und Petzold 2002/2011);
- das Thema der erforderlichen **Inhalte** – auch das ist noch weitgehend offen – wir monieren seit Jahrzehnten (Petzold 1998) neben anderem das fast völlige Fehlen der Sozialpsychologie und der Social Neuroscience in den Weiterbildungen und den Wissensständen von SupervisorInnen, wie sich das u. a. an den Publikationen des deutschsprachigen supervisorischen Feldes ablesen läßt.
- Das Thema der **Ziele** in theoretischer, praxeologischer und praktischer Hinsicht (Petzold et al. 1998) ist gleichfalls weitgehend ungeklärt und
- auch die Frage, *wie welche* **Ziele** methodisch wirksam und transferorientiert erreicht werden können;
- schließlich steht die Frage der Forschung seit Jahrzehnten im Raum, die natürlich auch das Thema aufwirft, warum offenbar im Felde der deutschsprachigen Supervision eine so geringe Bereitschaft besteht, in Forschung zu investieren und vonseiten der PraktikerInnen und auch der LehrsupervisorInnen so wenig Motivation, an Forschungen Teil zu nehmen. Ja der Wert von Forschung wird oftmals als gering eingestuft, wie unsere neue Untersuchung für das supervisorische Gesamtfeld in Deutschland und Österreich zeigt (Mittler et al. 2019). Es gibt offenbar **keine** breite „forschungsfreundliche Kultur" bei den SupervisorInnen, zumal sie von den LehrsupervisorInnen nicht gefördert wurde. Bislang liegt für den Bereich der Wirkung von Lehrsupervision keine einzige belastbare Untersuchung vor (Petzold 2016e).

Solche Untersuchungen fehlen auch im Bereich von Coaching weitgehend. Sie sind im Feld von Supervision nur ansatzweise bzw. bereichsspezifisch vorhanden (etwa durch die Felderkundungen in unseren Multicenterstudien, z. B. Collenberg und Petzold 2016; Petzold et al. 2007). Diese Untersuchungen müssen aber **nicht unbedingt dem** *„state of the*

12.2 Nachgedanken zur Qualität, Supervisionsvielfalt, zu Forschung ...

art", dem Stand der Theorie- und Methodenentwicklung, den Ergebnissen der Forschung und den Möglichkeiten evidenzbasierter „best practice" in der Supervision entsprechen. Sie geben nur wieder, was man macht (nicht was man besser machen könnte). Sie können deshalb auch nur die gravierende Defizienzen aufzeigen, die man im Feld der Supervision in wichtigen Bereichen findet – in den meisten, die bis jetzt untersucht wurden (Ausnahmen z. B. Telefonseelsorge Ertel et al. 2009; Petzold 2018d). Man könnte in vielen Bereichen bessere Ergebnisse erzielen, nähme man die Forschung zur Kenntnis und setzte sie interventiv um.

Bei der heterogenen Situation ist es deshalb bei AutorInnen, die über Supervision schreiben, wichtig, dass sie aufweisen, in welchem konzeptuellen Rahmen sie sich bewegen, etwa durch Verweis auf **grundlegende** Referenzpublikationen, die für den theoretischen und praxelogischen Bezug stehen und durch Hinweis auf die Forschung, auf die sie sich beziehen. Unsere Forschungsarbeit (in SAP 1 und 2) hat zu unserer Supervisionstheorie und Praxis substanziell beigetragen und uns geholfen, unser Supervisionsverständnis spezifisch und breit zugleich zu fassen. Es ist in unserer Sicht deshalb nicht nur auf die „Arbeitswelt" im engeren Sinne gerichtet, obwohl diese ihr Kerngebiet darstellt, und nicht nur auf den klinischen und psychosozialen Sektor – gleichfalls ein zentraler Bereich –, sondern Supervision hat auch Einsatzbereiche in der Innovationsförderung, als supervisorischer Support im Sinne eines Metaconsultings bei Konzeptentwicklung, bei Policy Making und bei Klärungsprozessen. Sie kann auch in Bildungs- und Kulturarbeit, in Wissenschaft und Forschung (Buchinger 2016) oder auch in der Arbeit von Verwaltungen (Bischoff 2011), NGOs und bei ehrenamtlichen Unternehmungen (Strobel und Petzold 2008) zum Einsatz kommen, sowie in bildungs-, sozial- und kulturpolitischen Initiativen oder in Projekten ökologischen Engagements und humanitärer Hilfeleistung (durchaus auch *pro bono*). Eine solche breite und zugleich spezifische Konzeptualisierung sei hier als „Offenlegung" des diesen Ausführungen zugrunde liegenden Supervisionsverständnisses vorgelegt:

> **Übersicht**
>
> „**Supervision** wird als theorie- und forschungsgestützte **Methode** gemeinsamer, diskursiver Reflexion und Metareflexion über *Probleme, Ressourcen* und *Potentiale* der Arbeitswelt, aber auch des Wissenschafts- und Forschungsbetriebs, der Bildungs- bzw. Kulturarbeit sowie von ökologischen und humanitären Aufgaben und Maßnahmen angesehen (Brinker und Petzold 2019), wo sie als **Praxeologie** der Beratung *(counseling)* und fachlichen Begleitung *(guidance)* von Arbeitsprozessen und Innovationsprojekten zum Einsatz kommt, insbesondere solchen, die im interaktionalen und kommunikativen Bereich des Umgangs und der Kooperation mit und zwischen Menschen liegen, also bei der ‚Prozessqualität' (Donabedian 1966, 1985). **Ziele** von Supervision sind die Optimierung von Arbeitsabläufen, von Prozessen der Zusammenarbeit z. B. in Teams, Staffs, Gremien usw., insgesamt also die Qualitätserzielung, Qualitätssicherung und die

Qualitätsentwicklung. Immer wieder sind auch Unterstützung von Konzeptentwicklung, Kreativierung und Innovation ein Ziel von Supervision. Sie ist damit nicht nur defizit- oder problemorientiert, sondern auch lösungs-, ressourcen- und potentialorientiert. Diese Orientierungen implizieren *strukturell* schon Aspekte der Qualitätskontrolle wie der Reflexion von Arbeitsproblemen, von Kundenorientierung, von MitarbeiterInnenbelastung (Stresslevel, Teamklima, Führungsverhalten etc.), von Jobmüdigkeit, Erosion der Hilfebereitschaft, Commitment- und Innovationsverlust. Bei psychosozialen Dienstleistungen muss Supervision auch auf *potentielle Risiken,* Gefahren und Nebenwirkungen von Interventionen im SupervisandInnen- und KundInnensystem sowie besonders – weil oft vernachlässigt – im KlientInnen- bzw. PatientInnensystem gerichtet sein (z. B. Erkennen gefährlicher Pflege, riskanter Therapie, Märtens und Petzold 2002; Petzold 1985d, 2016c). Als prozessbegleitende Maßnahme der Qualitätssicherung, der Arbeitsoptimierung, Arbeitshygiene und des Supports bei Belastungen hat Supervision für die Supervidierten eine wichtige Unterstützungs-, Klärungs- und Entlastungsfunktion, die sich auch positiv auf ihre *Selbstwirksamkeit* und *persönliche Souveränität* (Petzold und Orth 2014) auswirkt sowie auf ihre *Kommunikations-* und *Kooperationsmöglichkeiten* und auf ihre Ko-kreativität und Innovationskraft im professionellen Handeln als MitarbeiterInnen oder Führungskräfte (z. B. auf Kollegialität, Kooperationsstil, Führungsstil, Commitment, Wertschöpfung).

Im Rahmen der Ausbildungen von SozialarbeiterInnen, PsychotherapeuInnen, Pflegepersonal, in denen Supervision curricular verankert ist („Ausbildungssupervision") soll sie anwendungsbezogen den *Transfer* von Gelerntem in die Praxis zum PatientInnen-/KlientInnensystem hin begleiten. Zu all dem tragen auch die Qualifizierungsfunktionen von Supervision selbst in der Weiterbildung von SupervisorInnen bei, etwa in Form der „Lehrsupervision" (Petzold 2016e) oder in kollegialen supervisorischen Intervisionen – zum Teil über begleitete und (halb) standardisierte Supervisions-Prozessdokumentationen (Linz et al. 2008, jetzt Petzold 2019b) oder Projektberichte. Besonders fokussiert werden muss die fördernde Wirkung von Supervision im KlientInnen-/PatientInnensystem, wo SupervisorInnen über ihre SupervisandInnen zu den Problemlösungs-, Gesundungs- und Entwicklungsprozessen der KlientInnen und ihrem Empowerment beitragen. In all diesen Bereichen haben SupervisorInnen die explizite Aufgabe der Qualitätsbeobachtung und damit auch einer (zumindest indirekten) Qualitätskontrolle. Sie leisten Beiträge zur Qualitätserzielung, Qualitätssicherung und Qualitätsentwicklung. Das geschieht durch die Weitergabe und Erweiterung von **Kompetenzen** und die Verbesserung der zu ihnen gehörenden, interventiven **Performanzen.**

Hier sind drei Bereiche zu differenzieren, die einer permanenten Qualitätsbegleitung und Qualitätsentwicklung bedürfen: einerseits die Entwicklung **allgemeinsupervisorischer Kompetenz** und **Performanz (I),** d. h. Vermittlung

> aktuellen psychosozialen *Wissens* und methodisch-interventiven *Könnens,* andererseits aber auch Verbesserung der jeweils erforderlichen **Feldkompetenz (II),** d. h. des aktuellen Wissens über spezifische Felder (etwa in KITA oder Altenheim etc.) und schließlich die Erhöhung von **Fachkompetenz (III),** durch Aktualisierung fachdisziplinären Wissens (z. B. in Kinder- oder Gerontopsychologie). Verbunden mit der Kompetenzförderung (*competence*=Fähigkeiten, Wissen) geht es auch immer um die Verbesserung der jeweils erforderlichen **Performanz** (*performance*=Fertigkeiten, Können), d. h. der Qualität, Angemessenheit, Effektivität, Sicherheit und Unbedenklichkeit von konkreten Interventionen in methodisch-technischer Hinsicht." (Wijnen und Petzold 2006/2019)

Diese komplexe definitorische Beschreibung eines integrativen Supervisionsverständnisses steht auf dem Boden der systematischen Untersuchung und Reflexion der *Entwicklung* dieses Verständnisses im Vergleich mit anderen Positionen, wohldokumentiert und transparent für den fachlichen Diskurs vorgelegt bei (Petzold et al. 1999/2001/2011; Strobelt und Petzold 2010). Es wäre wünschenswert, das für jeden supervisorischen Ansatz zur Verfügung zu haben. Leider wird man da kaum fündig.

Weil Forschung im Bereich der angewandten Sozialwissenschaften – und Supervision gehört zu diesen – das Ziel hat, Wissen und Handeln mit Bezug auf **konkrete** Handlungsfelder, Aufgabestellungen und interventive Praxeologien und Methoden voran zu bringen, möchte ich Ergebnisse von SAP 1 und 2 auch für die Reflexion konkreter Themen im supervisorischen Feld in die *Diskussionen, Diskurse* und *Polyloge* mit den folgenden Ausführungen einbringen, um damit Beiträge vonseiten der Forschung zu „Feldentwicklungen" zu leisten – beide Forschungsberichte sind ja solche Beiträge zur Feldentwicklung.

12.3 Was erfordert Qualitätsentwicklung? Qualitätsforschung, Evaluation, Theoriearbeit! – Bemerkungen zu aktuellen Qualitätsdiskursen im Feld der Supervision

Im aktuellen Kontext dieses Textes im Schlussteil von SAP 2 sollen die laufenden Diskurse zum Qualitätsthema von supervisorischer Weiterbildung bzw. Qualifizierung in den Blick genommen werden – durchaus auch im Sinne „weiterführender Kritik". Im Hintergrund des Beitrags steht neben SAP 2 eine empirische Evaluationsstudie über 10 Jahre Weiterbildung in Integrativer Supervision (2007–2017; Lindermann et al. 2018), eine empirische Felderkundung zum Thema, was gute Supervision ausmacht (Mittler et al. 2019) und ein Interview und kollegialer Austausch mit *Paul Fortmeier,* Geschäftsführer der DGSv, und *Wolfgang Knopf,* Geschäftsführer des ÖVS, zum Thema „Worüber man in der Supervision nicht oder vielleicht zu wenig spricht" also zur Frage

„vermiedener Themen" (Petzold et al. 2018b). Beiträge, die theoretische Grundsatzfragen mit Forschungsergebnissen verbinden, sind im supervisorischen Feld immer noch eher selten, können aber für die Feldentwicklung nützliche Impulse setzen – *sofern man sich mit ihnen auseinander setzt,* denn alle Probleme die SAP 1 und dann SAP 2 wieder zeigen, sind schon klar vor 20 Jahren in unserer ersten Studie zur Felderkundung benannt worden von Petzold et al. (1999/2001/2011). Es hat sich seitdem nur wenig bewegt und die dort aufgezeigten, unzutreffenden Geltungsbehauptungen werden weiter fortgeschrieben. Die damals angemahnten Forschungsdefizite sind groß geblieben und Weiterbildungen werden weiterhin ohne Forschungsfundierung konzipiert.

Wir beziehen uns für die empirische Absicherung unseres eigenen Lehrens von Supervision auf eine Tradition der Curriculumsevaluationen, die wir seit Mitte der 1990er Jahren betreiben (Petzold et al. 1995a; Schigl und Petzold 1997) und auf eine longitudinale Evaluationsstudie zur **„Integrativen Supervision"** über einen Zeitraum von **10 Jahren** (Lindermann et al. 2018). Mit SAP 2 ist ein guter Anlass gegeben, das Qualitätsthema etwas breiter und im Kontext aktueller Entwicklungen zu erörtern. Ein Positions-Artikel von Gerhard Roth (2018) zum Thema „Coaching und Neurowissenschaften" und ein „Strategiepapier", das als „Vorstandsvorlage der Entwicklungskommission der DGSv" (DGSv 2017a) programmatisch das Thema **„exzellenter Qualifizierung"** anspricht, sind dabei ein aktueller Kontext, Überlegungen zur Qualitätsfrage in den *Diskurs* zu stellen.

Man muss heute, das ist die Meinung in unserer KollegInnenschaft der Integrativen LehrsupervisorInnen, die Themen „Qualität, Qualifizierung, Qualitätssicherung, Qualitätsentwicklung" immer und unabdingbar in den Kontext von **Forschung, Theorieentwicklung, Praxistransfer, Methodenentwicklung** und **-anwendung** und von **Evaluation** stellen. Das haben wir stets vertreten und praktiziert (vgl. z. B. Petzold 2018d zu einer empirischen Feldexploration: „Supervision in der Telefon-Seelsorge").

> In der unzureichenden Verschränkung von **Forschung, Theorienbildung, Weiterbildung** und **Praxis** sowie der forschungsgestützten **Methodenentwicklung** und **Evaluation der Methoden in der Praxis** als Anregung und Material weiterer Theorienentwicklung und dann ihrer erneuten Umsetzung in der Praxis liegt bis heute ein gravierender Schwachpunkt der Supervision als **„sozialwissenschaftlich fundierter Praxeologie"** – so kann man ihren Status heute charakterisieren – und als sich allmählich ausbildender **„anwendungsbezogener, sozialwissenschaftlicher Disziplin"**, in der **Theorieentwicklung, Methodenerarbeitung** und **Forschung** integriert sein sollten (vgl. beispielsweise Petzold und Rodriguez-Petzold 1996 und unser „generatives Theorie-Praxis-Modell; Petzold 1991e, S. 82 f., 1998, S. 119).

In diese Richtung bewegen sich gegenwärtig die Entwicklungen im Feld der Supervision, das zeigt SAP 2 – langsam, aber das ist nun einmal so in der Entwicklung von „Disziplinen" und „Feldern". Insofern sollten die vorliegenden Ausführungen für SupervisorInnen aller Richtungen von Interesse sein. Sie sind auf jeden Fall als Beitrag zum „Gesamtfeld Supervision" intendiert, wie die meisten unserer Texte, und nicht nur für die Integrative Orientierung.

Im aktuellen Feld der Supervision kann von einer „generellen Forschungsbasiertheit" oder einer systematischen Verschränkung von Theorieentwicklung und Forschung bei den meisten Fragen überhaupt noch nicht gesprochen werden, nicht zu reden von einer forschungsfreundlichen Kultur (vgl. Petzold et al. 2018b; Mittler et al. 2019). Als Beispiele seien genannt: **„Wirksamkeitsforschung"**, wo nach Petzold et al. (2003) bis 2003 im deutschsprachigen Bereich kaum etwas geschehen ist und auch im Updating dieses Forschungsberichtes bis 2016 das Bild keineswegs zufriedenstellend ausfällt. Supervision ist aus wissenssoziologischer Sicht immer noch „auf dem Wege", eine wissenschaftliche Disziplin zu werden. Sie transformiert sich derzeit allmählich von einer *„professional community of practitioners"* (vgl. Petzold und Sieper 1993, S. 56) zu einer *„scientific community"* (sensu Thomas Kuhn 1976) bzw. zu einer integrierten *„scientific and professional community"* (vgl. zu solchen Prozessen Petzold 1993u/2012). Sie ist da durchaus auf einem guten Weg, steht aber derzeit in einer ähnlichen Entwicklung wie die Psychotherapie in Deutschland vor 30/40 Jahren – und die Forschungssituation heute ist im Bereich der Supervision viel schwächer als die der Psychotherapie es damals war. Der Weg der Supervision zu einer wirklich fundierten „sozialwissenschaftlichen Disziplin" mit einer gut gesicherten „evidenzbasierten Praxis" und daraus abgeleiteter und selbst wiederum beforschter „Standards" der Weiterbildung ist – ähnlich dem Weg der „klinischen Sozialarbeit" oder der „psychosozialen Beratung" – noch weit. Er bedarf mit seinen Themen und Aufgaben über längere Zeit noch großer Anstrengungen. Dessen muss man sich bewusst sein. Jeder im supervisorischen Feld Engagierte muss hier seine Beiträge leisten.

12.3.1 Standards zu setzen, ohne Forschungsbasis – wie soll das gehen?

„Wir setzen Standards für Supervision und Coaching in der Arbeitswelt" (Vorstandsvorlage DGSv 2017a, S. 2, Hervorheb. im Original). Nun sind ja auch noch andere da, die Standards setzen, andere Verbände wie der BDP (Bund Deutscher PsychologInnen), Psychotherapieverbände, Kammern, aber auch die Hochschulen, die in „Freiheit der Lehre und Forschung" Studiengänge in „Supervision plus" anbieten (plus Coaching, plus OE). Es haben ja hier erhebliche „Erweiterungen" stattgefunden. Es können auch „Standards" vonseiten der Gesetzgebung oder rechtlicher Vorgaben kommen – in Österreich kommen sie derzeit über die Frage des gesetzlich verpflichtenden „Gewerbescheins" für SupervisorInnen, oder sie kommen über die Regelungen zum Datenschutz und zur

Verschwiegenheitsverpflichtung bzw. die Bestimmungen zur Anonymisierung. – Auch sie „setzen Standards", über deren Tragweite man in verschiedenen Arealen im supervisorischen Feld oft nicht immer zeitnah und umfassend informiert ist (Petzold et al. 2016) und die sich auch durch Verordnungen oder Rechtsprechung verändern, in der Regel verschärfen (Petzold und Rodriguez-Petzold 1996; Eichert und Petzold 2003a).

Von anderen Verbänden gibt es konkurrenzierende Modelle. Welche sind die besseren? Entscheidend könnten dann wohl die Definitionsmacht und das Marketing sein. Letztlich werden sich aber doch objektive Kriterien durchsetzen. Als solche können die klassischen Qualitäts- bzw. Gütekriterien etwa aus den Gesetzgebungsverfahren für die Psychotherapie gelten: „Auch Beratung und Supervision müssen den Nachweis ihrer **Wissenschaftlichkeit, Wirksamkeit, Wirtschaftlichkeit** und **Unbedenklichkeit** … in guten empirischen Studien erbringen", – ich habe dieses vierte, wesentliche Kriterium der „Unbedenklichkeit" der Standardaufzählung hinzugefügt" (Eichert und Petzold 2003b, S. 26) und damit in den Diskurs gebracht (Müller und Petzold 2002). An solchen Kriterien wird sich jeder Anspruch, „Standards zu setzen", messen lassen müssen.

Die „Vorstandsvorlage der Entwicklungskommission der DGSv" (im Folgenden auch „Strategiepapier" genannt) hat Überlegungen für ein Projekt vorgelegt, dass die Supervision als Disziplin und Praxeologie verändern soll. Es heißt da im Vorwort: *„Der Vorstand hat beschlossen, die Standards für die Qualifizierung **auf dieser Grundlage** weiter zu entwickeln"* (DGSv 2017a, S. 5, meine Hervorheb.). Aus Sicht der Forschung sind die Vorschläge des Strategiepapiers zum Teil noch unausgereift, nicht zuletzt, weil sie ohne jeglichen Forschungsbezug sind. Die bestehenden Standards, nach denen von den Hochschulen und Weiterbildungsinstituten (bei der DGSv zertifiziert) bislang ausgebildet worden ist, würden massiv verändert, besonders inhaltlich (Petzold 2018d). Dazu bräuchte man die Zustimmung der Hochschulen und das ginge nur in Kooperationsprojekten und nicht als fachverbandliche Vorgabe. Wie immer, wenn man Top-Down **„neue Standards"** setzen will („der Vorstand hat beschlossen", Vorstandsvorlage DGSv 2017a, S. 5), müssen die Neuregelungen durch vielfältige Diskurse gehen und erfordern über längere Zeit systematische Implementierungsmaßnahmen, um ein „Feld" wie das supervisorische hinlänglich zu *synchronisieren*. Nur so können gemeinsame „kollektive mentale Repräsentationen" (Moscovici 2001; Petzold et al. 2014, S. 487 f.) von hinlänglicher Stimmigkeit und Stabilität ausgebildet werden, zumal das Feld bislang ja mehr oder weniger „schulenorientiert" ist. So lange für ein solches Modell, wie das in der Vorstandsvorlage avisierte, aber keinerlei Forschungsbezug und keine Forschungsbasierung gegeben ist, kann dabei kaum etwas Substanzielles herauskommen. Das ganze Unterfangen müsste aus Sicht der Forschung noch einmal metakritisch überdacht werden, um implizierte *„hidden agendas"* oder *„ausgeblendete Perspektiven"* unter der Optik eines **„doppelten Warum?"** und eines **„doppelten Was dann?"** (Petzold et al. 1994/2015) offen zu legen. Die Fragen nach den **„Ursachen hinter den Ursachen und den Folgen nach den Folgen"** – eine typisch integrativ-supervisorische Perspektive – können dazu beitragen, klarer und lösungsorientierter zu konzeptualisieren. Beispielhaft sei das

12.3 Was erfordert Qualitätsentwicklung? Qualitätsforschung ...

einmal angedacht, wobei man das *alles auch ganz anders sehen könnte*. Mit den Vorgetragenen Überlegungen hätte man dann aber weitere „Positionen", über die man in *Diskurse, Ko-respondenz,* in *Polyloge* eintreten könnte, um differenzielle Lösungen zu erarbeiten.

> **Übersicht**
>
> **Warum** ist das alles durch die „Entwicklungskommission" für die Vorstandsvorlage so geframed worden?
>
> → Und **warum** in dieser Weise? Was waren die **Ursachen hinter den Ursachen?** Eine Hypothese: Weil dahinter Interessen einflussreicher Gruppen im Verband standen. Die Mehrheit der Mitglieder? Nicht unbedingt. **Warum** das, was waren die **Interessen?** … Das müsste man empirisch untersuchen unter Fragestellungen wie … Wovon war die „Entwicklungskommission" motiviert
>
> a) wissenschaftlich von der Forschung her? Sicher nicht, Forschung wird marginal erwähnt. War die Kommission b) von den *Bedürfnissen* der *Auftraggeber/Kunden* (überwiegend Einrichtungen der öffentlichen Hand und der freien Wohlfahrt) bestimmt? Das sieht nicht so aus. War sie c) von den *Erfordernissen* der *SupervisandInnen* (PraktikerInnen wie Berater, Pflegekräfte, PädagogInnen, Therapeutinnen, die größte Zielgruppe!!, Führungskräfte im Sozialbereich u. a.) bestimmt und d) an den *Notwendigkeiten* der Zielgruppen der SupervisandInnen/PraktikerInnen, den *KlientInnen, PatientInnen, HeimbewohnerInnen* etc. oder den *Studierenden* der Sozialarbeit, Sozialpädagogik, Pflege etc. oder von *SchülerInnen* ausgerichtet? Sicher nicht, sie kommen nicht vor. – Oder war die Entwicklungskommission für die Vorstandsvorlage e) an den *KundInnen* und *Kundenbedürfnissen* aus dem Profit-Bereich ausgerichtet, die sicher die weitaus kleinere Zielgruppe für die Akquise von Supervisionsaufträgen darstellt? – Wurden Bedarfsanalysen gemacht, um Gewichtungen herzustellen? Oder waren die [ökonomischen] Interessen oder Prestigedenken von Interessengruppen im Verband, so eine mögliche Hypothese, bestimmend? Heidi Möller (2012, S. 21) mutmaßt: „Organisationsberater zu sein, bedeutet heute in der supervisorischen Szene ein hohes Maß an Sozialprestige zu besitzen. Organisationsberater oder Supervisoren mit Doppelqualifikation sind im internen Wertesystem hoch angesiedelt. Da wird zum Teil verächtlich auf diejenigen, die nur ‚therapeutische' Supervision anbieten, herabgesehen".
>
> → **Und was sind die Folgen?** Eine Folge scheint zu sein, dass man meint, das theoretisch und empirisch-evaluativ schwache *Coaching* auf einer fachlichen und wissenschaftlichen Ebene mit der theoretisch elaborierten und empirisch-evaluativ etwas besser fundierten *Supervision* verbinden oder „integrieren" zu müssen. Das Anliegen ist strategisch verstehbar, aber es ist, sofern es überhaupt sinnvoll erscheint, ohne differenzielle **Forschung** nicht zu machen. Auch theoretisch-konzeptuell müssten Verbindungen hergestellt werden, die bislang noch nicht wirklich fundiert bestehen (Jansenberger 2019). Die Idee **„exzellenter Beratung"** sollte

das wohl leisten. Nur ist dieses Konstrukt ohne solide Forschungsbasis, die bislang völlig fehlt (SAT 2), und ohne hinlängliche Theoriesynchronisation nicht tragfähig. Ein solches Unterfangen ist überdies problematisch, wenn nicht gar prekär, weil *Bedürfnisse, Erfordernisse* und *Notwendigkeiten* in den unterschiedlichen Feldern von **Coaching** (es hat eine primäre **Optimierungs- und Wertschöpfungsorientierung**) und von **Supervision** (sie hat eine primäre **Hilfeleistungsorientierung** und Ausrichtung auf Qualitätssicherung) weitgehend disparat sind. Und für die unterschiedlichen Zielgruppen dieser beiden sozialinterventiven Ansätze steht es nicht anders, was die Verschiedenheit anbelangt,

→ **Und was sind die Folgen dieser Folgen?** Was sind weitereichende **Folgen** für die Entwicklung von Praxeologie und Methodik von Supervision, für ihre Lehre/Weiterbildung/Qualifizierung und für die Supervisionsforschung? Was sind die längerfristigen **Folgen nach diesen Folgen** für die Berufs- und Verbandspolitik? Was sind da abschätzbare und nicht-abschätzbare Konsequenzen?[1] Folgen werden sein eine Polarisierung des Feldes in Supervision und Coaching, was die Investitionen in die Theorienbildung und in die Forschung anbelangt. Mit einem Splitting der Forschungsaktivitäten und – mittel, muss man fragen? Wahrscheinlich ist eine der Folgen eine massive Schwächung der Supervision in einem ihrer bedeutendsten Aufgabenbereiche: der Unterstützung von **psychosozialer Hilfeleistung** bei Problemgruppen in schwierigen Lebenslagen. Das ist aber der am kräftigsten wachsende und expandierende Bereich von Supervisionsbedarfen in den spätmodernen „**Risikogesellschaften**" (Beck 2010, 2016), ihrer nicht zu bremsenden „**Beschleunigungsdynamik**" (Rosa 2005, 2013, 2016) und ihrem „**Zeitgeist kollektiver Beunruhigung**" (Petzold 2016d) – Migranten „ströme", Terrorismus, Verlust der Normalbiographien, ökologische Katastrophen, Kriege fast vor der Haustür, Eurokrisen, Überforderung am Arbeitsplatz usw. usw. Das alles sind Faktoren die „aufs Gemüt schlagen" (Hauschild 2018) und die den höchsten Druck auf die „öffentlichen Hände", die größten Auftraggebersysteme von SupervisorInnen (nicht von Coaches), erzeugen!

Und wie werden diese Institutionen reagieren? Wie werden die Hochschulen und Weiterbildungseinrichtungen in Sozialarbeit, Sonderpädagogik, Pflege reagieren, die Supervision als „Ausbildungssupervision" in ihren Curricula verankert haben und SupervisorInnen mit Spezialqualifikationen in den Bereichen ihrer Aufgaben der Hilfeleistung brauchen? → Und wie wird die Finanzbehörde reagieren bei einer starken Orientierung auf den Profit-Bereich? (siehe österreichische Entwicklung). Wie wird weiterhin die Sozial- und Hochschulpolitik reagieren, denn

---

[1] In Österreich teilt neuerlich die gewerberechtliche Situation das Feld in SupervisorInnen mit Gewerbeschein „Unternehmensberatung" und/oder „psychosoziale Beratung".

12.3 Was erfordert Qualitätsentwicklung? Qualitätsforschung ...

> die wollen in ihren Studiengängen **gute** SozialarbeiterInnen, SozialpädagogInnen, ErgotherapeutInnen, Heil- und SonderpädagogInnen, LehrerInnen, Pflegekräfte usw. usw. ausbilden, die für ihre Arbeit und ihre Betreuung von KlientInnen **gute** SupervisorInnen (nicht Coaches) brauchen?

Das alles sind **Folgen nach den Folgen,** die zu überdenken sind, wenn man an die Thematik mit einem supervisorischen Blick, der durch die aktuelle Forschungslage (SAP 1 und 2) informiert ist, herangeht.

Zukunftsorientierung ist ja mit der „Vorstandsvorlage" *intendiert.* Es soll denn auch versucht werden, so ist zu lesen, dass die von der DGSv anzuerkennenden Weiterbildungen und Studiengänge „einem Beratungsverständnis [folgen], das primär auf arbeitsweltliche Problemstellungen fokussiert" (Vorstandsvorlage DGSv 2017a, S. 20). Das will man laut Strategiepapier verfügen. Das aber ist offenbar nicht mit dem Blick auf das **„Mehrebenenmodell der Supervision"** (Petzold 1990), das wir in SAP 1 und 2 untersucht haben, konzipiert worden, denn *damit werden die Probleme von KlientInnen- und PatientInnen-Zielgruppen ausgeblendet und der ganze Bereich der* **Prozesssupervision** („Fallsupervision") entfällt, der muss nämlich auch andere, als arbeitsweltliche Probleme (z. B. Kindeswohlfragen) fokussieren (Wünsche 2016). Da braucht es dann spezifische Supervisionsforschung und Methodenentwicklung (Petzold 2019b). Und es geht noch weiter in der Vision des Strategiepapiers: Die Weiterbildungen „folgen einem schulen-übergreifenden und generalistischen Beratungsverständnis, was schulenspezifische Prägungen theoretischer wie methodischer Prägung keineswegs ausschließt" (Vorstandsvorlage DGSv 2017a, S. 20).

Aus Sicht eines integrativen Supervisionsansatzes, den wir ja dezidiert vertreten, kann man das positiv sehen, allerdings muss redlicher Weise dazu gesagt werden, dass es in den Beratungswissenschaften bzw. der *counseling psychology* ein derartiges, allseits bzw. breit anerkanntes Beratungsverständnis **noch nicht gibt** (Brown und Lent 2008; Gelso et al. 2014; McLeod 2013; Nestmann et al. 2007; Patterson und Lipschitz 2007), ein forschungsgegründetes ohnehin nicht! „**Man muss davon ausgehen, dass es eine *spezifische, eindeutige und hinreichend weit akzeptierte* Begriffsbestimmung bisher nicht gibt, die Versuche differenzieren je nach *Anwendungsbereich und Erkenntnisinteresse*"**[2], so lapidar und zutreffend die Wikipedia (bei allem „cave", wir haben das überprüft). Beratungsmodelle differieren auch in Methodik und Referenztheorien, und zwar zum Teil erheblich, muss man hinzufügen. Das zeigt auch das *„The Oxford Handbook of Counseling Psychology"* (Altmaier und Hansen 2012). Ein **forschungsgegründetes** Beratungsverständnis stützt eine Annahme wie die des Strategiepapiers

---

[2]https://de.wikipedia.org/wiki/Psychologische_Beratung. (Zugriff 23. 03. 2018).

ohnehin noch nicht (McLeod 2013; Patterson und Lipschitz 2007) und die internationale Situation zeigt eine hohe Heterogenität, wie nicht anders zu erwarten (Hohenshil et al. 2013). Die Aussage in der Vorstandvorlage der DGSv (2017a) geht hier am Stand der internationalen Diskussion und an den Forschungsständen offenbar uninformiert vorbei. Sie blendet zudem aus, dass eine solche übergreifende Sicht auch in der Psychotherapie nicht gelungen ist (Wampold et al. 2018). Gerade die Situation in Deutschland zeigt das ja eindrücklich. Der zweite Teil der Aussage des Strategiepapiers, dass neben dem „generalistischen Verständnis schulenspezifische Prägungen nicht ausgeschlossen seien", zeigt doch die Schwierigkeiten und öffnet alle Probleme der *„common and divergent concepts and factors",* also die Fragen, *was* denn *wie* integrierbar ist? Das sind alles höchst bedeutsame und interessante Fragen, die weitgreifender Diskurse und Polyloge und weiterführende Forschungen noch über Jahre bedürfen und noch weit von breiten Konsensfindungen entfernt sind. Das zeigen auch deutlich unsere Ergebnisse in SAP 2, die die Heterogenität in der Supervisionsliteratur und Supervisionsforschung eindrücklich dokumentieren.

Die wichtigste Frage, die bei dieser auf längere Sicht nicht lösbaren Problemlage im Raume steht, ist doch die: Welche der gegenwärtigen Richtungen hat eine hinlänglich gute Wirkung auf welchen Ebenen des **„Mehrebenensystems Supervision"**? Eine einfache Lösung wäre doch, die Supervisionsformen in ihrer Weise weiterarbeiten zu lassen, denn dahinter stehen ja Jahrzehnte der Erfahrung (und ggf. der Irrtümer und Fehlannahmen), und sie erst einmal Wirkungsnachweise vorlegen zu lassen. Heidi Möller (2012, S. 320) hat einen ähnlichen Vorschlag gemacht, wenn sie meint, es stellt sich zwar „die Frage nach der Notwendigkeit einer einheitlichen Supervisionstheorie. Diese birgt die Gefahr der Monokultur in der Supervisionsszene. Ich halte es für sinnvoller, mit der Vielfalt zu leben und im konkreten supervisorischen Handeln die Frage nach theoretischer und praktischer Kompatibilität einzelner Elemente zu überprüfen." Eine Monokultur kann in der Tat nicht wünschenswert sein, sie ist mit Blick auf unsere Forschungsbefunde in SAP 1 und 2 auch gar nicht möglich. Bei der Vielfalt der Beratungsformen und -formate ist es jedenfalls keineswegs hilfreich und alles andere als klärend, generalisiert von **„Beratung"** zu sprechen („exzellenter" gar), wie es die Vorstandsvorlage der DGSv (2017a) **nivellierend** tut. Gut, Supervision ist eine Beratungsform, aber zwischen ihr, Paarberatung, Erziehungsberatung, Berufsberatung, Drogenberatung, Schullaufbahnberatung usw. usw. liegen zum Teil „Welten". Und bei der geringen Bezugnahme der deutschsprachigen Supervision auf *„counseling research"* bzw. *„counseling psychology"* ist ein generalistischer Gebrauch des Begriffes **„Beratung"** höchst problematisch, ja eigentlich empirisch unfundiert. Er verwässert, und er verschenkt überdies die Spezifität und den besonderen Fundus der in Europa gewachsenen und allmählich wachsenden **Disziplin Supervision,** der sich trotz erheblicher Heterogenität dennoch ausmachen lässt, wie SAP 2 auch erkennen lässt. Die unspezifische Bestimmung des deutschen „Psychotherapeutengesetzes" in § 1 von „beratender Psychologie" als „psychologische Tätigkeiten, die die Aufarbeitung und

Überwindung sozialer Konflikte oder sonstige Zwecke außerhalb der Heilkunde zum Gegenstand haben", deckt auch „Teilaufgaben" der Supervision ab, mehr nicht.

„Psychologische Beratung ist ein auf Wechselbeziehungen zwischen Personen bzw. Gruppen beruhender Prozess zur Förderung psychischer Kompetenz und Handlungskompetenz (Veränderung von Denk-, Gefühls – und Handlungsmustern), zur Aktivierung vorhandener-und Erschließung neuer Ressourcen, zum Abbau störender Faktoren. Hierbei besteht Einvernehmen zwischen den teilnehmenden Personen (Psychologin, Psychologe, ratsuchender Person/Gruppe) über den Beratungsbedarf. Der Beratungsprozess wird auf beschriebene Ziele hin durchgeführt. Es werden Methoden eingesetzt, die auf Erkenntnissen der wissenschaftlichen Psychologie beruhen."

Zitiert aus: Psychologische Beratung. Fach- und berufspolitische Leitsätze, Bund Deutscher PsychologInnen: http://www.bdp-verband.org/bdp/archiv/fach-beruf-leitsaetze.pdf:

Die DGSv-Vorstandsvorlage hat leider wesentliche, auch supervisionsrelevanten Elemente – die z. B. in der „Ausbildungssupervision" von SozialarbeiterInnen mit Blick auf ihre Arbeit mit KlientInnen curricular festgelegt und in Studienordnungen verankert sind – völlig ausgeblendet. Aus den psychologischen Beratungsdimensionen nebst der sie fundierenden Beratungsforschung hat sie ohnehin nichts aufgenommen. Der unspezifizierte, ambitiöse und durch Forschung nicht belegte Begriff **„exzellenter Beratung"** hilft dabei kein bisschen, das schwerwiegende Problem zu lösen, dass durch die Adaptierung (von Integration kann man ja nicht sprechen) des „Coachings" in den Verband entstanden ist.

12.3.2 Von der „Gütesiegel-Qualität" zur „Exzellenz"? – Fragen zu adäquatem „Wording"

Standards der Qualifizierung, die wirksame Praxis gewährleisten sollten, gab es in der DGSv ja immer, und sie hatten Jahrzehnte Gültigkeit. Wie sie zustande gekommen sind, auf welchen wissenschaftlichen und empirischen Grundlagen ist immer unklar geblieben und bedarf noch der historischen Darlegung auf der Basis von Dokumenten. Theoretische Vorarbeiten dazu sind unseres Wissens nicht vorhanden gewesen, auf jeden Fall nicht publiziert, und waren seinerzeit damit auch nicht kritisierbar. Unsere Kritik von Teilen der derzeitigen „Vorstandsvorlage DGSv 2017a", in die viele KollegInnen Zeit und Arbeit investiert haben, aus *Sicht der Forschung* dient der Zielsetzung, zu bedenkende Argumente zu einem Projekt zu liefern, das noch der weiteren Bearbeitung bedarf. Die der Vorlage vorangestellte Einladung des Vorstands, „Perspektiven" für einen „Austausch" zu liefern, haben wir deshalb auch – für Teilaspekte des „Strategiepapieres" – aufgenommen (Lindermann et al. 2018), nicht zuletzt weil Supervision einer **„dissensfreundlichen Kultur"** verpflichtet ist bzw. sein sollte, denn die führt weiter (Petzold 2014a, b). Die Perspektive eines Forschers, der gerade den internationalen Stand der Supervisionsforschung gesichtet hat, scheint mir hier zumindest bedenkenswert zu sein.

Derzeit soll – so die „Vorstandsvorlage", das Strategiepapier DGSv (2017a) – erneut ein neues Curriculum kreiert werden, das „exzellente Beratung" (gemeint ist Supervision bzw. Coaching) gewährleisten soll. Und wieder sollen Standards für „exzellente Qualifizierung" top down „gesetzt" werden. Es wurde indes nicht zuvor geprüft, ob die alten Standards tatsächliche „Gütesiegelqualität" hervorgebracht hatten, wo ihre Stärken und Schwachstellen lagen und ob die Standards „Qualität gesichert" haben, wie beansprucht wurde (Weigand 1995). Vielleicht haben sie ja sogar für das KlientInnen-/PatientInnensystem Qualität beeinträchtigt. Ob Weigands (1999a) Statement zutrifft, „Professionalität schafft Qualität, wenn Ziel und Inhalt definiert sind"? Das ist zumindest fragwürdig und greift sicher zu kurz: Die Methoden müssen gut sein, empirisch nachgewiesene „best practice", und noch wichtiger: die „supervisorische Beziehung" muss gut sein. Was eine solche Beziehung aber ausmacht, darüber herrscht in der internationalen Supervisionsliteratur keine Einigkeit und dazu gibt es auch keine einheitliche konzeptuelle Basis (SAP 1 und SAP 2). In einer differenzierten Studie wurde von uns deshalb das Beziehungs-Thema untersucht (Edlhaimb-Hrubec 2006). Sie bestätigt das elaborierte Modell, das wir von integrativer Seite vorgelegt haben (Petzold und Müller 2005/2007), zeigt aber auch, dass für uns wichtige sozialpsychologische Konzepte der **„Relationalität"** wie „Affiliation", „Reaktanz" (Moser 2011), sich im konzeptuellen Rahmen vieler SupervisorInnen nicht finden, andererseits Konzepte wie „Arbeitsbündnis" aus der Psychoanalyse übernommen wurden, ohne dass eine supervisionsspezifische Zupassung erfolgte. Das Thema der damit impliziten Machtfragen (Petzold 2009d) wurde genauso wenig aufgegriffen wie das Thema der „Riskanten Supervision" (Ehrhardt und Petzold 2011; Schigl 2016). All das bleibt in dem „Strategiepapier", der Vorstandsvorlage DGSv (2017a), unthematisiert, wie auch **in ihr jeder Forschungsbezug fehlt.** Bei der sehr begrenzten Zahl methodisch guter Studien kann man zu keinen „Exzellenz-Bewertungen" kommen. Stattdessen zeigen die Ergebnisse umfangreicher Felderkundungen und Multicenterstudien zwischen 2003 und 2016 im deutschsprachigen Bereich der Supervision (vgl. hier Abschn. 7.2), die publiziert gut zugänglich sind, dass die Bewertungen von Supervision in vielen wichtigen Bereichen oft eher mäßig sind – zu einem Drittel allerdings gut sonst überwiegend befriedigend und zu oft nicht befriedigend (Petzold et al. 2007). „Befriedigend" aber, ist für **Supervision** kein gutes Ergebnis. Derartige falsche Geltungsbehauptungen wurden von uns 1999/2001 schon einmal ausführlich dokumentiert im Sinne „weiterführender Kritik" parrhesiastisch konfrontiert (Petzold et al. 1999/2001/2010), dann in SAP 1 wieder, und durch SAP 2 muss das heute wieder problematisiert werden. Eine Einladung dazu haben wir ja:

> „Damit wir das Ziel erreichen, im Jahr 2025 die erste Adresse am Beratungsmarkt aus der Arbeitswelt zu sein, brauchen wir weiterhin Sie und Ihre Perspektiven, um den Prozess der Qualitätsentwicklung in fruchtbaren Diskussionen fortzuführen. Wir freuen uns auf einen regen Austausch" (DGSv 2017a, S. 5).

Das Strategiepapier macht in der Tat eine differenzierte Diskussion erforderlich, die hier nicht im erforderlichen Umfang erfolgen kann. Viele Probleme der Situation des Feldes wurden schon in anderen Veröffentlichungen von uns angesprochen (Petzold 2016e;

12.3 Was erfordert Qualitätsentwicklung? Qualitätsforschung ...

Petzold et al. 2016) und deshalb sollen zu diesem Papier hier nur einige Hinweise im Sinne „weiterführender Kritik" gegeben werden.

Die Positionierung als „erste Adresse" stellt das Unterfangen von Anfang an in ein Konkurrenzparadigma – unnötiger Weise, so meine ich – „eine der ersten Adressen" wäre doch auch ganz ordentlich. Das gänzliche Fehlen eines der wesentlichsten Aufgabenfelder der Supervision, die Arbeit im **Bereich psychosozialer Hilfeleistung,** in der gesamten Vorstandsvorlage ist ein gravierender Mangel, ja geradezu ein Umdefinieren des ursprünglichen Auftrags der Supervision. Mit dem Ausblenden dieser „**Hilfeleistungsorientierung**" stehen auch die KlientInnen und PatientInnen, das **KlientInnensystem** *(client systems),* für das „helfende Berufe" (Belardi 2013), BeraterInnen, TherapeutInnen, PädagogInnen *Supervision nehmen* und *von den öffentlichen Händen finanziert bekommen,* nicht mehr im Blickfeld der Qualitätsentwicklung (vgl. dagegen Petzold 2019b). Offensichtlich ist das seit langem kein Schwerpunkt des verbandlichen Interesses mehr und dann nimmt es nicht Wunder, dass zu Wirkungen von Supervision auf das KlientInnensystem kaum Forschung vorliegt und solide Wirkungsnachweise fehlen (SAP 2) – eigentlich ein Unding. Weshalb aber sollten dann die Auftragsgebersysteme, z. B. die öffentlichen Hände, Kostenträger, Institutionen, Hochschulen etc., weiterhin Supervision finanzieren? Der größte Auftraggeber von Supervision wird schlichtweg übergangen. So liegen – ein weiterer Mangel – keine Untersuchungen dazu vor, was Jugend- und Sozialämter, Drogeneinrichtungen, Psychiatrien, Einrichtungen der Behinderten- und Altenarbeit, der Pflege und der Rehabilitation oder was die Fachhochschulen für Sozialarbeit, was Fachschulen und Ausbildungsstätten für Pflegeberufe von Supervision und SupervisorInnen erwarten, welche Leistungen sie haben wollen und brauchen. Auf jeden Fall werden sie wissenschaftlich fundierte Supervision (nicht Coaching) erwarten, weil diese Professionen selbst in der Entwicklung von wissenschaftlich unterfangener Praxis stehen. Das völlige Ausblenden der relevanten **Auftragsgebersysteme** und damit der Berücksichtigung von „Kunden-Perspektiven" im psychosozialen Feld, in Feldern wie Bildungs- und Gesundheitswesen, in Sozialarbeit und Pflege muss zu mangelnder Passgenauigkeit der Weiterbildungskonzeptionen bzw. Qualifizierungsmodelle von SupervisorInnen in diesem Bereich führen und daraus folgend kann es zu problematischen Passungen der supervisorischen Arbeit/Performanz in den entsprechen Praxisfeldern kommen. Dass das jetzt schon so ist, zeigen eine Vielzahl von empirischen Felderkundungsstudien (vgl. Abschn. 7.2 sowie Petzold et al. 2007, Geronto; Siegele 2014, Psychiatrie; Thomann 2012, Behinderte). Eine repräsentative Befragung relevanter Auftraggebersysteme im psychosozialen Feld ist längst überfällig. All das übergeht die DGSv-Vorlage bzw. kann sie nicht durch Studien belegen, ähnlich Jansenberger (2019).

Ein weiterer gravierender Mangel in diesem Entwicklungsprojekt ist, dass die **WeiterbildungskandidatInnen,** die „Trainee/Supervisee Systems", nirgendwo einbezogen oder **mitbeteiligt** wurden. Last but not least sei **die** kardinale Schwachstelle genannt: Das völlige Ausblenden von **Forschung** vor allem von **Wirksamkeitsforschung** für die Supervision auf allen relevanten Ebenen: der des SupervisandInnen-, des KlientInnen-, des Weiterbildungs- und Auftragsgebersystems. SAP 1 und 2 dokumentieren hier eine unerfreuliche Situation.

Es wird in der Vorstandsvorlage überhaupt nicht erkannt, dass man zunächst einmal **forschungsgestützt** (!) in eine „Feldanalyse" einsteigen muss (vgl. z. B. Buchinger 2016 und unsere „Feldanalyse" Petzold et al. 1999/2001/2010), um dann gezielt **forschungsbegleitet** und nachhaltig in die „Feldentwicklung" zu investieren. „**Qualifizierung**" spielt dabei eine zentrale Rolle, das stellt die DGSv-Vorlage zutreffend heraus. Aber es ist nicht der einzige bedeutsame Faktor. Er ist ohne Boden, wenn man negiert, wie das in dem Strategiepapier der Fall ist, dass ohne **Supervisions-Wirksamkeitsforschung** und ohne **Supervisions-Weiterbildungsforschung** bzw. Curriculumsforschung mit entsprechenden Evaluationsstudien, sowie ohne systematische **Theorieforschung** und **Theorieentwicklung** es keine Qualifizierung zu „**solider Beratung**" geben kann und wird. Auf 23 Seiten finden sich nur zwei marginale, gleichlautende und unspezifische Erwähnungen von Forschung. So lange das so ist, solange es keine robusten empirischen Nachweise durch *mehrfach replizierte* gute Studien zu Wirkungen gibt (wie etwa in der Psychotherapieforschung üblich, in der Medizin ohnehin), muss man das Epitheton „**exzellent**" unbedingt streichen. Nachweise aus **Felduntersuchungen** zeigen für viele Felder (Psychiatrie, Sucht-, Alten- oder Behindertenarbeit u. a.) bisher kein wirklich gutes, sondern eher ein nur befriedigendes oder mäßiges Ergebnis. Exemplarisch seien Aussagen aus einigen großen Untersuchungen aufgeführt:

„Erwartungen an Supervision waren niedriger als erwartet (61,2 %), der tatsächliche Nutzen mit 37 % niedrig", n = **162** (Thomann 2012, Behindertenbereich CH.); – „… bei über 40 % der SupervisorInnen ungenügende Feldkompetenz", „mehr als ein Drittel von jenen, die Supervision erhalten, [stufen] diese als nicht ausreichend ein. Dieses schlechte Ergebnis muss zu denken geben", n = **314** (Brühlmann-Jecklin und Petzold 2006, Pflegefachleute, Krankenhaus CH); in einer deutschen Studie aus 14 Psychiatrien mit Verweis auf Vergleichsstudien in der Schweiz und Österreich „gaben 14 % an, negative Erfahrungen in der Supervision gemacht zu haben, gegenüber 18 % in der Schweizer, 17 % in der Österreichischen und 4 % in der tagesklinischen Studie. Auch hier stimmen in der vorliegenden Studie die relativ geringen positiven Erfahrungen (41 %) in Kombination mit dem relativ hohen Wert der negativen Erfahrungen (14 %) nachdenklich", n = **547** (Siegele 2014, Psychiatrie D). Das ist nur eine Auswahl aus 20 Studien mit ähnlichen Ergebnissen (hier SAP 2, 6.2).

„Exzellent" ist dann eine fehlleitende Angabe und aus vielen Gründen auch eine fragwürdige Zielsetzung. Mehr als *„good enough" (Winnicott)* oder „ordentliche Effekte" sind insgesamt bei biopsychosozialen Interventionen nicht zu erreichen, wie die Psychotherapieforschung für die Psychotherapie zeigt (Wyl et al. 2016; Castonguay und

Hill 2017). Und bei der Breite der Praktizierenden werden Qualitätsaussagen ohnehin schwierig. Es muss wohl auch beachtet werden, dass mäßige Ergebnisse ja keineswegs nur eine Aussage über die Qualität der SupervisorInnen ist, die keine besseren Ergebnisse bringen (trotz standardgemäßer Aus- bzw. Weiterbildung), sondern möglicher Weise auch eine Aussage über die Qualität und Wirksamkeit der verwendeten **Supervisionsmethoden,** bei denen es so aussieht, als dass sie auf der Ebene des „KlientInnensystems" keine oder nur schwache Wirksamkeit haben.

12.3.3 Hilfeleistungsorientierung im „Mehrebenen-Modell" der Supervision

Wir haben im Integrativen Ansatz der Supervision seit seinen Anfängen uns um das Thema Qualität und Qualitätssicherung durch Forschung bemüht und das an anderer Stelle dargestellt (Lindermann et al. 2018). Darauf muss verwiesen werden. Wir haben selbst in größerem Umfang *richtungsübergreifende* Supervisionsforschung u. a. zum Qualitätsthema durchgeführt und dem Feld der Supervision zur Verfügung gestellt (Mittler et al. 2019). Es sind viele kleine Beiträge zu diesem Bereich „Qualifizierung" notwendig, wenn man sie so hoch hängt, wie es das „Strategiepapier" der Entwicklungskommission DGSv (2017a) zu Recht tut, wenn man die notwendige **„Feldentwicklung"** in der Supervision voranbringen will. Es gibt ja nicht nur „Personalentwicklung" oder auch „Organisationsentwicklung" durch Supervision, es gibt auch „Feldentwicklung" und wir verstehen unsere Arbeit, Projekte wie SAP 1 und SAP 2 und all die vielen Studien als einen Beitrag zur Entwicklung des „supervisorischen Feldes" (Petzold et al. 1999/2001/2011) insbesondere im Bereich der Weiterbildung. Sie wollen Anregungen geben, Ähnliches in Angriff zu nehmen oder auch Besseres zu entwickeln. Alles kann ja verbessert werden.

Wir sehen aus Integrativer Sicht und aus Forscherperspektive **zwei** bedeutende, große **Aufgabenbereiche** von Supervision und supervisorischer Arbeit, die hier fokussiert werden sollen (und es gibt natürlich auch noch andere, vom Profitbereich bis zur Kulturarbeit etc. wie schon erwähnt):

I: Supervision im Aufgabenbereich der psychosozialen **Hilfeleistung (Hilfeleistungsorientierung)** als Arbeit mit Menschen/SpezialistInnen, die in diesem Bereich professionell mit Menschen arbeiten. Dabei finden sich zwei Ebenen: **1)** Arbeit mit **„Helfersystemen"** und **2)** Arbeit mit ihren **„KlientInnensystemen",** zumeist in dyadischen Konstellationen („Einzelsupervision") oder auch in polyadischen Konstellationen („Gruppen- und Teamsupervisionen"). Das ergibt sich aus der **Struktur** der supervisorischen Situation als **„Mehrebenensystem der Supervision"** (Petzold 1990; Oeltze et al. 2002).

II: Supervision im Aufgabenbereich von Organisationsentwicklung bzw. Institutionsberatung und Metaconsulting als **Organisationsoptimierung (organisationale Orientierung)** als Arbeit mit Organisationen und Organisationseinheiten (Teams, Staffs,

Gremien, Führungskräften, ProjektleiterInnen). In diesem Kontext kann ggf. auch „Coaching" als methodische Variante in der Supervision mit dem Hintergrund einer allgemeinsupervisorischen **Kompetenz** und **Performanz** eingesetzt werden. Wir wollen hier das Thema Supervision beim Aufgabenbereich psychosozialer Hilfeleistung zentrieren, und da kommt man mit Blick auf das „Mehrebenensystem der Supervision" (Abb. 12.1) zu folgender Feststellung:

> Die Basis für die meisten Supervisionen, Ausgangslage ihrer Arbeit, sind **KlientInnensysteme (1)**: Menschen in Problemsituationen, schwierigen Lebenslagen, die Rat, Hilfe, Unterstützung, Therapie etc. brauchen. Dafür suchen sie **Helfersysteme (2)** auf, BeraterInnen, SozialarbeiterInnen, TherapeutInnen, Pflegkräfte, SeelsorgerInnen, Angehörige „Helfender Berufe", die ihrerseits Supervision in Anspruch nehmen (in der Regel nicht Coaching). Tritt das Helfersystem in Supervisionsprozesse ein, sprechen wir dann auch vom **SupervisandInnensystem (2)**. Die HelferInnen suchen in der Supervision, beim **SupervisorInnensystem** Unterstützung für ihre Arbeit mit den KlientInnen, denn die kann belastend sein bis hin zur „Erosion persönlicher Tragfähigkeit" (Petzold und Petzold 1996) oder zum „malignen Burnout" (Petzold und van Wijnen 2010). Das gilt besonders für Berufsanfänger, bei denen in schwierigen Arbeitsfeldern sogar eine gewisse Vulnerabilität entstehen kann (Orlinsky und Rønnestad 2005; Rønnestad und Orlinsky 2005) oder für sehr anspruchsvolle Aufgaben bei unzureichenden Ressourcen, kann das zu ernsthaften Krisen führen (Petzold 1993g).

Der Aufgabenbereich der **Hilfeleistungsorientierung (I)** zentriert damit auf einem **doppelten Schwerpunkt:**

1. KlientInnen- bzw. PatientInnenzentrierung bzw. -fokussierung
2. HelferInnenzentrierung/SupervisandInnenzentrierung

Wir haben das an anderer Stelle näher ausgeführt. Betont sei hier, dass die **KlientInnen-/PatientInnenzentrierung** an die erste Stelle zu setzen ist, weil sie im supervisorischen Feld weitgehend ausgeblendet oder vernachlässigt ist und damit ein besonderer Handlungsbedarf besteht, dem man auch methodisch nachkommen muss (vgl. Petzold 2019b). Hier liegt auch eine wichtige **Weiterbildungsfunktion** von Supervision (Petzold 1998/2007a). Sie soll neue Informationsstände, fachliche Erkenntnisse, methodische Entwicklungen, Veränderungen im jeweiligen Arbeitsbereich transportieren. Dazu sind **Feld-** und **Fachkompetenz** und ggf. spezifische **Performanzen/**Skills erforderlich. In der Vorstandsvorlage (DGSv 2017a, S. 17 f.) in dem vorgeschlagenen **„Meta-Kompetenzmodell zur Beschreibung eines beraterischen Kompetenzprofils in Supervision und Coaching"** wird diese in der Fachliteratur und Forschung vorgenommene Differenzierung in dem „Begriff Fachkompetenz" eingeschmolzen, in den dann all das hineingepackt wurde, was

12.3 Was erfordert Qualitätsentwicklung? Qualitätsforschung ...

bis dahin unter „**allgemeinsupervisorischer Kompetenz** und **Performanz**" lief. Man hat da einfach das Kompetenz-Performanz-Modell des Lernens nicht konsistent aufgenommen (Sieper und Petzold 2002/2011), mit dem schon die Arbeitsgruppen in „*ECVision. Ein Europäisches Kompetenzprofil für Supervision und Coaching*" (2015, S. 6) nicht zurecht gekommen waren, indem **Fähigkeiten/Wissen = Kompetenzen** und **Fertigkeiten/ Können = Performanzen** nicht sauber definiert und dann vermengt wurden – ohne jeden Bezug auf die damit verbundenen wissenschaftlichen und fachlichen Diskussionen, etwa auf die Arbeiten von Karlheinz Sonntag (2016) oder Jens Nachtwei (2019), der feststellt: „Die Ermittlung der Qualität von Kompetenzmodellierung und resultierendem Kompetenzmodell […] bei 20 Organisationen ergab, dass lediglich eine einzige Organisation in diesem Bereich gut abschnitt …", die übrigen blieben weit abgeschlagen (Nachtwei 2019, S. 4). Wir sind an anderer Stelle ausführlicher auf den **Kompetenz-Performanz-Diskurs** eingegangen und müssen darauf verweisen – schon Petzold et al. (1994/2015), immer noch aktuell und jetzt Petzold (2019b, g). Im „Metakompetenzmodell" (DGSv 2017a) fehlen Quellennennungen. Man scheint an das ECVision-Projekt (2015) anzuschließen, das im Literaturverzeichnis aufscheint. Aber so wichtig das Projekt ist, es hat Schwächen. Von einem Kapitel abgesehen sind Positionen nirgendwo durch Bezüge auf Forschung und Forschungsliteratur fundiert worden. Es haben dazu auch keine kritischen Diskurse stattgefunden, und – weil von der EU gefördert und als Dokument einer wirklich beachtenswerten Kooperation wichtiger Gruppen aus dem europäischen Raum (keineswegs aller oder der meisten Richtungen) – scheint es gleichsam normgebend zu werden. Und das ist bedenklich, wie seine Adaptierung in DGSv (2017a) zeigt. Dadurch wird beispielsweise mit der Zusammenlegung der Kompetenzbereiche übergangen, dass die fehlende oder unzureichende Feld- und Fachkompetenz der SupervisorInnen der Bereich ist, der von den Supervidierten in den Studien am meisten bemängelt wird (vgl. Abschn. 7.2 Multicenter–Studien), denn nur ein „knappes Drittel" der Befragten sind mit der Feld- und Fachkompetenz und der Performanz der SupervisorInnen zufrieden – so der überwältigende Tenor (siehe oben Kasten). Das „Metakompetenzmodell" ignoriert die schon durch SAP 1 bekannte gesamte Forschungslage, indem es „aus der Hand" neue „Kompetenzprofile und -bereiche" kreiert, die bislang nicht beforscht wurden, statt an die beforschten anzuschließen und ihre Stärken und Defizienzen zum Ausgangspunkt der Arbeit zu machen.

Eine zentrale Aufgabe von Supervision ist zu unterstützen und zu entlasten, zur Psycho- und Arbeitshygiene und Arbeitszufriedenheit der HelferInnen beizutragen und damit Gesundheits- und Burnout-Risiken (Petzold 1993g; Petzold und van Wijnen 2010), der „Erosion der Hilfebereitschaft und der persönlichen Tragfähigkeit" (Petzold und Petzold 1996/2017) entgegen zu wirken, ein Modell „komplexer Empathie" (kognitiver, affektiver, sensumotorischer) zu vermitteln (Petzold und Mathias-Wiedemann 2019), sowie möglichen **Empathieverlusten,** wie sie die neurowissenschaftliche Forschung im Bereich der medizinischen Berufe festgestellt hat (van Oorschot 2012; Decety 2012), vorzubeugen. Bei dieser Arbeit der Supervision liegen auch ihre historischen Wurzeln (Belardi 1992) und hier liegt mit Blick auf die internationale Literatur und die Forschung, aber auch mit Blick auf die Tätigkeitsfelder und Aufträge der überwiegenden Mehrzahl der SupervisorInnen der bedeutendste Einsatzbereich von Supervision – überwiegend finanziert aus öffentlichen Mitteln!

12.3.4 Qualitätsforschung und Evaluation – ein „Muss" für die Supervision

Aufgaben der Qualitätsentwicklung und Qualitätssicherung erfordern Qualitätskontrollen und empirisch gestützte Maßnahmen der Amelioration, ggf. Konzeptrevisionen und -korrektur oder Verbesserung der Interventionsmethodik. Das ist nur mit **Evaluationsforschung** möglich. Die nun hat an unserer Akademie für wissenschaftlich fundierte Weiterbildungen Tradition (vgl. Petzold 2019c; Lindermann et al. 2018). Auch Fachverbände wie DGSv, ÖVS u. a. müssen ja auf vielfältigen Ebenen für Qualität sorgen. Bislang wird dabei noch nicht auf empirische Evaluationen Wert gelegt, sondern es werden nur eingeforderte Unterlagen gesichtet, es wird nur „Papier geprüft" (vgl. Petzold und Stoewer 2018), und das ist bekanntlich geduldig. Deshalb muss man fragen: Reicht das? Es reicht sicher nicht. So ist eine *„Kultur partnerschaftlicher Wertschätzung"* ein Metaziel von Weiterbildung, das man auch durch Evaluationen prüfen müsste. Ein weiteres Kriterium für Qualität – eigentlich der „Goldstandard" – ist gewährleistet, wenn die Ausgebildeten/Weitergebildeten gute Arbeit leisten, d. h.

a) die *LehrsupervisorInnen/SupervisorInnen (SupervisorInnensystem)* machen *gute Supervisionen* damit

b) die *SupervisandInnen (SupervisandInnensystem,* BeraterInnen, TherapeutInnen etc.) qualitativ besser arbeiten, sodass

c) die *KlientInnen* oder *PatientInnen (Klientinnen-/PatientInnensystem)* mit ihren Problemen bzw. in ihren Gesundungsprozessen weiterkommen und

d) die *AuftrageberInnen (Auftraggebersysteme,* Verwaltungen, Kliniken, Kostenträger, Firmen etc.) mit der Arbeit zufrieden sind.

Evaluationen auf diesen vier Ebenen **a–d** sind aufwendig und schwierig und wurden bisher kaum im Feld der Supervision unternommen. Wir haben die bislang einzige Studie dieser Art eines Qualitätsnachweises im **„Gesamtsystem des Mehrebenenmodells der Supervision"** unternommen und mit guten Ergebnissen vorgelegt (Oeltze et al. 2002) – und man könnte diese Studie natürlich noch viel besser machen. Schließlich ist es wichtig für **Qualitätssicherung, Qualitätserhaltung** und **Qualitätsentwicklung** die Arbeit des einzelnen Lehrsupervisors, Supervisors bzw. der Supervisorin in den Blick zu nehmen und zu untersuchen. Das ist ein schwieriges Unterfangen. Es kann durch „life supervision", „videounterstützte Supervision" oder „standardisierte Dokumentation", z. B. die **„Supervisionsjournale"** (Linz et al. 2008, jetzt revidiert Petzold 2019b) angegangen werden.

12.4 Theoriedefizite: Der Mangel an Sozialpsychologie und Neurowissenschaft in der Supervision – die Herausforderung von Gerhard Roth

Über die Jahrzehnte der Praxis in den unterschiedlichsten Feldern der Supervision wurden wir in der von uns für die „Integrative Supervision" gewählten spezifischen Ausrichtung vollauf bestätigt: der Ausrichtung an der **empirischen Sozialpsychologie und** den **Sozialwissenschaften** (Stroebe et al. 1992; jetzt in der 6. Auflage: Jonas et al. 2014; Petzold 1998/2007a; Eichert und Petzold 2003a, b, c; Schreyögg 1992/2004). In ihr findet sich unserer Auffassung nach nämlich die wichtigste, für Supervision und Coaching relevante und deshalb beizuziehende Grundlagenforschung für eine sozialwissenschaftliche fundierte Entwicklung supervisorischer Theorie. Sozialpsychologie und kenntnisreiche Theorieadaptierungen aus anderen Referenzwissenschaften, wie den Neurowissenschaften von Lurija (1992), Jantzen (1994, 2002) bis Decety (2012) oder Seth (2019) gehören zu den wesentlichen Aufgaben der Qualitätsentwicklung im Bereich von Supervision und Coaching (näheres Petzold 2019c; Stefan und Petzold 2019). Ein Forschungsbericht wie SAP 2 könnte auch weiter greifen, als wir es tun konnten. Er könnte nicht nur aufzeigen, was sich an Entwicklungen im Feld der Supervision findet, sondern auch das, was sich da nicht findet, aber in benachbarten Feldern, „angrenzenden Ländern" (Jansenberger 2019) vorhanden ist etwa in der Psychotherapie oder der Psycho- und Neuromotorik oder in der Sportpsychologie. Exemplarisch sei die Mentalisierungsforschung erwähnt (Schulz-Vernath 2013; Taubner 2015). Mentalisierung befasst sich mit der Fähigkeit, „das eigene Verhalten oder das Verhalten anderer Menschen durch Zuschreibung mentaler Zustände zu interpretieren" (Fonagy et al. 2002). Taubner und Kotte (2015) versuchen – noch rein akademisch als Versuch theoretischer Adaptierung –, den Ansatz ins Coaching zu übertragen. Genannt seien weiterhin Embodiment-Theorien (Gallagher 2005; Petzold und Orth 2017a, b; Thompson 2010) oder die 4E-Kognition (Newen et al. 2018), die deutlich machen, „dass auch Kognition, die man lange Zeit eher als einen internen Symbol- oder Informationsverarbeitungsprozess angesehen hat, nur in einem *verkörperten, sozial* ausgedehnten und *umweltlich* eingebetteten Zusammenhang verstanden werden kann" (Stefan und Petzold 2019; vgl. Gallagher 2017). Das Denken mit dem Konzept mentaler Repräsentationen, das den meisten Supervisionsansätzen zugrunde liegt, ohne dass es theoretisch aufgeschlüsselt wird – etwa bei dem nicht explizierten Kompetenzbegriff des Meta-Kompetenzmodells der DGSv (2017a, S. 17) – wird durch die 4e-Kognitionen herausgefordert, die alle Prozesse als *embodied, enacted, embedded, extended* sieht (Stefan 2019; Petzold et al. 2019b). Solche aktuellen Theoriediskurse (Stefan und Petzold 2019) müssten in Neukonzeptualisierungen, wie sie das sogenannte **„Meta-Kompetenzmodell zur Beschreibung eines beraterischen Kompetenzprofils in Supervision und Coaching"** vornimmt (DGSv 2017a, S. 17), zumindest überdacht und diskutiert werden. Die starke Fundierung in der Sozialpsychologie ist leider, blickt man in die sozialpsychologischen Defizienzen der deutschsprachigen Supervisionsliteratur, ein weitgehendes Alleinstellungsmerkmal des

Integrativen Ansatzes geblieben. Jetzt aber ist eine neue Herausforderung an die Supervision durch die neuere neurowissenschaftliche Hirnforschung hinzu gekommen, die schon seit langem durch die ältere Neuropsychologie von Lurija (1992) und Vygotskij (1978) weitgehend unbeachtet im Raum stand (Petzold und Michailowa 2008). Neurowissenschaftliche Erkenntnisse und Modelle müsse man in Coaching [und Supervision?] umsetzen, wie Gerhard Roth (2018; Roth und Ryba (2016) neuerlich betont. Für die Psychotherapie hatten das zuvor schon Klaus Grawe (2004) und Günter Schiepek (2003) vertreten. Ich stimme dem übrigens zu und habe dazu auch schon früh Beiträge geleistet (Petzold et al. 1994; Petzold und Sieper 2008a), allerdings mit der Einschränkung, dass neurowissenschaftliche Kenntnisse nur **eine** wichtige Voraussetzung für gute Beratungs-, Supervisions-, Coachingarbeit und für Psychotherapie darstellen und noch viele andere Wissensstände hinzukommen müssen. Das droht im Neuro-Hype zuweilen unterzugehen und wurde aus integrativer Perspektive durchaus kritisiert (Petzold und Sieper 2008a; Schuch 2014, vgl. auch Fuchs 2018). Ansätze wie der von *Gerhard Roth* – er positioniert sich ja mit seinem provokativen Text „Coaching und Neurowissenschaften" in einem DGSv-nahen Journal *„Positionen. Beiträge zur Beratung in der Arbeitswelt 1/2018* – stellen für die Supervision durchaus eine Herausforderung dar. Ob aber neurobiologische Modellvorstellungen als Qualitätsbasis für die Supervision dienen können und welche in welcher Weise, bedarf der kritischen und kenntnisreichen Diskussion. Es braucht mehr als das, was *Gehard Roth* bietet, aber er bietet dennoch eine Menge nützlicher Perspektiven und Konzepte (weiteres zum Thema Petzold 2019c).

12.4.1 Risiken, Nebenwirkungen, Krisen

Aufgrund welcher Theoriebasis sollen in der Supervision Interventionen risikofrei oder risikoarm eingesetzt werden? Das ist eine wichtige Frage. ***Denn alles was wirkt, hat Nebenwirkungen*** – die Schadenforschung in der Supervision belegt das (Eberl 2018; Keiblinger 2014; Petzold und Rodriguez-Petzold 1996; Petzold et al. 2012/2016; Ehrhardt und Petzold 2011; Schigl 2016). Die Supervision/Lehrsupervision soll ja gerade solche Risiken minimieren. Oder nicht? Manchmal gerät man ins Zweifeln. Immerhin beansprucht die Vorstandvorlage für die DGSv (2017a, S. 21) Folgendes:

Zur Kompetenzentwicklung in den DGSv-zertifizierten Curricula „erzeugen [diese] im Verlauf der Ausbildung kontrollierte Krisen, stellen Formate zur Krisenbearbeitung zur Verfügung [beforschte, wirksame, risikofreie?? Die gibt es nicht, H.P.] und ermöglicht so die systematische Bewältigung der bewusst induzierten Krisen" (DGSv 2017a, S. 21).

Wir hatten schon in unserer ersten **Supervisions-Schadensstudie** (Petzold und Rodriguez-Petzold 1996, in wichtigen Fachzeitschriften *OSC* und *Familiendynamik* publiziert, auch in Petzold 1998/2007a) aufgrund der gefundenen Probleme gewarnt: „Man muss sich im Feld der Supervision vor *hypertrophen Kompetenzansprüchen hüten*" (S. 203). Immerhin hatten dort 23 von 100 befragten SupervisandInnen von negativen

12.4 Theoriedefizite: Der Mangel an Sozialpsychologie ...

Erfahrungen in der Supervision berichtet. Sie sahen auch Probleme für ihre PatientInnen (S. 206). Wir hatten dann vor der Möglichkeit „gefährlicher Supervision" gewarnt, denn es gibt sie, was leider in unseren zahlreichen Multicenter-Studien zur empirischen Felderkundung des Gebrauchs und der Akzeptanz von Supervision in unterschiedlichen Feldern bestätigt wurde. Der obige Textabschnitt aus dem „Strategiepapier" ist ein Beispiel für einen „Mangel an Unbedenklichkeit" für die konzipierte „Ausbildung" (eigentlich ist es ja eine „Weiterbildung"). Überdies werden die „strukturellen Machtgefälle" (Müller und Petzold 2002, S. 296) in der „curricular verordneten Situation" nicht berücksichtigt, zumal die WeiterbildungskandidatInnen – ein „sick point" in den Weiterbildungsinstituten und den Supervisionsverbänden (Petzold 2016e) – in Entscheidungsgremien nicht vertreten sind (auch das fehlt im „Strategiepapier").

Die „bewusst induzierte Krisen" programmieren die Gefahr **„riskanter Supervision"**. Das ist unverantwortlich. Wer gibt zur Krisen-Induzierung die Ermächtigung? Kein Wort von „informed consent" und keines über „Supervisionsrisiken" in dem ganzen Papier! Wo sind denn die sicheren, nebenwirkungsfreien Methoden – empirisch belegt müssen sie schon sein? Mit welcher klinischen Qualifikation (es geht ja um Krisen) werden die Induktionen *wie* vorgenommen? (Waren beim Formulieren von diesem Passus *Milgram, Zimbardo, Haney, Rosenhan* ausgeblendet?) Besonders vor dem Hintergrund, dass zwischen 4 und 18 % der **SupervisandInnen** – so in zahlreichen Studien mit großem **n** (Siegele 2014; Collenberg und Petzold 2016; Ehrhardt und Petzold 2011) sich durch Supervision beschädigt fühlten und in unserer Dunkelfeldstudie, aber auch schon in unserer Schadensstudie von 1996, genau diese überhebliche *„Wir wissen schon was gut ist-Haltung"* und eine gewisse Arroganz von SupervisorInnen beklagt wird, ist Vorsicht geboten.

> *Es gibt* **keine sichere Technik psychologischer Krisenintervention.** Bei schweren Dekompensationen – und die können bei „bewusst induzierten Krisen" immer eintreten – hat man stets ein mehr oder wenig hohes Risiko. Und wenig ist immer schon ein zu viel. „Formate der Krisenbearbeitung" (welche denn?) bieten nämlich keine wirkliche Sicherheit, zumal wenn hier keine klinisch und notfallpsychologisch erfahrenen „ExpertInnen" agieren (man denke hier z. B. an die Forschungen zum „debriefing", die die einst so propagierte Methode heute als „nicht hilfreich" und „potentially harmful" klassifizieren, Rose et al. 2002; Gartlehner et al. 2013).

Warum muss das in den supervisorischen Basiskanon? Warum nicht eher doch „differenzielle Empathie"? Die fehlt, wo doch gilt: In Beratung, Supervision, Coaching und Therapie geht nichts ohne **„intercorporelle Empathie" als kognitive, emotionale** und **somato-sensomotorischerische** Empathie (Petzold 2018a), wie sie die neurowissenschaftliche Empathieforschung herausgearbeitet hat (Eres et al. 2015; Decety und Ickes 2009).Wir konnten das interventiv umsetzen (Petzold und Orth 2017a, b) in Prozessen **wechselseitiger und zwischenleiblicher Resonanzen**(dieselben und Petzold 2017a, 2018a). Differenzielle Empathieprozesse spielen in jedem interaktionalen Geschehen ein bedeutende Rolle, nicht zuletzt im „Mehrebenensystem" der Supervision, wo der Supervisor nicht nur in empathischer Resonanz mit seinem Supervisanden stehen muss, sondern auch zu dessen *Klienten einen empathischen Bezug finden muss*. Er steht in einer komplexen Situation „**transgredierender Resonanz**", die das Mehrebenenmodell verlangt und bei der unterschiedliche zerebrale Areale angesprochen werden können, wofür *Roth*s Persönlichkeitsmodell eine mögliche Folie bieten kann (Roth 2018). Es ist damit für all die Supervisionsrichtungen von Interesse, die über kein eigenes konsistentes und modernes Modell der Persönlichkeit verfügen, wobei klar sein muss: persönlichkeitspsychologische Ergänzungen werden dabei dringlich erforderlich (vgl. Petzold 2012c). Dahinter sollte dann auch ein entsprechendes Menschenbild stehen, das man ausweisen muss (ders. 2003e, vgl. hierzu unseren richtungsübergreifenden Sammelband mit den Positionen der einzelnen Schulen und Petzold 2012f).

12.5 Zusammenfassende Überlegung und Konsequenzen für Qualitätsentwicklung im supervisorischen Feld

Die Vielzahl offener Theorie- und Forschungsfragen in der Supervision, die mir und meinen KollegInnen seit den 1980er Jahren deutlich geworden sind, haben uns dazu motiviert, systematisch an die Entwicklungsarbeit in Theorie, Praxeologie/Methodik und Forschung zu gehen. Es war für uns unabweisbar: **Supervision braucht Forschung,** denn „ohne Forschung kann in der Wirksamkeit von Supervision und von Supervisionsweiterbildungen nichts weitergehen" (Petzold 2019b). Dafür kommt heute allmählich ein gewisses Bewusstsein auf (Jahn und Leser 2017), immer noch kein breites, wie eine aktuelle Studie zeigt (Mittler et al. 2019). Da wir in Kontexten gearbeitet haben, in denen wir in Bereichen der Soziotherapie und Beratung, der Psychotherapie und Neuro- und Psychomotorik bzw. klinischen Bewegungstherapie in Klinik, Hochschule und Praxis, aber auch schon früh und bis heute in der freien Wirtschaft (Petzold 1968, 2007a) profiliert tätig waren, haben sich fruchtbare Schnittflächen und Synergien ergeben. Wir konnten für die Integrative Psychotherapie und für die Integrative Supervision eine supervisions-, beratungs- und therapierelevante Persönlichkeitstheorie vorlegen (*Leibselbst, Ich, Identität*, „fünf Säulen der Identität", Petzold 2012c) und ein neurowissenschaftlich anschlussfähiges Menschenbild ausarbeiten (Petzold 2003e; Hüther und Petzold 2012). Das alles musste dann *differenziell* für supervisorische Prozesse und anders akzentuiert für therapeutische Prozesse umgesetzt werden, um dann in Supervisions- und/oder Coachingweiterbildungen konsistent gelehrt und gelernt werden zu können (Lukesch und Petzold 2011) und ganz ähnlich in therapeutischen -(Sieper und Petzold 2002). Jeder Ansatz im Felde der Supervision muss sich um einen solchen

12.5 Zusammenfassende Überlegung und Konsequenzen für ...

theoretischen Grundkanon bemühen, der supervisionsspezifisch zuzupassen ist und der den Hintergrund für theoriegeleitete empirische Untersuchungen bietet. Bei der durchaus wünschenswerten Pluralität supervisorischer Paradigmata (systemische, integrative, psychodynamische, behaviorale) muss jedes Paradigma eine solche Arbeit leisten. Das kann man als ein Kriterium der *Qualitätskontrolle* werten und überprüfen. Die einzelnen Paradigmata können dabei auch voneinander lernen. Ein übergeordnetes Modell „top down" von einem Verband vorzugeben erscheint beim derzeitigen Stand der theoretischen Elaboration in den verschiedenen Richtungen nicht möglich. Mehr als ein Rahmen kann nicht vorgegeben werden (siehe hier unser „Tree of Science Modell" 2003a, S. 65, 2007a, S. 85), der jedoch dann inhaltlich von jedem Ansatz ausgefüllt werden muss.

Für die derzeitige Situation im supervisorischen Feld kann man feststellen: Es ist noch sehr viel aufzuarbeiten und zu integrieren, bis man zu wirklich fundierten Theorie-Praxis-Modellen von Supervision und Coaching kommt, die als hinlänglich ausgereift gelten können. Jede Richtung ist hier noch unterwegs und das sollte deutlich gemacht werden. Wir haben natürlich durch unsere großen Bestandsaufnahmen SAP 1 und SAP 2 im Bereich der Supervision Theorie- und Forschungsdefizite festgestellt – was nimmt es Wunder in einer jungen Disziplin? Das weitgehend fehlende Wissen um die Verbreitung und Wirkung von Supervision in den verschiedenen professionellen Feldern hat uns veranlasst, groß angelegte Untersuchungen zur Felderkundung in länderübergreifenden „Multicenterstudien" vorzunehmen und zwar vergleichend in Deutschland, Österreich, der Schweiz, z. T. in Norwegen und den Niederlanden. So entstanden in diesen Ländern Studien mit jeweils anderen ForscherInnengruppen (vgl. Abschn. 7.2). Ein anderer Schwerpunkt, auf den wir uns gerichtet haben, ist der der Schadensforschung, den wir schon für den Bereich der Psychotherapie inauguriert hatten (Märtens und Petzold 2002). Hat Supervision Risiken, gibt es Schäden? Die Frage muss leider bejaht werden (Eberl 2018; Schigl 2016). Solche Untersuchungen müssen gemacht werden, gerade wenn Supervision Qualität sichern oder Schäden bei Sozialinterventionen wie Beratung und Therapie verhindern will. Man muss dann aber auch die Schadensforschung in diesen Bereichen berücksichtigen und dieses Wissen in Weiterbildungen vermitteln. Das geschieht bislang nicht. Ja es zeigt sich, dass die Ergebnisse dieser Studien nicht zur Kenntnis genommen werden und kaum eine Reaktion auf sie erfolgt, um zu Verbesserungen zu kommen. Vielmehr wird durchgängig von wissenschaftlicher Fundiertheit und hoher Effizienz bzw. Exzellenz gesprochen. Aber bis dahin ist noch eine gute Strecke Wegs zu gehen. Die DGSv hat sich mit der Vorstandsvorlage 2017a auf den Weg gemacht. Das geht in die richtige Richtung. Inhaltlich ist aber aus Sicht der Forschung nachzuarbeiten. Dabei ist der „Blick über den Zaun" in angrenzende Bereiche (Psychotherapie, Beratung, Qualitätsforschung) unerlässlich (vgl. Laireiter und Vogel 1998; Orlinsky und Rønnestad 2005; Rønnestad und Orlinsky 2005, beide Grundlagenwerke werden in der Supervisionsliteratur nicht zitiert).

Da wir SupervisorInnen ausbilden, war uns die Frage wichtig, ob unsere Weiterbildungen auch wirksam sind (Schigl und Petzold 1997; Oeltze et al. 2002; Lindermann et al. 2018) und das führt natürlich zu der Frage, was gute Supervision und gute SupervisorInnen kennzeichnet. Wir sind diesen Fragen mit qualitativen Untersuchungen (Mayer 2016) und mit quantitativen nachgegangen. Unsere neue Studie „Was zeichnet einen guten Supervisor/eine gute Supervisorin aus? Was ist gute Supervision für die SupervisandInnen und ihre KlientInnen?" (Mittler et al. 2019) ist ein neuer Versuch, mit diesen Fragen weiter zu kommen. Es handelt sich um eine explorative Feldstudie, bei der SupervisorInnen in Bezug auf ihre subjektiven Theorien und mentalen Repräsentationen befragt werden sollten. Über die Fachverbände DGSv, ÖVS und einige Institute wurde für diese Untersuchung ein Anschreiben mit dem Link zum Onlinefragebogen an insgesamt **5925** SupervisorInnen versendet, davon wurden nur **160** Bögen ausgefüllt, was einer Rücklaufquote von **2,7 %** entspricht. Das ist wenig, aber für die 160 Dokumente liegen valide Ergebnisse vor, sodass auf die Grundgesamtheit geschlossen werden kann und die Gefahr eines Zufallsfehlers eher gering ist.

„Legt man die postulierten Qualitätsstandards der DGSV zugrunde, als einer der befragten Verbände, und die Mitgliederzahl von 4373 (Stand 2018), so zeigt sich offensichtlich eine Mehrheit der Supervsiorinnen und Supervisoren wenig forschungsinteressiert bzw. an einer forschungsbasierten Weiterentwicklung der Qualitätsstandards gering interessiert" (Mittler et al. 2019). Der Vermittlung aktueller Ergebnisse der „Supervisionsforschung" wurde als Kriterium für gute Supervision denn auch kaum Bedeutung beigemessen (Mittelwert = 2,75). Das ist natürlich auch eine Aussage über das Interesse an Forschung im supervisorischen Feld an der Beantwortung doch so wichtiger Fragen wie: Was zeichnet einen guten Supervisor/eine gute Supervisorin aus? – Was ist eine gute Supervision? – Zeigen sich Unterschiede in den sozialen Repräsentationen in Abhängigkeit zur Schulenzugehörigkeit?

Die Ergebnisse der Studie sind insgesamt sehr interessant. Für unseren Kontext sei erwähnt, dass die Probanden die Wichtigkeit verschiedener Kriterien beurteilen sollten, die eine/n gute/n Supervisor/in auszeichnen. Als „wichtigstes Kriterium wählten die Befragten mit einem Mittelwert von 4,79 die kommunikativen, emotionalen und sozialen *Kompetenzen* und *Performanzen* (das wird differenziert, in DGSv 2017a indes nicht) des Supervisors bzw. der Supervisorin.

Die Unterschiede zwischen den einzelnen Supervisionsrichtungen, auch das verdient vermerkt zu werden, waren deutlich feststellbar, insgesamt aber nicht sehr groß, was aber im Hinblick auf die Güte und Wirksamkeit der Richtungen natürlich nichts besagt. Dafür müsste man kontrollierte Wirksamkeitsstudien haben, die bislang nicht vorliegen. Wahrscheinlich wird es dann ähnlich liegen, wie bei den Unterschieden zwischen den Psychotherapieschulen. Auch sie sind *in praxi* nicht sehr bedeutsam, wahrscheinlich, weil die „*common factors*", die *unspezifischen* Wirkfaktoren auch bei der Supervision eine Rolle spielen werden. Aber genau hier müssen dann Bemühungen um Qualitätsverbesserungen einsetzen, damit *spezifische* Wirkungen untersucht und auf dieser Basis verbessert werden können. Eine Voraussetzung dafür ist, dass das Thema Supervisionsforschung in den Weiterbildungen stärker verankert werden muss, denn das ist im Feld viel zu wenig der Fall.

12.5 Zusammenfassende Überlegung und Konsequenzen für …

In der **Vorstandsvorlage** DGSv 2017a werden Konzepte vorgelegt, durch die, es sei wiederholt, im Jahr 2025 die DGSv die ‚erste Adresse' am ‚Markt' für Beratungsfragen aus der Arbeitswelt werden soll, wobei nichts Konkretes über die gravierenden Veränderungen dieses Marktes durch Robotisierung, künstliche Intelligenz, Virtualisierung, Globalisierung, Migrationswellen, Überalterung der Gesellschaft zu lesen ist, nichts über die Grenzen des Wachstums, Alternative Ökonomie, Minuswachstum/Degrowth gardurchscheint. Nichts findet sich vom „ökologischen Fußabdruck", vom „Klimawandel" und seinen Folgen für Ökonomie und Ökologie und auch nichts von den Problemen, die der europäischen Wirtschaft im Spiel der globalen Märkte drohen. Bei all diesen wirklich bedrohlichen Szenarien sollen SupervisorInnen **mit „Exzellenz"** beraten? Situationen, wo sich zwischen 2025 und 2030 die Kippunkte der ökologischen Risiken zu noch heftigeren Extremen summieren sollen, bedingt durch ungebremstes Wachstum und Profitgier im „Kapitalozän", wie Harald Lesch (2018), das plastisch benennt und mit soliden naturwissenschaftlichen Forschungsdaten belegt. Die Folgen dieser Situationen stehen zur Beratung an! Die supervisorische Fachliteratur spiegelt für diese Szenarien bislang keine spezifische Expertise.

Da wird kein „Gegenfeuer" entfacht (Bourdieu 1997, 1998), neoliberale Ideen der Arbeitswelt bleiben bei der Vorlage DGSv 2017a unproblematisiert. Man setzt auf **Wachstum**. Hier sind kritische Diskussionen angesagt, in denen auch Perspektiven wie die des „Club of Rome" (Donella Meadows et al. 2005; Jorgen Randers 2016; Ernst Ulrich von Weizsäcker und Anders Wijkman 2017), die Risiko Szenarien von Nic Bostrom (2002b, 2013), oder die von Ilija Trojanow (2013), Graeme Maxton (2018), Jean Ziegler (2015) Platz haben müssen, um einige wichtige Positionen zu nennen, die auch in den supervisorischen Diskurs gehören (vgl. Hömberg 2016; Lindermann 2016; Petzold 1986h; Petzold et al. 2013b).

Die Vorstandsvorlage will eine Basis für die Entwicklung der „Standards für die Qualifizierung" geben (DGSv 2017a, S. 5). Das alles aber soll offenbar **ohne Forschung geschehen,** denn die kommt in diesem ganzen Programm nicht vor!! Nirgendwo werden Forschungsbedarfe formuliert oder wird auf Forschung Bezug genommen.

Die zentrale These der Vorstandsvorlage **„Exzellente Beratung basiert auf exzellenter Qualifizierung"** muss deshalb kritisch diskutiert werden. Sie ist nämlich *eine bloße Behauptung,* solange „exzellente Beratung" als umschreibbare Methodik in ihrer Wirksamkeit nicht durch **empirische Forschung breit untersucht und bestätigt ist.** Bei der Heterogenität der Supervisionsansätze, wie schon unsere umfassende Forschungsübersicht SAP 1 von 2003 feststellen musste (Petzold et al. 2003, das Buch wird übrigens nicht aufgeführt in der Literatur zur Vorstandsvorlage!!) und die durch SAP 2 vollauf bestätigt wird, kann derzeit gar keine generalisierende Aussage darüber gemacht werden, was denn die avisierte Beratungsmethode ist und wie sie interventiv funktioniert, wenn sie **„exzellent"** wirken soll. Falls solche Methoden mit Wirkungsnachweisen da wären, so kann man selbst dann **nicht** davon ausgehen, dass bei allen oder auch der Mehrzahl der hierzulande im Rahmen der zertifizierten DGSv-Weiterbildungen in all ihrer Heterogenität in Formen der Supervision Ausgebildeten von „Exzellenz" in dieser noch zu schaffende Beratungsmethode gesprochen werden kann: Sollen die langjährig Tätigen dann in einer „Rückrufaktion" nachgeschult werden?. Sie werden machen, was sie gemacht haben, einige sehr gut, viele und andere auch nicht gut. Die Attribution „Exzellenz" als solche wird von der internationalen Beratungsforschung genauso wenig abgedeckt wie von der modernen Psychotherapieforschung „exzellente" Therapieerfolge. Das geben die vorhandenen Studien überhaupt nicht her und das ist wohl auch gar nicht zu erreichen. Meistens finden sich **moderate Effekte,** manchmal gute (Wampold et al. 2018). Oft finden sich auch mäßige bis schlechte Effekte. In der schulenübergreifenden Untersuchung von Wyl et al. (2016) „Was wirkt in der Psychotherapie? Ergebnisse der Praxisstudie zu 10 unterschiedlichen Verfahren" fand man, dass unter den 68 teilnehmenden, nach gleichen Standards qualifiziert ausgebildeten TherapeutInnen 43 sich als erfolgreiche BehandlerInnen erwiesen, 25 als „weniger erfolgreich" (ibid., S. 144 ff.). Bei letzteren hatten nur 30 % der PatientInnen die Chance, erfolgreich behandelt zu werden. Bei den erfolgreichen TherapeutInnen hatten 50 % bis 70 % der Patienten Heilungschancen, aber auch nicht alle, denn 30 % bis maximal 50 % der von ihnen behandelten PatientInnen profitieren von einer Behandlung nicht (ibid., S. 146 f.). Das ist ordentlich, aber noch keine Exzellenz. Zu ähnlichen Ergebnissen kommen Castonguay und Hill (2017, S. 316) in ihrem Band „Therapist effects: Toward understanding how and why some therapists are better therapists than others". *Castonguay* schlägt vor: „Aussortieren der Schlechten" (das würde insgesamt auch die Power der Outcome-Studien erhöhen!!). In der methodisch aufwendigen Studie von Wyl et al. wurde die Frage nach Supervision nicht gestellt (typisch).

Es spricht wenig dafür, dass es bei den SupervisorInnen anders sein sollte als in der Psycho- und Soziotherapie, nämlich dass es ungeachtet einer vielleicht im Einzelnen möglichen „Exzellenz" der Qualifizierung/Weiterbildung, dieses Drittel mäßig arbeitender KollegInnen gibt, mit deren fachlicher Kompetenz die Befragten SupervisandInnen nicht zufrieden sind und die nicht gut arbeiten. Unsere Multicenterstudien zeigen das deutlich und in einer Weise, dass die Zahlen teilweise noch ungünstiger sind. Vor allem das Faktum, dass sich für die gängigen Methoden der Supervision bislang keine Wirkungen auf der Ebene des PatientInnen/KlientInnensystem finden (Schay et al. 2006), ist bedenklich. Man muss aus dieser Forschungslage Konsequenzen ziehen wie die Entwicklung neuer Instrumente für **„gute"** Qualifizierung (Petzold 2019b). Und bevor man dann von „gut" spricht, muss man eine **gute** Qualifizierungsleistung und Weiterbildungsqualität nachweisen. Ob dann die so Weitergebildeten „gute" Supervision machen, muss dann wieder kontrolliert und belegt werden – denn zwingend ist das nicht. Die Lehrsupervision soll das im Weiterbildungsprozess gewährleisten, aber bislang gibt es dafür keine Nachweise und noch nicht einmal standardisierte methodische Dokumentationsinstrumente – jedenfalls ist dazu nichts publiziert. Ich schreibe das alles nicht gerne, denn Freunde mache ich mir damit bei einem Teil des Feldes nicht. Aber die Studienlage und die Forschungsdefizite sind wie sie sind. Und sie weisen ja auch gute und solide supervisorische Arbeit in vielen Bereichen aus. Das darf nicht übersehen werden! Wir

12.5 Zusammenfassende Überlegung und Konsequenzen für …

haben über Jahrzehnte mit unseren KollegInnen, MitarbeiterInnen, WeiterbildungskandidatInnen und StudentInnen in vielen europäischen Ländern versucht, Fortschritte in der Supervisionsforschung und durch Supervisionsforschung voran zu bringen, aber auch durch Theorieentwicklung, nicht zuletzt aber durch viele Therapien und Lehrtherapien, durch zahllose Supervisionen und viele Lehrsupervisionen sowie durch sehr viele Sozialprojekte Beiträge zur **„Feldentwicklung"** zu leisten. Und ich sehe sehr viele KollegInnen aus vielen Richtungen in Projekten der Qualitätsentwicklung engagiert, um „gute Supervision" zu ermöglichen. Aber ich muss mit gebotener Bescheidenheit sagen: Es gilt noch viele Beiträge zu leisten, um auf breiter Basis zu einer guten Qualität zu kommen und es ist für keine Richtung angesagt, irgendwelche Exzellenz- oder Überlegenheitsansprüche vorzutragen. **„Feldentwicklungen"** sind langwierige Unterfangen. Im Bereich der Drogentherapie (Petzold 1971c; Petzold et al. 2006a) gehörte ich zu den Feldentwicklern (vgl. Scheiblich 2008) und gleichfalls im Bereich der Altenarbeit und Gerontotherapie (Petzold 1965; Petzold und Müller 2005a; vgl. Müller 2008). Ich konnte auch dort lernen: Es braucht Zeit, es muss beständig Entwicklungsarbeit geleistet werden mit Geduld und Stetigkeit. In den beiden genannten Bereichen wäre die „Feldentwicklung" *ohne Supervision nicht vorangekommen,* ja wir selbst konnten zur Qualität dieser Felder durch Jahrzehnte der Supervisionsarbeit, aber auch durch Supervisionsforschung beitragen (Petzold und Müller 2005; Collenberg und Petzold 2016). Wir haben gesehen: Supervision kann Nachhaltiges bewirken. Die Arbeit, die viele KollegInnen aus unterschiedlichen Richtungen des „supervisorischen Feldes" in das Projekt der „Feldentwicklung" mit in vielen Initiativen investieren, wird sich in der Entwicklung von Qualität niederschlagen, wenn es gelingt, die richtigen Schwerpunkte zu setzen, diese Initiativen zu koordinieren und die prioritären Ziele gemeinschaftlich zu formulieren und zu realisieren. Auch das DGSv Strategiepapier von 2017 ist von dem Willen gekennzeichnet, Qualität voran zu bringen und zu verbessern. Wenn es hier in wichtigen Punkten kritisiert wird, dann gleichfalls mit dem Ziel, Qualität zu optimieren. Und da muss man eben als Forscher und Supervisor auch Dissenspositionen vortragen, wenn die Forschungslage den vertretenen Positionen nicht entspricht. Ob die vorgetragenen Argumente Gehör finden? Ob man bereit ist, Positionen, auf die man sich schon weitgehend festgelegt hat, zu revidieren? – Das würde souveräne *„supervisio"* verlangen. Ob im Diskurs zwischen Forschern und Praktikern neue methodische Wege beschritten und evaluiert werden können und Supervisions-Qualität und Supervisions-Weiterbildungsqualität als wirksame *„good practice"* in manchen Bereichen auch als *„best practice"* durch Forschung bestätigt wird, das wird sich in den nächsten Jahren zeigen. Forschung macht immer wieder deutlich, dass man sich seiner Sache nicht zu sicher ein darf. *Das betrifft auch die Forschung und die ForscherInnen selbst,* dessen bin ich mir wohl bewusst.

Gute Studien allein gewährleisten noch keine gute Beratung oder Supervision, aber sie schärfen den kritischen/selbstkritischen Blick und sie bieten wichtige Materialien, mit denen TheoretikerInnen, PraktikerInnen, ForscherInnen und immer wieder auch die KlientInnen oder PatientInnen als Mitwirkende, MitforscherInnen zur Optimierung von

Entwicklungsprozessen beitragen können. Der Einbezug der KlientInnen bzw. PatientInnen als mündige Subjekte ist dabei eine rechtliche Grundbedingung (Recht an den eigenen Daten, Recht auf Information, freie Einwilligung, informed consent, Unbedenklichkeit der Methode) und eine ethische Grundlage von Supervisions- und Supervisionsforschungsprozessen (Sorge um die Würde und Integrität des Anderen, Respekt vor seiner Andersheit, Gewährleistung von Transparenz und Mitwirkung; Petzold und Orth 2011; Petzold et al. 2016). Es spricht vieles dafür, dass durch ein integratives Zusammenwirken der **Kompetenzen** und **Performanzen** (*joint competence and performance,* Petzold, Lemke 1979) **aller** an den Prozessen Beteiligten, all ihres Wissens und Könnens, eine komplexe supervisorische Begleitung von Praxis konstruktive Beiträge zu leisten vermag. Supervision kann dann in sehr breiter Weise an Kontextanalysen, Problemerfassung und Konzeptbildung für weiterführende Strategien und innovative Entwicklungen mitwirken und kann dabei auf einen fundierten Theorie- und Erfahrungshintergrund in vielfältigen Bereichen zugreifen, über den die Coachingansätze bislang und noch auf lange Sicht nicht verfügen (sie decken indes einen relativ schmalen und spezialisierten Beratungssektor ab, derzeit noch ohne solide Evidenznachweise). Supervision vermag mit *lösungs-* und *potenzialorientierten* Interventionen komplexe Aufgaben in der Arbeitswelt und in der Kulturarbeit in weiterführender Weise zu unterstützen, nicht zuletzt in der konkreten Projektarbeit „vor Ort", die die moderne „Risikogesellschaft" (Beck 2010, 2012) zunehmend notwendig macht. Dafür liegen vielfältige Erfahrungsberichte vor, die künftig differenziert dokumentiert und solide beforscht werden müssen, um Geltungsansprüche systematisch zu belegen, probates Interventionswissen zu sichern und in seiner Qualität weiter zu entwickeln, sowie um Probleme, fehlende Wirksamkeiten, aber auch Nebenwirkungen zu beseitigen oder schwache Wirkungen zu verbessern.

Supervision in diesem komplexen, differenziellen und integrativen Verständnis muss unter Einbezug breit ansetzender Supervisionsforschung und im Rekurs auf empirische sozialwissenschaftliche, psychologische und neurowissenschaftliche Forschungsergebnisse, nicht zuletzt aber durch lebendige Kontakte und Diskurse mit der Praxis, den PraktikerInnen **und** KlientInnen ggf. PatientInnen weiter am Erzielen und an der Sicherung einer guten Qualität arbeiten. Sie hat dann große Chancen, ihre Position zu festigen, eine solide forschungsgesicherte Methode zu sein, die nützliche Beiträge zu konstruktiver Entwicklungsarbeit an „Entwicklungsaufgaben" und „Problemen" zu leisten vermag, die sich den Menschen und den sozialen Organisationen und Institutionen in der Lebens- und Arbeitswelt unserer hochkomplexen, transversalen Moderne stellen.

(Eine Langversion dieses Beitrages mit weiteren Unterkapiteln, ausführlicheren Begründungen und weiterer Literatur ist mit der Sigle Petzold 2019c zugänglich unter „SUPERVISION – Theorie, Praxis, Forschung. Eine interdisziplinäre Internet Zeitschrift" Jg. 2019: http://www.fpi-publikation.de/supervision/index.php).

Literatur

Altmeier, E. M., Hansen, J.-I. C. (2012): The Oxford Handbook of Counseling Psychology. Oxford: Oxford University Press.

Bachtin, M. M. (1981): Dialogical Imaginationa. Austin TX: University of Texas Press.

Bachtin, M. M. (2008): Chronotopos. Frankfurt a. M.: Suhrkamp.

Bambling, K., Raue, R., P., Schweitzer, R., Lambert, W. (2006): Clinical supervision: Its influence on client-rated working alliance and client symptom reduction in the brief treatment of major depression. *Psychotherapy Research,* 3, 317–331.

Barsalou, L. W. (2010): Grounded cognition: Past, present, and future. Topics in Cognitive Science, 2, 716–724.

Barsalou, L. W. (2011): Integrating Bayesian analysis and mechanistic theories in grounded cognition. *Behavioral and Brain Sciences,* 34, 191–192.

Barsalou, L. W. (2016): Situated conceptualization: Theory and applications. In: Y. Coello & M. H. Fischer (Eds.): Foundations of embodied cognition, Volume 1: Perceptual and emotional embodiment. East Sussex, UK: Psychology Press. S. 11–37).

Bateman, A. W., Fonagy, P. (2011): Handbook of Mentalizing in Mental Health Practice. American Psychiatric Association Publishing, Washington DC.

Beck, U. (2010): World at Risk. New York: Wiley & Sons.

Beck, U. (2012): Twenty Observations on a World in Turmoil. New York: Wiley & Sons.

Belardi, N. (1992): Supervision: Von der Praxisberatung zur Organisationsentwicklung. Paderborn: Junfermann.

Belardi, N. (2013). Supervision Grundlagen, Techniken, Perspektiven (4., aktualisierte Auflage). München: C. H. Beck.

Bernsdorf, P., Petzold, H (2011): „Organisationsentwicklungsprozesse in Altenheimen und Integrative Supervision" ein Interventionsforschungsprojekt.: www.FPI-Publikationen.de/materialien. htm *Supervision: Theorie – Praxis – Forschung. Eine interdisziplinäre Internet-Zeitschrift –* 6/2011. http://www.fpi-publikation.de/downloads/download-supervision/download-nr-18-2011-bernsdorf-p-petzold-h-g.html.

Bischlager, H. (2016): Die Öffnung der blockierten Wahrnehmung, Merleau-Pontys radikale Reflexion, Bielefeld: Aisthesis.

Bischoff, B. (2011): Akzeptanz und Effizienz von Coaching in der Verwaltung – eine explorative Studie. Supervision 10/2011, https://www.fpi-publikation.de/supervision/10-2011-bischoff-baerbel-akzeptanz-und-effizienz-von-coaching-in-der-verwaltung/.

Blumberg, J., Petzold, H. G. (2017): Evaluationsergebnisse der Weiterbildung in Poesie- und Bibliotherapie im Integrativen Verfahren an der EAG aus den Jahren 2008 bis 2017. In: Petzold, H. G., Leeser, B., Klempnauer, E. (2017): Wenn Sprache heilt. Handbuch für Poesie- und Bibliotherapie, Biographiearbeit, Kreatives Schreiben. Bielefeld: Aistheis. S. 869–884.

Bogner-Unterhofer, R., Ratschiller, R. (2013): Evaluation eines Supervisionsausbildungslehrganges auf der Grundlage der „Integrativen Supervision und Organisationsentwicklung" der EAG – FPI Europäische Akademie für biopsychosoziale Gesundheit – Fritz Perls Institut. *Supervision* 01/2013. http://www.fpi-publikation.de/supervision/alle-ausgaben/01-2013-bogner-unterhofer-r-ratschiller-c-evaluation-eines-supervisionsausbildungslehr.html.

Bolhaar, R. (2010): Explizite und implizite Verständnisse von Supervision – Eine Analyse anhand deutschsprachiger Online-Auftritte. *Supervision* 12/2010, http://www.fpi-publikation.de/supervision/alle-ausgaben/12-2010-bolhaar-ralf-explizite-verstaendnisse-von-supervision-deutschsprachiger-online-auftritte.html.

Bolhaar, R., Petzold, H. G. (2008): Leibtheorien und „Informierter Leib" – ein „komplexer Leibbegriff" und seine Bedeutung für die Integrative Supervision und Therapie. Bei www.FPI-Publikationen.de/materialien.htm – *POLYLOGE*: Materialien aus der Europäischen Akademie für psychosoziale Gesundheit 04/2008. http://www.fpi-publikation.de/downloads/download-supervision/download-04-2008-bolhaar-r-petzold-h-g.html.

Bostrom, N. (2002a): Anthropic Bias. Observation Selection Effects in Science and Philosophy. New York: Routledge.

Bostrom, N. (2002b): Existential Risks. Analyzing Human Extinction Scenarios and Related Hazards. *Journal of Evolution and Technology* Vol. 9 – March 2002. https://www.jetpress.org/volume9/risks.htmll.

Bostrom, N. (2013): Superintelligence. Paths, Dangers, Strategies. Oxford: Oxford University Press.

Bourdieu, P. (1997): Das Elend der Welt. Zeugnisse und Diagnosen alltäglichen Leidens an der Gesellschaft, Konstanz: UVK.

Bourdieu, P. (1998): Gegenfeuer. Konstanz: Universitätsverlag Konstanz.

Bourdieu, P. (2001): Gegenfeuer 2. Für eine europäische soziale Bewegung. Konstanz: UVK.

Bourdieu, P. (2011): Zur Genese der Begriffe Habitus und Feld. In: ders. Der Tote packt den Lebenden, Hamburg: VSA.

Brinker, P. (2016): Die ökologische Dimension in der Supervision – Beiträge der ökologischen Psychologie und Ökotheorie. *Supervision* 13, 2016, http://www.fpi-publikation.de/supervision/alle-ausgaben/13-2016-brinker-p-die-oekologische-dimension-in-der-supervision-beitraege-der-oekologischen.html.

Brinker, P. (2018): Umweltpsychologie und ökologische Perspektiven – eine unverzichtbare neue Sicht für die Supervision; Hückeswagen: „Europäische Akademie für biopsychosoziale Gesundheit" http://www.fpi-publikation.de/images/stories/downloads/grueneTexte/brinker-umweltpsychologie-perspektiven-neue-sicht-supervision-uebersetzung-kommentar-gruene-texte-14-2018.pdf.

Brinker, P., Petzold, H. G. (2019): Ökologische Dimension in der Supervision – Ökologische Psychologie. Supervision 3/2019. http://www.fpi-publikation.de/supervision/alle-ausgaben/03-2019-brinker-p-kologische-dimension-in-der-supervision-kologische-psychologie-ressourcen.html.

Brown, S. D., Lent, R. W. (2008): Handbook of Counseling Psychology, New York: Wiley.

Brühlmann-Jecklin, E, Petzold, H. G. (2006): Supervision bei Pflegefachleuten. Eine Studie zur Situation in der Schweiz. Hückeswagen: Materialien aus der Europäischen Akademie für psychosoziale Gesundheit. http://www.fpi-publikation.de/downloads/download-supervision/download-nr-07-2006-erica-bruehlmann-jecklin-hilarion-g-petzold.html.

Buchinger, P. (2016): Braucht Life Science Beratung? Empirische Untersuchung zu Bedarf und Inanspruchnahme von Beratung in Life Science Organisationen. *Supervision*: Theorie – Praxis – Forschung. Eine interdisziplinäre Internet-Zeitschrift. http://www.fpi-publikation.de/images/stories/downloads/supervision/buchinger-braucht-life-science-beratung-empirische-untersuchung-bedarf-inanspruchnahme-superv-03-2016.pdf.

Buer, F. (1999): Lehrbuch der Supervision. Votum-Verlag, Schriften der DGSv.

Buer, F. (2005): Coaching, Supervision und die vielen anderen Formate. Ein Plädoyer für ein friedliches Zusammenspiel. *OSC Organisation, Supervision, Coaching*. 12, 278 – 296.

Bunge, M. (1984): Das Leib-Seele-Problem. Tübingen: Mohr.

Bunge, M., Mahner, M. (2004): Über die Natur der Dinge. Materialismus und Wissenschaft. Stuttgart: S. Hirzel.

Castonguay, L. G., Hill, C. E. (2017): How and Why are Some Therapists Better Than Others? Understanding Therapist Effects. Washington: APA.

Chudy, M. (2011a): Identität als Thema der Supervision in Theorie und Praxis. *Supervision*, 13/2011 http://www.fpi-publikation.de/supervision/alle-ausgaben/13-2011-chudy-mareike-identitaet-als-thema-der-supervision-in-theorie-und-praxis.html.

Chudy, M. (2011b): Der Wille in der Supervision – Einstieg in eine komplexe Diskussion – Ein Versuch zur Überschau für Praktiker. *Supervision* 12/2011, http://www.fpi-publikation.de/supervision/alle-ausgaben/12-2011-chudy-m-der-wille-in-der-supervision-einstieg-komplexe-diskussion-fuer-praktiker.html.

Clark, A. (1997): Being There. Putting Brain, Body, and World Together Again. Cambridge MA: MIT Press.

Clark, A. (2008): Supersizing the Mind: Embodiment, Action, and Cognitive Extension. New York, New York: Oxford University Press.

Clark, A. (2013): Whatever Next? Predictive Brains, Situated Agents, and the Future of Cognitive Science. *Behavioral & Brain Sciences* 3, 181–204.

Clark, A. (2016): Surfing uncertainty: Prediction, action, and the embodied mind. New York: Oxford University Press.

Clark, A. (2018). Beyond the 'Bayesian Blur'. Predictive Processing and the Nature of Subjective Experience. *Journal of Consciousness Studies* 25(3–4), 71–87.

Collenberg, A., Petzold, H. G. (2016): Wirkung von Supervision in der Suchtarbeit. Eine Bestandsaufnahme zur Situation in der deutschsprachigen Schweiz – verbunden mit Überlegungen zur „prekären Qualität" von Supervision. *Supervision* 5/2017; http://www.fpi-publikation.de/supervision/alle-ausgaben/05-2017-collenberg-a-petzold-h-supervision-in-der-suchtarbeit-bestandsaufnahme-schweiz.html 2016.

Craig, A. D. (2002): How do you feel? Interoception: the sense of the physiological condition of the body. *Nat. Rev. Neurosci.* 3, 655–666.

Craig, A. D. (2003): Interoception: the sense of the physiological condition of the body. *Curr. Opin. Neurobiol.* 13, 500–505.

Craig, A. D. (2010): The sentient self. *Brain Struct. Funct.* 214, 563–577.

Decety, J. (2012): Empathy from bench to bedside. Cambridge: MIT Press.

Decety, J., Cacioppo, J. T. (2011): Handbook of Social Neuroscience. New York: Oxford University.

Decety, J., Fotopoulou, A. (2015): Why empathy has a beneficial impact on others in medicine: unifying theories. *Front. Behav. Neurosci.* 8, 457.

Decety, J., Ickes, W. (2009): The social neuroscience of empathy. Cambridge MA: MIT.

Decety, J., Smith, K. E., Norman, G. J., Halpern, J. (2013): A social neuroscience perspective on clinical empathy. *World Psychiatry* 3, 233–237; http://onlinelibrary.wiley.com/doi/10.1002/wps.20146/pdf.

Dehaene, S. (2014): Consciousness and the Brain: Deciphering How the Brain Codes our Thoughts. New York: Viking Penguin.

Demokrit (2010): Die Vorsokratiker. Bd. 3 Hrsg. Laura Gemelli Marciano. Text dtsch./ griech. Mannheim: Artemis & Winkler.

Derrida, J. (1986): Positionen. Graz: Böhlau.

Disler, T., Petzold, H. G. (2003): Akzeptanz und Effizienz von Supervision und Coaching im Qualitätsmanagement eine empirische Vergleichsstudie zwischen verschiedenen professionellen Arbeitsfeldern. In: Düsseldorf/Hückeswagen. Bei www. FPI-Publikationen.de/materialien. htm – *SUPERVISION: Theorie – Praxis – Forschung. Eine interdisziplinäre Internet-Zeitschrift* – 04/2003 – http://www.fpi-publikation.de/supervision/alle-ausgaben/04-2003-disler-t-petzold-h-g-akzeptanz-und-effizienz-von-supervision.html.

Donabedian, A. (1966): Evaluating the quality of medical care. *Milbank Memorial Funds Quarterly,* 44, S. 166–203.

Donabedian, A. (1985): Twenty years of research on the quality of medical care: 1964-1984. *Evaluation of the Health Professions*, 8, S. 243–265.
DGSv. (2003): Ethische Leitlinien der Deutschen Gesellschaft für Supervision und Coaching e.V. https://www.dgsv.de/wp-content/uploads/2017/08/DGSv_Ethische-Leitlinien_2017_09_22.pdf.
DGSv. (2006): Materialien für die Arbeit in der Qualitätsgruppe. https://www.dgsv.de/wp-content/uploads/2017/08/Materialien_Qualitaetsgruppe_2006.pdf.
DGSv. (2017a): „Exzellente Beratung basiert auf exzellenter Qualifizierung". Vorstandsvorlage der Entwicklungskommision der DGSv. Köln: DGSv. file:///C:/Daten/DGSvNewsDSC02841/dgsv_2017_exzellente_qualifizierung_2017_11_16_broschuere.pdf.
DGSv. (2017b): Qualitätsverfahren der DGSv. Broschüre Stand 2017. https://www.dgsv.de/wp-content/uploads/2017/08/DGSv_Qualitaetsverfahren_Broschuere.pdf.
DGSv. (2018): Mitgliederbefragung zum Qualitätsverfahren. Köln: DGSv file:///C:/Daten/DGSvNewsDSC02841/Ergebnisse_Mitgliederbefragung_Qualitaet.pdf.
Eberl, A. M. (2018): Allheilmittel Supervision. Der Umgang mit Risikofaktoren und institutionellen Fehlern in der Teamsupervison. Weinheim: Beltz.
Ebert, W. (2001): Systemtheorie und Supervision. Opladen: Leske+Budrich.
ECVision. (2015): ECVision: Ein Europäisches Kompetenzprofil für Supervision und Coaching. https://www.oevs.or.at/fileadmin/oevs_website/user_upload/ECVision_Kompetenzprofil.pdf.
Edelman, G. (1987): Unser Gehirn. Ein dynamisches System. München: Piper.
Edelman, G. (1992): Bright air brilliant fire. On the matter of mind. New York.
Edelman, G. M. (2004): Das Licht des Geistes. Wie Bewusstsein entsteht. Düsseldorf: Walter.
Edelman, G. M., Tononi, G. (2000): A Universe of Consciousness. New York: Basic Books.
Edlhaimb-Hrubec, Ch. (2006): Die „Supervisorische Beziehung" Theoriekonzepte und soziale Repräsentation im Lehrsupervisoren-, Supervisoren- und Supervisandensystem – im Fokus der Integrativen Supervision. *Supervision* 2/2005, http://www.fpi-publikation.de/supervision/alle-ausgaben/02-2006-edlhaimb-hrubec-christiana-maria-die-supervisorische-beziehung.html.
Egger, J. (2015): Integrative Verhaltenstherapie. Wiesbaden: Springer VS.
Egger, J. (2017): Theorie und Praxis der biopsychosozialen Medizin. Wien: Facultas.
Ehrhardt, J., Petzold, H. G. (2011): Wenn Supervisionen schaden – explorative Untersuchungen im Dunkelfeld „riskanter Supervision" *Integrative Therapie* 1–2, 137–192. Auch in: Jg. 3/2014 SUPERVISION – http://www.fpi-publikation.de/supervision/alle-ausgaben/03-2014-ehrhardt-j-petzold-h-wenn-supervisionen-schaden-explorative-untersuchungen-im.html.
Eichert, H.-Ch. (2013a): Supervision und Ressourcenentwicklung: Eine Untersuchung zur Supervision in der stationären Psychiatrie. Saarbrücken: VDM Verlag. (384 Seiten) https://kups.ub.uni-koeln.de/2405/.
Eichert, H. -Ch. (2013b): Supervision und beruflicher Stress im psychiatrischen Bereich: Ressourcenentwicklung durch Supervision in der ambulanten Psychiatrie. Saarbrücken: VDM Verlag.
Eichert, H. -Ch., Petzold, H. G. (2003a): Supervision und innerinstitutionelle Schweigepflicht. Vrije Universiteit Amsterdam Faculteit der Bewegingswetenschappen – Postgradualer Studiengang Supervision Amsterdam. Bei www.fpi-publikationen.de/supervision – SUPERVISION: Theorie – Praxis – Forschung. Eine interdisziplinäre Internet-Zeitschrift – 11/2003 – http://www.fpi-publikation.de/supervision/alle-ausgaben/11-2003-2003a-eichert-h-c-petzold-h-g-supervision-und-innerinstitutionelle-schweigepflicht.html.
Eichert, H. -Ch., Petzold, H. G. (2003b): Hilflosigkeit, Kontrolle, Bewältigung – Kernkonzepte und Materialien für die Supervision. Bei www.fpi-publikationen.de/supervision – SUPERVISION: Theorie – Praxis – Forschung. Eine interdisziplinäre Internet-Zeitschrift – 12/2003 – http://www.fpi-publikation.de/supervision/alle-ausgaben/12-2003-2003b-eichert-h-c-petzold-h-g-hilflosigkeit-kontrolle-und-bewaeltigung.html.

Eichert, H.-Ch., Petzold, H. G. (2003c): Kausalattribution und Kontrollüberzeugung und deren Bedeutung für die Supervision. – Bei www.fpi-publikationen.de/supervision – SUPERVISION: Theorie – Praxis – Forschung. Eine interdisziplinäre Internet-Zeitschrift – 13/2003. http://www.fpi-publikation.de/downloads/download-supervision/download-2003c-13-2003-eichert-h-c-petzold-h-g.html.

Eres, R., Decety, J., Louis, W. R., Molenberghs, P. (2015): Individual differences in local gray matter density are associated with differences in affective and cognitive empathy. NeuroImage 117, 305–310.

Ertel, F., Jakob-Krieger, C., Petzold, H. G. (2009): Supervision als Ressource von TelefonSeelsorge. Eine Felderkundung zur Rolle und Bedeutung von Supervision mit Ehrenamtlichen in der TelefonSeelsorge aus Integrativer Sicht. Supervision: Theorie – Praxis – Forschung. Eine interdisziplinäre Internet-Zeitschrift – 6/2009 http://www.fpi-publikation.de/downloads/download-supervision/download-06-2009-ertel-f-jakob-krieger-c-petzold-h-g.html.

Fogel, A.(2013): Selbstwahrnehmung und Embodiment in der Körperpsychotherapie, vom Gefühl zur Kognition, Stuttgart: Schattauer.

Fonagy, P., Gergely, G., Jurist, E. L., Target, M. (2002): Affektregulierung, Mentalisierung und die Entwicklung des Selbst. Stuttgart: Klett-Cotta.

Foucault, M. (1996): Diskurs und Wahrheit. Die Berkely Vorlesungen, Berlin: Merve.

Freeman, W. J. (1995): Societies of Brains. A Study in the Neurobiology of Love and Hate. Mahwah NJ: Lawrence Erlbaum Associates.

Freitag-Becker, E., Grohs-Schultz, M., Neumann-Wirsing, H. (2017): Lehrsupervision im Fokus. Mit einem Vorwort von Paul Fortmeier. Göttingen: Vandenhoeck & Ruprecht.

Friedrichs, J., Lüdtke, H. (1971): Teilnehmende Beobachtung: Einführung in die sozialwissenschaftliche Feldforschung. Weinheim: Beltz.

Fuchs, T. (2013): Das Gehirn – Ein Beziehungsorgan. Eine phänomenologisch-ökologische Konzeption. 4., aktualisierte und erweiterte Auflage. Stuttgart: Kohlhammer.

Fuchs, T. (2018): Ecology of the Brain. The Phenomenology and Biology of the Embodied Mind. Oxford: University Press.

Fürstenau, P. (2002): Psychoanalytisch verstehen. Systemisch denken. Suggestiv intervenieren. Stuttgart: Klett-Cotta.

Galas, M. (2013): Die 14 Heil- und Wirkfaktoren des Integrativen Ansatzes in der Supervision. Europäische Akademie für Psychosoziale Gesundheit, *SUPERVISION: Theorie – Praxis – Forschung. Eine interdisziplinäre Internet-Zeitschrift* – 06/2013 http://www.fpi-publikation.de/supervision/alle-ausgaben/06-2013-marcus-die-14-heil-und-wirkfaktoren-des-integrativen-ansatzes-in-der-supervision.html.

Gallagher, S. (2005): How the Body Shapes the Mind. Oxford: Oxford University Press.

Gallagher, S. (2017): Enactivist Interventions. Rethinking the Mind. Oxford: Oxford University Press.

Gartlehner, G., Forneris, C. A.; Brownley, K. et al. (2013): Interventions for the Prevention of Posttraumatic Stress Disorder (PTSD) in Adults After Exposure to Psychological Trauma. Agency for Healthcare Research and Quality (US). PMID23658936

Gelso, C.J., Fretz, B. (2014): Counseling Psychology, rev. Edition: Washington: American Psychological Assn.

Gorres, A. (2012): Ko-respondenz – ein Metamodell für die Integrative Supervision. Supervision 02/2012, http://www.fpi-publikation.de/supervision/alle-ausgaben/02-2012-gorres-andrea-ko-respondenz-ein-metamodell-fuer-die-integrative-supervision.html

Gottfried, K. (2012): Supervision in Psychiatrischen Kliniken: Eine europäische empirische Multicenter-Vergleichs-Studie Fallsupervision versus Teamsupervision. Hamburg: Wissenschaftsverlag Verlag Dr.Kovac.

Grawe, K. (1992): Therapeuten: unprofessionelle Psychospieler? *Psychologie Heute* 6, 22–28.
Grawe, K. (1998): Psychologische Therapie. (2. Korrigierte Aufl. 2000), Göttingen: Hogrefe.
Grawe, K. (2004): Neuropsychotherapie. Göttingen: Hogrefe.
Grawe, K. (2005): (Wie) kann Psychotherapie durch empirische Validierung wirksamer werden? *Psychotherapeutenjournal* 1, 4–11.
Grawe, K., Donati, R., Bernauer, F. (1994): Psychotherapie im Wandel: Von der Konfession zur Profession. Göttingen: Hogrefe.
Habermas, J. (1971): Vorbereitende Bemerkungen zu einer Theorie der kommunikativen Kompetenz in: Habermas, J., Luhmann, E., (1971): Theorie der Gesellschaft oder Sozialtechnologie? Was leistet die Systemforschung? Frankfurt a. M.: Suhrkamp.
Habermas, J. (1981): Theorie des kommunikativen Handelns, 2 Bde. Frankfurt a. M.: Suhrkamp.
Haessig, H., Petzold, H. G. (2009): Transversale MACHT in der Supervision – integrative und differentielle Perspektiven. Mit einem Geleitwort von Hilarion G. Petzold. www.FPI-Publikationen. de/materialien.htm Supervision: Theorie – Praxis – Forschung. Eine interdisziplinäre Internet-Zeitschrift – Jg. 2009. http://www.fpi-publikation.de/supervision/alle-ausgaben/10-2008-haessig-h-transversale-macht-in-der-supervision-integrative-und-differentielle-perspektiven.html.
Haken, H. (1981): Erfolgsgeheimnisse der Natur: Synergetik, die Lehre vom Zusammenwirken, Stuttgart: DVA; Neuaufl. 1995, Reinbeck: Rowohlt.
Haken, H., Schiepek, G. (2010): Synergetik in der Psychologie. 2., korr. Aufl. Göttingen: Hogrefe.
Haney, C., Banks, W. C., Zimbardo, P. G. (1973): "A study of prisoners and guards in a simulated prison". *Naval Research Review*. 30, 4–17.
Hartmann, A., Orlinsky, D., Zeeck, A. (2016): The structure of intersession experience in psychotherapy and its relation to the therapeutic alliance. *J Clin Psychol*. 9:861–79. https://doi.org/10.1002/jclp.22293.
Haubl, R. (2012): Grundsatzfragen der Therapieforschung. In: *Pühl, H.* (Hg.) (2017). Das aktuelle Handbuch Supervision. Grundlagen – Praxis – Perspektiven., Gießen (unveränderte Neuauflage 2017 der 2. Auflage 2012 des Handbuchs Supervision 3): Psychosozial-Verlag.
Hauschild, J. (2010): Risiken und Nebenwirkungen. Die dunkle Seite der Psychotherapie *Tagesspiegel* 27.12.2010 http://www.tagesspiegel.de/wissen/risiken-und-nebenwirkungen-die-dunkle-seite-der-psychotherapie/3682052.html.
Hauschild, J. (2018): Das Klima schlägt aufs Gemüt. *Tagesanzeiger*. 25.4.2019, https://www.tagesanzeiger.ch/wissen/natur/das-klima-schlaegt-aufs-gemuet/story/19593689.
Heuring, M., Petzold, H. G. (2003): Emotion, Kognition, Supervision „Emotionale Intelligenz" (Goleman), „reflexive Sinnlichkeit" (Dreizel), „sinnliche Reflexivität" (Petzold) als Konstrukte für die Supervision. – Bei www.fpi-publikationen.de/supervision – SUPERVISION: Theorie – Praxis – Forschung. Eine interdisziplinäre Internet-Zeitschrift – 11/2005 http://www.fpi-publikation.de/supervision/alle-ausgaben/11-2005-heuring-m-petzold-h-g-emotion-kognition-supervision.html.
Hohenshil, T. H., Amundson, N. E., Niles, S. G. (2013): Counseling Around the World: An International Handbook. Alexandria, VA: American Counseling Association.
Hohmeier, D. (2015): „Ausarbeitung spezifischer Heilfaktoren nach H.G. Petzold anhand von Praxisbeispielen in der Suchthilfe mit Jugendlichen" *Polyloge* 18/2015; http://www.fpi-publikation.de/polyloge/alle-ausgaben/18-2015-hohmeier-dirk-spezifische-heilfaktoren-nach-h-g-petzold-suchthilfe-jugendliche.html.
Holzapfel, G. (2019): Integrative Pädagogik im Kontext von Diskursenzur Humanistischen Pädagogik. Chancen, Grenzen, Weiterentwicklungsmöglichkeiten. *SUPERVISION* Theorie, Praxis, Forschung. Eine interdisziplinäre Internet Zeitschrift. 10/2019. http://www.fpi-publikation.de/downloads/download-supervision/download-nr-10-2019-holzapfel-guenther.html.

Hömberg, R. (2016): Naturinterventionen und Supervision als ökopsychosomatische Burnout-Prophylaxe. *Supervision* 08/2016. http://www.fpi-publikation.de/supervision/alle-ausgaben/08-2016-homberg-ralf-naturinterventionen-und-supervision-als-oekopsychosomatische-burnout.html.

Hüther, G., Petzold, H. G. (2012): Auf der Suche nach einem neurowissenschaftlich begründeten Menschenbild. In. Petzold, H. G. (2012f): Die Menschenbilder in der Psychotherapie. Interdisziplinäre Perspektiven und die Modelle der Therapieschulen. Wien: Krammer. S. 207–242. http://www.fpi-publikation.de/downloads/download-polyloge/download-nr-18-2013-gerald-huether-hilarion-g-petzold.html.

Jaegwon Kim. (1993): Supervenience and Mind. Cambridge: Cambridge University Press.

Jaegwon Kim. (2002): Supervenience Cambridge. Cambridge University Press.

Jahn, R., Leser, C. (2017): Die Profession Supervision bedarf der Forschung. Standpunkt. *Journal Supervision* 4, 6.

Jäncke, L. (2016): Ist das Hirn vernünftig? Erkenntnisse eines Neuropsychologen. Göttingen: Hogrefe.

Jäncke, L. (2017): Lehrbuch Kognitive Neurowissenschaften. Göttingen: Hogrefe.

Jantzen, W. (1994): Die neuronalen Verstrickungen des Bewusstseins – Zur Aktualität von A.R. Lurijas Neuropsychologie, Münster: Lit.

Jantzen, W. (2002): Aleksandr R. Lurija. Kulturhistorische Humanwissenschaft. Ausgewählte Schriften. Berlin: Verlag ProBusiness.

Jantzen, W. (2008): Kulturhistorische Psychologie heute – Methodologische Erkundungen zu L.S. Vygotskij. Berlin: Lehmanns Media.

Jansenberger, R. (2019): VON GRENZLÄNDERN UND GRAUZONEN. Ein Problemaufriss zu einer wissenschaftlich fundierten Verortung von Supervision in Abgrenzung zu benachbarten Arbeitsfeldern, wie Coaching und Psychotherapie und sich daraus ableitenden möglichen berufs- und ausbildungspolitischen Anregungen: Masterarbeit im postgradualen Masterstudiengang Supervision/Coaching (M.A.) Katholische Hochschule Nordrhein-Westfalen, Abteilung Münster. Netzwerkausgabe: Jg. 2019, *SUPERVISION,* http://www.fpi-publikation.de/supervision/index.php.

Jonas, K., Stroebe, W., Hewstone, M. (2014): Sozialpsychologie. Eine Einführung, 6 Aufl. Heidelberg: Springer.

Judy, M., Knopf, W (2016): In the Mirror of Competences/Im Spiegel der Kompetenzen. Supervision und Coaching in Europa (ECVision). Facultas

Jüster, M., Hildenbrand, C. -D., Petzold, H. G. (2001): Coaching in der Sicht von Führungskräften – eine empirische Untersuchung. In: Rauen, C. (2002) (Hrsg.): „Handbuch Coaching", überarbeitete und erweiterte Auflage 2002, Göttingen: Hogrefe, S. 45–66.

Kaufmann, C. (2012): Erkundungen Nonverbaler Kommunikation in der Supervision: Ein kreativer Prozess. Donau-Universität Krems, Zentrum für Psychosoziale Medizin, Krems: Donau Universität Krems. Master of Science These. http://webthesis.donau-uni.ac.at/thesen/91055.pdf.

Keiblinger, M. (2014): Supervision – ein Risiko? Bergisch Gladbach: AV Akademikerverlag.

Kline, M. A. (2015) How to learn about teaching: An evolutionary framework for the study of teaching behavior in humans and other animals. *Behavior and Brain Science* 38, 31e; https://www.cambridge.org/core/services/aop-cambridge-core/content/view/017C2C246E9C206562CA-E3DB590B01EC/S0140525X14000090a.pdf/how_to_learn_about_teaching_an_evolutionary_framework_for_the_study_of_teaching_behavior_in_humans_and_other_animals.pdf.

Knoll, S. (2010): „Wertschöpfende" Personalarbeit – Ein integrativer Ansatz. *SUPERVISION.* Theorie – Praxis – Forschung, Eine interdisziplinäre Internet-Zeitschrift 13/2010. https://www.fpi-publikation.de/supervision/alle-ausgaben/13-2010-knoll-stefan-wertschoepfende-personalarbeit-ein-integrativer-ansatz.html.

Kornhuber, H. H., Deecke, L. (2008): Wille und Gehirn. In: Petzold, H. G., Sieper, J. (2008): Der Wille, die Neurowissenschaften und die Psychotherapie. Bielefeld: Sirius, Aisthesis.
Krämer, H. (1992): Integrative Ethik. Frankfurt: Suhrkamp.
Krais, B., Gebauer, G. (2002): Habitus. Bielefeld: Transkript Verlag.
Kriescher, C. (2019): Integrative Supervision eines Teams in der Arbeit mit unbegleiteten minderjährigen Geflüchteten (UMF). Supervision 6/2019. http://www.fpi-publikation.de/supervision/alle-ausgaben/06-2019-kriescher-ch-integrative-supervision-team-unbegleitete-minderjaehrige-gefluechtete-umf.html.
Kriz, J., Tschacher, W. (2017): Synergetik als Ordner: Die strukturierende Wirkung der interdisziplinären Ideen Hermann Hakens. Lengerich: Pabst Science Publishers.
Kuhn, Th. (1970): The structure of scientific revolutions. Chicago: Chicago University Press; dtsch. (1976): Die Struktur der wissenschaftlichen Revolution. Frankfurt/M.: Suhrkamp, 1979.
Laireiter, A., Vogel, H. (Hrsg.) (1998): Qualitätssicherung in der Psychotherapie. Ein Werkstattbuch, DGVT-Verlag, Tübingen.
Lamacz-Koetz, I., Petzold, H. G. (2009): Nonverbale Kommunikation in der Supervision und ihre leibtheoretische Grundlage. Wenn Sprache nicht ausreicht – Eine explorative Studie. In: *SUPER ISION: Theorie – Praxis – Forschung* Ausgabe 03/2009 http://www.fpi-publikation.de/downloads/download-supervision/download-03-2009-lamacz-koetz-petzold.html.
Lambert, M. J. (2013): The efficacy and effectiveness of psychotherapy. In: M. J. Lambert (Hrsg.), Bergin and Garfield's Handbook of Psychotherapy and Behavior Change. 6 Aufl., New York John Wiley & Sons, S. 169–218.
Lamnek, S. (2010): Qualitative Sozialforschung. 5. Auflage. Beltz Verlag, Weinheim.
Leitner, E., Petzold, H. G. (2004): Pièrre Bourdieu – ein Referenztheoretiker der Integrativen Therapie. Hückeswagen: Materialien aus der Europäischen Akademie für psychosoziale Gesundheit – http://www.fpi-publikation.de/images/stories/downloads/textarchiv-petzold/petzold-2002p-updating-2006-2011j-lust-auf-erkenntnis-polyloge-und-reverenzen.pdf und bei Stumm, G. et al. (2005): Personenlexikon der Psychotherapie. Wien: Springer. 62–64.
Leitner, E., Petzold, H. G. (2005/2010): Dazwischengehen – wo Unrecht geschieht, Integrität gefährdet ist, Würde verletzt wird. Ein Interview mit Hilarion Petzold zum Thema „Engagement und Psychotherapie" und Integrativen Positionen. Hückeswagen: Europäische Akademie für psychosoziale Gesundheit. Erw. in Petzold, H. G., Orth, I. Sieper, J. (2010a): Gewissensarbeit, Weisheitstherapie, Geistiges Leben – Themen und Werte moderner Psychotherapie. Wien: Krammer, S. 279 – 366 und *POLYLOGE*, Ausgabe 10/2010, http://www.fpi-publikation.de/images/stories/downloads/polyloge/leitneri-petzold_dazwischengehen_polyloge_10_2010a.pdf.
Leitner, A., Liegl, G., Märtens, M., Gerlich, K. (2009). Effektivität der Integrativen Therapie. Krems: Donau-Universität Krems. In: Leitner, A. (2010): Handbuch der Integrativen Therapie. Wien: Springer.
Leitner, A., Märtens, M., Höfner, C. (2012/2016): Psychotherapie: Risiken, Nebenwirkungen und Schäden. Zur Förderung der Unbedenklichkeit von Psychotherapie. Endbericht Juli 2012. Fakultät Gesundheit und Medizin der Donau-Universität Krems Department für Psychotherapie und Biopsychosoziale Gesundheit. *POLYLOGE* 22/2016. https://www.fpi-publikation.de/polyloge/alle-ausgaben/22-2016-leitner-a-maertens-m-und-team-psychotherapie-risiken-nebenwirkungen-und-schaeden.html
Leitner, A., Schigl, B., Märtens, M. (2014): Wirkung Risiken und Nebenwirkungen von Psychotherapie Ein Beipackzettel für PatientInnen und TherapeutInnen Wien: facultas.wuv.
Lesch, H. (2018): „Das Kapitalozän – Erdzeitalter des Geldes". Vortrag 04.12.2018 https://www.youtube.com/watch?v=6wLlWWp8Vcg.

Lindermann, N. (2016): Globalisierung, Gewissen und Supervision. Perspektiven Jean Zieglers und des Integrativen Ansatzes. POLYLOGE 15/2016. http://www.fpi-publikation. de/polyloge/alle-ausgaben/15-2016-lindermann-n-globalisierung-gewissen-und-supervision-perspektiven-jean-zieglers.html.

Lindermann, N., Petzold, H. G., Blumberg, J. (2018): Integrative Supervision – zur Qualität und Qualitätssicherung curricularer Weiterbildung in „Integrativer Supervision" von 2007 bis 2017". Hückeswagen: „Europäische Akademie für biopsychosoziale Gesundheit"; Netzausgabe in: *SUPERVISION* Theorie, Praxis, Forschung. Eine interdisziplinäre Internet Zeitschrift. Ersch. Jg. 2019, http://www.fpi-publikation.de/supervision/alle-ausgaben/index.php.

Linz, S., Ostermann, D. Petzold, H. G. (2008): „Qualitätssicherung und Dokumentation von Supervisionsprozessen" – Metahermeneutisch fundiertes Erfassen von Supervisionsverläufen mit einem strukturierten „Supervisionsjournal" in der „Integrativen Supervision". *SUPERVISION: Theorie – Praxis – Forschung. Eine interdisziplinäre Internet-Zeitschrift* – 11/2008 – http://www.fpi-publikation.de/downloads/download-supervision/download-11-2008-linz-s-ostermann-d-petzold-h-g.html.

Lorenz, T, Oppitz, S. (2001): Vom Training zur Performance: Improving Performance – Nutzen für Mitarbeiter und Unternehmen. Offenbach: Gabal.

Luhmann, N. (1968): Zweckbegriff und Systemrationalität. Über die Funktion von Zwecken in sozialen Systemen. Tübingen: Mohr.

Luhmann, N. (1975): Macht. Stuttgart: Enke,

Luhmann, N. (1978): Vertrauen, ein Mechanismus zur Reduktion sozialer Komplexität. Stuttgart: Enke.

Luhmann, N. (1992): Beobachtungen der Moderne. Opladen: Westdeutscher Verlag.

Lukesch, B., Petzold, H. G.(2011): Lernen und Lehren in der Supervision – ein komplexes, kokreatives Geschehen In: *SUPERVISION: Theorie-Praxis-Forschung – Materialien aus der Europäischen Akademie für psychosoziale Gesundheit. Eine interdisziplinäre Internetzeitschrift.* 05/2011 http://www.fpi-publikation.de/supervision/alle-ausgaben/05-2011-lukesch-b-petzold-h-g-lernen-und-lehren-in-supervision-ein-komplexes-kreatives-gescheh.html.

Lurija, A. R. (1992/2001): Das Gehirn in Aktion. Einführung in die Neuropsychologie. 6. Aufl. 2001. Reinbek: Rowohlt.

Lurija, A. R. (1993): Romantische Wissenschaft. Reinbek: Rowohlt.

Mahner, M. Bunge, M. A. Bunge, M. (2000): Philosophische Grundlagen der Biologie. Berlin: Springer.

Märtens, M., Petzold, H. G. (2002): Therapieschäden. Risiken und Nebenwirkungen von Psychotherapie. Mainz: Grünewald.

Maxton, G. (2018): CHANGE! Warum wir eine radikale Wende brauchen. Grünwald: Komplett-Media.

Mayer, K. (2016) Wie wird man ein guter Supervisor/ eine gute Supervisorin? *SUPERVISION: Theorie-Praxis-Forschung – Materialien aus der Europäischen Akademie für psychosoziale Gesundheit. Eine interdisziplinäre Internetzeitschrift.* 12/2016 http://www.fpi-publikation.de/supervision/alle-ausgaben/12-2016-mayer-klaus-wie-wird-man-ein-guter-supervisor-eine-gute-supervisorin.html.

McLeod, J. (2013): An Introduction to Research in Counselling and Psychotherapy. London: Sage Publ.

Meadows, D., Randers, J., Meadows, D. (2005): Limits To Growth: The 30-Year Update. White River Junction, VT: Chelsea Green Publishing.

Meixner, T. (2009): Die freie, teilnehmende Beobachtung als Methode der qualitativen Sozialforschung. München: Grin.

Merleau-Ponty, M. (1945/1966): Phénoménologie de la perception, Paris: Gallimard 1945; dtsch. (1966): Phänomenologie der Wahrnehmung, Berlin: De Gruyter.
Merleau-Ponty, M. (1964/1994): Le visible et l'invisible. Gallimard, Paris; dtsch. (1986/1994): Das Sichtbare und das Unsichtbare, 2. Aufl. 1994. München: Fink.
Milgram, S. (1974): Obedience to Authority. An Experimental View. New York: Harper; deutsch. (1997): Das Milgram-Experiment. Zur Gehorsamsbereitschaft gegenüber Autorität. 14. Aufl. Reinbek: Rowohlt.
Mittler, T., Petzold, H. G., Blumberg, J. (2019): „Was zeichnet einen guten Supervisor/eine gute Supervisorin aus? Was ist gute Supervision für die SupervisandInnen und ihre KlientInnen?" Ein länderübergreifendes Forschungsprojekt. Hückeswagen: Europäische Akademie für biopsychosoziale Gesundheit, *SUPERVISION* Theorie, Praxis, Forschung. Eine interdisziplinäre Internet Zeitschrift. 11/2019, http://www.fpi-publikation.de/downloads/download-supervision/download-nr-11-2019-mittler-t-petzold-h-g-blumberg-j.html.
Mogorovic, B. (2017a): Die aktuelle Zeitstruktur und das Phänomen der Resonanz. Überlegungen von Hartmut Rosa und Quergänge zum Integrativen Ansatz der Supervision und Therapie. *POLYLOGE* 22/2017. http://www.fpi-publikation.de/supervision/alle-ausgaben/08-2017-mogorovic-b-aktuelle-zeitstruktur-phaenomen-der-resonanz-ueberlegungen-hartmut-rosa.html.
Mogorovic, B. (2017b): Zur Revision der modernen, menschzentrierten Denkform durch Wolfgang Welsch – Bezüge zum Integrativen Ansatz der Supervision, Therapie, Naturtherapie. *SUPERVISION* 1/2017; www.fpi-publikation.de/supervision/alle-ausgaben/01-2017-mogorovic-b-zur-revision-moderner-menschzentrierter-denkform-welsch-naturtherapie.htm.
Möller, H. (2012): Was ist gute Supervision? Grundlagen – Merkmale – Methoden. 2. Aufl. Stuttgart: Klett Cotta Verlag.
Moscovici, S. (2001): Social Representations. Explorations in Social Psychology. New York: New York University Press.
Moser, A. (2011): Reaktanz – ein zentrales Konzept für die Supervision. *SUPERVISION* 14/2011. http://www.fpi-publikation.de/supervision/alle-ausgaben/14-2011-moser-annemarie-reaktanz-ein-zentrales-konzept-fuer-die-supervision.html.
Moser, A. (2015): Selbststeuerung – der Wille zu Souveränen Selbst. Konzepte für die Supervision. In: *SUPERVISION*. Theorie – Praxis – Forschung. Eine interdisziplinäre Internet-Zeitschrift 8/2015. http://www.fpi-publikation.de/supervision/alle-ausgaben/08-2015-moser-a-selbststeuerung-der-wille-zum-souveraenen-selbst-konzepte-fuer-die-supervision.html.
Müller, L. (2008): Engagiert für alte Menschen – Hilarion G. Petzold und die Gerontotherapie. 30 Jahre gerontologischer Weiterbildung, Supervision und Forschung in Österreich. *Psychologische Medizin* 1, 29–41. Bei www. FPI-Publikationen.de/materialien.htm – POLYLOGE: Materialien aus der Europäischen Akademie für Psychosoziale Gesundheit – 32/2008, http://www.fpi-publikation.de/polyloge/alle-ausgaben/32-2008-mueller-lotti-engagiert-fuer-alte-menschen-hilarion-g.html.
Müller, M. (2009): Zur Entwicklungsgeschichte der Nonverbalen Kommunikation und ihrer Bedeutung für die Praxis der Supervision. In: *SUPERVISION*. Theorie – Praxis – Forschung. Eine interdisziplinäre Internet-Zeitschrift. 5/2009: http://www.fpi-publikation.de/supervision/alle-ausgaben/05-2009-mueller-marianne-zur-entwicklungsgeschichte-der-nonverbalen-kommunikation.html.
Müller, C. (2011): Die Bedeutung des Willens für die Supervision. *SUPERVISION: Theorie – Praxis – Forschung, Eine interdisziplinäre Internet-Zeitschrift*. 11/2011. http://www.fpi-publikation.de/supervision/alle-ausgaben/11-2011-mueller-catherine-die-bedeutung-des-willens-fuer-die-supervision.html
Müller, L., Petzold, H. G. (2002): Problematische und riskante Therapie (nicht nur) in der Arbeit mit älteren und alten Menschen in „Prekären Lebenslagen" – „Client dignity?" In: Märtens,

M., Petzold; H. G. (2002): Therapieschäden. Risiken und Nebenwirkungen von Psychotherapie. Mainz: Grünewald, S. 293–332. http://www.fpi-publikation.de/images/stories/downloads/textarchiv-petzold/mueller-petzold-2002a-problematische-riskante-therapie-aeltere-menschen-prekaere-lebenslage-client-dignity.pdf.

Müller, L., Petzold, H. G., Schreiter-Gasser, U. (2005): Supervision im Feld der klinischen und sozialgerontologischen Altenarbeit. *Integrative Therapie* 1/2 (2005) 181–214.

Musaeus, J. L., Petzold, H. G. (2008): Soziale Repräsentationen und Erfahrungen mit Supervision im Feld der Psychiatrie in Norwegen. Zentrum für IBT, Vrije Universität Amsterdam, Department für psychosoziale Gesundheit und Psychotherapie, Donau Universität, Krems. In *SUPERVISION* 9/2015. http://www.fpi-publikation.de/supervision/alle-ausgaben/09-2015-musaeus-j-l-petzold-h-g-soziale-repraesentationen-supervision-psychiatrie.html.

Nachtwei, J. (2018): Kompetenzmodelle: Hot or not? Plädoyer für mehr Sorgfalt bei Kompetenzmodellierungen. Bridging research-practice gap in HR. https://www.researchgate.net/publication/324379379_Kompetenzmodelle_Hot_or_not_Pladoyer_fur_mehr_Sorgfalt_bei_Kompetenzmodellierungen.

Nachtwei, J. (2019): Qualität von Potenzialbeurteilungen: Rückblick auf 10 Jahre in Forschung und Praxis. *HR Consulting Review* 10/2019, *OnlineFirst*. https://www.researchgate.net/publication/329374900_Qualitat_von_Potenzialbeurteilungen_Ruckblick_auf_10_Jahre_in_Forschung_und_Praxis.

Neckel, H. (2003): Die Rolle des Beraters in einem Organisationsentwicklungsprozeß zur Förderung von reflexivem Management. *SUPERVISION* 17/2003. https://www.fpi-publikation.de/images/stories/downloads/supervision/Neckel-Beraterrolle-Supervision-17-2003.pdf.

Nestmann, F., Engel, F., Sickendiek, U. (2007): Das Handbuch der Beratung. Band 1 und Band 2, Tübingen: dgvt-Verlag.

Newen, A., De Bruin, L. & Gallagher, S. (2018): The Oxford Handbook of 4E Cognition. Oxford: Oxford University Press.

Noë, A. (2004): Action in Perception. Cambridge MA: MIT Press.

Oeltze, J., Ebert, W., Petzold, H. G. (2002): Integrative Supervision in Ausbildung und Praxis – eine empirische Evaluationsstudie im Mehrebenenmodell. *SUPERVISION*: Theorie – Praxis – Forschung, eine interdisziplinäre Internet-Zeitschrift, S. 2 ff. Zugriff am 24.5.2017. Verfügbar unter http://www.fpi-publikation.de/images/stories/downloads/supervision/oeltze-ebert-petzold-ausbildung-praxis-supervision-01-2002druck.pdf.

Orlinsky, D. E., Rønnestad; M. H. (2005): How Psychotherapists Develop: A Study of Therapeutic Work and Professional Growth. Washington, DC: American Psychological Association.

Orth, I., Petzold, H. G. (1995b): Gruppenprozessanalyse – ein heuristisches Modell für Integrative Arbeit in und mit Gruppen. *Integrative Therapie* 2, 197–212. Auch in *Textarchiv Petzold* 1995. http://www.fpi-publikation.de/artikel/textarchiv-h-g-petzold-et-al-/orth-i-petzold-h-g-1995b-gruppenprozessanalyse-ein-heuristisches-modell.html.

Orth, D., Petzold, H. G., Zunker, S. (2005): Forschungsbericht für die EAG. Qualitätssicherung in der Ausbildung von Integrativer Psychotherapie an FPI/EAG -dargestellt an Ergebnissen einer Veranstaltungsevaluation im EAG-Qualitätssystem 1999–2004. Forschungsbericht an die Europäische für psychosoziale Gesundheit. Bei: www. FPI-Publikationen.de/materialien.htm – *POLYLOGE*: Materialien aus der Europäischen Akademie für psychosoziale Gesundheit – 14/2005 http://www.fpi-publikation.de/downloads/download-polyloge/download-nr-14-2005-orth-d-petzold-h-g-zunker-s.html.

Orth, S., Siegele, F., Petzold, H. G. (2007): Die Wirkung von Supervision in psychiatrischen Tageskliniken. *SUPERVISION*: Theorie – Praxis – Forschung. Eine interdisziplinäre Internet-Zeitschrift – 05/2007 http://www.fpi-publikation.de/downloads/download-supervision/download-05-2007-orth-siegele-petzold.html.

Patterson, J. A., Lipschitz, I. N. (2007): Psychological Counseling. Research Focus. New York: Nova Science Publishers.

Petzold, H. G. (1965–2010): *Die Literaturangaben von Petzold und MitarbeiterInnen 1965–2010 sind, sofern nicht nachstehend aufgeführt, zugänglich unter* Petzold, H. G. *(2014a): Wissenschaftliche Gesamtbibliographie Hilarion G. Petzold 1958–2013. POLYLOGE 1/2014.* http://www.fpi-publikation.de/polyloge/alle-ausgaben/01-2014-petzold-h-g-2014-wissenschaftliche-gesamtbibliographie-1958-2014.html.

Petzold, H. G. (1968): Arbeitspsychologische und soziologische Bemerkungen zum Gastarbeiterproblem in der BRD. *Zeitschrift f. Prakt. Psychol.* 7, 331–360. Petzold, Textarchiv 1968: http://www.fpi-publikation.de/artikel/textarchiv-h-g-petzold-et-al-/index.php.

Petzold, H.G. (1971c): Möglichkeiten der Psychotherapie bei drogenabhängigen Jugendlichen. In: G. Birdwood, Willige Opfer, Rosenheimer Verlag, Rosenheim. S. 212–245.

Petzold, H.G. (1985d): Die Verletzung der Alterswürde - zu den Hintergründen der Mißhandlung alter Menschen und zu den Belastungen des Pflegepersonals. In: Petzold, H.G., 1985a. Mit alten Menschen arbeiten. Bildungsarbeit, Psychotherapie, Soziotherapie, Pfeiffer, München, S. 553–572, Neuaufl. Stuttgart: Pfeiffer-Klett-Cotta (2005a) 265–283. http://www.fpi-publikation.de/downloads/download-supervision/download-nr-06-2016-petzold-hilarion-g.html.

Petzold, H. G. (1990): Konzept und Praxis von Mehrperspektivität in der Integrativen Supervision, dargestellt an Fallbeispielen für Einzel- und Teambegleitung. *Gestalt und Integration* 2, 7–37; erw. Bd. II, 3, (1993a) 1291–1336 und (2003a) S. 947–976. http://www.fpi-publikation.de/downloads/download-supervision/download-nr-14-2016-hilarion-g-petzold.html.

Petzold, H.G.(1991e): Das Ko-respondenzmodell als Grundlage der Integrativen Therapie und Agogik, überarbeitet und erw. von (1978c); in Integrative Therapie, Paderborn: Junfermann (1991a) 19–90; (2003a) S. 93–140. http://www.fpi-publikation.de/supervision/alle-ausgaben/07-2017-petzold-h-g-1978c-1991e-2017-das-ko-respondenzmodell-als-grundlage-integrativer.html.

Petzold, H.G.(1992a): Integrative Therapie. Ausgewählte Werke Bd. II, 2: Klinische Theorie, Paderborn: Junfermann, Überarbeite Neuauflage (2003a).

Petzold, H.G.(1993g): Die Krisen der Helfer. In: Schnyder, U., Sauvant, Ch., Krisenintervention in der Psychiatrie, Huber, Bern, 157–196.

Petzold, H. G. (1994): Mehrperspektivität – ein Metakonzept für die Modellpluralität, konnektivierende Theorienbildung für sozialinterventives Handeln in der Integrativen Supervision, Gestalt und Integration 2, 225–297 und in: *Petzold* (1998a) 97–174, (2007a).

Petzold, H. G. (1998): Integrative Supervision, Meta-Consulting & Organisationsentwicklung. Modelle und Methoden reflexiver Praxis. Paderborn: Junfermann. 2. erw. Aufl. Wiesbaden: Verlag für Sozialwissenschaften 2007a.

Petzold, H.G. (2000e): Wege „Integrativer Hermeneutik" und „Metahermeneutik – jenseits „hermeneutischer Versuche einer dialogische Gestalttherapie". Überlegungen aus einer „Dritten Welle" in der Integrativen Therapie. **Transgressionen IV** Düsseldorf/Hückeswagen: Europäische Akademie für psychosoziale Gesundheit.

Petzold, H.G. (2000n): Ko-respondenz. In: Stumm, G., Pritz, A. (2000) (Hrsg.): Wörterbuch der Psychotherapie. Wien/New York: Springer. 371–372.

Petzold, H.G. (2003e): Integrative Therapie als „angewandte Anthropologie" in einer „transversalen Moderne" – Menschenbild und Praxeologie. www. FPI-Publikationen. POLYLOGE: Materialien aus der Europäischen Akademie für psychosoziale Gesundheit 2/2011. http://www.fpi-publikation.de/polyloge/alle-ausgaben/02-2011-petzold-h-g-2006k-update2011-integrative-therapie-anthropologie-menschenbild-u.html.

Petzold, H.G. (2007a): Integrative Supervision, Meta-Consulting und Organisationsentwicklung. Wiesbaden: VS Verlag für Sozialwissenschaften [1. Aufl. 1998a]. 2. erw. Aufl. Wiesbaden: Verlag für Sozialwissenschaften 2007a.

Petzold, H.G. (2009d): „Macht", „Supervisorenmacht" und „potentialorientiertes Engagement". Überlegungen zu vermiedenen Themen im Feld der Supervision und Therapie verbunden mit einem Plädoyer für eine Kultur „transversaler und säkular-melioristischer Verantwortung". Supervision: Theorie – Praxis – Forschung. Eine interdisziplinäre Internet-Zeitschrift – 4, 2009. http://www.fpi-publikation.de/supervision/alle-ausgaben/04-2009-2009d-petzold-h-g-macht-supervisorenmacht-und-potentialorientiertes-engagement.html.

Petzold, H. G. (2011): INTEGRATIVE THERAPIE KOMPAKT 2011 – Definitionen und Kondensate von Kernkonzepten der Integrativen Therapie – Materialien zu „Klinischer Wissenschaft" und „Sprachtheorien". *POLYLOGE* 01/2011. http://www.fpi-publikation.de/polyloge/alle-ausgaben/01-2011-petzold-h-g-upd-2011e-integrative-therapie-kompakt-2011-definitionen-und-kondensate.html.

Petzold, H. G. (1993u/2012): Grundorientierungen, Verfahren, MethodenBerufspolitische, konzeptuelle und praxeologische Anmerkungen zu Strukturfragen des psychotherapeutischen Feldes und psychotherapeutischer Verfahren aus integrativer Perspektive. Integrative Therapie, 4/1993, 341–379; Polyloge 5/2012. http://www.fpi-publikation.de/polyloge/alle-ausgaben/05-2012-petzold-hilarion-grundorientierungen-verfahren-methoden.html.

Petzold, H. G. (2012a): Die Menschenbilder in der Psychotherapie. Interdisziplinäre Perspektiven und die Modelle der Therapieschulen. Wien: Krammer.

Petzold, H. G. (2012b): Integrative Therapie – Transversalität zwischen Innovation und Vertiefung – Die „Vier WEGE der Heilung und Förderung" und die „14 Wirkfaktoren" als Prinzipien gesundheitsbewusster und entwicklungsfördernder Lebensführung (2012b). *POLYLOGE* 15/2012, http://www.fpi-publikation.de/polyloge/alle-ausgaben/15-2012-petzold-h-g-2012h-transversalitaet-innovation-vertiefung-vier-wege.html.

Petzold, H. G. (2012c): „Transversale Identität und Identitätsarbeit". Die Integrative Identitätstheorie als Grundlage für eine entwicklungspsychologisch und sozialisationstheoretisch begründete Persönlichkeitstheorie und Psychotherapie – Perspektiven „klinischer Sozialpsychologie". In Petzold, H. G. (2012a): Identität. Ein Kernthema moderner Psychotherapie – interdisziplinäre Perspektiven Wiesbaden: Springer VS Verlag. S. 407–605. http://www.fpi-publikation.de/images/stories/downloads/textarchiv-petzold/petzold-2012q-transversale-identitaet-integrative-identitaetstheorie-persoenlichkeitstheorie.pdf.

Petzold, H.G. (2012f): Die Menschenbilder in der Psychotherapie. Interdisziplinäre Perspektiven und die Modelle der Therapieschulen. Wien: Krammer. 2. Auf. Bielfeld: Aistheis 2015.

Petzold, H. G. (2014a): Zweifel I – Marginalien zu Zweifel-Zyklen, Kritik und Parrhesie. *POLYLOGE* 2/2014 http://www.fpi-publikation.de/images/stories/downloads/polyloge/petzold-2014e-zweifel-1-marginalien-zu-zweifel-zyklen-kritik-und-parrhesie-polyloge-02-2014pdf.pdf.

Petzold, H. G. (2014b): Zweifel II – Impulse zum Thema Zweifel und Zweifeln. *POLYLOGE* 2014 http://www.fpi-publikation.de/polyloge/alle-ausgaben/03-2014-petzold-h-g-2014f-zweifel-ii-impulse-zum-thema-zweifel-und-zweifeln.html.

Petzold, H. G. (2015a): Psychotherapie, Beratung, Coaching und Soziale Verantwortung, Vortrag zum 3. AKJF-Kongress im Juni 2015 in Graz, Universität Graz; https://www.youtube.com/watch?t=1422&v=Jm0XGU5scv8.

Petzold, H. G. (2015b): Longinos – Menschen, die noch im hohen Alter Lebendigkeit bewahren. Longinos – Auftaktveranstaltung 12. Oktober. Saarbrücken: SHS Foundation. Textarchiv 2015 http://www.fpi-publikation.de/artikel/gruene-texte/2.html und https://www.youtube.com/watch?v=eHyiln9qL8w; Vortrag: http://www.shsfoundation.de/longinoslonginas/.

Petzold, H. G. et al. (2016a): NARRATIVE BIOGRAPHIEARBEIT & BIOGRAPHIE-ERARBEITUNG in der Integrativen Therapie, Integrativen Poesie- & Bibliotherapie und in Schreibwerkstätten mit „kreativem Schreiben" Praxeologisches Material zur Vor- u. Nachbereitung biographischen Arbeiten Hückeswagen: Europäische Akademie für biopsychosoziale Gesundheit und im Internet-Archiv „Heilkraft der Sprache" 2/2016 http://www.fpi-publikation. de/images/stories/downloads/sonstiges/petzold-2016f-narrative-biographiearbeit-biographieerarbeitung-2017-heilkraft-sprache-02-2016.pdf.

Petzold H. G. (2016b): Menschen sind keine „Fälle" – prekäre Implikationen für den systemischen Diskurs. „Systemmagazin" Online-Journal für systemische Entwicklungen, 02/2016; http://systemagazin.com/menschen-sind-keine-faelle-prekaere-implikationen-fuer-den-systemischen-diskurs/ und erw. Textarchiv 2016 http://www.fpi-publikation.de/artikel/textarchiv-h-g-petzold-et-al-/petzold-hilarion-g-2016h-menschen-sind-keine-faelle-prekaere-implikationen-fuer-den.html.

Petzold, H. G. (2016c): Patient Dignity und Supervisionsqualität? Die Verletzung der Alterswürde, PatientInnentötung: ein aktueller Anlass und schlimmer Rückblick. In: *SUPERVISION* 6/2016 http://www.fpi-publikation.de/images/stories/downloads/supervision/petzold-2016k-patient-dignity-supervisionsqualitaet-verletzung-alterswuerde-patiententoetung-06-2016.pdf.

Petzold, H. G (2016d): Zeitgeist und kollektive Beunruhigung als Krankheitsursache – therapeutische Arbeit mit Atmosphären und Zeitgeisteinflüssen, *POLYOGE* 30/2016, http://www.fpi-publikation.de/images/stories/downloads/polyloge/petzold-2016l-1989f-zeitgeist-kollektive-beunruhigung-krankheitsursachen-sozialisationsklima-polyl-30-2016.pdf.

Petzold, H. G. (2016e): LEHRSUPERVISION, VERANTWORTUNG, FORSCHUNG – Anmerkungen zu Zukunftsperspektiven der Supervision. Europäische Akademie für biopsychosoziale Gesundheit. Hückeswagen. Ergänzte Fassung von 2015n. *SUPERVISION* 7/2016; http://www.fpi-publikation.de/images/stories/downloads/supervision/petzold-2016m-lehrsupervision-verantwortung-forschung-anmerkungen-zukunftsperspektiven-07-2016pdf.pdf.

Petzold, H. G. (2016f) „14 plus 3" – Wege des Integrierens und Einflussfaktoren im Entwicklungsgeschehen: Belastungs-, Schutz-, Resilienzfaktoren bzw. -prozesse und die Wirk- und Heilfaktoren/-prozesse der Integrativen Therapie. Handout. Hückeswagen: Europäische Akademie für biopsychosoziale Gesundheit.

Petzold H. G. (2017a): Intersubjektive, „konnektivierende Hermeneutik", Transversale Metahermeneutik, „multiple Resonanzen" und die „komplexe Achtsamkeit" der Integrativen Therapie und Kulturarbeit. *POLYOGE* 19/2017. http://www.fpi-publikation.de/polyloge/alle-ausgaben/19-2017-petzold-h-g-2017f-intersubjektive-konnektivierende-hermeneutik-transversale.html und in *Petzold, H. G., Leeser, B., Klempnauer, E.* (2017): Wenn Sprache heilt. Handbuch für Poesie- und Bibliotherapie, Biographiearbeit, Kreatives Schreiben. Festschrift für Ilse Orth. Bielefeld: Aistheis. S. 131–184.

Petzold, H. G. (2017b): Heterotope Räume der Wirklichkeit, Tabuthemen und vermiedene Fragen in der Supervision in Zeiten „kollektiver Beunruhigung" – Aufgaben kritischer Selbstevaluation. Nach-Gedanken zu einem Interview mit Paul Fortmeier und Wolfgang Knopf. Hückeswagen: Europäische Akademie für Biopsychosoziale Gesundheit und Kreativitätsförderung.

Petzold, H. G. (2017c): Let's talk about aging – Alter, Altern und die "life span developmental perspective" der Integrativen Therapie POLYLOGE 02/2017 http://www.fpi-publikation.de/polyloge/alle-ausgaben/02-2017-petzold-hilarion-g-2017c-let-s-talk-about-ageing-alter-altern-und-die-life-span.html.

Petzold, H. G. (2018a): Das integrative Modell „komplexer, wechselseitiger Empathie" – Grundlage konstruktiv-melioristischer Lebenspraxis, Therapie, Beratung, Supervision. Hückeswagen: Europäische Akademie für Biopsychosoziale Gesundheit.

Petzold, H. G. (2018b): Ökopsychosomatik und ökologische Neurowissenschaften – Integrative Perspektiven für die „Neuen Naturtherapien" und das Engagement „Pro Natura!" in: *Green Care* Fachzeitschrift für Naturgestützte Interaktion 1/6-9 und *Grüne Texte*, 2/2018. https://www.fpi-publikation.de/images/stories/downloads/grueneTexte/petzold-2018c-oekopsychosomatik-oekologische-neurowissenschaften-pro-natura-gruene-texte-02-2018.pdf

Petzold, H. G. (2018c): Die Dokumentation eines fachverbandlichen Rezertifizierungsprozesses für eine „Supervisionsausbildung". Ein Beitrag zur Transparenz qualitätssichernder Praxis: Hückeswagen: Europäische Akademie für biopsychosoziale Gesundheit.

Petzold, H. G. (2018d): „Von Ohr zu Ohr" Transversale Qualitätsentwicklung durch SUPERVISION mit „allgemeinsupervisorischer" und „empathischer Kompetenz", „Feld- und „Fachkompetenz" am Beispiel der TelefonSeelsorge. Hückeswagen: Europäische Akademie für biopsychosoziale Gesundheit. Ersch. in Jg. 2019, *SUPERVISION* Theorie, Praxis, Forschung. Eine interdisziplinäre Internet Zeitschrift., http://www.fpi-publikation.de/supervision/alle-ausgaben/index.php.

Petzold, H. G. (2018e): Episkript: „ … in a flow of green" – Green Meditation als Hilfe in belastenden Lebenssituationen und bei schwierigen Wegerfahrungen. In. Petzold, H. G., Ellerbrock, B., Hömberg, R. (2018): Die neuen Naturtherapien. Handbuch der Garten-, Landschafts-, Waldtherapie und Tiergestützten Therapie, Green Care und Green Meditation. Bd. I. Bielefeld: Aisthesis. S. 897–940.

Petzold, H. G. (2019a): Natur sein, Natur-Sein – Nature embodied in time and space, in Kontext/Kontinuum. „Ökologische Intensivierungen" im Integrativen Ansatz der Therapie und Supervision. *POLYLOGE* 10/2019, https://www.fpi-publikation.de/polyloge/alle-ausgaben/10-2019-petzold-h-g-2019e-natur-sein-natur-sein-nature-embodied-in-time-and-space-in.html.

Petzold, H. G. (2019b): Das EAG-Supervisionsjournal zur Dokumentation von Supervisionsprozessen im „dyadischen Setting" (Einzelsetting) – „Der klientInnenfokussierte Ansatz. Hückeswagen: Europäische Akademie für biopsychosoziale Gesundheit. Ersch. in Jg. 2019, *SUPERVISION* Theorie, Praxis, Forschung. Eine interdisziplinäre Internet Zeitschrift., http://www.fpi-publikation.de/supervision/alle-ausgaben/index.php.

Petzold, H. G. (2019c): Kritische Überlegungen anlässlich des Forschungsberichts „Supervision auf dem Prüfstand 2." – Langversion von 2019g. *SUPERVISION* Theorie, Praxis, Forschung. Eine interdisziplinäre Internet Zeitschrift. Ersch. Jg. 2019, http://www.fpi-publikation.de/supervision/alle-ausgaben/index.php.

Petzold, H. G., Lemke, J. (1979): Gestaltsupervision als Kompetenzgruppe. *Gestalt-Bulletin* 3, 88–94.

Petzold, H.G., Leuenberger, R., Steffan, A. (1998): Ziele in der Integrativen Therapie In: Ambühl, H., Strauß, B. (Hrsg.), Therapieziele. Göttingen: Hogrefe. Und erweitert in: http://www.fpi-publikation.de/artikel/textarchiv-h-g-petzold-et-al/h-g-petzold-r-leuenberger-a-steffan-1998-ziele-in-der-integrativen-therapie.html.

Petzold, H. G., Märtens, M. (1999): Wege zu effektiven Psychotherapien. Psychotherapieforschung und Praxis. Band 1: Modelle, Konzepte, Settings. Opladen: Leske+Budrich.

Petzold, H. G., Michailowa, N. (2008): Alexander Lurija – Neurowissenschaft und Psychotherapie. Integrative und biopsychosoziale Modelle. Wien: Krammer.

Petzold, H.G., Müller, L. (2005a): Supervision in der Altenarbeit, Pflege, Gerontotherapie: Brisante Themen – Konzepte – Praxis, Integrative Perspektiven. Paderborn: Junfermann.

Petzold, H. G., Müller, M. (2005/2007): Modalitäten der Relationalität – Affiliation, Reaktanz, Übertragung, Beziehung, Bindung – in einer „klinischen Sozialpsychologie" für die Integrative Supervision und Therapie. Hückeswagen: Europäische Akademie und in: Petzold, H. G., Integrative Supervision, 2. Aufl. Wiesbaden: Verlag für Sozialwissenschaften. 2007a, 367–431. http://www.fpi-publikation.de/artikel/textarchiv-h-g-petzold-et-al/petzold-h-g-mueller-m-2005-2007-modalitaeten-der-relationalitaet.html.

Petzold, H. G., Orth, I. (2004): „Unterwegs zum Selbst" und zur „Weltbürgergesellschaft" – „Wegcharakter" und „Sinndimension" des menschlichen Lebens – Perspektiven Integrativer „Kulturarbeit" – Hommage an Kant, Europäische Akademie für Psychosoziale Gesundheit, Hückeswagen 2004b, mimeogr. ergänzt in: Petzold, H. G., Orth, I. (2005): Sinn, Sinnerfahrung, Lebenssinn in Psychologie und Psychotherapie. 2 Bände. Bielefeld: Edition Sirius beim Aisthesis Verlag. S. 689–791. http://www.fpi-publikation.de/polyloge/alle-ausgaben/09-2009-orth-i-petzold-h-g-2004b-unterwegs-zum-selbst-und-zur-weltbuergergesellschaft.html.

Petzold, H. G., Orth, I. (2005): Sinn, Sinnerfahrung, Lebenssinn in Psychologie und Psychotherapie. 2 Bände. Bielefeld: Edition Sirius beim Aisthesis Verlag.

Petzold, H. G., Orth, I. (2014): Wege zum „Inneren Ort persönlicher Souveränität" – „Fundierte Kollegialität" in Beratung, Coaching, Supervision und Therapie. In: www.FPI-Publikationen. de/materialien.htm *SUPERVISION*: Theorie – Praxis – Forschung. Eine interdisziplinäre Internet-Zeitschrift – Jg. 2014. http://www.fpi-publikation.de/supervision/alle-ausgaben/06-2014-petzold-h-g-orth-i-1998-2014-wege-zum-inneren-ort-persoenlicher-souveraenitaet.html.

Petzold, H. G., Orth, I. (2017a): Interozeptivität/Eigenleibliches Spüren, Körperbilder/Body Charts – der „Informierte Leib" öffnet seine Archive: „Komplexe Resonanzen" aus der Lebensspanne des „body-mind-world-subject". Hückeswagen: Europäische Akademie für biopsychosoziale Gesundheit. *POLYLOGE* 22/2018; http://www.fpi-publikation.de/polyloge/alle-ausgaben/22-2018-petzold-h-g-orth-i-2017a-interozeptivitaet-eigenleibliches-spueren-koerperbilder.html.

Petzold, H. G., Orth, I. (2017b): Epitome. POLYLOGE IN DER INTEGRATIVEN THERAPIE: „Mentalisierungen und Empathie", „Verkörperungen und Interozeption" – Grundkonzepte für „komplexes Lernen" in einem intermethodischen Verfahren „ko-kreativen Denkens und Schreibens". In: Petzold, H. G., Leeser, B., Klempnauer, E. (2017): Wenn Sprache heilt. Handbuch für Poesie- und Bibliotherapie, Biographiearbeit, Kreatives Schreiben. Festschrift für Ilse Orth, Bielefeld: Aistheis. S. 885–971. Auch in *POLYLOGE*. Polyloge 31/2017. http://www.fpi-publikation.de/polyloge/alle-ausgaben/31-2017-petzold-h-g-orth-i-2017b-epitome-polyloge-in-der-integrativen-therapie.html.

Petzold, H. G., Orth-Petzold, S. (2018): Naturentfremdung, bedrohte Ökologisation, Internetsucht – psychotherapeutische und ökopsychosomatische Perspektiven In: Petzold, H. G., Ellerbrock, B., Hömberg, R. (2018a): Die neuen Naturtherapien. Handbuch der Garten-, Landschafts-, Waldtherapie und Tiergestützten Therapie, Green Care und Green Meditation. Bd. I. Bielefeld: Aisthesis. S. 327–448 und in *Grüne Texte* 3/2019. http://www.fpi-publikation.de/artikel/gruene-texte/03-2019-petzold-h-g-orth-petzold-s-2018a-naturentfremdung-bedrohte-kologisation-internet.html.

Petzold, H. G., Petzold, Ch. (1996): Erosion persönlicher Tragfähigkeit, traumatischer Jobstreß – Ursachen „malignen Burnouts" in helfenden Berufen (1996). Düsseldorf: Fritz Perls Institut. Neueinstellung: *SUPERVISION* 9/2017. http://www.fpi-publikation.de/downloads/download-supervision/download-nr-09-2017-hilarion-g-petzold-christa-petzold-1996.html.

Petzold, H. G., Regner, F. (2005): Integrative Traumatherapie – Grundlagen einer engagierten therapeutischen Praxis für Gerechtigkeit und Menschenrechte. Bei www. FPI-Publikationen.de/ materialien.htm – *POLYLOGE*: Materialien aus der Europäischen Akademie für psychosoziale Gesundheit – 08/2005, http://www.fpi-publikation.de/polyloge/alle-ausgaben/08-2005-petzold-h-g-erg-2006-integrative-traumatherapie-engagierte-praxis-fuer-gerechtigkeit.html und erg. als (2006): Integrative Traumatherapie – engagierte Praxis für Gerechtigkeit – Menschenrechte. Ein Interview mit Hilarion Petzold durch Freihart Regner. *Psychologische Medizin* 4 (2006) 33–55.

Petzold, H. G., Rodriguez-Petzold, F. (1996): Geht es nur um Schweigepflicht oder um praktische Ethik? Eine Stellungnahme und empirische Erkundung zur Weitergabe von Geheimnissen und zur Anonymisierung in der Supervision. *Organisationsberatung Supervision Clinical Management* (OSC) 3, 277–288. Erw. in *Familiendynamik* 3 (1997) 289–311 und *Petzold* 1998a, 191–211 und 2007a. http://www.fpi-publikation.de/supervision/alle-ausgaben/01-2018-petzold-h-g-rodriguez-petzold-f-1996-anonymisierung-schweigepflicht-ethisches.html.

Petzold, H. G., Schigl, B. (1996): Evaluation eines Supervisionslehrgangs für Altenarbeit, Forschungsbericht des Österreichischen Bundesministeriums für Wissenschaft und Forschung, hrsg. v. Dr.-Karl-Kummer-Institut f. Sozialpolitik und Sozialreform. Wien. S. 320.

Petzold, H. G., Sieper, J. (1970): Zur Verwendung des Psychodramas in der Erwachsenenbildung, http://www.fpi-publikation.de/images/stories/downloads/textarchiv-petzold/petzold-sieper-1970-1972-psychodrama-in-der-erwachsenenbildung.pdf – *Zeitschrift f. prakt. Psychol.* 8, 392–447; repr. In: Petzold, H. G. (1973c): Kreativität & Konflikte. Psychologische Gruppenarbeit mit Erwachsenen, Paderborn: Junfermann, 56–85.

Petzold, H. G., Sieper, J.. (1993): Integration und Kreation, 2 Bde., Paderborn: Junfermann, 2. Auflage 1996.

Petzold, H. G., Sieper, J. (2008a): Der Wille, die Neurowissenschaften und die Psychotherapie. 2 Bde. Bielefeld: Sirius.

Petzold, H. G., Sieper, J. (2008b): Integrative Soziotherapie – zwischen Sozialarbeit, Agogik und Psychotherapie. Zur Konnektivierung von Modellen der Hilfeleistung und Entwicklungsförderung für optimale Prozessbegleitung. Bei www.FPI-publikationen.de/materialien.htm – *POLYLOGE: Materialien aus der Europäischen Akademie für psychosoziale Gesundheit* – 25/2008. – http://www.fpi-publikation.de/polyloge/alle-ausgaben/19-2008-petzold-h-g-sieper-johanna-integrative-soziotherapie.html.

Petzold, H. G., Sieper, J. (2008c): Integrative Willenstherapie. Perspektiven zur Praxis des diagnostischen und therapeutischen Umgangs mit Wille und Wollen. In Petzold, Sieper (2008a): Der Wille, die Neurobiologie und die Psychotherapie. 2 Bände. Bielefeld: Sirius, S. 473–592; auch in *Petzold*; Textarchiv 2008. http://www.fpi-publikation.de/images/stories/downloads/textarchiv-petzold/petzold_sieper_2008_integrative_willenstherapie_teil2.pdf.

Petzold, H. G., Sieper, J. (2009): Der Chartaprozess – die „Charta-Wissenschaftscolloquien" 2000–2001. Der Beitrag der Integrativen Therapie. Bei www.FPI-publikationen.de/materialien. htm – *POLYLOGE*: Materialien aus der Europäischen Akademie für psychosoziale Gesundheit 14/2009. http://www.fpi-publikation.de/downloads/download-polyloge/download-nr-14-2009-petzold-sieper-2001o.html.

Petzold, H. G., Sieper, J. (2012a): „Leiblichkeit" als „Informierter Leib" embodied and embedded – Körper-Seele-Geist-Welt-Verhältnisse in der Integrativen Therapie. Quellen und Konzepte zum „psychophysischen Problem" und zur leibtherapeutischen Praxis. In: Petzold, H. G. (2012f): Die Menschenbilder in der Psychotherapie. Interdisziplinäre Perspektiven und die Modelle der Therapieschulen. Wien: Krammer, 243–321. http://www.fpi-publikation.de/images/stories/downloads/polyloge/petzold-sieper-2012a-leiblichkeit-informierter-leib-embodied-embedded-konzepte-polyloge-21-2012.pdf.

Petzold, H. G., Sieper, J. (2012b): Über sanfte Gefühle, Herzensregungen, „euthyme Erfahrungen" und „komplexe Achtsamkeit" in der „Integrativen Therapie". Überlegungen anlässlich 40 Jahre FPI und 30 Jahre EAG. *Gestalt und Integration* 73, 23–43. http://www.fpi-publikation.de/downloads/download-polyloge/28-2012-petzold-h-sieper-j-2012e-ueber-sanfte-gefuehle-herzensregungen-euthyme-erfahrung.html.

Petzold, H. G., Steffan, A. (1999a): Selbsterfahrung in der Ausbildung von PsychotherapeutInnen – empirische Perspektiven aus der Sicht der Integrativen Therapie. In: Laireiter, A. -R. (Hrsg.), Selbsterfahrung in Psychotherapie und Verhaltenstherapie – Empirische Befunde. Tübingen: dgvt-verlag. *POLYLOGE* 14/2017; http://www.fpi-publikation.de/polyloge/alle-ausgaben/14-2017-petzold-h-g-steffan-a-1999a-2017-selbsterfahrung-ausbildung-psychotherapeutinnen.html.

Petzold H. G., Steffan, A. (1999b): Ausbildung, Selbsterfahrung und Selbstmodelle in der Integrativen Therapie - Hintergründe, Konzepte und Forschungsergebnisse zu einer „transversalen" Weiterbildungskultur P0F * Erschienen in: *Gestalt* (Schweiz) 37 (Februar 2000), 25–65. *POLYLOGE* 15/2017; http://www.fpi-publikation.de/polyloge/alle-ausgaben/15-2017-petzold-h-g-steffan-a-1999b-2017-ausbildung-selbstmodelle-forschungsergebnisse.html.

Petzold, H. G., Steffan, A. (2000): Ausbildungsevaluation und Qualitätssicherung in der Integrativen Therapie – das EAG-Qualitätssicherungssystem. *Integrative Therapie* 2/3, 355–366.

Petzold, H. G., Stoewer, R. (2018): Die Dokumentation eines fachverbandlichen Rezertifizierungsprozesses für eine „Supervisionsweiterbildung". Ein Beitrag zur Transparenz qualitätssichernder Praxis: Hückeswagen: Europäische Akademie für biopsychosoziale Gesundheit.

Petzold, H. G., van Wijnen, H. (2010): Stress, Burnout, Krisen – Materialien für supervisorische Unterstützung und Krisenintervention, in: www.FPI-Publikationen.de/materialien.htm *SUPERVISION*: Theorie – Praxis – Forschung. Eine interdisziplinäre Internet-Zeitschrift - Jg. 11/2010 http://www.fpi-publikation.de/images/stories/downloads/supervision/petzold-van-wijnen-stress_burnout_krisen.-supervision-11-2010.pdf.

Petzold, H. G., Lemke, J., Rodriguez-Petzold, F. (1994/2015): Die Ausbildung von Lehrsupervisoren. Überlegungen zur Feldentwicklung, Zielsetzung und didaktischen Konzeption aus Integrativer Perspektive. *Gestalt und Integration* 2 (1994) 298–349. http://www.fpi-publikation.de/supervision/alle-ausgaben/01-2015-petzold-h-lemke-j-rodriguez-petzold-f-1993-2015-feldentwicklung-lehrsupervisoren.html.

Petzold, H. G., van Beek, Y., van der Hoek, A. -M. (1994/2016): Grundlagen und Grundmuster „intimer Kommunikation und Interaktion" – „Intuitive Parenting" und „Sensitive Caregiving" von der Säuglingszeit über die Lebensspanne. In: Petzold, H. G. (1994j): Die Kraft liebevoller Blicke. Psychotherapie und Babyforschung Bd. 2:. Paderborn: Junfermann, 491–646. http://www.fpi-publikation.de/images/stories/downloads/polyloge/petzold-beek-hoek-1994a-grundlagen-intime-kommunikation-intuitive-parenting-polyloge-02-2016.pdf.

Petzold, H. G., Hass, W., Jakob, S., Märtens, M., Merten, P. (1995a): Evaluation in der Psychotherapieausbildung: Ein Beitrag zur Qualitätssicherung in der Integrativen Therapie. In: Petzold, H. G., Orth, I., Sieper, J. (1995a): Qualitätssicherung und Didaktik in der therapeutischen Aus- und Weiterbildung. Sonderausgabe Gestalt und Integration. Düsseldorf: FPI-Publikationen. S. S. 180–223.

Petzold, H. G., Sieper, J., Schuch, W., Thomas, G. (1995b): Abschluss der Ausbildung und Beurteilungsverfahren – Supervision, Lehranalyse, Kontrollanalyse, Qualitätssicherung, in: Petzold, H. G., Orth, I., Sieper, J. (1995b) (Hrsg.): Qualitätssicherung und Didaktik in der therapeutischen Aus- und Weiterbildung. Sonderausgabe *Gestalt und Integration*. Düsseldorf: FPI-Publikationen, (1995) 251–255.

Petzold, H. G., Orth, I., Sieper, J. (1995c): Qualitätssicherung und Didaktik in der therapeutischen Aus- und Weiterbildung. Sonderausgabe Gestalt und Integration. Düsseldorf: FPI-Publikationen.

Petzold, H. G., Orth, I., Sieper, J. (1995d): Curricular strukturierte Psychotherapieausbildung. Überlegungen zur strukturierten Vermittlung psychotherapeutischer Kompetenz und Performanz. In: Petzold, Orth, Sieper (1995a) 12–29.

Petzold, H. G., Hass, W., Märtens, M. (1998): Qualitätssicherung durch Evaluation in der Psychotherapieausbildung. Ein Beitrag aus dem Bereich der Integrativen Therapie. In: Laireiter, A., Vogel, H. (1998) (Hrsg.): Qualitätssicherung in der Psychotherapie. Ein Werkstattbuch, DGVT-Verlag, Tübingen, 683–711.

Petzold, H. G., Ebert, W., Sieper, J. (1999/2001/2011): Kritische Diskurse und supervisorische Kultur. Supervision: Konzeptionen, Begriffe, Qualität. Probleme in der supervisorischen „Feldentwicklung" – transdisziplinäre, parrhesiastische und integrative Perspektiven. Düsseldorf/Hückeswagen: FPI/EAG. Erw. und überarbeitet 2001. In: Düsseldorf/Hückeswagen. Bei www. FPI-Publikationen.de/materialien.htm – *SUPERVISION: Theorie – Praxis – Forschung. Eine interdisziplinäre Internet-Zeitschrift* – 01/2001, http://www.fpi-publikation.de/downloads/download-supervision/download-01-2002-ltze-h-j-ebert-w-petzold-h-g.html. Neueinstellung mit kritischem Vorwort: http://www.fpi-publikation.de/artikel/textarchiv-h-g-petzold-et-al-/petzold-ebert-sieper-1999-2001-update-2010-beitraege-zur-feldentwicklung-im-feld-der-supervision.html.

Petzold, H. G., Steffan, A. Zdunek, K. (2000): Qualitätssicherung in der Ausbildung von Integrativer Psychotherapie an FPI/EAG – Dargestellt an Ergebnissen einer Veranstaltungsevaluation im EAG-Qualitätssystem. *Integrative Therapie* 1, 96–117.

Petzold, H. G., Hass, W., Märtens, M., Steffan, A. (2000/2017): Wirksamkeit Integrativer Therapie in der Praxis -Ergebnisse einer Evaluationsstudie im ambulanten Setting. *Integrative Therapie* 2/3, 277–355 und *POLYLOGE* 16/2017; http://www.fpi-publikation.de/polyloge/alle-ausgaben/16-2017-petzold-h-g-hass-w-maertens-m-steffan-a-2000-wirksamkeit-integrativer-therapie-a.html Petzold, H., Hömberg, R. (2017): Ökopsychosomatik – ein integratives Kernkonzept in den „Neuen Naturtherapien" *Grüne Texte* 07/2017, http://www.fpi-publikation.de/artikel/gruene-texte/07-2017-petzold-h-g-hoemberg-r-kopsychosomatik-ein-integratives-kernkonzept-in-den-neuen.html.

Petzold, H. G., Oeltze, J., Ebert, W. (2001/2011): Mythos „Gütesiegel" – „Supervision", ein Markenzeichen ohne Standards? Qualitätssicherung und die Weiterbildungspläne der DGSv 2001– Probleme, Befunde aus der Forschung und ExpertInnenmeinungen von der Basis [2002]. Zur evidenzbasierten Supervision und mehrebenenorientierten Qualitätssicherung wieder angeschaut 2011. Bei www. FPI-Publikationen.de/materialien.htm In: *SUPERVISION*: Theorie – Praxis – Forschung. Eine interdisziplinäre Internet-Zeitschrift - 19/2011. http://www.fpi-publikation.de/downloads/download-supervision/download-nr-19-2011-petzold-h-g-ltze-j-ebert-w.html.

Petzold, H. G., Wolff, U., Landgrebe, B., Josić, Z., Steffan, A. (2000): Integrative Traumatherapie – Modelle und Konzepte für die Behandlung von Patienten mit „posttraumatischer Belastungsstörung". In: van der Kolk, B., McFarlane, A., Weisaeth, L.: Traumatic Stress. Erweiterte deutsche Ausgabe, Hrsg. M. Märtens, H. Petzold, Paderborn: Junfermann. 445–579.

Petzold, H. G, Wolff, H. -U., Landgrebe, B., Josić, Z. (2002): Das Trauma überwinden. Integrative Modelle der Traumatherapie. Paderborn: Junfermann.

Petzold, H. G., Schigl, B., Fischer, M. Höfner, C. (2003): Supervision auf dem Prüfstand. Wirksamkeit, Forschung, Anwendungsfelder, Innovation. Leske+Budrich, Opladen, VS Verlag Wiesbaden.

Petzold, H. G., Leitner, A., Orth, S., Sieper, J., Telsemeyer, P. (2004): Mythos Supervision? – Zur Notwendigkeit von „konzeptkritischen" Untersuchungen im Hell- und Dunkelfeld zu Risiken, Nebenwirkungen und Rechtsverletzungen in der supervisorischen Praxis. *SUPERVISION*: Theorie – Praxis – Forschung. Eine interdisziplinäre Internet-Zeitschrift - 02/2004 http://www.fpi-publikation.de/supervision/alle-ausgaben/02-2004-petzold-leitner-orth-sieper-telsemeyer-mythos-supervision-zur-notwendigkeit-von.html.

Petzold, H. G., Müller, L., Horn, E., Leitner, A. (2005): Der permanente Skandal – Gefährliche Pflege, sozialtoxische Kontexte, maligner Burnout. Verletzte Menschenwürde und dehumanisierende Heimsituationen – in Tirol und allüberall. Eine sozialwissenschaftliche und supervisorische Felderkundung. In: *Integrative Therapie* 1/2, 28–117 und in: Petzold, H. G., Müller, L. (2005a): Supervision in der Altenarbeit, Pflege, Gerontotherapie: Brisante Themen – Konzepte – Praxis, Integrative Perspektiven. Paderborn: Junfermann.

Petzold, H. G., Rainals, J., Sieper, J., Leitner, A. (2006a): Qualitätssicherung und Evaluationskultur in der Ausbildung von Sozialtherapeuten – eine Evaluation der VDR-anerkannten Ausbildung an EAG/FPI. In: Petzold, H. G., Schay, P., Scheiblich, W. (2006): Integrative

Suchtarbeit. Wiesbaden: Verlag für Sozialwissenschaften. 533–588. In *Textarchiv* 2006: http://www.fpi-publikation.de/images/stories/downloads/polyloge/petzold-rainals-sieper-leitner-qualitaetssicherung-evaluationskultur-ausbildung-sucht-vdr-19-2006.pdf.

Petzold, H. G., Schay, P., Scheiblich, W. (2006b): Integrative Suchtarbeit. Wiesbaden: Verlag für Sozialwissenschaften.

Petzold, H. G., Sieper, J., Orth, I. (2006c): Erkenntnistheoretische, entwicklungspsychologische, neurobiologische und agogische Positionen der „Integrativen Therapie" als „Entwicklungstherapie". In: Petzold, H. G., Schay, P., Scheiblich, W. (2006): Integrative Suchtarbeit. Wiesbaden: Verlag für Sozialwissenschaften. 627–713. http://www.fpi-publikation.de/downloads/download-polyloge/download-02-2005-petzold-h-g.html.

Petzold, H. G., Müller, L., König, M. (2007): Supervision in österreichischen Altenheimen – eine Felderkundung. Hückeswagen: EAG:. Bei www. FPI-Publikationen.de/materialien.htm – *SUPERVISION*: Theorie – Praxis – Forschung. Eine interdisziplinäre Internet-Zeitschrift – 09/2008 http://www.fpi-publikation.de/supervision/alle-ausgaben/09-2008-petzold-h-g-mueller-l-koenig-m-supervision-in-einrichtungen-der-altenarbeit.html.

Petzold, H. G., Orth-Petzold, S., Patel, A. (2010): Von der Abhängigkeit in die Souveränität. Über Professionalisierung in der Psychotherapie durch reflektierte und dokumentierte Praxis. Polyloge, Bei www.FPI-publikationen.de/materialien.htm – *POLYLOGE*: Materialien aus der Europäischen Akademie für psychosoziale Gesundheit 17/2010. http://www.fpi-publikation.de/polyloge/alle-ausgaben/17-2010-petzold-h-g-orth-p-s-i-patel-a-ii-souveraenitaet-profession-prozessdokumentation.html.

Petzold, H. G., Orth, I., Sieper, J. (2013a): Manifest der Integrativen Kulturarbeit 2013b. In: *POLYLOGE* 24/2013. http://www.fpi-publikation.de/images/stories/downloads/polyloge/petzold-orth-sieper-2013a-manifest-der-integrativen-kulturarbeit-2013-polyloge-24-2013.pdf und in: *Petzold, Orth, Sieper* (2014): „Mythen, Macht und Psychotherapie". Therapie als Praxis kritischer Kulturarbeit. Bielefeld: Aisthesis. S. 671–688.

Petzold, H. G., Orth-Petzold, S., Orth, I. (2013b): Freude am Lebendigen und weiser Umgang mit Natur. Die Frische, Kraft und Weisheit integrativer Garten- und Landschaftstherapie – Naturtherapeutische Gedanken, „Green Meditation", „Therapeutic Guerilla Gardening". *POLYLOGE* 20/2013. http://www.fpi-publikation.de/downloads/download-polyloge/download-nr-20-2013-petzold-h-orth-petzold-s-orth-i.html.

Petzold, H. G., Orth, I., Sieper, J. (2014): „Mythen, Macht und Psychotherapie". Therapie als Praxis kritischer Kulturarbeit. Bielefeld: Aisthesis.

Petzold, H. G., Orth-Petzold, S., Sieper, J. (2016): Theoriegeleitete Arbeit und Prozesstransparenz im „biopsychosozialökologischen" Ansatz der „Integrativen Supervision" – Perspektiven für SupervisorInnen zum „Transparenzdilemma" (nicht nur) im Kontext „Sozialtherapie Sucht" *SUPERVISION* 1/2016 http://www.fpi-publikation.de/images/stories/downloads/supervision/petzold-orth-petzold-sieper-theoriegeleitete-arbeit-prozesstransparenz-transparenzdilemma-sup-01-2016.pdf.

Petzold, H. G., Ellerbrock, B., Hömberg, R. (2018a): Die neuen Naturtherapien. Handbuch der Garten-, Landschafts-, Waldtherapie und Tiergestützten Therapie, Green Care und Green Meditation. Bd. I. Bielefeld: Aisthesis.

Petzold, H. G., Fortmeier, P., Knopf, W. (2018b): Worüber man in der Supervision nicht oder vielleicht zu wenig spricht – ein Interview zu vermiedenen Themen, *SUPERVISION* 2/2018 http://www.fpi-publikation.de/images/stories/downloads/supervision/petzold-fortmeier-knopf-2018-worueber-man-in-supervision-nicht-spricht-interview-supervision-02-2018.pdf.

Petzold, H. G., Sieper, J., Orth, I. (2019a): TRANSVERSALE VERNUNFT. Leitidee für eine moderne Psychotherapie und Supervision, Kernkonzept „Integrativer Humantherapie und Kulturarbeit. Hückeswagen: Europäische Akademie für biopsychosoziale Gesundheit.

Pörksen, U. (2011): Plastikwörter. Die Sprache einer internationalen Diktatur. 7. Auflag. Stuttgart: Klett-Cotta.
Randers, J., Maxton, G. (2016): Ein Prozent ist genug. Mit weniger Wachstum soziale Gerechtigkeit, Arbeitslosigkeit und Klimawandel bekämpfen. Bericht an den Club of Rome, München: oekom Verlag.
Rappe-Giesecke, K. (2009): Supervision für Gruppen und Teams. Wiesbaden: Springer-Verlag.
Rast-Pupato, K., Kast, E. (2012): Wille und Supervision im Weiterbildungskontext – Integrative Position. In: *SUPERVISION*. Theorie – Praxis – Forschung. Eine interdisziplinäre Internet-Zeitschrift. 6/2012. http://www.fpi-publikation.de/supervision/alle-ausgaben/06-2012-rast-pupato-k-kast-e-wille-und-supervision-im-weiterbildungskontext-integrative-position.html.
Reichholf, J. H. (2016): Evolution, München: Carl Hanser Verlag.
Reiter, H. (2017): Handbuch Hirnforschung und Weiterbildung, Weinheim: Beltz Verlag, Basel.
Rønnestad, M. H., Orlinsky, D. E. (2005): Therapeutic work and Professional Development: Main Findings and Practical Implications of a Long-Term International Study. *impuls. tidsskrift for psykologi*, Oslo, 2, 20–24.
Rosa, H. (2005): Beschleunigung. Die Veränderung der Zeitstrukturen in der Moderne. Frankfurt a. M.: Suhrkamp.
Rosa, H. (2013): Beschleunigung und Entfremdung – Entwurf einer kritischen Theorie spätmoderner Zeitlichkeit. Frankfurt a. M.: Suhrkamp.
Rosa, H. (2016): Resonanz. Eine Soziologie der Weltbeziehung, Berlin: Suhrkamp.
Rosenhan, D. L. (1973): On Being Sane in Insane Places. *Science*. 4070, 250–258.
Roth, G. (1994): Das Gehirn und seine Wirklichkeit, Frankfurt: Suhrkamp.
Roth, G. (2018): Coaching und Neurowissenschaften. *Positionen. Beiträge zur Beratung in der Arbeitswelt*. 1, 2–8.
Roth G., Ryba, A. (2016): Coaching, Beratung und Gehirn. Neurobiologische Grundlagen wirksamer Veränderungskonzepte. Stuttgart: Klett-Cotta.
Roth, G., Strüber, N. (2014): Wie das Gehirn die Seele macht. Stuttgart: Klett-Cotta.
Rose, S. Bisson, J., Churchill, R., Wessely, S. (2002). Psychological debriefing for preventing post traumatic stress disorder (PTSD). *The Cochrane Database of Systematic Reviews* 2: CD000560. https://doi.org/10.1002/14651858.cd000560. PMID 12076399.
Salahshour, K., Petzold, H. G., Orth-Petzold, S. (2013): Einleitung: Narrative Biographieerarbeitung und dokumentierte Praxeologie statt arbiträrer Kasuistik (*Petzold/Orth-Petzold*). *Kreidner-Salahshour*: Integrative Bewegungs- und Leibtherapie als Teil der multiprofessionellen Behandlung im Integrierten Maßregelvollzug mit einem psychotischen Patienten als langzeittherapeutischer Prozess – ein Behandlungsjournal narrativer Biographieerarbeitung. *Integrative Therapie* 3–4 (2013) und Textarchiv http://www.fpi-publikation.de/artikel/textarchiv-h-g-petzold-et-al-/kreidner-salahshour-k-petzold-h-g-orth-petzold-s-2012-langzeittherapeutische-psychose.html.
Schay, P., Dreger, B., Siegele, F. (2006): Die Wirksamkeit von Supervision für den Patienten. Eine Evaluationsstudie zur Wirksamkeit von Supervision für das Patientensystem in Einrichtungen der medizinischen Rehabilitation Drogenabhängiger. In: *Schay, P.,* Innovationen in der Drogenhilfe. Beispiele alternativer Finanzierungsmöglichkeiten und inhaltlicher Weiterentwicklung. Wiesbaden: VS Verlag für Sozialwissenschaften.
Scheiblich, W. (2008): Integrative Therapie als angewandte Praxis der Humanität – Dargestellt anhand der Entwicklung und Praxis moderner Suchttherapie. *Integrative Therapie Jubiläumsheft* 3, 419–441. http://www.fpi-publikation.de/images/stories/downloads/integrative%20therapie/it-2008-4-kulturelle-evolution-und-psychotherapie.pdf.
Scheiblich, A., Petzold, H. G., Orth-Petzold, S. (2016): Integrative Behandlung eines Mannes mit einer Mehrfachabhängigkeit und hohem Gewaltpotential im Rahmen einer ambulanten

Rehabilitation unter Substitution *POLYLOGE* 04/2016, http://www.fpi-publikation.de/polyloge/alle-ausgaben/04-2016-scheiblich-a-petzold-orth-petzold-mehrfachabhaengigkeit-gewalt-prozesstransparenz.html.
Scheurle, H. J. (2016): Das Gehirn ist nicht einsam: Resonanzen zwischen Gehirn, Leib und Umwelt. Vorwort *Thomas Fuchs*. Stuttgart: Kohlhammer.
Schiepek, G. (2003): Neurobiologie der Psychotherapie. Erw. Schiepek, G., Haken, H. (2010). Stuttgart: Schattauer.
Schigl, B. (2012/2016): Wie gefährlich kann Supervision sein? Perspektiven in ein Dunkelfeld. Supervision 2/2016, https://www.fpi-publikation.de/supervision/alle-ausgaben/02-2016-schigl-brigitte-wie-gefaehrlich-kann-supervision-sein-perspektiven-in-ein-dunkelfeld.html.
Schigl, B., Petzold, H. G. (1997/2017): Evaluation einer Ausbildung in Integrativer Supervision mit Vertiefungsschwerpunkt für den klinisch-geriatrischem Bereich - ein begleitendes Forschungsprojekt. Integrative Therapie 1–2, 85–145. http://www.fpi-publikation.de/supervision/alle-ausgaben/04-2017-schigl-b-petzold-h-g-1997-ausbildungs-evaluation-integrative-supervision.html.
Schreyögg, A. (1992/2004): Supervision: ein integratives Modell. Lehrbuch zur Theorie und Praxis, Paderborn: Junfermann. 4. Aufl. Frankfurt: Campus Verlag.
Schreyögg, A. (1993a): Der Supervisionszweig an FPI und EAG. In: Petzold, H. G., Sieper, J.(1993a): Integration und Kreation, 2 Bde., 2. Auflage 1996. Paderborn: Junfermann, S. 593–601.
Schreyögg, A. (1993b):Prozesse der Organisationsentwicklung von FPI/EAG – Kultur- und Strukturanalyse. In: Petzold, H. G., Sieper, J.(1993a): Integration und Kreation, 2 Bde., 2. Auflage 1996. Paderborn: Junfermann, S. 25–42.
Schreyögg, A. (1994a): Supervision – Didaktik und Evaluation. Paderborn: Junfermann. Schreyögg, A. (1994b): Wieviele „Brillen verwenden Berater"? Zur Bedeutung der Mehrperspektivität in Supervision und Organisationsberatung. *Organisationsberatung, Supervision, Clinical Management (OSC)* 1, 5–28.
Schreyögg, A. (2002): Supervision: ein kritischer Blick aus Sicht des Coaches. In: *Louis van Kessel, Jörg Fellermann* (Hrsg.): Supervision und Coaching in Europäischer Perspektive. Beiträge der ANSE-Konferenz 2000. Supervision and Coaching in an European Perspective. Proceedings on the ANSE-Conference 2000, Köln 2002.
Schreyögg, A. (2003): Coaching: Eine Einführung für Praxis und Ausbildung, 6. Aufl. Frankfurt: Campus Verlag.
Schreyögg, A. (2010): Coaching für die neu ernannte Führungskraft, Wiesbaden: 2. Aufl. VS Verlag für Sozialwissenschaften.
Schreyögg, A. (2011): Konfliktcoaching: Anleitung für den Coach, 2. Aufl. Frankfurt: Campus Verlag.
Schuch, H. W. (2014). Kann das Gehirn denken? Wien: Krammer.
Schultz-Venrath, U. (2013): Lehrbuch Mentalisieren: Psychotherapien wirksam gestalten. Stuttgart: Klett-Cotta.
Seth, A. K. (2013): Interoceptive inference, emotion, and the embodied self. *Trends Cogn. Sci.* 17, 565–573.
Seth, A. K. (2015): Presence, objecthood, and the phenomenology of predictive perception. *Cognitive Neurosciene*, 2–3, 111–117. http://www.tandfonline.com/doi/abs/10.1080/17588928.2015.1026888.
Seth, A. K. (2016a): Being a beast machine. https://www.youtube.com/watch?v=1syDjtlMGbo.
Seth, A. K. (2016b): How does the brain generate consciousness? https://www.youtube.com/watch?v=S5AwSKOPvwk.

Seth, A. K. (2018): Being a beast machine: The origins of selfhood in control-oriented interoceptive inference. https://doi.org/10.31234/osf.io/vg5da.
Seth, A., Suzuki, K. & Critchley, H. G. (2012): An interoceptive predictive coding model of conscious presence. *Frontiers in Psychology*, 1, 395–411.
Siegele, F. (2014): Die Wirkung von Supervision in der Psychiatrie. Multicenterstudie Deutschland. Donau-Universität Krems, Betreuer Prof. Dr. H. G. Petzold. http://webthesis.donau-uni.ac.at/thesen/92670.pdf.
Siegele, F., Petzold, H. G. (2019): Zur Wirkung von Supervision in der Psychiatrie – eine problematisierende Sicht auf die Bonität von Supervision (Multicenterstudie Deutschland). Hückeswagen: Europäische Akademie für biopsychosoziale Gesundheit.
Sieper, J. (2006): „Transversale Integration": Ein Kernkonzept der Integrativen Therapie – Einladung zu ko-respondierendem Diskurs. *Integrative Therapie*, 3–4, 393–467 und erg. in: Sieper, J., Orth, I., Schuch, H.W. (2007) (Hrsg.): Neue Wege Integrativer Therapie. Klinische Wissenschaft, Humantherapie, Kulturarbeit. Bielefeld: Edition Sirius, Aisthesis Verlag, S. 393–467. -. In: *POLYLOGE* 14/2010. http://www.fpi-publikation.de/polyloge/alle-ausgaben/14-2010-sieper-johanna-transversale-integration-ein-kernkonzept-der-integrativen-therapie.html.
Sieper, J. (2007/2011): Integrative Therapie als „Life Span Developmental Therapy" und „klinische Entwicklungspsychologie der Bezogenheit" mit Säuglingen, Kindern, Adoleszenten, Erwachsenen und alten Menschen, *Gestalt & Integration*, Teil I 60, 14–21, Teil II 61 (2008) 11–21. Update 2011, in:. www. FPI-Publikationen.de/materialien.htm – *POLYLOGE*: Materialien aus der Europäischen Akademie für Psychosoziale Gesundheit – 5/2011 http://www.fpi-publikation.de/downloads/download-polyloge/download-nr-05-2011-sieper-johanna.html.
Sieper, J. (2007/2019): Agogische Bildungsarbeit im Integrativen Ansatz – pädagogische Perspektiven (2007). *SUPERVISION*. Theorie, Praxis, Forschung. Eine interdisziplinäre Internet Zeitschrift. 9/2019; http://www.fpi-publikation.de/downloads/download-supervision/download-nr-09-2019-sieper-johanna.html.
Sieper, J., Petzold, H. G. (2002/2011): Der Begriff des „Komplexen Lernens" und seine neurowissenschaftlichen und psychologischen Grundlagen – Dimensionen eines „behavioralen Paradigmas" in der Integrativen Therapie. Lernen und Performanzorientierung, Behaviourdrama, Imaginationstechniken und Transfertraining. Düsseldorf/Hückeswagen. Bei www. FPI-Publikationen.de/materialien.htm – POLYLOGE: Materialien aus der Europäischen Akademie für psychosoziale Gesundheit – 10/2002 und http://www.fpi-publikation.de/supervision/alle-ausgaben/04-2011-sieper-j-petzold-h-g-komplexes-lernen-in-der-integrativen-therapie-und-supervision.html.
Sonntag, K. (2016): Personalentwicklung in Organisationen Psychologische Grundlagen, Methoden und Strategien. Göttingen: Hogrefe.
Sonntag, K., Schaper, C. (2016): Berufliche Handlungskompetenz fördern: Wissens- und Verhaltensorientierte Verfahren, in: Sonntag (2016) 369–410.
Sonntag K., Schmidt-Rathjens C. (2005): Anforderungsanalyse und Kompetenzmodelle. In: *Gonon P., Klauser F., Nickolaus R., Huisinga R.* (Hrsg.) Kompetenz, Kognition und Neue Konzepte der beruflichen Bildung. Schriftenreihe der Sektion Berufs- und Wirtschaftspädagogik der DGfE. Wiesbaden: VS Verlag für Sozialwissenschaften.
Spitzer, M. (2007): Lernen. Gehirnforschung und die Schule des Lebens. Neuauf. 2014. Heidlberg: Spektrum.
Stefan, R., Petzold, H. G. (2019): Möglichkeitsräume und Zukunftsentwürfe in den kognitiven Neurowissenschaften – Gesichtspunkte der Integrativen Therapie. Textarchiv, Petzold et al. Jg. 2019; http://www.fpi-publikation.de/artikel/textarchiv-h-g-petzold-et-al-/index.php.
Steffan, A. (2002): Integrative Therapie in der Praxis. Ergebnisse einer Psychotherapie-Evaluation im ambulanten Setting, Berlin: Logos.

Strobelt, M. Petzold, H. G. (2010): SUPERVISIONSDEFINITIONEN und Supervisionsverständnis Materialien zur differenzierten Darstellung in Theorie, Methodik und Praxis. *SUPERVISION*: Theorie – Praxis – Forschung. Eine interdisziplinäre Internet-Zeitschrift – 5/2010. http://www.fpi-publikation.de/downloads/download-supervision/download-05-2010-strobelt-m-petzold-h-g.html.

Steffan, A., Petzold, H. G. (2001): Das Verhältnis von Theorie, Forschung und Qualitätsentwicklung in der Integrativen Therapie.(Charta-Colloquium IV). Integrative Therapie 1, 63–104 und in: Leitner, A. (2001): Strukturen der Psychotherapie. Wien: Krammer Verlag. 447–491. Auch in *POLYLOGE* 12/2010. http://www.fpi-publikation.de/images/stories/downloads/polyloge/steffan_petzold-verhaeltnis_von_theorie-polylogege_12_2010.pdf.

Stolorow, R. D., Brandchaft, B., Atwood, G.E. (1996): Psychoanalytische Behandlung. Ein intersubjektiver Ansatz. Frankfurt a. M.: Fischer Taschenbuch Verlag.

Strobelt, M., Petzold, H. G. (2008): Supervision in Selbsthilfegruppen Bei: www.FPI-Publikationen.de/materialien.htm – *SUPERVISION: Theorie – Praxis – Forschung. Eine interdisziplinäre Internet-Zeitschrift* - 12/2008 – http://www.fpi-publikation.de/supervision/alle-ausgaben/12-2008-strobelt-m-petzold-h-g-supervision-in-selbsthilfegruppen.html.

Stroebe, W., Hewstone, M., Stephenson, G. M. (1988): Sozialpsychologie – Eine Einführung. Springer.

Swanton, H. (2010): Die Bedeutung von Biographie in der Integrativen Supervision – Ein Prozessgeleiteter theorieverschränkter Praxisbericht. *SUPERVISION* 10/2000 http://www.fpi-publikation.de/supervision/alle-ausgaben/10-2010-swanton-helga-die-bedeutung-von-biographie-in-der-integrativen-supervision.html.

Taubner, S. (2015): Konzept Mentalisieren: Eine Einführung in Forschung und Praxis. Gießen: Psychosozial-Verlag.

Taubner, S., Kotte, S. (2015): Mentalisierung im Coaching. In: *S. Greif* et al. (Hrsg.): Handbuch Schlüsselkonzepte im Coaching. Berlin: Springer.

Thomann, B. (2012): Wirkung und Nebenwirkung von Supervision – Exemplarische Studie im Praxisfeld der Arbeit mit Menschen mit Behinderung. *SUPERVISION* 5/2012. http://www.fpi-publikation.de/supervision/alle-ausgaben/05-2012-thomann-barbara-wirkung-und-nebenwirkung-von-supervision-exemplarische-studie-im.html.

Thompson, E. (2010). Mind in Life: Biology, Phenomenology, and the Sciences of Mind. Cambridge, MA & London: The Belknap Press of Harvard University Press.

Trojanow, I. (2013): Der überflüssige Mensch, St. Pölten: Residenz; (2015): 3. Aufl. Taschenbuch, München: dtv.

Van Oorschot, B. (2012): Empathieverlust in Studium und Weiterbildung? Psychosoziale Kompetenzen junger Mediziner. *InFo Onkologie* 5/2012, https://www.springermedizin.de/empathieverlust-in-studium-und-weiterbildung/9278590.

Varela, F. J. (1996). Neurophenomenology. A Methodological Remedy for the Hard Problem, *Journal of Consciousness Studies*, 4, 330–349.

Varela, F. (1999): The specious present: The neurophenomenology of time consciousness, in: *J. Petitot, F. J. Varela, B. Pachoud, J. M. Roy* (Eds.), Naturalizing Phenomenology, Stanford University Press.

Varela, F. J., Thompson, E. & Rosch, E. (1991): The Embodied Mind: Cognitive Science and Human Experience. Cambridge, MA: MIT Press.

Wyl, A. von, Tschuschke, V. et al. (2016): Was wirkt in der Psychotherapie? Ergebnisse der Praxisstudie zu 10 unterschiedlichen Verfahren. Gießen: Psychosozial.

Vygotskij, L. S.. (1978): Mind in Society: The Development of Higher Psychological Processes. Cambridge: Harvard University Press

Wallner, F. (1990): Acht Vorlesungen über den konstruktiven Realismus. WUV, Wien.

Wampold, B., Imel, B., Flückiger, C. (2018): Die Psychotherapie-Debatte. Göttingen: Hogrefe.
Weigand, W. (1995): Leitbild und Qualitätssicherung. *DGSv aktuell,* 4/95, S. 1–6.
Weigand, W. (1999a): Professionalität schafft Qualität, wenn Ziel und Inhalt definiert sind. In: *W. Kühl* (1999), Qualitätsentwicklung durch Supervision. Münster: Votum Verlag, S. 246–262.
Weigand, W. (1999b): Qualität statt Quantität – Die DGSv im 10 Jahr ihres Bestehens. *DGSv aktuell,* 2/99, S. 4–5.
Weise, K. (2014): Integrative Organisationsentwicklung – Veränderungsprozesse neu denken. *SUPERVISION.* Theorie – Praxis – Forschung, Eine interdisziplinäre Internet-Zeitschrift 09/2014. https://www.fpi-publikation.de/supervision/alle-ausgaben/09-2014-weise-kai-integrative-organisationsentwicklung-veraenderungsprozesse-neu-denken.html.
Welsch, W. (1996): Vernunft. Frankfurt/M.: Suhrkamp.
White, E., Winstanley, J. (2010): A randomized controlled trial of clinical supervision: Selected findings from a novel Australian attempt to establish the evidence base for causal relationships with quality of care and patient outcomes, as an informed contribution to mental health nursing practice development. *Journal of Research in Nursing,* 2, 151–167.
Wiese, W., Metzinger, T. (2017): Philosophy and Predictive Processing. Frankfurt/Main: MIND Group
Weizsäcker, E. U. von, Wijkman, A. (2017): Wir sind dran. Club of Rome: Der große Bericht: Was wir ändern müssen, wenn wir bleiben wollen. Eine neue Aufklärung für eine volle Welt. Gütersloh: Gütersloher Verlagshaus.
Wijnen, H., *Petzold, H. G.* (2006): Die agogische Supervision in den Niederlanden. Hückeswagen: Europäische Akademie für Psychosoziale Gesundheit. Bei www. FPI-Publikationen.de/materialien.htm – *SUPERVISION: Theorie – Praxis – Forschung. Eine interdisziplinäre Internet-Zeitschrift* – 08/2006. *Neueinstellung* 2019. http://www.fpi-publikation.de/supervision/index.php.
Wolkowitz, O. M., Rothschild, A. J. (2008): Psychoneuroendocrinology: The Scientific Basis of Clinical Practice. Washington DC: American Psychiatric Pub.
Wünsche, F. (2016): Kindeswohlgefährdung im Kontext Supervision in der Jugendhilfe in Deutschland. *SUPERVISION.* 9/2017; http://www.fpi-publikation.de/downloads/download-supervision/download-nr-09-2016-frank-wuensche.html.
Zeeck, A., Hartmann, A., Orlinsky, D. (2004): Inter-Session-Prozesse. Ein vernachlässigtes Thema der Psychotherapieforschung Inter-Session-Processes. A Neglected Area of Psychotherapy Research. *Psychother Psych Med* 6:236–242; https://doi.org/10.1055/s-2003-814790.
Ziegler, J. (2015): Ändere die Welt! Warum wird die kannibalische Weltordnung stürzen müssen. Gütersloh: C Bertelsmann.
Zimbardo, P. (2005): Das Stanford Gefängnis Experiment Eine Simulationsstudie über die Sozialpsychologie der Haft. 3. Aufl. Goch: Santiago Verlag.

Anhang

Verzeichnis verwendeter standardisierter Erhebungsinstrumente

- Acceptance und Action Questionaire (AAQ) (Hayes et al. 2004)
- Art der Bindung oder Beziehung (AAS) (Schmidt et al. 2004)
- Basisverhalten-Rating durch Therapeuten (BAV 96) (Schulte und Eifert 2002)
- Beck Depression Inventory (BDI) (Beck et al. 1987)
- Bochumer Inventar zur berufsbezogenen Persönlichkeitsbeschreibung (BIP) (Hossiep und Paschen 2003)
- Bradford Clinical Supervision Scale (Bowles und Young 1999)
- Child Behavior Checklist (CBCL) (Achenbach 1991)
- Clinical Hypothesis Exercise Form (CHEF) (Wantz und Morran 1994)
- Clinical Learning Environment and Supervison Scale (CLES) (Saarikoski et al. 2005)
- Clinical Supervision Evaluation Questionnaire (CSEQ) (Horton et al. 2007)
- Cognitive Therapy Scale (CTS) (Young und Beck 1980, 1988)
- College Student Experiences Questionnaire (CSEQ) (Pace und Kuh 1998)
- Comprehensive Affect Testing System (CATS) (Forming et al. 2000)
- Copenhagen Psychosocial Questionnaire (COPSOQ/COPSOQII) (Kristensen et al. 2005; Kristensen 2007)
- Coping Styles Questionnaire (CSQ) (Roger et al. 1993)
- Counselor Activity Self-Efficacy Scales (CASES) (Lent et al. 2003)
- Counselor Self-Estimate Inventory (COSE) (Larson et al. 1992)
- Cross-Cultural Counseling Competence Inventory-Revised (LaFromboise et al. 1991)
- Erinnertes elterliches Erziehungsverhalten (FEE) (Schumacher et al. 2000)
- Evaluation Process Within Supervision Inventory (EPSI) (Lehrman-Waterman und Ladany 2001)
- Evaluationsfragebogen Petzold (Petzold et al. 2000)
- Experiental Avoidance (AAQ) (Hayes et al. 2004)

- Eysenck Personality Questionnaire (EPQ) (Eysenck und Eysenck 1975)
- Facially Expressed Emotion Labeling (FEEL) (Kessler et al. 2002)
- Feminist Supervision Scale (FSS) (Szymanski 2003)
- General Health Questionnaire (GHQ) (Goldberg und Williamson 1988)
- General Nordic Questionnaire for Psychological and Social Factors at Work (QPSNordic) (Dallner et al. 2000)
- Good Nursing Care-Questionnaire (Leino-Kilpi 1990)
- Health Survey (SF8/SF36) (Ware et al. 2001; Bjorner et al. 1997)
- Krawiecka, Goldberg and Vaughan Symptom Scale (KGVM) (Krawiecka et al. 1977, modified by S. Lancashire, unpublished)
- Manchester Clinical Supervision Scale (MCSS)[1] (Winstanley 2000) (übersetzt in Französisch, Norwegisch, Finnisch, Dänisch, Portugiesisch, Spanisch)
- Manchester Clinical Supervision Scale-26/-36 (MCSS) (Winstanely 2000; Winstanely und White 2003, 2011)
- Maslach Burnout Inventory (MBI/MBI-GS) (Maslach und Jackson 1986; Schaufeli et al. 1993; Maslach et al. 1996; Kalimo et al. 2006)
- Mental Health Problems Perceptions Questionnaire (MHPPQ) (Lauder et al. 2000)
- Meta-Emotion Scale (MES) (Mitmansgruber 2005)
- Mindful Attention and Awareness (MAAS) (Brown und Ryan 2003)
- Minnesota Job Satisfaction Scale (MJSS) (Weiss 1967; Koelbel et al. 1991)
- Minnesota Satisfaction Questionnaire (MSQ) (Weiss, Dawis, England und Lofquist 1967)
- MST Therapist Adherence Measure–Revised Within Multisystemic Therapy (TAM-R) (Henggeler et al. 2006)
- Multicultural Supervision Inventory (MSI) (Ortega-Villalobis 2011)
- NEO-revised (Neuroticism, Extraversion, Openness to New Experiences) Personality Inventory (NEO PI-R) (Costa und McCrae 1992)
- Nordic Questionnaire for Psychological and Social Factors at Work (QPSNordic) (Lindström et al. 2000; Elo et al. 2001)
- Nursing Work Index (NWI-R) (Lake und Friese 2006)
- Occupational Stress Inventory-Revised (OSI-R) (Osipow 1998)
- Outcome Questionnaire-45 (OQ-45) (Lambert et al. 2004)
- Partnership Questionnaire for Supervision (WEQ) (Nicholls 2007)
- Perception of Unit Quality (PUQ) (Cronenwett 1997)
- Psychiatric Care Satisfaction Questionnaire (PCSQ) (Barker und Orrell 1999)
- Racial Microaggressions in Supervision Checklist (Constantine und Sue 2007)

---

[1] E-Mail: enquiries@osmanconsulting.com

- Self-rated Health (SRH) (Shirom 2009a, b)
- Service Attachment Questionnaire (SAQ) (Goodwin et al. 2003)
- Social Functioning Scale (SFS) (Birchwood et al. 1990)
- Social Skills Inventory (SSI) (Crowley 2000)
- Supervisee Attachment Strategies Scale (SASS) (Menefee et al. 2014)
- Supervision Feedback Form (SFF) (Williams 1994)
- Supervision Satisfaction Questionnaire (SSQ) (Ladany et al. 1996; Larsen et al. 1979)
- Supervisions-Evaluations-Inventar (SEI) (Schneider und Müller 1995, 1998; Beer und Gediga 2000)
- Supervisor Adherence Measure (SAM) (Schoenwald et al. 1998)
- Supervisor Competency Scale (SCS) (Kennerley et al. 2010)
- Supervisor Multicultural Competence Inventory (SMCI) (Inman 2005)
- Supervisor Self-Disclosure Index (SSDI) (Ladany und Lehrman-Waterman 1999)
- Supervisory Relationship Questionnaire (Cliff et al. 2016; Palomo et al. 2010)
- Supervisory Styles Inventory (SSI) (Friedlander und Ward 1984)
- Supervisory Working Alliance Inventory-Trainee (SWAI-T) (Efstation et al. 1990)
- Swedish Structural Analysis of Social Behavior (SASB) (Benjamin 1974)
- Therapeutenbeurteilung (THEBU) (Schulte 2001)
- Trainee Disclosure Scale (TDS) (Ladany et al. 2008)
- Trainee Personal Reaction Scale-Revised (TPRS-R) (Ladany et al. 1992)
- Treatment Evaluation Scale (Scott und Freeman 1992)
- Vanderbilt Functioning Inventory (VFI) (Bickman et al. 1998)
- Work Environment Questionnaire (WEQ) (Severinsson und Kamaker 1999)
- Working Alliance Inventory (WAI) (Horvath und Greenberg 1989)
- Working Alliance Inventory-Short Form (WAI-SF) (Ladany et al. 2007)

MCSS-26© [Manchester Clinical Supervision Scale©]

MCSS-26© [Manchester Clinical Supervision Scale©]

Respondent Code: _____ Employer: _____ Date: __/__/__

You are invited to participate in this confidential survey, which aims to evaluate the effectiveness of Clinical Supervision provided to you at your workplace. There are two sections that will take about 10 minutes to complete. This investment of your time will provide unique and valuable insights, to help inform the future development of Clinical Supervision.

Section A is designed for individuals *currently* receiving Clinical Supervision [CS].

Drawing on your current experience of receiving Clinical Supervision at your workplace, please indicate your level of agreement with the following 26 statements, by selecting the box which best represents your answer. Do not spend too long thinking about each question; your first response is probably the best one.

	SECTION A	Strongly disagree	Disagree	No opinion	Agree	Strongly agree
1	Other work pressures interfere with CS sessions	o	o	o	o	o
2	It is difficult to find the time for CS sessions	o	o	o	o	o
3	CS sessions are not necessary/don't solve anything	o	o	o	o	o
4	Time spent on CS takes me away from my real work in the clinical area	o	o	o	o	o
5	Fitting CS sessions in can lead to more pressure at work	o	o	o	o	o
6	I find CS sessions time consuming	o	o	o	o	o
7	My supervisor gives me support and encouragement	o	o	o	o	o
8	CS sessions are intrusive	o	o	o	o	o
9	CS gives me time to reflect	o	o	o	o	o
10	Work problems can be tackled constructively during CS sessions	o	o	o	o	o
11	CS sessions facilitate reflective practice	o	o	o	o	o
12	My supervisor offers an unbiased opinion	o	o	o	o	o
13	I can discuss sensitive issues encountered during my clinical casework with my supervisor	o	o	o	o	o

MCSS-26© [Manchester Clinical Supervision Scale©]

		Strongly disagree	Disagree	No opinion	Agree	Strongly agree
14	My CS sessions are an important part of my work routine	o	o	o	o	o
15	I learn from my supervisor's experiences	o	o	o	o	o
16	It is important to make time for CS sessions	o	o	o	o	o
17	My supervisor provides me with valuable advice	o	o	o	o	o
18	My supervisor is very open with me	o	o	o	o	o
19	Sessions with my supervisor widen my clinical knowledge base	o	o	o	o	o
20	CS is unnecessary for experienced/established staff	o	o	o	o	o
21	My supervisor acts in a superior manner during our sessions	o	o	o	o	o
22	Clinical supervision makes me a better practitioner	o	o	o	o	o
23	CS sessions motivate staff	o	o	o	o	o
24	I can widen my skill base during my CS sessions	o	o	o	o	o
25	My supervisor offers me guidance with patient/client care	o	o	o	o	o
26	I think receiving clinical supervision improves the quality of care I give	o	o	o	o	o

Which of the following terms best describes your overall level of satisfaction with the Clinical Supervision you currently receive?

- o Very dissatisfied
- o Moderately dissatisfied
- o Neither satisfied, nor dissatisfied
- o Moderately satisfied
- o Very satisfied

You have reached the end of Section A; please continue with Section B.

MCSS-26© [Version 3.0]   © 2017 Osman Consulting Pty Ltd

MCSS-26© [Manchester Clinical Supervision Scale©]

Section B: This section relates to different aspects of your current Clinical Supervision arrangements. Please answer the questions by selecting the appropriate option, or by entering a number.

About yourself:

1. Are you: ○ Male   ○ Female   2. What is your age? [years] _____

3. What is your professional discipline?
    - ○ Nursing
    - ○ Social Work
    - ○ Psychology
    - ○ Occupational Therapy
    - ○ Midwifery
    - ○ Other [Please describe] _____

4. What is your job title? _____

5. In which setting do you mainly work?
    - ○ Inpatient
    - ○ Community
    - ○ Both inpatient and community
    - ○ Other, please specify _____

6. How long have you worked in your present post?
    - ○ Less than 1 year
    - ○ 1 - 2 years
    - ○ 3 - 5 years
    - ○ More than 5 years

7. Do you currently act as a Supervisor to another member(s) of staff?   ○ Yes   ○ No

About your Supervisor:

8. Is your Supervisor: ○ Male   ○ Female   9. Approximately, how old is your Supervisor? [Years] _____

10. What is the professional discipline of your Supervisor?
    - ○ Nursing
    - ○ Social Work
    - ○ Psychology
    - ○ Occupational Therapy
    - ○ Midwifery
    - ○ Other [Please describe] _____

11. Is your Supervisor:
    ○ Junior to you   ○ Senior to you   ○ Same grade as you   Other [Please describe] _____

12. Was your Supervisor:
    ○ Allocated to you   ○ Chosen by you   Other [Please describe] _____

MCSS-26© [Version 3.0]   © 2017 Osman Consulting Pty Ltd

Anhang

MCSS-26© [Manchester Clinical Supervision Scale©]

About your Clinical Supervision sessions

13. How long have you been receiving Clinical Supervision?   Years ___ Months ___

14. Usually, how often are your Clinical Supervision sessions?
    - o Weekly
    - o Every 2 weeks
    - o Monthly
    - o Every 2 to 3 months
    - o Over 3 months apart

15. Where do your Clinical Supervision sessions usually take place?
    - o Within the workplace
    - o Away from the workplace
    - o In and away from the workplace

16. Usually, are your Clinical Supervision sessions:
    - o One-to-one
    - o Group
    - o Combination of one-to-one and group
    - o Other [Please describe] _____

17. Usually, how long are your Clinical Supervision sessions?
    - o Less than 30 minutes
    - o 31 to 60 minutes
    - o More than 60 minutes

18. Please rank order the following themes between 1 and 4, by how frequently they usually arise during your Clinical Supervision sessions. **1** means **Most frequent**; **4** means **Least frequent**.

	Rank order
▪ Staff-related	_____
▪ Patient/client-related	_____
▪ Self-related	_____
▪ Work environment-related	_____

19. What is the name of the model of Clinical Supervision used in your sessions? If you are not sure, leave blank.
    _____

20. Please enter any additional comments, which are related to your current experience of Clinical Supervision.
    _____
    _____
    _____
    _____
    _____

Thank you very much for your cooperation.

MCSS-26© [Version 3.0]   © 2017 Osman Consulting Pty Ltd

Evaluations-Fragebogen zu Supervision (Multicenterstudien)

FRAGEBOGEN ZU SUPERVISION
(Bitte zurücksenden an folgende Adresse)

Angaben zur Person

Diese Angaben sind für unsere Untersuchung sehr wichtig. Seien Sie versichert, dass Ihre Angaben streng vertraulich behandelt werden. Der Abschnitt mit Ihren persönlichen Daten wird nach Eingang des ausgefüllten Fragebogens abgetrennt und von uns mit einer Kodierungsnummer versehen, die eine spätere zuordnung unmöglich macht. Alle Auswertungen werden nur mit dem kodierten Teilen des Fragebogens durchgeführt und danach werden diese in der Forschungsabteilung der ‚Freien Universität in Amsterdam' zugriffssicher aufbewahrt.

Alter: |____||____| weiblich Y   männlich Y

Ihr Grundberuf: Krankenschwester, Krankenpfleger im Bereich Psychiatrie Y
                    Diplomniveau I Y   Diplomniveau II Y
        Ärztin/ Arzt Y   Psychologin/ Psychologe Y
        Sozialarbeiterin/ Sozialarbeiter Y   Physiotherapeutin/ Physiotherapeut Y
        Ergotherapeutin/ Ergotherapeut Y   Sozialarbeiterin/ Sozialarbeiter Y
        Musiktherapeutin/ Musikther. Y   Bewegungstherapeutin/ Bewegungsther. Y
        Anderes Y ....

Ihre Funktion: leitend Y   nicht leitend Y   in Ausbildung Y

Anzahl Jahre Berufserfahrung: Bitte zutreffendes Feld ankreuzen:

Weniger als 1 Jahr	1-3 Jahre	4-6 Jahre	7-10 Jahre	11-15 Jahre	Über 15 Jahre

Ich habe den Fragebogen erhalten über..

Kodierungsnummer   Institution-Nr.:
(bitte nicht ausfüllen)   _____   _____

Kodierungsnummer   Institution-Nr.:

PoSQv1D   ©2002, Gottfried K., Petitjean S., Petzold HG.; VU Amsterdam (bitte nicht ausfüllen) _____ _____

1a) In welchem Rahmen findet die Supervision statt?

Auf der Abteilung Y   In einem anderen Raum in der Klinik Y   klinikextern Y

1b) Welche Form der Supervision haben Sie (Mehrfachnennung möglich)?

Fallsupervision Y   Team Y   Abteilung (gesamtes interdisziplinäres Team) Y

1c) Ist die Teilnahme an der Supervision freiwillig ?   Ja Y   Nein Y

1d) Wie oft fand die Supervision in den letzten 6 Monaten statt? |___|___| (Anzahl)

1e) Wie lange dauert eine Sitzung? |___|___|___| (Minuten)

2a) Fragen zur Person der Supervisorin/ des Supervisors:

Ungefähres Alter: |___|___| weiblich Y   männlich Y

2b) Über welchen Grundberuf verfügt ihre Supervisorin/ Ihr Supervisor ?

    Ärztin/ Arzt Y   Psychologin/ Psychologe Y

    SozialarbeiterIn, -pädagogIn Y   Pflegeberufe Y   Anderes Y ....

2c) Falls bekannt, über welche Psychotherapieausbildung und/oder Zusatzausbildung verfügt ihre Supervisorin/ Ihr Supervisor (Mehrfachnennungen möglich)?

    nicht bekannt Y   Psychoanalyse Y

    Gesprächstherapie Y   Verhaltenstherapie Y

    Integrative Therapie Y   Supervision Y

    Familientherapie (systemisch) Y   Organisationsentwicklung Y

    Gestalttherapie Y   Andere Richtung Y ....

3a) Fragen zur Wirkung von Supervision:
Welchen Nutzen konnten Sie in den letzten 6 Monaten aus der Supervision ziehen ?

Bewertung	hoch	mittel	gering	Kein Nutzen
Persönlicher Nutzen				
Eigener beruflicger Nutzen				
Patientenbezogener Nutzen				
Teambezogener Nutzen				

3b) Wenn „kaum oder kein Nutzen" entstanden ist, haben Sie konkrete negative Erfahrungen in einer Supervision gemacht? Welche? ....
....

3c) Wenn ein hoher Nutzen entstanden ist, haben Sie konkrete positive Erfahrungen (schützende, stützende, förderliche Anteile) in einer Supervision erlebt ? Welche? ....
....

3d) Wie schätzen Sie die Kompetenz der Supervisorin/ des Supervisors ein?

PoSQv1D   © 2002, Gottfried K., Petitjean S., Petzold HG.; VU Amsterdam

Bewertung	hoch	mittel	gering
fachlich			
sozial			

4a) Mit dem Begriff „Supervision" verbinde ich:
....
....

4b) Welche Erwartungen habe ich an eine Supervision?

Bewertung	Voll zutreffend	Unentschieden	Nicht zutreffend
Verbesserung von Arbeitsabläufen im Team			
Verbesserung von Arbeitsabläufen in der Klinik			
Erhöhung der beruflichen, fachlichen Fähigkeiten			
Verbesserung der Kommunikation im Team			
Unterstützung/ Entlastung			
Mehr Sicherheit bei diagnostischen Entscheidungen			
Optimierung von therapeutischen Interventionen			
Problem- u. Konfliktlösung			
Aufdecken „unbewusster" Prozesse bei einzelnen Personen oder im Team			

4c) Ich betrachte eine Supervisorin/ einen Supervisor als:

Bewertung	Voll zutreffend	Unentschieden	Nicht zutreffend
Beistand/ Helfer			
Lehrerin, Lehrer			
SpezialistIn und ExpertIn			
Förderer/ Entwickler von Neuem			
PsychotherapeutIn			
Coach			
Vermittler zwischen den Parteien			
Problemlöser			

4d) Welches ideale Alter sollte Ihrer Meinung nach eine Supervisorin/ ein Supervisor haben?

Bis 35 Jahre	35-45 Jahre	45-55 Jahre	55-65 Jahre	Über 65 Jahre

4e) Welche möglichen „Risiken und Nebenwirkungen" beinhaltet Supervision Ihrer Meinung nach?
Für Sie?..
....
Für Ihre PatientInnen?..
....

4f) Welche „protektiven und präventiven Faktoren" (schützende, stützende, fördernde Anteile) beinhaltet Supervision Ihrer Meinung nach?
Für Sie?..
....
Für Ihre PatientInnen?..
....

Besten Dank für Ihre Mitarbeit!

PoSQv1D   ©2002, Gottfried K., Petitjean S., Petzold HG.; VU Amsterdam

Questionnaire d'evaluation sur la Supervision (Multicenterstudien)

QUESTIONNAIRE SUR LA SUPERVISION
(prière de retourner le questionnaire à l'adresse suivante)

Données personnelles

Ces données sont très importantes pour notre étude. Soyez sûre, que les données sont strictement anonymisées et respectent la loi. La partie du questionnaire avec les données personnelles est séparée du reste du questionnaire et est remplacée par un code. Toutes les analyses sont effectuées avec cette partie anonymisée du questionnaire et après les données restent à l'Université d'Amsterdam'.

Age: |___||___| féminin Y masculin Y

Votre Profession: Infirmière/ infirmier en psychiatrie Y
  niveau de diplôme I Y niveau de diplôme II Y
  médecin Y psychologue Y
  assistante/ assistant sociale Y physiothérapeute Y
  ergothérapeute/ animateur Y pédagogue Y
  thérapeute en musique. Y instituteur de sports Y
  autres Y ....

Votre fonction: poste en chef Y sans fonction de chef Y en formation Y

Nombres d'années d'expérience pratique: prier de cocher la case correspondante :

Moins d'une année	1-3 années	4-6 années	7-10 années	11-15 années	Plus de 15 années

Ce questionnaire m'a été remis par...

Numéro de code : Numéro de l'institution:
(ne pas remplir)

Numéro de code : Numéro de l'institution:
(ne pas remplir)

PoSQv1F ©2002, Gottfried K., Petitjean S., Petzold HG.; VU Amsterdam

1a) Dans quel cadre/ environnement la supervision a-t-elle lieu ?
Dans l'unité même Y   dans une autre salle de la clinique Y   en dehors de la clinique Y

1b) Quel forme de supervision avez-vous ? (il est possible de cocher plusieurs possibilités)
Supervision des patients Y   supervision d'équipe Y   supervision interdisciplinaire Y

1c) Etes-vous libre d'y participer?   oui Y   non Y

1d) Combien de fois la supervision a-t-elle eu lieu durant les derniers 6 mois? |___|___| (nombre)

1e) Combien de temps dure une séance? |___|___|___| (minutes)

2a) Questions concernant la personne du superviseur:
Age approximatif: |___|___| féminin Y   masculin Y

2b) Quel est la profession du superviseur ?
       médecin Y   psychologue Y
       assistant sociale/pédagogue Y   infirmier Y   autres Y..........................

2c) Connaissez-vous la formation en psychothérapie/ ou supervision de votre superviseur ?
       je ne sais pas Y   psychanalyse Y
       superviseur Y   thérapie comportementale Y
       thérapie integrative Y   la 'Gestalttherapie' Y
       thérapie de famille (systémique) Y   organisation d'entreprises/ 'coaching' Y
       la 'Gesprächstherapie' Y   autre formation post gradée Y.............

3a) Questions concernant l'efficacité de la supervision:
Quel bénéfices avez-vous pu tirer de la supervision durant les derniers 6 mois ?

	élevé	moyen	bas	aucun bénéfice
bénéfice personnel				
bénéfice pour l'équipe soignante				
bénéfice pour le patient				
bénéfice au niveau professionnel				

3b) Si vous n'avez obtenu 'aucun bénéfice', avez-vous fait de concrètes expériences négatives durant une supervision? Si oui, lesquelles? ....
....

3c) Si vous avez obtenu un 'bénéfice élevé' à 'moyen', avez-vous fait des expériences positives (facteurs supportifs, protectifs, motivants) durant une supervision? Si oui, lesquelles?..................
....

3d) Comment jugez-vous les compétences/ qualifications du superviseur?

	élevé	moyen	basses
professionnelles			
sociales			

PoSQv1F   ©2002, Gottfried K., Petitjean S., Petzold HG.; VU Amsterdam

4a) Qu'associez-vous avec le terme „supervision" ?
....
....

4b) Quelles sont mes attentes à une séance de supervision ?

	extrême-ment	égale	pas du tout
Amélioration du travail de l'équipe soignante			
Amélioration du travail en clinique			
amélioration des compétences professionnelles			
Amélioration de la communication dans l'équipe			
Soutien/ support affectif			
aide pour des questions de diagnostique			
aide à trouver des interventions thérapeutiques plus performantes			
résoudre des conflits, des problèmes			
Aide à visualiser des processus inconscients de personnes ou d'une équipe			

4c) Pour moi un superviseur est un:

	extrême-ment	égale	pas du tout
un soutien/ une aide			
Un pédagogue			
personne qualifiée/ expert			
une personne qui motive/ un créateur			
Un psychothérapeute			
un coach			
Un médiateur entre les partis			
Une personne qui resoud les conflits			

4d) D'après-vous, quel est l'age idéal d'un superviseur ?

moins de 35 ans	35-45 ans	45-55 ans	55-65 ans	plus de 65 ans

4e) D'après vous, quels sont les possibles <u>facteurs à risque</u> d'une supervision pour vous ?
....
....
Pour vos patients?..

4f) D'après vous, quels sont les <u>facteurs bénéfiques</u> d'une supervision pour vous ?
....
....
Pour vos patients?..

Merci beaucoup pour votre participation !

PoSQv1F © 2002, Gottfried K., Petitjean S., Petzold HG.; VU Amsterdam